地方上級／国家総合職・一般職・専門職

公務員試験

新スーパー過去問ゼミ6

民法Ⅱ

債権総論・各論 家族法

資格試験研究会編

実務教育出版

新スーパー過去問ゼミ**6**
刊行に当たって

　公務員試験の過去問を使った定番問題集として，公務員受験生から圧倒的な信頼を寄せられている「スー過去」シリーズ。その「スー過去」が大改訂されて「**新スーパー過去問ゼミ6**」に生まれ変わりました。

　「**6**」では，最新の出題傾向に沿うよう内容を見直すとともに，より使いやすくより効率的に学習を進められるよう，細部までブラッシュアップしています。

「新スーパー過去問ゼミ6」改訂のポイント

① 平成30年度〜令和2年度の問題を増補

② 過去15年分の出題傾向を詳細に分析

③ 1行解説・STEP解説，学習方法・掲載問題リストなど，
　学習効率向上のための手法を改良

　もちろん，「スー過去」シリーズの特長は，そのまま受け継いでいます。

　　・テーマ別編集で，主要試験ごとの出題頻度を明示
　　・「必修問題」「実戦問題」のすべてにわかりやすい解説
　　・「POINT」で頻出事項の知識・論点を整理
　　・本を開いたまま置いておける，柔軟で丈夫な製本方式

　本シリーズは，「地方上級」「国家一般職［大卒］」試験の攻略にスポットを当てた過去問ベスト・セレクションですが，「国家総合職」「国家専門職［大卒］」「市役所上級」試験など，大学卒業程度の公務員採用試験に幅広く対応できる内容になっています。

　公務員試験は難関といわれていますが，良問の演習を繰り返すことで，合格への道筋はおのずと開けてくるはずです。本書を開いた今この時から，目標突破へ向けての着実な準備を始めてください。

　あなたがこれからの公務を担う一員となれるよう，私たちも応援し続けます。

資格試験研究会

本書の構成と過去問について

●本書の構成

❶学習方法・問題リスト：巻頭には，本書を使った効率的な科目の攻略のしかたをアドバイスする「民法の学習方法」と，本書に収録した全過去問を一覧できる「**掲載問題リスト**」を掲載している。過去問を選別して自分なりの学習計画を練ったり，学習の進捗状況を確認する際などに活用してほしい。

❷試験別出題傾向と対策：各章冒頭にある出題箇所表では，平成18年度以降の国家総合職（国家Ⅰ種），国家一般職（国家Ⅱ種），国家専門職（国税専門官），地方上級（全国型・特別区），市役所（Ｃ日程）の出題状況が一目でわかるようになっている。具体的な出題傾向は，試験別に解説を付してある。

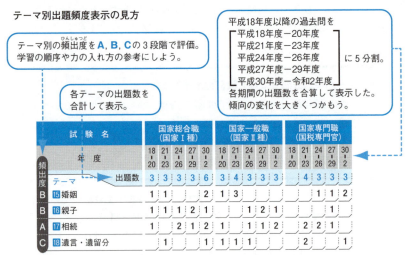

テーマ別出題頻度表示の見方

テーマ別の頻出度を**A, B, C**の３段階で評価。学習の順序や力の入れ方の参考にしよう。

各テーマの出題数を合計して表示。

平成18年度以降の過去問を
┌ 平成18年度−20年度
│ 平成21年度−23年度
│ 平成24年度−26年度 ┤ に５分割。
│ 平成27年度−29年度
└ 平成30年度−令和2年度
各期間の出題数を合算して表示した。傾向の変化を大きくつかもう。

頻出度	試験名 テーマ	国家総合職（国家Ⅰ種） 18 20 / 21 23 / 24 26 / 27 29 / 30 2					国家一般職（国家Ⅱ種） 18 20 / 21 23 / 24 26 / 27 29 / 30 2					国家専門職（国税専門官） 18 20 / 21 23 / 24 26 / 27 29 / 30 2				
	年度 出題数	3	3	3	3	6	3	4	3	3	3	4	3	3	3	3
B	15 婚姻	1	1			2	1	3						1	1	2
B	16 親子	1	1	1	2	1	2						1			
A	17 相続	1		2	1	2	1					2	2	1		
C	18 遺言・遺留分		1		1		1				1	2			1	

※令和２年度試験の情報については，新型コロナウイルス感染拡大により試験が延期された影響で，掲載できなかったところがある。

❸必修問題：各テーマのトップを飾るにふさわしい，合格のためには必ずマスターしたい良問をピックアップ。解説は，各選択肢の正誤ポイントをズバリと示す「**1行解説**」，解答のプロセスを示す「**STEP解説**」など，効率的に学習が進むように配慮した。また，正答を導くための指針となるよう，問題文中に以下のポイントを示している。

　　　　（アンダーライン部分）：正誤判断の決め手となる記述

　　　　（色が敷いてある部分）：覚えておきたいキーワード

　「FOCUS」には，そのテーマで問われるポイントや注意点，補足説明などを掲載している。

　必修問題のページ上部に掲載した「**頻出度**」は，各テーマを**A，B，C**の３段階で評価し，さらに試験別の出題頻度を「★」の数で示している（★★★：最頻出，★★：頻出，★：過去15年間に出題実績あり，−：過去15年間に出題なし）。

❹POINT：これだけは覚えておきたい最重要知識を，図表などを駆使してコンパクトにまとめた。問題を解く前の知識整理に，試験直前の確認に活用してほしい。

❺**実戦問題**：各テーマの内容をスムーズに理解できるよう，バランスよく問題を選び，詳しく解説している。問題ナンバー上部の「＊」は，その問題の「**難易度**」を表しており（＊＊＊が最難），また，学習効果の高い重要な問題には⚡マークを付している。

⚡ **No.2** ＊＊ 必修問題と⚡マークのついた問題を解いていけば，スピーディーに本書をひととおりこなせるようになっている。

　なお，収録問題数が多いテーマについては，「**実戦問題 1**」「**実戦問題 2**」のように問題をレベル別またはジャンル別に分割し，解説を参照しやすくしている。

❻**索引**：巻末には，POINT等に掲載している重要語句を集めた用語索引がついている。用語の意味や定義の確認，理解度のチェックなどに使ってほしい。

●本書で取り扱う試験の名称表記について

　本書に掲載した問題の末尾には，試験名の略称および出題年度を記載しています。

①**国家総合職，国家Ⅰ種**：国家公務員採用総合職試験，
　　　　　　　　　　　　　　国家公務員採用Ⅰ種試験（平成23年度まで）

②**国家一般職，国家Ⅱ種**：国家公務員採用一般職試験［大卒程度試験］，
　　　　　　　　　　　　　　国家公務員採用Ⅱ種試験（平成23年度まで）

③**国家専門職，国税専門官**：国家公務員採用専門職試験［大卒程度試験］，
　　　　　　　　　　　　　　　国税専門官採用試験

④**地方上級**：地方公務員採用上級試験（都道府県・政令指定都市）

　（全国型）：広く全国的に分布し，地方上級試験のベースとなっている出題型

　（東京都）：東京都職員Ⅰ類Ｂ採用試験（平成20年度まで）

　（特別区）：特別区（東京23区）職員Ⅰ類採用試験

　　※地方上級試験については，実務教育出版が独自に分析し，「全国型（全国型変形タイプ）」「関東型（関東型変形タイプ）」「中部・北陸型」「法律・経済専門タイプ」「その他の出題タイプ」「独自の出題タイプ（東京都，特別区など）」の６つに大別しています。

⑤**市役所**：市役所職員採用上級試験（政令指定都市以外の市役所）

　　※市役所上級試験については，試験日程によって「Ａ日程」「Ｂ日程」「Ｃ日程」の３つに大別しています。

●本書に収録されている「過去問」について

①平成９年度以降の国家公務員試験の問題は，人事院により公表された問題を掲載している。地方上級の一部（東京都，特別区）も自治体により公表された問題を掲載している。それ以外の問題は，受験生から得た情報をもとに実務教育出版が独自に編集し，復元したものである。

②問題の論点を保ちつつ問い方を変えた，年度の経過により変化した実状に適合させた，などの理由で，問題を一部改題している場合がある。また，人事院などにより公表された問題も，用字用語の統一を行っている。

③東京都Ⅰ類の専門択一式試験は，平成21年度から廃止されている。しかし，東京都の問題には良問が多く，他の試験の受験生にも有用であるため，本書では平成20年度までの東京都の問題を一部掲載している。

C O N T E N T S

公務員試験　新スーパー過去問ゼミ6

民法Ⅱ

カバー・本文デザイン／小谷野まさを　　書名ロゴ／早瀬芳文

民法の学習方法

●公務員試験の「民法」について

　民法は法律科目の中で最もボリュームのある科目です。したがって，民法の学習ではその量をいかに克服するかが最大のポイントになってきます。

　ただ，量の多さにもかかわらず，**民法では，全領域・全論点がすべて出題の対象となっているわけではありません。**なぜなら，そんな出題のしかたをすると，公務員としての必要な素養を身につけているかどうかを判別するという公務員試験の目的が達成できなくなるからです。

　公務員試験では多数の科目が出題されますから，受験者が民法の学習に割くことのできる時間は必然的に限られます。そのような中で出題範囲をむやみに拡大すると，受験者の負担が過重になり，正答率の極端な低下を招くことになってしまいます。

　本書中の過去問を解くのに必要な知識の範囲は，民法全体のほんの一部にすぎません。出題者が民法の出題範囲を拡大していこうと思えば，軽くこの5～6倍は広げることができるでしょう。しかし，そんなことをすると，多くの受験者が民法に対処できなくなって，必要な素養を身につけた受験者とそうでない受験者との区別が困難になります。

●学習する際の注意点

　出題科目の数が多い公務員試験では，時間との勝負という要素が特に強く現れます。ですから，合格のためには，民法の出題範囲を限定し，それに対処するために**必要な知識の範囲を絞り込むという作業が必要**になってきます。これがうまくいけば，民法は最小の時間で最大の効果を発揮することができます。

「量が多い」という民法に対する一般的なイメージとは異なり，憲法や行政法など，他の法律科目とほぼ同じ時間と労力で十分に対処できるようになるはずです。

●直前期の注意点

　直前期には，それまでに学習してきた知識を正確にすることを中心に対策を考えます。直前期は，最もプレッシャーのかかるつらい時期ですが，**とにかくペースを乱さない**ことが重要です。

　模試の成績が伸びない場合，不安に駆られて学習範囲を広げたくなるものですが，むやみに知識の範囲を広げると，せっかく積み上げてきた知識まで不正確なものにしてしまうおそれがあります。不正確な知識で「あれっ。どうだったかな」などと考えても，もともと知識が正確でないので解けるはずがありません。その場合，人の心理からすると，かえってわからないほうの選択肢に引きずられて正答を誤ることのほうが多いのです。そうなると，その問題に費やした時間も労力も無駄になってしまいます。

　なお，本試験では「その1問」に集中することを心がけてください。前の問題を自信がないまま解いたような場合，次の問題を解く際に前の問題が気になるということがあります。でも，それでは，次の問題への集中がおろそかになり，単純ミスを誘発する危険があります。次の問題へ移ったら，その1問に集中することが何よりも大事です。

合格者に学ぶ「スー過去」活用術

公務員受験生の定番問題集となっている「スー過去」シリーズであるが，先輩たちは本シリーズをどのように使って，合格を勝ち得てきたのだろうか。弊社刊行の『公務員試験受験ジャーナル』に寄せられた「合格体験記」などから，傾向を探ってみた。

 ## 自分なりの「戦略」を持って学習に取り組もう！

テーマ1から順番に一つ一つじっくりと問題を解いて，わからないところを入念に調べ，納得してから次に進む……という一見まっとうな学習法は，すでに時代遅れになっている。

合格者は，初期段階でおおまかな学習計画を立てて，戦略を練っている。まずは各章冒頭にある「試験別出題傾向と対策」を見て，自分が受験する試験で各テーマがどの程度出題されているのかを把握し，「掲載問題リスト」を利用するなどして，**いつまでにどの程度まで学習を進めればよいか，学習全体の流れをイメージしておきたい。**

 ## 完璧をめざさない！ザックリ進めながら復習を繰り返せ！

本番の試験では，6〜7割の問題に正答できればボーダーラインを突破できる。裏を返せば3〜4割の問題は解けなくてもよいわけで，完璧をめざす必要はまったくない。

受験生の間では，「問題集を何周したか」がしばしば話題に上る。問題集は，1回で理解しようとジックリ取り組むよりも，初めはザックリ理解できた程度で先に進んでいき，何回も繰り返し取り組むことで徐々に理解を深めていくやり方のほうが，学習効率は高いとされている。**合格者は「スー過去」を繰り返しやって，得点力を高めている。**

 ## すぐに解説を読んでもOK！考え込むのは時間のムダ！

合格者の声を聞くと「スー過去を参考書代わりに読み込んだ」というものが多く見受けられる。科目の攻略スピードを上げようと思ったら「ウンウンと考え込む時間」は一番のムダだ。過去問演習は，解けた解けなかったと一喜一憂するのではなく，**問題文と解説を読みながら正誤のポイントとなる知識を把握して記憶することの繰り返しなのである。**

 ## 分量が多すぎる！という人は，自分なりに過去問をチョイス！

広い出題範囲の中から頻出のテーマ・過去問を選んで掲載している「スー過去」ではあるが，この分量をこなすのは無理だ！と敬遠している受験生もいる。しかし，**合格者もすべての問題に取り組んでいるわけではない。**必要な部分を自ら取捨選択することが，最短合格のカギといえる（次ページに問題の選択例を示したので参考にしてほしい）。

 ## 書き込んでバラして……「スー過去」を使い倒せ！

補足知識や注意点などは本書に直接書き込んでいこう。**書き込みを続けて情報を集約していくと本書が自分オリジナルの参考書になっていくので，**インプットの効率が格段に上がる。それを繰り返し「何周も回して」いくうちに，反射的に解答できるようになるはずだ。

また，分厚い「スー過去」をカッターで切って，章ごとにバラして使っている合格者も多い。**自分が使いやすいようにカスタマイズして，「スー過去」をしゃぶり尽くそう！**

学習する過去問の選び方

●具体的な「カスタマイズ」のやり方例

　本書は全145問の過去問を収録している。分量が多すぎる！と思うかもしれないが，合格者の多くは，過去問を上手に取捨選択して，自分に合った分量と範囲を決めて学習を進めている。

　以下，お勧めの例をご紹介しよう。

❶必修問題と⚡のついた問題に優先的に取り組む！

　当面取り組む過去問を，各テーマの「**必修問題**」と⚡マークのついている「**実戦問題**」に絞ると，およそ全体の５割の分量となる。これにプラスして各テーマの「**POINT**」をチェックしていけば，この科目の典型問題と正誤判断の決め手となる知識の主だったところは押さえられる。

　本試験まで時間がある人もそうでない人も，ここから取り組むのが定石である。まずはこれで１周（問題集をひととおり最後までやり切ること）してみてほしい。

　❶を何周かしたら次のステップへ移ろう。

❷取り組む過去問の量を増やしていく

　❶で基本は押さえられても，❶だけでは演習量が心もとないので，取り組む過去問の数を増やしていく必要がある。増やし方としてはいくつかあるが，このあたりが一般的であろう。

> ◎基本レベルの過去問を追加（難易度「＊」の問題を追加）
> ◎受験する試験種の過去問を追加
> ◎頻出度Ａのテーマの過去問を追加

　これをひととおり終えたら，前回やったところを復習しつつ，まだ手をつけていない過去問をさらに追加していくことでレベルアップを図っていく。

　もちろん，あまり手を広げずに，ある程度のところで折り合いをつけて，その分復習に時間を割く戦略もある。

●掲載問題リストを活用しよう！

　「**掲載問題リスト**」では，本書に掲載された過去問を一覧表示している。

　受験する試験や難易度・出題年度等を基準に，学習する過去問を選別する際の目安としたり，チェックボックスを使って学習の進捗状況を確認したりできるようになっている。

　効率よくスピーディーに学習を進めるためにも，積極的に利用してほしい。

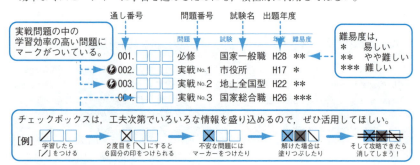

掲載問題リスト

第1章 債権総論

テーマ❶ 債務不履行

	問題			試験	年度	難易度
001.			必修	地上特別区	H30	**
002.			実戦 No.1	地上全国型	H30	*
⚡003.			実戦 No.2	国税専門官	H30	*
⚡004.			実戦 No.3	市役所	H22	*
005.			実戦 No.4	国家一般職	H28	**
006.			実戦 No.5	国家一般職	H30	**
007.			実戦 No.6	国家Ⅰ種	H17	*
008.			実戦 No.7	地上全国型	H27	*

テーマ❷ 債権者代位権

	問題			試験	年度	難易度
009.			必修	地上特別区	H25	**
010.			実戦 No.1	国税専門官	H22	*
⚡011.			実戦 No.2	地方上級	H14	*
⚡012.			実戦 No.3	地上全国型	H22	*
⚡013.			実戦 No.4	地上特別区	H22	**
014.			実戦 No.5	国税専門官	H14	**
015.			実戦 No.6	国家Ⅰ種	H7	***
⚡016.			実戦 No.7	国家一般職	H25	**
017.			実戦 No.8	国家総合職	H30	**

テーマ❸ 詐害行為取消権

	問題			試験	年度	難易度
018.			必修	市役所	H30	*
⚡019.			実戦 No.1	地上全国型	H24	*
020.			実戦 No.2	市役所	H20	*
⚡021.			実戦 No.3	国家Ⅱ種	H6	**
022.			実戦 No.4	国税専門官	H19	**
023.			実戦 No.5	国家総合職	R元	***
⚡024.			実戦 No.6	地上特別区	H29	**
025.			実戦 No.7	国税/財務/労基	H28	**
⚡026.			実戦 No.8	国税/財務/労基	H25	**

テーマ❹ 連帯債務

	問題			試験	年度	難易度
027.			必修	地上特別区	R元	**
⚡028.			実戦 No.1	地方上級	H8	*
⚡029.			実戦 No.2	国家Ⅱ種	H20	*
030.			実戦 No.3	地上特別区	H28	*
031.			実戦 No.4	地方上級	H29	*

テーマ❺ 保証債務

	問題			試験	年度	難易度
032.			必修	地上特別区	H29	**
⚡033.			実戦 No.1	地上特別区	H26	*
⚡034.			実戦 No.2	地方上級	H16	*
⚡035.			実戦 No.3	地方上級	H10	**
⚡036.			実戦 No.4	国家一般職	R元	**
037.			実戦 No.5	国家一般職	H27	***
038.			実戦 No.6	国家総合職	H26	**
⚡039.			実戦 No.7	国家総合職	H29	***
040.			実戦 No.8	国家一般職	H29	**
041.			実戦 No.9	地上特別区	R2	**

テーマ❻ 債権譲渡

	問題			試験	年度	難易度
042.			必修	地上全国型	H29	*
⚡043.			実戦 No.1	地上特別区	H24	**
⚡044.			実戦 No.2	国家一般職	H29	**
045.			実戦 No.3	国家総合職	H28	***
046.			実戦 No.4	国税専門官	H26	***
047.			実戦 No.5	国税/財務/労基	R2	**
⚡048.			実戦 No.6	国家総合職	R元	**

テーマ❼ 債権の消滅原因

	問題			試験	年度	難易度
049.			必修	地上特別区	R元	**
⚡050.			実戦 No.1	地上全国型	H26	*
⚡051.			実戦 No.2	地上特別区	H17	*
052.			実戦 No.3	地上全国型	R元	**
⚡053.			実戦 No.4	国家総合職	H30	**
054.			実戦 No.5	地上特別区	H24	**
⚡055.			実戦 No.6	地上全国型	H21	*
⚡056.			実戦 No.7	地上特別区	H30	**
057.			実戦 No.8	国家一般職	H30	**
058.			実戦 No.9	国家総合職	H28	***

第2章 債権各論

テーマ⑧ 契約総論

	問題		試験	年度	難易度
059.		必修	地上特別区	H30	*
060.		実戦No.1	市役所	H28	*
⚡061.		実戦No.2	国家一般職	H26	*
⚡062.		実戦No.3	地上特別区	H28	*
⚡063.		実戦No.4	地上特別区	H25	**
064.		実戦No.5	国税専門官	H27	**
⚡065.		実戦No.6	国家一般職	R元	**
066.		実戦No.7	国家総合職	R2	***

テーマ⑨ 贈与・売買

	問題		試験	年度	難易度
067.		必修	地方上級	R元	*
⚡068.		実戦No.1	地方上級	H6	*
069.		実戦No.2	地上特別区	H22	**
070.		実戦No.3	地上特別区	R元	**
⚡071.		実戦No.4	国税専門官	H7	**
⚡072.		実戦No.5	国税/財務/労基	H28	**
073.		実戦No.6	地上特別区	H27	**
⚡074.		実戦No.7	国家一般職	H29	**

テーマ⑩ 消費貸借・賃貸借

	問題		試験	年度	難易度
075.		必修	国家一般職	H25	*
⚡076.		実戦No.1	地上特別区	H15	*
⚡077.		実戦No.2	地上全国型	H15	*
078.		実戦No.3	地上全国型	H27	*
⚡079.		実戦No.4	国家Ⅱ種	H23	**
080.		実戦No.5	国家Ⅱ種	H9	**
081.		実戦No.6	国家Ⅱ種	H19	**
⚡082.		実戦No.7	国税/財務/労基	H29	**
083.		実戦No.8	地上特別区	R2	**
084.		実戦No.9	国家一般職	H30	**

テーマ⑪ その他の典型契約

	問題		試験	年度	難易度
085.		必修	地上特別区	R元	**
⚡086.		実戦No.1	国家Ⅰ種	H22	**
⚡087.		実戦No.2	市役所	H26	*
088.		実戦No.3	市役所	H9	*
⚡089.		実戦No.4	地方上級	H18	*
090.		実戦No.5	国税専門官	R元	**
⚡091.		実戦No.6	国家一般職	H28	**
092.		実戦No.7	国家総合職	H30	**

テーマ⑫ 債権の総合問題

	問題		試験	年度	難易度
093.		必修	国家Ⅱ種	H20	*
⚡094.		実戦No.1	国税専門官	H6	*

テーマ⑬ 事務管理・不当利得

	問題		試験	年度	難易度
095.		必修	国家一般職	H29	*
⚡096.		実戦No.1	地上特別区	H10	*
⚡097.		実戦No.2	地上特別区	H26	*
098.		実戦No.3	地方上級	H15	**
⚡099.		実戦No.4	国家総合職	R元	**
⚡100.		実戦No.5	地上特別区	R2	**
⚡101.		実戦No.6	地上特別区	H24	**
102.		実戦No.7	地上特別区	H30	**
103.		実戦No.8	国家Ⅰ種	H15	***

テーマ⑭ 不法行為

	問題		試験	年度	難易度
104.		必修	地上全国型	R元	*
⚡105.		実戦No.1	地上特別区	H26	*
106.		実戦No.2	国税専門官	H21	*
⚡107.		実戦No.3	地上特別区	H29	*
⚡108.		実戦No.4	地上全国型	H11	**
⚡109.		実戦No.5	国家総合職	H25	**
⚡110.		実戦No.6	国家一般職	H30	**
111.		実戦No.7	国家一般職	H28	**
112.		実戦No.8	国家Ⅱ種	H17	***
113.		実戦No.9	国家総合職	H26	**

【判例の表記について】

（最判平11・11・24）とあるものは「最高裁　平成11年11月24日　判決」の意。

（大決大13・1・30）とあるものは「大審院　大正13年1月30日　決定」の意。

なお，判旨の表記は，読みやすさを考慮して，口語化・簡略化を行っている部分があるので，原文とは異なる場合がある。

【法律名称の表記について】

以下のような表記の簡略化を行っている場合がある。

民訴法……民事訴訟法

民執法……民事執行法

不登法……不動産登記法

一般法人法……一般社団法人及び一般財団法人に関する法律

【平成17年4月1日施行の「民法の現代語化のための改正法」について】

平成17年4月1日施行の「民法の現代語化のための改正法」においては，旧来のカナ文字・文語体を用いた難解な表現がわかりやすい現代語に置き換えられるとともに，条文の番号の整序，定着した判例の解釈を条文に取り込む等の変更が行われた。本書では，改正法に則して解説を施すとともに，改正以前に出題され，旧来の条文・用語が使用されていた部分について，学習上の混乱を避ける観点から，これをすべて新法の条文・用語に置き換えている。

【令和2年4月1日施行の債権法改正等の民法改正について】

令和2年4月1日施行の債権法の改正においては，内容の修正とともに，用語の変更なども多岐にわたって行われた。また，これらの修正・変更は，債権法分野だけでなく総則・物権を含む民法のさまざまな箇所に及んでいる。さらに，家族法分野でも改正が行われ，令和元年7月1日から順次施行されて，その変更点は家族法以外の分野にも影響を及ぼしている。本書では，これらの改正法に則して解説を施すとともに，法改正以前に出題され，旧法による問題設定がなされた部分について，学習上の混乱を避ける観点から，改正法に合わせたものに内容を修正するとともに，条文もすべて新法に置き換えている。

第1章
債権総論

試験別出題傾向と対策

頻出度	試験名 / 年度 / テーマ	国家総合職 （国家Ⅰ種）					国家一般職 （国家Ⅱ種）					国家専門職 （国税専門官）				
	年度	18-20	21-23	24-26	27-29	30-2	18-20	21-23	24-26	27-29	30-2	18-20	21-23	24-26	27-29	30-2
	出題数	7	8	9	8	7	5	9	8	6	6	3	5	3	4	2
A	1 債務不履行	1	1	2	1		1	2	2	1	1					2
A	2 債権者代位権		1	1	1	1		1	1				1	1	1	
B	3 詐害行為取消権	1	1	1	1	1	1	1								
B	4 連帯債務		1				1		1							
A	5 保証債務		1	1	1	1		1								
B	6 債権譲渡	1	2	1	2	1	1	1	1	1	1	1	1	1	1	
A	7 債権の消滅原因	4	1	3	2	3	2	4	1	2	2			1		

　債権総論は，いずれのテーマもほぼまんべんなく出題されているが，連帯債務の出題が若干少ない。ただ，令和2年度に施行された改正債権法は債権総論の全分野にわたって随所に変更が加えられていることから，連帯債務も含めて全体を広く押さえておくことが必要である。

● 国家総合職（法律）

　ここ数年は債権各論からの出題が増加しており，債権総論・各論でほぼ拮抗した出題数となっている。新規の論点が少ないことから，出題は大半が過去問の範囲にとどまっている。形式面では，対話形式での正誤判断や，複数の学説の論理問題，妥当なものの組合せなど，多様化が進んでいる。ただ，知識的には過去問で対処できる範囲にあるので，できるだけ知識の正確性を高めるようにしておきたい。

● 国家一般職

　債権の消滅原因が若干多くなっているほかは，ほぼ全体から満遍なく出題されている。形式は，単純正誤問題ないし「妥当なものの組合せ」が主流で，出題内容は大半が従来からの頻出箇所に限られている。全体として過去問の範囲に収まった素直な問題が多く，得点しやすい分野になっている。それだけに，過去の出題箇所の知識の正確さをいかに高めるかが重要で，たとえば債権者代位権と詐害行為取消権の要件の違いのように，知識の混乱しやすい個所をいかに固めるかに重点を置く必要がある。

● 国家専門職（国税専門官）

　総則と物権に比重が置かれているので，債権総論からの出題は少ない。毎年，ほぼ1問の配分がなされているが，出題のない年もある。出題の内容は，スタンダ

地方上級（全国型）					地方上級（特別区）					市役所（C日程）					
18–20	21–23	24–26	27–29	30–2	18–20	21–23	24–26	27–29	30–2	18–20	21–23	24–26	27–28	30–元	
2	6	3	3	3	1	6	6	7	6	3	1	2	2	2	
	2	1	2	1	1	1		1	1				2	1	テーマ 1
	1	1				1	1	1							テーマ 2
						1		1							テーマ 3
					1	1	1	1		1				1	テーマ 4
2						1	1	1		2		1			テーマ 5
	1		1	1							1				テーマ 6
	2	1		1		2	2	2	3				1		テーマ 7

ードな知識問題が主流となっており，過去問の範囲で十分にカバーできる。目立った傾向の変化もないので，過去問を中心にひととおり知識を整理しておけば，対策としては十分である。

● **地方上級（全国型）**

保証債務，債権譲渡，弁済・相殺の3テーマでの出題数が多い。特に，保証債務は，平成17年および令和2年施行の2度の改正民法で新たな制度の創設や条文の変更などが行われたことから，改正部分を素材とした問題が多く出題されている。出題形式は単純正誤問題が主流であり，内容的には基礎的な知識を問うものが大半を占めている。したがって，全体的には過去問で十分に対処できるといえる。なお，事例形式の問題も時おり出題されているが，基礎的な知識を組み合わせれば十分に対処できるので，知識をできるだけ正確なものにしておくことが重要である。

● **地方上級（特別区）**

債権総論では，毎年2問が出題される。全体から満遍なくテーマが選択されており，特段の偏りはない。出題は，いわゆる頻出部分に限られており，内容的には基礎的な知識の問題が大半を占めている。対策としては，標準的な問題で知識を固めておけば十分である。

● **市役所**

出題は，債権総論の中でも比較的理解が容易な保証債務などの特定のテーマに偏っている。条文を中心とした基礎的な問題が大半を占めており，基礎的な問題を繰り返し解いて要点の理解を深めておきたい。

債務不履行

必修問題

民法に規定する債務不履行に関する記述として，妥当なのはどれか。

【地方上級（特別区）・平成30年度】

1　債務者は，債務の履行について<u>確定期限</u>があるときは，その期限の到来したことを知った時から遅滞の責任を負い，債務の履行について<u>不確定期限</u>があるときは，履行の請求を受けた時から遅滞の責任を負う。

2　当事者は，債務の不履行について損害賠償の額を予定することができるが，<u>賠償額を予定</u>した場合であっても，当然に履行の請求や解除権の行使をすることができる。

3　債権者は，債務者が金銭の給付を目的とする債務の履行をしないときは，これによって生じた損害の賠償を請求することができるが，当該<u>損害賠償については，債権者が，その損害を証明しなければならない。</u>

4　債務の不履行に対する損害賠償の請求は，通常生ずべき損害の賠償をさせることを目的としており，<u>特別の事情</u>により生じた損害で，当事者がその事情を予見したときであっても，債権者は，その賠償を請求することができない。

5　債務の不履行に関して債権者に過失があったときは，裁判所は，これを考慮して，損害賠償の額を軽減することができるが，<u>債務者の賠償責任を否定することはできない。</u>

難易度　＊＊

必修問題の 解説

　債務は，「債務の本旨」に従って履行されなければならない。

　履行期に履行がなされるべきことはもちろんであるが，そのほかに，たとえば，取引契約で「Aという銘柄の日本酒の納入」と定められているのに，債務者（売主）が「Aが欠品なので類似のBという銘柄の日本酒を納入する」ようなことは認められない。

　このような「債務の本旨に従わない履行」を債務不履行といい，その態様として，履行期を過ぎても履行しないという履行遅滞，そもそも履行ができなくなる履行不能，履行はなされたが数量が足りないといったその他の債務不履行の3種がある。

　本章では，このような債務不履行の問題を扱う。

1 ✕ 履行に確定期限があるときは，その期限到来時から遅滞の責任を負う。

債務の履行について確定期限があるときは，債務者は，その期限の到来した時から遅滞の責任を負う（412条1項）。「知った時から」ではない。

たとえば，「来月20日に返す」として1万円借りた場合，20日を過ぎれば債務不履行になる。それを，再来月になって，「忘れてた。今気づいた。そして，今支払ったから債務不履行ではない」ということにはならない。

後半の**不確定期限**とは，**履行期は必ず到来するが，その時期が定まっていない場合**をいう。たとえば，「退職したら，今住んでいる家を譲る」などという場合がそれである。

以下で，履行遅滞になる時期をまとめておこう。

履行期	履行遅滞になる時期
確定期限	期限到来時
不確定 期限	①期限到来後に履行の請求を受けた時 } いずれか早い時 ②期限の到来したことを知った時

2 ◎ 賠償額の予定があっても，債務不履行の際の履行請求や解除権行使は可能。

妥当である。**賠償額の予定**とは，**債務不履行があった場合に一定額の損害賠償をすることを事前に合意しておくこと**をいう。そして，法はこのような合意に効力を認めている（420条1項）。

その考え方は，民法Ⅰテーマ13「占有」No.8選択肢3で説明した簡易決済と同じである。つまり，「損害の立証には膨大な手間や時間がかかってしまう。スピードの速い現代で，それはムダな作業だ。だから，厳密には正確でないかもしれないが，**経験則からいって大体このくらいの額だと予測されるから，それで決着することにしよう**」というのが，賠償額の予定である。

ということは，**賠償額の予定は，あくまで損害立証や額の計算の手間を省くものでしかない**。つまり，履行の請求や解除権の行使を妨げるものではなく，債務不履行の場合には，当然にこれらの権利を行使できる（同条2項）。

3 ✕ 金銭給付の債務不履行の場合は，債権者は損害の証明を要しない。

まず，債務不履行があった場合には，債権者は，それが天災によるものなどの（債務者に帰責事由がない）場合を除いて，損害賠償の請求ができる（415条1項）。

ただ，金銭債務の場合には特例があって，不可抗力による履行不能という事態はおよそ考えられないので，帰責事由を考慮するまでもなく損害賠償の請求ができる（419条3項）。そして，その場合の損害額は，約定利率がある（かつ法定利率を上回る）場合はその約定利率により，それがなければ法定利率（404条2項以下）によって定められる（419条1項）。

なお，これらの場合に，債権者は損害が生じたことを証明する必要はない（同条2項）。金銭債務の不履行において，これらの損害が発生することは自明だからである。

4 ✕ 特別損害も，予見すべきであった場合には賠償の対象となる。

　　特別の事情によって生じた損害（**特別損害**という）であっても，**当事者が
その事情を予見すべきであったときは，債権者は，その賠償を請求すること
ができる**（416条2項）。

　　ここで**「予見すべきであった」**とは，**契約の趣旨からして債務者に予見す
べき義務があったという意味**である。たとえば，工務店が建築の請負契約を
結んだとして，相手が不動産業者の場合なら転売が予想されるので，工務店
としては，資材を優先的にそちらに回すなどによって工期の遅延による違約
金の発生を回避できる。しかし，相手が一般私人の場合なら，そこまでの対
処はしないであろう。ところが，完成間近になって「実は第三者に転売する
ことになっていて，引渡しが遅れたら1日につき10万円の違約金が発生す
る」などと言われて，それをすべて工務店の負担とされるのは不合理であ
る。もしそのような約束があるのなら，注文主は，契約時にそのことを工務
店に伝えておくべきであるし，そうすれば，工務店も他の工事を中断してで
も資材や人員を振り向けて完成時期を遅らせずに済んだはずだからである。

　　本肢では，「その事情を予見した」とあるが，予見時期が履行期の直前で
あるなど，特別損害の発生を回避できない時期に予見しても，債務者は賠償
責任を負わない。一方で，**契約等で当事者として予見すべきであった（「予
見した」も含む）と判断される場合には，特別損害の賠償責任を負う**ことに
なる。

　　なお，前半は正しい（同条1項）。

5 ✕ 債務不履行に関して債権者に過失があったときは賠償責任の否定もできる。

　　法は，「債務の不履行又はこれによる損害の発生若しくは拡大に関して債
権者に過失があったときは，裁判所は，これを考慮して，損害賠償の責任及
びその額を定める」と規定する（418条）。

　　そして，債権者の過失によって債務そのものの履行ができなかったような
場合には，その責任はもっぱら債権者の側にある。そのような場合には，**公
平の見地から，債務者の賠償責任を否定することも認められる**。

正答 **2**

FOCUS

　　債権は物権よりも日頃から接する機会が多いのでイメージが作りやすい。
感覚的に慣れておくことで理解が深まり，応用力もついてくる。身近な事例
を思い起こしながら，その事例と重ね合わせて知識を整理しておくと知識の
定着がスムーズにいく。

重要ポイント **1** **弁済の時期・場所**

（1）弁済の時期

①履行期が一定の時期と明確に定められている，いわゆる確定期限付債務の場合は，期限の到来によって履行遅滞となる。

②将来発生することが確実であるが，その時期が決まっていない不確定期限付債務の場合は，期限後相手方から履行を請求された時または債務者が期限の到来を知った時のいずれか早い時から履行遅滞となる。一方，消滅時効については，債権者が期限の到来を知ると否とにかかわらず，期限が到来した時点から進行を開始する。

③当事者が履行期を定めなかった場合には，債権者から弁済を催告された時点で直ちに履行遅滞となる。

④期限の定めのない金銭消費貸借の場合には，例外的に，債権者が相当期間を定めて履行を催告しなければならないので，相当期間が経過した時点で履行遅滞となる。

⑤条件が付された債務は，条件が成就するかどうか不確定なので，期限を定めることができず，期限の定めのない債務となる。その場合，条件が成就して債権者から履行の催告を受けた時に期限が到来し，それ以降は遅滞の責任を負うことになる。

（2）弁済の場所

①弁済の場所は，ある特定の物の引渡しを目的とする，いわゆる特定物債権の場合は，債権発生当時その物が存在した場所が弁済の場所となる。それ以外の債権の場合は，債権者の現時の住所が弁済の場所となる（持参債務）。

　弁済の場所を表にまとめると，以下のようになる。

◆弁済の場所（原則）◆

債権の種類	弁済の場所	例
特定物債権	債権発生当時その物が存在した場所	中古住宅の売買契約において，債務者（売主）は住宅のある場所で引き渡せば足りる。
それ以外の債権（種類債権・金銭債権など）	債権者の現時の住所（持参債務）	酒屋がビール（種類物）を配達し，債権者（注文者）の自宅に届ける。

②金銭債務は，当事者間に特約がない場合は，債務者が債権者の住所地で弁済しなければならない（持参債務）。お金を借りた場合，その弁済は「払うから取りに来るように」（いわゆる取立債務）ではなく「返しに行く」のが原則である。

③当事者の合意で弁済の場所を変更することは可能である。

　たとえば，タンス（特定物）を家具店で購入した場合に，家具店で引渡しを受けるのではなく，買主の家で引渡しを受けるなどがその例である。

（3）弁済の提供

①債務者が債務不履行責任を免れるには，弁済の提供が必要である。

②弁済の提供は，債務の本旨に従ったものでなければならない。

③弁済の提供は，債権者が受領しようと思えば直ちに履行できる程度になされるのが原則である。すなわち，契約で定められた期日と場所に契約どおりの商品や金銭を持参して引渡しができる状態にしておくなど，債権者が受領しようと思えば直ちに履行できる程度の提供である。これを現実の提供という。

④債権者があらかじめ弁済の受領を拒んだときは，弁済の準備ができたことを債権者に通知して受領を催告すればよい。これを口頭の提供という。

⑤債権者が弁済を受領しない意思が明確な場合には，口頭の提供も不要（この場合には口頭の提供すらなくても債務不履行にならない）とするのが判例である。

重要ポイント 2 　債務不履行

（1）種類

①債務不履行には，履行遅滞，履行不能，不完全履行の３種がある。

　　このうち前２者については規定があるが，不完全履行については規定がなく，解釈によってこの類型が認められている。

	要　件	効　果
履行遅滞	①履行期に履行が可能なこと ②履行期を徒過したこと ③それが債務者の責めに帰すべき事由（帰責事由）に基づくこと ④履行しないことが違法であること	①損害賠償 ②催告＋相当期間経過で解除権発生（なお，解除に帰責事由は不要〈以下同じ〉）
履行不能	①履行が後発的に不能になったこと ②それが債務者の帰責事由に基づくこと ③履行不能が違法なこと	①損害賠償 ②直ちに解除可 ③代償請求
不完全履行	①不完全な履行がなされたこと ②それが債務者の帰責事由に基づくこと ③不完全履行が違法なこと	①損害賠償 ②完全履行請求 ③解除権発生

②履行遅滞では，債権者は履行が遅れたことによって生じた損害（遅延賠償）の賠償を請求できる。

③履行遅滞において，履行が遅れたことで履行が無意味になったような場合には，債権者は履行の催告をして契約を解除しなくても，履行に代わる損害の賠償（填_{てん}補_ぼ賠償）を請求できる。

④履行不能となるのは，取引社会の通念に照らして履行が意味を失ったと解される場合であればよい。したがって，目的物の滅失のような物理的不能に限らず，法律的不能や社会的不能の場合でもよい。

⑤不動産の二重譲渡の場合，第一の買主に対する売主の債務が履行不能になるのは，第二の買主との売買契約成立の時点ではなく，第二の買主に登記が移転された時点である。

⑥履行不能後に目的物の価格が騰貴した場合，その騰貴した時点の価格を基準に賠償を請求するには，債務者が，契約の趣旨に照らしてその事情を予見すべきであ

ったことが必要である。

⑦債務不履行で損害賠償を請求するには帰責事由の存在が必要。

⑧金銭債務については，不可抗力についても債務不履行責任を負う（絶対責任）。これは過失責任主義をとる債務不履行の特則である。

（2）履行補助者

①債務者が履行のために手足として使用する者を履行補助者という。商品を配達する店員などは，その一例である。

②債務者は法律または債務の性質上履行補助者を用いることが認められている場合には，これを使用することができる。

③履行補助者を用いることができる場合に，履行補助者の行為によって債務不履行が生じたときは，債務者の側で帰責事由がないことを立証しない限り，債務不履行の責任を負う。

重要ポイント 3 受領遅滞

①**受領遅滞**とは，債務者が約束どおりの内容で約束の期日に履行の提供を行ったにもかかわらず（債務の本旨に従った弁済），債権者側の事情でこれを受領しないことをいう。

②受領遅滞があると，債務者の保存義務の程度が，「自己の財産に対するのと同一の注意」に軽減される。

③受領遅滞後に生じた保管に必要な費用は，債権者の負担となる。

No.1 債権の一般的特徴に関する次の記述のうち，妥当なものはどれか。
【地方上級（全国型）・平成30年度】

1 債権は，その種類と内容が法律に規定されており，法律に規定のない債権を新しく任意に創設することはできない。

2 債権は債務者に対してのみ主張できるから，AがBから時計を購入した場合における時計の引渡債権は，公示する必要はない。

3 債権は，債務者の承諾がなければ譲渡できない。

4 同一の物について両立しえない物権と債権が競合する場合，債権が物権に優先する。

5 債権の優劣は時間の先後により判断されるから，たとえばコンサートの指定席が，まずAに販売され，その後，同じ席のチケットがBに販売された場合，Aのみが主催者に対し指定席の利用を主張できる。

No.2 債権の性質に関するア〜オの記述のうち，妥当なもののみをすべて挙げているのはどれか。 【国税専門官・平成30年度】

ア：同一の特定人に対する同一内容の債権の併存が認められる以上，債権には排他性が認められないと一般に解されている。

イ：債権の目的が特定物の引渡しであるときは，債務者はその引渡しをするまで自己の財産に対するのと同一の注意をもってその物を保存しなければならない。

ウ：持参債務の履行について確定期限があるときは，債務者は，その期限の到来したことを知った時から遅滞の責任を負う。

エ：金銭債務の不履行における損害賠償については，債務者は，不可抗力をもって抗弁とすることができない。

オ：金銭債務の強制履行は，代替執行または間接強制によるべきこととされており，直接強制によることはできない。

1 ア，イ

2 ア，エ

3 イ，ウ

4 ウ，エ

5 ウ，オ

No.3 平成22年3月31日の午後，AとBの間で，AがBに1,000万円を貸し付ける合意をし，同日中にAはBに1,000万円を交付した。この場合に関する次の記述のうち，判例・通説に照らし，妥当なものはどれか。　【市役所・平成22年度】

1　AとBが契約時に返済期限を3か月後と決めていた場合，Bが7月1日までに返済しなければ，Bは履行遅滞の責任を負うことになる。

2　AとBの間でAの父親が死亡した時に返済する旨の合意をしていた場合，Bが期限の到来したことを知っても知らなくても，Aの父親が死亡した時からBは遅滞の責任を負うことになる。

3　AとBの間でBの債務の支払いについて停止条件が付けられていた場合，その条件が成就したことをAが知った時から，Bは遅滞の責任を負う。

4　Bが約束の期日に返済しなかった場合，AとBとの間で損害賠償の利率を約定していなかったときには，Bは損害賠償を支払う必要はない。

5　Bが弁済期において不可抗力によって債務の弁済ができなかった場合でも，Bは履行遅滞の責任を負わなければならない。

**

No.4 債務不履行による損害賠償に関する次の記述のうち, 妥当なのはどれか。ただし, 争いのあるものは判例の見解による。　【国家一般職・平成28年度】

1 損害が債務者の帰責事由だけではなく, 債権者の過失も原因となって発生した場合には, 発生した損害のすべてを債務者に負担させることは公平に反するため, 裁判所は, 債権者の過失に応じ損害賠償額を減額することができるが, 債務者の責任すべてを免れさせることはできない。

2 債務不履行による損害賠償の方法には, 金銭賠償と原状回復とがある。金銭賠償とは金銭を支払うことによって損害が発生しなかった状態を回復するものであり, 原状回復とは債務者が自らまたは他人をして現実に損害を回復するものであり, 損害賠償の方法としては, 金銭賠償が原則である。

3 債務者が, その債務の履行が不能となったのと同一の原因により債務の目的物の代償である利益を取得した場合には, その利益を債務者に享受させることは公平に反するため, 債権者は, その受けた損害の額の限度を超えても, 債務者に対し, その利益すべての償還を請求することができる。

4 債権者と債務者との間であらかじめ違約金を定めておいた場合には, その違約金は原則として債務不履行に対する制裁であるため, 債務者は, 債権者に対し, 現実に発生した損害賠償額に加えて違約金を支払わなければならない。

5 債務不履行により債権者が損害を被った場合には, 債務不履行による損害賠償の範囲は, 債務不履行がなければ生じなかった損害すべてに及び, 特別な事情による損害も, 通常生ずべき損害と同様に, 損害賠償の対象となる。

No.5 債務不履行に関するア～オの記述のうち，判例に照らし，妥当なもののみをすべて挙げているのはどれか。　　　　　　　　【国家一般職・平成30年度】

ア：不法行為に基づいて発生した損害賠償債務は，債権者が債務者に対して催告をしなくても，不法行為による損害の発生と同時に遅滞に陥る。

イ：量産されているスピーカーを街頭宣伝用に購入した後に，そのスピーカーに音質不良などの欠陥があることが判明した場合には，買主は，そのスピーカーをいったん受領している以上，特段の事情のない限り，売主に対して新たなスピーカーの給付を請求することはできない。

ウ：金銭を目的とする債務の履行遅滞による損害賠償については，法律に別段の定めがなくとも，債権者は，約定または法定の利率以上の損害が生じたことを立証すれば，その賠償を請求することができる。

エ：AB間の鉱石の売買契約において，契約の存続期間を通じてAが採掘した鉱石の全量をBが買い取るものと定められている場合，信義則上，Bには，Aがその期間内に採掘した鉱石を引き取り，代金を支払うべき義務があるから，Bがその引取りを拒絶することは債務不履行に当たる。

オ：売買契約の締結に先立ち，売主が，信義則上の説明義務に違反して，その契約を締結するか否かに関する判断に影響を及ぼすべき情報を買主に提供しなかった場合には，売主は，買主が当該契約を締結したことにより被った損害につき，契約上の債務不履行による賠償責任を負う。

1　ア，ウ

2　ア，エ

3　ア，オ

4　イ，ウ

5　エ，オ

No.6 次の事例に関するア〜オの記述のうち，妥当なもののみをすべて挙げているのはどれか。　【国家Ⅰ種・平成17年度】

　　AはBにビール10ケースを売却する契約を締結し，当該売買契約においてAが所定の期日にBの住所地にビール10ケースを持参するものとされた。Aは所定の期日にBの住所地に赴き，注文どおりのビール10ケースを提供したが，Bは置き場所が用意できていないとして受け取らなかった。Aは仕方なく持ち帰ったが，その後，当該ビールはすべて割れてしまった。

ア：Aの種類債務の特定は生じていない。

イ：Aの債務は履行不能となる。

ウ：当該ビールの保管に係るAの注意義務は軽減される。

エ：Aの重過失によって当該ビールがすべて割れてしまった場合でも，BはAに対して損害賠償を請求することができない。

オ：不可抗力によって当該ビールがすべて割れてしまった場合には，Bの代金債務は消滅する。

1　ア，ウ

2　ア，エ

3　イ，ウ

4　イ，オ

5　エ，オ

No.7 特定物または種類物に関する次の記述のうち，妥当なのはどれか。

【地方上級（全国型）・平成27年度】

1　特定物であっても種類物であっても，契約時に所有権が移転する。

2　特定物の引渡債務者は，当該特定物を引き渡すまでは自己の財産と同一の注意義務を負う。

3　特定物の引き渡し場所は，債権者の住所である。

4　種類物の引渡債務者は，当該種類物が特定した後でも，当該物を引き渡すまでは自己の財産と同一の注意義務を負う。

5　種類物の範囲にあらかじめ制限をかけた場合は，特定前に物がすべて滅失したときは，履行不能となる。

実 戦 問 題 の <u>解 説</u>

No.1 の解説 債権の一般的特徴 →問題はP.22

1 ✕ **法律に規定のない債権であっても，私人間で任意に創設することができる。**

　　　債権は物権とともに財産権を構成するものであるが，**物権が物を直接支配して利用する権利**であるのに対し，債権は本来の作用としては物権に到達する手段であり，そのために他人に物を給付させることを目的とするものである。すなわち，**債権とは，他人に一定の財産上の行為を請求することを内容とする権利**である。

　　　ここから，物権と債権の違いや特徴が現れる。

　　　まず，本肢は物権についての説明であり，物権は物を直接支配する権利であるから，支配する物やその内容などを私人が勝手に創設することは，財産秩序に混乱を生じることになるので許されない。**どのような物にどのような支配権を創設できるかは，法律によって統一基準として規定されていなければならない**（175条，**物権法定主義**）。

　　　これに対して，債権は他人に一定の行為を請求する権利であり，その態様はさまざまであるから，これを統一基準として規定する必要はないし，またそれをしなくても財産秩序に混乱を生じることもない。したがって，**法律に規定のない債権を新しく任意に創設することは認められる。**

2 ◎ **債権では，物権と異なり，権利内容などを公示する必要はない。**

　　　妥当である。物権の場合は，物を直接支配して利用する権利であるから，ある**物に対して誰がどのような権利を有しているかを公示しておかないと，取引の安全を図れない。**公示はそのために必要とされるものである。

　　　しかし，債権は他人に一定の行為を請求する権利である。近代法のもとにおいては，他人の行為を支配することは認められないから，複数の請求が重複した場合でも，そのうちのどれを履行するかは債務者の判断に委ねられ，履行されなかった債権者に対しては損害賠償で対処するしかない。そのため，あえて公示する実益がないことから，公示は必要とされていない。

3 ✕ **債権は，債務者の承諾がなくても譲渡できるのが原則である。**

　　　債権は，他人に一定の行為を請求する権利である。そして，請求される側としては，なすべき行為の内容は確定しているのであるから，**原則として誰に請求されようと，その行為内容は同じである。**そうであれば，たとえば「特定の画家に肖像画を描いてもらう」といった特殊な場合などを除いて，債務者の承諾がなくても自由にこれを譲渡できるのが原則である。

4 ✕ **同一物に両立しえない物権と債権が競合する場合，物権が債権に優先する。**

　　　これは，たとえば，A所有の甲土地上にBが物権である地上権を設定し，同じ甲土地上にAがCに債権である賃借権を設定したというような場合である。

　　　物権は物を直接支配する権利であるから，地上権者Bはその土地を**排他的に支配できる。**したがって，Cが賃借権を根拠に甲土地を利用しようとしても，Bはこれに対して妨害排除請求ができ，Cの土地利用を阻止することが

できる。物権が債権に優先するとは，そのような意味である。

5 ☒ **債権の優劣は時間の先後により判断されるわけではない。**

　　　肢2で説明したように，近代法のもとにおいては，他人の行為を支配する
ようなことは認められないから，複数の請求が重複した場合でも，そのうち
のどれを履行するかは債務者の判断に委ねられる。時間の先後によるもので
はない。

⚡ No.2 の解説　債権の性質

→問題はP.22

ア ⭕ **物権と異なり，債権には排他性がない。**

　　　妥当である。物権と債権を比較して，「**物権には排他性があるが，債権に
は排他性がない**」といわれる。

　　　まず，物権は物を直接支配する権利であり，同一物に直接の支配ができる
のは1個に限られる。すなわち，その**同じ物の上に同一内容の物権が重複し
て存在することは認められない**。ある物権が存在する場合，権利者は同一内
容の物権の設定を排除することができ，ここから**物権は排他性がある**とされ
る。

　　　一方，**債権は複数の請求が重複した場合でも，そのうちのどれを履行する
かは債務者の判断にゆだねられる**。反面からいうと，債権は重複が可能であ
り，同一内容の債権が併存する事態が存在しうるということである。ここか
ら**債権には排他性がない**とされる。

イ ☒ **特定物引渡債権の債務者には善良な管理者の注意義務が課せられる。**

　　　民法の注意義務には，①**善良な管理者の注意義務**（善管注意義務）と，②
自己物と同一の注意義務という2種のものがある。

　　　それぞれ表現は抽象的だが，たとえていえば，「他人の物ならば慎重に扱
い，自分のものならそれなりの注意を払う」といったようなものである。も
ちろん，なかには，「親が子どもの財産を管理する場合の注意義務は②に軽
減される」などということもある（827条）。①か②かはケース・バイ・ケー
スの判断となる。

　　　そこで本肢であるが，**特定物**とは有名画家の絵画のように代わりがないも
のをいう。法律的に表現すれば，「**当事者がその物の個性に着目して，その
物を債権の目的とすると定めたもの**」とされる。一方，大量生産のビールの
ように代わりの物がある物を不特定物（種類物）というが，両者は代替性の
有無で区別すればよい。そして，特定物では代わりがないのであるから，引
き渡すまではその保管は厳重にしなければならない。すなわち，その注意義
務は，②ではなく①の善管注意義務である。

　　　なお，両者について，条文を参考として挙げておく。

善管注意義務	298条（留置権者による留置物の保管），400条（特定物の引渡しの場合の注意義務），644条（受任者の注意義務）
自己物と同一の注意義務	413条1項（受領遅滞後の保存義務），659条（無償受寄者の注意義務），827条（親権者の財産管理の注意義務），918条（相続財産の管理），926条（限定承認者による財産管理），940条1項（相続の放棄をした者による財産管理），944条1項（財産分離の請求後の相続人による財産管理）

ウ✕ 履行について確定期限があるときは，期限到来時から遅滞の責任を負う。

　持参債務とは，債務者が目的物を債権者の住所等に持参して履行する債務のことである（484条1項）。

　履行の方法には，次のような3つのものがある。まとめておこう。

持参債務	債権者の住所まで目的物を持参して履行する債務
取立債務	債権者が債務者の住所に取り立てに行く債務
送付債務	債権者・債務者の住所ではない第三地に送付する債務 例：親がネット購入した品を子どもの住所に送ってもらう

　このうち，**原則**は「払うから取りに来てほしい」（取立債務）ではなく，**「支払いに伺います」（持参債務）である。**本肢は，そのうちの原則のほうで，確定期限がある債務の遅滞の時期であり，これは期限到来時である（412条1項）。→**必修問題選択肢1**

エ○ 金銭債務では，不可抗力を理由とする債務不履行の主張は認められない。

　妥当である（419条3項）。社会の一般的交換手段である金銭は，その性質上，常に履行が可能であるとされ，不可抗力の主張は認められていない。

オ✕ 金銭債務の強制履行は，直接強制によって行われる。

　強制履行（強制執行）の方法には次の3つがある（414条1項）。直接これだけが問題となることはないが，用語と簡単な内容だけは確認しておこう。

直接強制	執行機関が実力で債務内容を直接に実現する執行方法
代替執行	債務者以外の者が代わって債務内容を実現し，その費用を債務者に負担させる執行方法
間接強制	債務者に一定額の金銭の支払いを命じ，その負担の圧迫によって債務内容を実現する方法

　このうち，**金銭債務の強制履行は直接強制によって行われる。**具体的には，たとえば債務者の不動産を差し押さえて競売にかけ，その売却代金から債務額を債権者に配当するなどである（民事執行法43条以下）。

　以上から，妥当なものは**ア**と**エ**であり，正答は**2**である。

No.3 の解説　債務不履行

1 ✕ 期間計算で，初日は算入されない。

　本問の契約期間は，平成22年４月１日から３か月間となり，履行期は同年６月30日となる。したがって，６月30日までに返済しなければ，Ｂは履行遅滞の責任を負う。

　まず起算日については，「日，週，月または年によって期間を定めたとき」は，**その期間が午前零時から始まるときを除いて，期間の初日は算入されない**（140条）。なぜなら，本問のように，初日は半日しか借りていないのに，その日を算入させて丸１日分の利息を支払わせるというのは不合理だからである。したがって，本問の契約の起算日は平成22年４月１日になる。そして，契約では「３か月後の返済」とされているので，月の初めからの期間計算の場合，返済日は６月末日（30日）となる（143条１項）。

2 ✕ 不確定期限付の契約では債務者が期限到来を知った時などから遅滞となる。

　「人の死」はいつ到来するか不明だが確実に到来するので，本肢の契約は**不確定期限が付された契約**となる。そして，不確定期限が付された契約においては，期限到来後に履行の請求を受けた時，または債務者が期限の到来を知った時（本肢では，Ａの父親が死亡したことを債務者であるＢが知った時）のいずれかの早い時から履行遅滞となる（412条２項）。

3 ✕ 停止条件付の契約では，条件成就後に請求を受けた時から遅滞となる。

　条件とは，その成否が不確実なものであるから期限を定めることができない。なぜなら，条件は成就しないかもしれないからである。そのため，**停止条件付の契約は期限の定めのない契約（債務）**となる。

　そして，期限の定めのない債務では，いつ履行すべきかが決まっていないので，債権者が債務の履行を欲する意思が債務者に通知された時点，すなわちＢがＡから**履行の請求を受けた時点で履行期が到来**し，その時点からＢは遅滞に陥るとされる（412条３項，なお，本肢では条件が成就していることが前提）。

4 ✕ 損害賠償の利率の約定がなければ，法定利率に基づいて賠償額を支払う。

　法は，約定がない場合に備えて法定利率を定めている。そして，債務不履行による損害賠償の額は，約定利率がある（かつ法定利率を上回る）場合はその約定利率により，それがなければ法定利率（404条２項以下）によって定める（419条１項）。

5 ◎ 金銭債務では，不可抗力を理由とする債務不履行の主張は認められない。

　妥当である（419条３項）。社会の一般的交換手段である**金銭**は，その性質上，**常に履行が可能であるとされ，不可抗力の主張は認められていない**。

　なお，天災などで金融システムがストップしたときに，一時的に支払猶予の緊急措置が取られることがあるが，これはあくまで法定外の非常措置であり，民法の原則は「不可抗力の主張を認めない」である。

No.4 の解説　債務不履行による損害賠償 →問題はP.24

1 ✕ 債務不履行では，過失相殺で債務者の責任すべてを免れさせることも可能。

　債権者の過失によって債務そのものの履行ができなかったような場合には，その責任はもっぱら債権者の側にある。そのような場合には，公平の見地から，債務者の賠償責任を否定することも認められる。

→必修問題選択肢5

2 ◎ 損害賠償は，別段の意思表示がなければ金銭賠償が原則とされる。

　妥当である。金銭のほうが速やかに損害の補てんを行うことができることから，金銭賠償が原則とされている（417条）。

3 ✕ 履行不能と同一の原因で債務者が得た利益について代償請求権が認められる。

　本肢の「債務者が，その債務の行が不能となったのと同一の原因により債務の目的物の代償である利益を取得した」とは，たとえばAB間でAが所有する建物をBに売却する契約を締結したが，引渡しまでの間に隣家からの類焼により（つまり債務者Aに帰責事由がなく）建物が滅失してしまった。ただ，Aは火災保険をかけていたので，その保険金を受領したなどという場合である。

　判例は，「履行不能を生ぜしめたと同一の原因によって，債務者が履行の目的物の代償と考えられる利益を取得した場合には，公平の観念にもとづき，債権者において債務者に対し，**履行不能により債権者が蒙った損害の限度において，その利益の償還を請求する権利を認めるのが相当**」であるとする（最判昭41・12・23）。

　つまり上例の場合には，売主Aが受け取った保険金の額の償還を請求できることになる。したがって，本肢は後半が誤りで，債権者は，「その受けた損害の額の限度において」償還請求ができるにすぎない。

　このような代償請求権については，2020年施行の改正民法422条の2に規定されたが，判例はこの権利は公平の観念から認められるもので，危険負担に関する536条2項の規定（＝「この場合において，自己の債務を免れたことによって利益を得たときは，これを債権者に償還しなければならない」）は，その法理の表れであるとする（同前判例）。

4 ✕ 違約金は賠償額の予定なので，債務不履行では違約金のみを支払えばよい。

　債務不履行では，その効果として損害賠償の請求が認められているが，その額の算定に当たっては，実際にどこまでの損害までを請求できるのかが問題になることが多い。場合によっては，裁判で何年も争うということにもなりかねない。そのため，継続的取引などの場合には，**紛争に費やす手間や費用負担を避ける**意味で，事前に当事者間で「経験則からいけば，およそこのくらいが損害額だろう」などと，賠償額を予定しておくことが行われる（420条1項）。**これが本肢にいう違約金である**（同条3項）。

　すなわち，本肢では，**債務者は違約金を支払えば足り，現実に発生した損**

害賠償額を考慮する必要はない。

5 ☒ **特別損害については，予見すべきであった場合に損害賠償の対象となる。**

　　　損害賠償の対象となるのは，原則として通常損害に限られる（416条1項）。特別損害は，予見すべきであった場合に限って賠償請求の対象となる（同条2項）。→必修問題選択肢4

No.5 の解説　債務不履行　→問題はP.25

ア ◯ **不法行為の損害賠償債務は，損害の発生と同時に遅滞に陥る。**

　　　妥当である。**不法行為に基づいて発生した損害賠償債務**は，あらかじめ期限を定めて「この日までに払うように」などというものではない。つまり，それは**期限の定めのない債務**である。そして，期限が定められていないということは，直ちに履行すべきという意味である。そうすることによって，被害の速やかな救済を図ることができる。

　　　判例は，不法行為に基づく「**賠償債務は，損害の発生と同時に，なんらの催告を要することなく遅滞に陥る**」とする（最判昭37・9・4）。

イ ☒ **量産品であっても，不具合があれば，買主は商品の取換え請求もできる。**

　　　本肢は量産品という不特定物の売買の事例であるが，不特定物であっても，**本来有しているはずの性能を有していない場合には，債務不履行として，債務の本旨に従った履行の請求ができる**。この場合，修理で対処できなければ，売主に対して新たなスピーカーの給付を請求することもできる。

　　　判例は，「債権者は受領後もなお，取替ないし追完の方法による完全な給付の請求をなす権利を有する」とする（最判昭36・12・15）。

ウ ☒ **金銭債務不履行の賠償額は，約定または法定利率の損害額に限られる。**

　　　判例は，「民法419条によれば，**金銭を目的とする債務の履行遅滞**による損害賠償の額は，法律に別段の定めがある場合を除き，約定または法定の利率により，債権者はその損害の証明をする必要がないとされているが，その反面として，**たとえそれ以上の損害が生じたことを立証しても，その賠償を請求することはできない**ものというべく，したがって，債権者は，金銭債務の不履行による損害賠償として，債務者に対し弁護士費用その他の取立費用を請求することはできない」とする（最判昭48・10・11）。

エ ◯ **継続的契約で，市場価格が下落しても信義則上引取義務がある場合がある。**

　　　妥当である。判例は，売主が，契約期間を通じて採掘する鉱石の全量を買主に供給する契約において，「信義則に照らして考察するときは，売主は約旨に基づいてその採掘した鉱石全部を順次買主に出荷すべく，買主はこれを引き取り，かつ，その代金を支払うべき法律関係が存在していた」として，**鉱石市況の悪化を理由に買主が契約期間内に採掘した鉱石を引き取らないことは，信義則に反し債務不履行となる**とする（最判昭46・12・16）。

オ ☒ **契約締結に先立つ説明義務違反は，後の契約での債務不履行とはならない。**

　　　判例は，説明義務違反と，後に締結された契約上の義務の違反とは異なる

として、「相手方が当該契約を締結したことにより被った損害につき、不法行為による賠償責任を負うことがあるのは格別，当該契約上の債務の不履行による賠償責任を負うことはない」とする（最判平23・4・22）。

その理由として，同判決は，「契約締結の準備段階において，信義則上の義務が発生するからといって，その義務が当然にその後に締結された契約に基づくものであるということにならない」と述べている。

以上から，妥当なものは**ア**と**エ**であり，正答は**2**である。

No.6 の解説　受領遅滞 → 問題はP.26

ア✕ 種類物で，債務者が物の給付に必要な行為を完了すれば特定を生じる。

ビールは，同種の物の一定数量の引渡しが債権の目的となっているので，種類物である。そして，**種類物では，債務者が物の給付をするのに必要な行為を完了したときは，以後その物が債権の目的物となる**（401条2項，**種類債権の特定**）。本問の事案では，AはBとの約束どおり，ビール10ケースをBの住所地に持参しており，Aとして給付に必要なことはすべて行っている。したがって，特定は生じている。

イ◯ 種類物が特定を生じた後に，その物が滅失した場合は履行不能となる。

妥当である。本件では，特定は生じているので，B宅に持参し，提供した物のみが給付の目的物となる。その物がすべて割れてしまったのであるから，Aの債務は履行不能となる。

ウ◯ 受領遅滞以降は，債務者は自己物と同一の注意義務で保管を行えばよい。

妥当である（413条1項）。Aは，債務の本旨にしたがって誠実に弁済の提供を行っている。したがって，受領遅滞以降は善管注意義務のような高度の注意義務を課すのは酷であり，保管は自己の物と同一の注意義務で行えば足りる（400条）。

善管注意義務を尽くさなかったことによって目的物になんらかの損害が生じたとしても，それはBが約定通りに受領していれば避けられた損害であるから，責任を売主に転嫁することは許されない。

エ✕ 受領遅滞後でも，債務者の重過失による破損には賠償請求が可能である。

受領遅滞によって売主の注意義務は軽減されており，軽過失については責任を負わない。しかし，**重過失は故意と同視される**ほどに重い過失である。売主には自己の物と同一の注意義務が課されており，自己の物よりも乱雑に扱うような重い過失については，責任を負わなければならない。したがって，BはAに損害賠償を請求できる。

オ✕ 受領遅滞後に不可抗力で目的物が滅失しても，代金債務は消滅しない。

Aが所定の期日にBの住所地に赴いて，注文どおりのビール10ケースを提供した際に，Bがこれを受領していれば，Aは代金を受け取れたはずである。ところがBは受領しなかったというのであるから，**受領遅滞後の不可抗力による目的物の滅失の責任を負うのは買主B**でなければならない。したが

って，Bの代金債務は消滅せず，AはBに代金を請求できる（567条2項）。
以上から，妥当なものは**イ**と**ウ**であり，正答は**3**である。

No.7 の解説 特定物または種類物 →問題はP.26

1 ✕ **特約がなければ，特定物は契約時に，種類物は特定時に所有権が移転する。**

特定物とは，当事者がその物の個性に着目して，その物を債権の目的とすると定めたもののことである。絵画や中古車のように「代わりがない物」は特定物の例である。一方，**不特定物**とは特定物以外のもの，すなわちビールなどの大量生産品のように代替性のある物をいう。

特定物の場合は，特約のない限り契約時に所有権が移転する（176条）。これに対して，種類物の場合は，特約のない限り特定（401条2項）を生じた時点で所有権が移転する。

ここで特定とは，①債務者が物の給付をするのに必要な行為を完了するか，または，②債権者の同意を得てその給付すべき物を指定したことをいう（同条項）。なお，明文にはないが，③両当事者が合意してその物を給付すべき物と決めた場合にも特定が生じるとされる。そして，**特定が生じると，以後その物が債権の目的物となる（特定物債権に変わる）。**

つまり，ビールの注文であれば，特定を生じると，債務者はその物だけを注意して保管すればよく，たとえ不可抗力でその物が滅失しても代わりの物を用意する必要はないということである。

これは，債務者としては為すべきことをすべて行っている，あるいはその物を目的物とすると決めた以上は，その物の管理だけをしっかり行えば債務者が責任を負わされることはないという趣旨である。

2 ✕ **特定物の引渡債務者は，引渡しまでは善管注意義務を負う。**

やがて他人の物となるものを引渡しまでの間，一時的に預かっているのであるから，債務者は自己物と同一ではなく丁寧に保管しなければならない。すなわち，**注意義務の程度は善良なる管理者の注意義務**（善管義務）である（400条）。

3 ✕ **特定物の引渡場所は，債権発生時にその物が存在した場所である。**

特定物の引渡しは，別段の意思表示がなければ，債権発生時にその物が存在した場所において行うべきものとされる（484条1項）。

これは，土地の取引をイメージするとわかりやすい。土地は特定物であるが，その引き渡し場所はその土地の所在地である。なお，絵画などの個性がある物も特定物であるが，当事者で合意すれば（つまり別段の意思表示があれば），買主の自宅を引き渡し場所とすることはもちろんかまわない。

4 ✕ **種類物も，特定後には，善良な管理者の注意をもって保管することを要する。**
→選択肢1

5 ◎ **制限された範囲の物がすべて滅失すれば，債務は履行不能となる。**

妥当である。「種類物の範囲にあらかじめ制限をかけた」とは，たとえば

種類物が隣接するAB2つの倉庫に保管されているという場合に、「A倉庫の中の商品から選ぶ」と決めたような場合である（**制限種類債権**という）。

引渡しの目的物がA倉庫内の商品に限られるため、近隣からの延焼でA倉庫だけがすべて焼失してしまったような場合には、債務は履行不能となる。

必修問題

　民法に規定する債権者代位権に関する記述として，判例，通説に照らして，妥当なのはどれか。　　　　　【地方上級（特別区）・平成25年度改題】

1　債権者は，その債権の期限が到来しない間は，代位権を行使することができず，時効の更新などの保存行為についても，代位権を行使することはできない。

2　債権者代位における債権者は，債務者の代理人として債務者に属する権利を行使することができるが，自己の名においてその権利を行使することはできない。

3　債権者が，特定物に関する債権を保全するため代位権を行使するためには，金銭債権を保全するために代位権を行使する場合と同様に，債務者が無資力であることが必要である。

4　最高裁判所の判例では，債務者がすでに自ら権利を行使している場合であっても，その行使の方法または結果が債権者にとって不利益になる場合には，債権者は代位権を行使することができるとした。

5　最高裁判所の判例では，債権者が債務者に対する金銭債権に基づいて債務者の第三債務者に対する金銭債権を代位行使する場合においては，債権者は自己の債権額の範囲においてのみ債務者の債権を行使しうるとした。

難易度　＊＊

必修問題の解説

　債権は，特定の人（債務者）に対して一定の行為を要求する権利である。したがって，その性質上，当該特定人以外の者には何らの要求もできないのが原則である。しかし，この原則を貫いたのではいかにも不都合という事態が生じることがある。

　一つは，債務を履行するために必要な財産（責任財産）を確保できるのに，債務者がこれを怠っている場合（消極的行為）。もう一つは，債務者が責任財産を故意に減らして，債権者が強制執行してきてもそれが不発に終わるようにする場合（積

極的行為）である。

　本来，債務は，信義に基づいて誠実に履行されるべきものである。そのため，債務者がこれを不当に怠っているこれら２つのケースでは，法も債務の履行に必要な範囲で，第三者に不当な干渉にならないように配慮しながら，例外的に債権者による第三者への関与行為を認めている。

　これらのうち，前者すなわち消極的場合に対処するのが債権者代位権，後者すなわち積極的場合に対処するのが詐害行為取消権である。そして，両者を併せて債権の対外的効力と呼ぶ。

　本テーマでは，両者のうち，まず消極的な行為について扱い，積極的行為については次の「詐害行為取消権」で扱うことにする。

1 ✕ 保存行為は，弁済期前でも代位権を行使できる。

　債権者代位権は，債権の弁済期が到来していない間は行使できないのが原則である。たとえば，ＡがＢに，またＢがＣにそれぞれ100万円の金銭債権を有しているという場合，Ｂ→Ｃの債権の弁済期が到来していても，Ａ→Ｂの債権の弁済期が到来していなければＡはＢ→Ｃの債権を代位行使できない。なぜなら，**Ａ→Ｂの債権の弁済期が到来するまではＢは弁済する義務はない**し，また，弁済資金を別途準備できるアテがあれば，Ｂ→Ｃの債権をあえて代位行使させる必要はないからである（特に，Ｂが恩義のあるＣに無理して返さなくてもよいなどと思っている場合は無用の介入になる）。

　これに対して，**弁済期前に代位行使を認めないと弁済が危うくなるという場合**には，代位権行使を認める必要がある。そこで，無用な介入にならないように配慮しつつ，法が認めたのが**保存行為**である（423条２項但書）。

　なぜかというと，債権保全の必要性と不要な介入にならないという両要件をともに満たすからである。保存行為は，「Ａ→Ｂの債権の弁済期までの間にＢ→Ｃの債権が時効にかかりそうだ」という場合にＡが代位して時効更新措置をとることがその例。

2 ✕ 債権者代位権は債権者が自己の名で行使するものである。

　債権者代位権は，債権者の利益のために認められたものであって，**債権者自身の権利**である。したがって，債権者は自己の名で自己の権利としてこれを行使する。債務者の利益のためではないから，債務者の代理人として行使するわけではない。

3 ✕ 金銭債権以外を被保全債権とする場合には，債務者の無資力は必要でない。

　債権者代位権は，本来は金銭債権の弁済確保を予定した制度である。その場合，**代位権の行使には債務者の弁済資力が十分でないこと（無資力という）が要件とされる**。選択肢**1**の例でいえば，Ｂに100万円の預貯金があれば，それを差し押さえればよく，あえてＢ→Ｃの債権を代位行使する必要はないということである。

　では，金銭債権以外の債権が履行されない場合に代位権が使えないかとい

うとそうではない。たとえば，不動産がX→Y→Zと順に譲渡されたが，Xがに登記を移さず，Yもそれを放置しているという場合には，ZはYに代位してXに登記をYに移すよう求めることが必要になる。このような場合でも，**Xの登記義務の履行を確保する必要性は金銭債権の場合となんら異ならない。**そのため，**債権者代位権**が認められる（423条の7）。

　その場合，金銭債権と異なり，債務者の無資力は要件とならない。上例でいえば，Yにどれだけ資産があるかは問題ではなく，Xに対する登記請求権をYが行使しないことが問題だからである。

4 ✕ **債務者が自ら権利を行使していれば，債権者代位権は行使できない。**

　債務者がすでに自ら権利を行使している場合には，その行使の方法や結果が債権者に不利益になる場合であっても，債権者代位権は行使できない（最判昭28・12・14）。

　債権者代位権は，債務者が権利行使を怠っている場合に行使できるものであって，債務者が権利を行使していれば代位権は行使できない。

5 ◎ **行使の範囲は，債権者の債権額を限度とする範囲に限られる。**

　妥当である（最判昭44・6・24，平成29年改正により成文化―423条の2）。たとえば下の図でいえば，Aは，C→Dの500万円の債権のうち300万円しか代位行使できない。BがC→Dの債権を行使するかどうかわからないので，**自己の債権額を超える代位権行使は無用な干渉になる**からである。

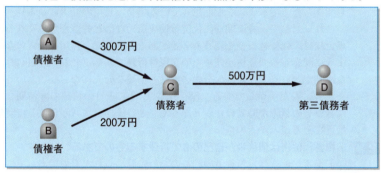

正答 **5**

FOCUS

　債権者が債務者の権利を代わって行使するということは，感覚的にはイメージしにくいかもしれない。しかし，民法は，債務者に弁済の責任を果たさせるために，債権者に代位行使の権利を認めている。まずこの点をしっかりイメージしておこう。債権者代位権で出題される範囲は限られているので，イメージさえできればそれほど難しくはない。

重要ポイント **1** 債権者代位権（さいけんしゃだいいけん）の意義・要件

（1）意義

①債権者は，債務者が責任財産（弁済の責任を果たすための財産）の保全を怠っている場合には，債務者に代わって債務者の権利を行使できる。これを債権者代位権という。

②債権者代位権は，総債権者のための責任財産の保全を目的とした制度であり，特定の債権者の債権の保全を目的とした制度ではない。ただし，現実には特定の債権者の債権の保全のためにこの権利が行使されており，判例・通説もこの結果を承認している。

③債権者代位権は，本来は金銭債権の履行確保を目的とした制度であるが，その有用性から，金銭債権以外の債権についてもこれを行使することが認められている。

（2）要件

①債務者が自ら権利を行使しないことが必要である。債務者が権利を行使していれば，それが債権者に不利益であっても代位権の行使はできない。

②債権者は，債務者に対して第三債務者への権利行使を催告することなく，代位権を行使できる。

③債権者の債権は，原則として弁済期が到来していなければならない。代位行使される債権（被代位権利）の履行期が到来した時点では，債務者に弁済のための十分な資力がなくても（無資力），被保全債権（債務者による履行を確保する必要がある債権，すなわち，債権者が債務者に対して有している債権）の履行期までの間に資力が回復する場合もあるので，無用な干渉を避ける趣旨である。例外として，保存行為の場合には，弁済期前でも代位権を行使できる。保存行為の例としては，時効の更新や保存登記などがある。

④第三債務者は，代位権の行使によって弁済期前の弁済を強制されるいわれはないので，債務者の債権も弁済期が到来していなければならない。

⑤金銭債権を被保全債権とする場合には，債務者の無資力が必要であるが，金銭債権以外の債権を被保全債権とする場合には，債務者の無資力は必要でない。

⑥第三債務者が抗弁を有していても，代位権の行使は可能である。

（3）代位行使の対象となる権利

①行使上の一身専属権（いっしんせんぞくけん）など一部の例外を除いて，財産的権利は広く代位行使の対象となる。したがって，登記請求権（不動産がA→B→Cと譲渡されたが，登記がいまだAのもとにあり，BがAに移転登記を請求しない場合におけるBのAに対する移転登記請求権をCが代位行使する）や取消権，解除権なども代位行使が可能である。

②代位行使が認められない行使上の一身専属権とは，権利行使をするか否かが権利者の自律的判断にゆだねられているものをいう。これには，人格権侵害による慰謝料請求権や扶養請求権などがある。

③人格権侵害に伴う慰謝料請求権や離婚に伴う財産分与請求権なども，それが行使

されて金額が確定した場合には，それ以降は履行の問題を残すだけであるから，代位権の対象となる。

重要ポイント **2** 債権者代位権の行使方法・範囲

（1）行使方法

①代位権は，債権者が自己の名で行使するものであり，債務者の代理人として行使するものではない。

②代位権の行使として第三債務者に対して物の引渡しを求める場合には，債権者は直接自己へ引き渡すよう請求することができる。

③賃借人が賃貸人の有する妨害排除請求権を代位行使する場合，賃借人は不法占拠者に対して目的物を直接自己へ明け渡すよう請求できる。

④第三債務者は，債務者に主張できるすべての抗弁を代位債権者に主張できる。

⑤代位債権者が第三債務者に対して主張できる事由は，債務者が有する主張事由に限られ，債権者が独自に第三債務者に対してなんらかの主張事由を有していても，それを代位権の行使に際して主張することは認められない。

（2）行使の範囲

①行使の範囲は，債務者が第三債務者に対して有している債権額全額ではなく，そのうちの債権者の債権額を限度とする範囲に限られる。このことは，代位債権者のほかに，債務者に対して債権を有する者がいる場合も同様である。

　　また，他の債権者が債権を行使することが明らかでも，その債権者は独自に自己の債権額の範囲で代位権を行使すればよく，代位債権者がその者の分を含めて代位権を行使する必要はない。

②金銭債権以外の債権（特定債権）の保全を目的とする場合には，その債権の保全に必要な範囲で代位権を行使しうる。

重要ポイント **3** 債権者代位権の行使の効果

①代位権行使の効果は，すべて債務者に帰属する。すなわち，第三債務者の債務は消滅し，弁済として債権者が受領した物は債務者に帰属する。

②債権者は，第三債務者から受領した物を直接自己の弁済に充てることはできない。しかし，これを自己の債権と相殺して，事実上弁済を受けたのと同様の結果を生じさせることはできる。

③代位のために要した費用については先取特権の成立が認められ，その費用について，代位債権者は他の債権者に先立って優先弁済を受けることができる。

実戦問題 ① 　基本レベル

No.1 　債権者代位権に関する次の記述のうち，妥当なのはどれか。ただし，争いのあるものは判例の見解による。　　　　　　　　　　　【国税専門官・平成22年度】

1 　債権者が債権者代位権の行使によって債務者の第三債務者に対する金銭債権を行使する場合，債務者への金銭の引渡しを求めることはもちろん，債権者自身への直接の引渡しを求めることも認められる。

2 　債権者が，自己の有する500万円の金銭債権を保全するために債務者の有する1,000万円の金銭債権を代位行使する場合，代位行使することができる金額は1,000万円全額であり，被保全債権である500万円に限定されない。

3 　債権者代位権は債権者の債権の引当てとなる債務者の責任財産を保全するための制度であるから，被保全債権は金銭債権であることが必要であり，金銭以外の債権を保全するために用いることは認められない。

4 　債権者代位権は裁判上でのみ行使することができ，裁判外で行使することは認められない。

5 　債権者代位における債権者は債務者の債権を代位行使するにすぎないから，自己の名で権利行使することは認められず，あくまで債務者の代理人としての地位に基づきこれを行使することができるにとどまる。

No.2 　民法に定める債権者代位権に関する記述として，妥当なのはどれか。

【地方上級・平成14年度】

1 　代位権の行使は，債権者が債務者の代理人として債務者の権利を行使するものであって，債権者が自己の名において行使するものではない。

2 　債務者がすでに自ら権利を行使している場合であっても，その行使の方法が不適切であって債権の保全が図られないときは，債権者は債権者代位権を行使することができる。

3 　土地の賃借人は，賃借権を保全するために，土地の不法占拠者に対し，賃貸人に代位して妨害排除請求権を行使することができるが，この場合には債務者である賃貸人が無資力であることは要件とならない。

4 　債権者代位権の客体には，債務者に属する権利が広く認められ，債務者の行使上の一身専属権であっても財産的意義を有するものであれば対象になる。

5 　債権者は，代位権の行使として第三債務者から物の引渡しを求める場合，直接自己に引き渡すよう請求することはできず，債務者に引き渡すよう請求しなければならない。

No.3 債権者代位権に関する次の記述のうち，妥当なものはどれか。ただし，争いのあるものは判例・通説の見解による。 【地方上級（全国型）・平成22年度】

1 債権者代位権は，裁判によって行使しなければならず，裁判外では行使することができない。

2 第三債務者は，債務者に対して有する抗弁を，代位行使する債権者に対しては抗弁として主張することができない。

3 名誉毀損による慰謝料請求権は，一身専属的な権利であるため，その具体的な金額が当事者間において客観的に確定した場合であっても，債権者代位権の対象とはならない。

4 債権者代位権の行使は，債権者が債務者の代理人としてそれを行使するものではなく，債権者が自己の名において債務者の権利を行使するものである。

5 債権者が債務者に対して有する金銭債権に基づいて，債務者の第三債務者に対する金銭債権を代位行使した場合には，直接，自己へ金銭の支払いを請求することができない。

No.4 民法に規定する債権者代位権に関する記述として，妥当なのはどれか。
【地方上級（特別区）・平成22年度】

1 最高裁判所の判例では，債務者が既に自ら権利を行使しているとき，その行使の方法または結果が不十分，不誠実，不適切な場合には，債権者は，債務者を排除し，または債務者と重複して債権者代位権を行使することができるとした。

2 最高裁判所の判例では，名誉の侵害を理由とする慰謝料請求権は，具体的な慰謝料金額が当事者間において客観的に確定した場合であっても，行使上の一身専属性を失うことはないとした。

3 最高裁判所の判例では，債権者が債務者に対する金銭債権に基づいて債務者の第三債務者に対する金銭債権を代位行使する場合，債権者は，総債権者の利益のために自己の債権額を超えて代位権を行使しうると解すべきであるとした。

4 時効の中断や未登記の権利の登記などの保存行為については，被保全債権の弁済期がまだ到来していなくても，裁判所の許可を受ける必要なく代位権を行使することができる。

5 債権者代位権の行使の対象となるものは，代金請求権，損害賠償請求権等の請求権であり，物権的請求権である登記請求権や取消権，解除権のいわゆる形成権は含まれない。

実戦問題 **1** の<u>解説</u>

No.1 の解説 債権者代位権　　　　　　　　　　　　　　　　→問題はP.41

1 ◎ **代位債権者は，直接自己へ金銭を引き渡すように第三債務者に請求できる。**

　　妥当である。たとえば，Aを債権者，Bを債務者として，Bが第三者Cに債権を有している場合，Aから見てCを**第三債務者**と呼ぶ。今，仮にAのBに対する債権が100万円で，BのCに対する債権も100万円であるとすると，Bが手持ち資金を持たず弁済資力を有しない場合，本来であれば，BはCから取り立ててAに弁済すべきである。ところが，Bが「どうせAに持って行かれるなら面倒な取立てなどしない」として何もしないという不誠実な行動をとる場合，法は，BのCに対する債権をAが行使することを認めている（423条1項本文）。

　　その場合，CがBへの支払いに応じても**Bが受領しないことがある**ため，判例は，AはCに対して**直接自己へ金銭を引き渡すように請求できる**としている（大判昭10・3・12，平成29年改正により成文化—423条の3）。

2 ✕ **代位行使することができる金額は，債権者の債権額の範囲に限定される。**

　　債権の性質からすれば，本来は認められないはずの第三債務者への請求を例外的に認めるのであるから，請求の範囲は，債権者の債権額の範囲に限定される（最判昭44・6・24，423条の2）。**→必修問題選択肢5**

　　債権者は，第三債務者から受領した金銭と自己の債権額を相殺して債権の満足を得られるので（この相殺を禁止する手段はない），債権者の保護としては，それで十分だからである。

3 ✕ **金銭以外の債権を保全するためにも，代位行使が認められている。**

　　いわゆる**債権者代位権の転用**である（大判明43・7・6）。

　　金銭債権以外でも，債務者が権利行使を怠り，その結果債権者が債権の満足を得られないという場合には**代位行使を認めるのが合理的**である（423条の7）。また，それを認めても第三債務者の権利を不当に損なうおそれはない。

4 ✕ **債権者代位権は裁判上で（＝裁判所に申し立てて）行使する必要はない。**

　　代位権の行使は，すでに存在する（つまり要件が整った）**債権を債務者に代わって行使するだけ**であるから，これを認めても第三債務者の権利を不当に害するおそれはない。そのため，原則として裁判上で行使する必要はないとされている。

5 ✕ **債権者代位権は，債権者が自己の名で行使するものである。**

　　代位行使に際して債務者から代理権の授与がなされるわけではなく，債権者は「代理人」となるわけではない。この権利は，法が債権者に直接付与したもので，債権者は自己の名で自己の権利としてこれを行使することになる。**→必修問題選択肢2**

1 ✗ **債権者代位権は，債権者が自己の名において行使するものである。**

→必修問題選択肢2

2 ✗ **債務者がすでに自ら権利を行使している場合には，代位権行使はできない。**

債務者がすでに自ら権利を行使している場合には，その行使の方法が不適切であっても，債権者代位権は行使できない（最判昭28・12・14）。

ここで「行使の方法が不適切」とは，債務者が第三債務者に支払い請求訴訟を提起したが（なお，裁判上でする必要のない代位権行使と混同しないこと。本肢は債務者が自己の債権を行使する場合である），弁護士費用を惜しんで本人訴訟を行い，法的知識の不足によって十分な防御ができず敗訴したなどの場合である。

債権者代位権は，債務者が権利行使を怠っている場合に行使できるもので，債務者が権利を行使していれば代位権は行使できない。

3 ◎ **金銭債権以外を被保全債権とする場合には，債務者の無資力は必要でない。**

妥当である。**妨害排除請求権**などのような金銭債権以外の債権の履行確保を目的として代位権を行使する場合は，債務者は無資力である必要はない（大判昭4・12・16）。

ここで「**無資力**」とは，**無一文という意味ではなく，債権を弁済するのに十分な資力を有していない状態をいう**（そのため，負債が1,000万円で資産が900万円であれば無資力となる）。そして，仮に債権者の債権が金銭債権の場合なら，債務者が無資力状態にあることが代位権行使の要件とされている（大判明39・11・21）。債務者が弁済に必要な資力を有する場合には，債務者の財産に強制執行すればよく，あえて第三債務者への請求を認める必要はないからである。

これに対して，妨害排除請求権など**金銭債権以外の債権の履行を確保する場合**には，「債務者の財産への強制執行」という手段ではその目的は達せられない。そのため，これらの債権の場合には，**債務者の資力の有無は代位権行使の要件とはされていない**。

4 ✗ **債務者の行使上の一身専属権については，代位行使はできない。**

行使上の一身専属権とは，権利行使をするか否かが権利者の自律的判断にゆだねられているものをいう。たとえば，兄弟姉妹は互いに扶養すべき義務があるが（877条1項），この扶養請求権は行使上の一身専属権とされている。そのため，弟が兄からの扶養を受けたくないと思っているのに，弟の債権者が弟に代位して勝手に兄に対して扶養料の支払いを求めるようなことは許されない。

5 ✗ **代位債権者は，直接自己へ物を引き渡すように第三債務者に請求できる。**

→No.1選択肢1

⚡ **No.3 の解説** 債権者代位権

→問題はP.42

1 ✕ **債権者代位権は裁判上で（＝裁判所に申し立てて）行使する必要はない。**

→No.1 選択肢4

2 ✕ **第三債務者は債務者に対して有するすべての抗弁を代位債権者に主張できる。**

　抗弁とは，相手方からの請求に対してその請求を拒絶できる事由のことである。

　代位権は債権者が債務者に代わって権利を行使するものであるが，代位行使されたからといって第三債務者の債務の内容が変化するなどといったことはない。**ただ単に，債務者の代わりに代位債権者が取り立てに来たというにすぎない。そうであれば，債務者に主張できたはずの抗弁は，代位債権者にもすべて主張できるのが道理である。**たとえば，「債務者→第三債務者の債権は売買代金債権であって，商品の引渡しと同時履行だ」などという抗弁（同時履行の抗弁権，533条）である。代位行使だからといって，第三債務者は商品も受け取れずに一方的に代金だけを先に支払わされるいわれはない。

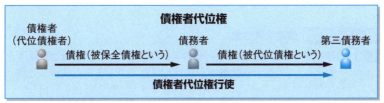

　なお，債権者が行使するのは，あくまでも被代位債権（債務者→第三債務者の債権）であるから，そこで主張できる事由もまた「債務者と第三債務者間で生じた事由」に限られる点に注意しておこう。

　すなわち，第三債務者が債務者に対する抗弁を主張して代位債権者の請求を拒絶したのに対して，代位債権者がたまたま（偶然に）第三債務者に対して，その抗弁を打ち消す（つまり代位債権者からの請求を第三債務者が拒絶できなくなる）なんらかの再反論事由（再抗弁事由）を有していたとしても，それは「債務者と第三債務者間で生じた事由」ではないので，代位債権者がそれを主張することは認められない（最判昭54・3・16）。

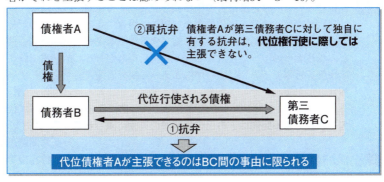

この点は，本問とは直接のかかわりはないが，しばしば出題されているので覚えておこう。→No.7選択肢5

3 ✗ 慰謝料請求権も，具体的な金額が確定すれば債権者代位権の対象となりうる。

名誉毀損による慰謝料を請求するかどうかは，被害者が自らの意思で判断すべきものであるから，その行使は一身専属的な権利といえる。

しかし，**具体的な金額の慰謝料請求権が当事者間で客観的に確定したとき**は，あとは単に加害者の**現実の履行を残すだけ**であって，その受領についてまで被害者の自律的判断にゆだねるべき特段の理由はない。そのため，判例は，そのような場合には，「被害者の主観的意思から独立した客観的存在としての金銭債権となり，**債権者代位の目的とできる**」とする（最判昭58・10・6）。

4 ◎ 債権者代位権は債権者が自己の名で行使するものである。

妥当である。→必修問題選択肢2

5 ✗ 代位債権者は，直接自己へ金銭を引き渡すように第三債務者に請求できる。
→No.1選択肢1

⚡ **No.4 の解説** 債権者代位権 →問題はP.42

1 ✗ 債務者がすでに自ら権利を行使している場合には，代位権行使はできない。

判例は，「債権者代位権の行使は，債務者がみずから権利を行使しない場合に限り許される」として，「債務者がすでに自ら権利を行使している場合には，その行使の方法または結果の良いと否とにかかわらず，債権者は，債務者を排除または債務者と重複して債権者代位権を行使することはできない」と判示している（最判昭28・12・14）。→No.2選択肢2

2 ✗ 慰謝料請求権も，具体的な金額が確定すれば債権者代位権の対象となりうる。

慰謝料請求権を行使するかどうかは本人の判断に委ねられ，他の者が干渉することはできない。その限りで，**慰謝料請求権は行使上の一身専属権**とされる。しかし，**いったん行使して賠償額が固まった場合には，それは一般の金銭債権となんら変わるものではない**から，その段階では行使上の一身専属権ではなくなる（最判昭58・10・6）。→No.3選択肢3

3 ✗ 代位行使の範囲は，債権者の債権額を限度とする範囲に限られる。

自己の債権額を超えて代位権を行使した場合，他の債権者への配分の問題が出てくるが，裁判所が関与して配分するような場合（例：破産手続きにおける債権者への配当）とは異なり，代位債権者が行う私的配分では必ずしも公平性を担保できるとは限らず，かえって債権者間に紛争を生じ，問題が複雑化してしまうおそれがある（また，配当せずに持ち逃げする可能性すらある）。そのようなトラブルを避けるために，**他に債権者がいても，代位債権者が代位できる範囲は，自己の債権額の範囲に限られている**（423条の2）。
→必修問題選択肢5

4 ◎ 保存行為は，裁判所の許可を要することなく，弁済期前に代位行使できる。

妥当である。**保存行為**とは，時効の更新や未登記の権利の登記のような**債務者の利益になる行為**（債務者の権利の消滅や価値の減少などを防ぐ行為）である。債務者の利益になるのであるから，債権者の債権の弁済期到来前であっても代位行使ができ，それについて裁判所の許可を受ける必要もない（423条2項但書）。

◆代位権行使の時期◆

原則	債務者Bに対する債権者Aの債権の履行期が到来していなければならない。
例外	保存行為（履行期が到来していなくても代位行使できる）

5 ✕ 登記請求権や取消権，解除権についても代位行使が認められている。

　行使上の一身専属権や差押えを許さない権利など（例：賃金債権，恩給受給権）を除き，財産的価値を有する権利については広く代位行使が認められている（登記請求権について423条の7）。

　解除権や取消権についても同様で，債務者が結んだ不利な契約を取り消したり解除したりすることによって債務者の資産を回復できることから，代位行使が認められている。

　なお，**形成権**とは，権利者が単独で行う**一方的な意思表示によって法律効果が発生する**（形成される）**もの**である。上記の解除権や取消権などがその例である。

正答　No.1=1　No.2=3　No.3=4　No.4=4

No.5 Aは，Bに対して1,000万円の貸付金債権を有しているが，弁済のないまま弁済期を経過した。Bは，Cに対して2,000万円の売掛金債権を有しているが，その他の財産は協議離婚したDにすべて財産分与した。

この事例に関する次の記述のうち，妥当なのはどれか。

【国税専門官・平成14年度】

1　Aが，Bに対して有する貸付金債権を保全するため，BがCに対して有する売掛金債権をBに代位して行使した場合，Aは，Cから受領した金額を直接自己の債権の弁済に充てることができると解するのが通説である。

2　BがCに対して有する売掛金債権について，Cが同時履行の抗弁権を主張できる場合でも，Aが，Bに対して有する貸付金債権を保全するため，当該売掛金債権をBに代位して行使したときは，CはAに対して同時履行の抗弁権を主張することができない。

3　財産分与は当事者の自由意思にゆだねられるべき身分行為としての性質を有するから，BがDに対して行った財産分与が不相当に過大であっても，詐害行為としてAによる取消しの対象となる余地はないとするのが判例である。

4　BがCに対する売掛金債権の代物弁済として時価300万円の自動車を受け取った場合は，それがAにとって著しく不利益な結果であるとしても，Aは，BのCに対する売掛金債権を代位行使することはできないとするのが判例である。

5　Aは，BがCに対して有する売掛金債権を代位行使したとしても，他にBの債権者がいる場合，それらの者に対しなんら優先的地位を取得するものではないから，その代位のため要した費用についても，Aは他の債権者と平等の立場で配当を受けることができるにすぎない。

No.6 **債権者代位権に関する次の記述のうち，判例に照らし，妥当なものはどれか。** 【国家Ⅰ種・平成7年度】

1　土地の売主が代金の全額を受領しないままに死亡した場合において，その売主の共同相続人の一人が売買の事実を争い，所有権移転登記手続に応じないときは，他の共同相続人は，買主に代位して，登記手続に応じない共同相続人に対する買主の移転登記手続請求権を行使することができる。

2　土地がAからB，BからCの順に譲渡されたが，登記名義が依然Aにある場合には，Cは，Bに対する所有権移転登記手続請求権を保全するために，Bが無資力であるときに限り，Bに代位して，Aに対する所有権移転登記手続請求権を行使することができる。

3　債権者代位権は債務者が無資力である場合に債権者の金銭債権を保全するのが本旨であるほか，賃借人は賃借権に基づいて賃借物の不法占拠者に対して妨害排除を請求しうることから，土地の不法占拠者に対して，当該土地の賃借人が，賃貸人たる土地所有者が有する土地明渡請求権を代位行使することはできない。

4　協議離婚に伴う財産分与請求権は，その具体的内容が家事審判によって定められる前であっても，離婚の届け出がされた以上，一種の財産的請求権としてすでに発生したものといいうるから，かかる財産分与請求権を保全するために，仮装の土地所有権移転登記の抹消登記手続請求権を代位行使することができる。

5　債権者代位権は，債務者が自己の有する権利を行使しないために債権者がその債権の十分な満足を受けられない場合の救済方法であって，債務者の権利につき，一身専属権が除かれるほかはなんらの制限もないことから，金銭債権を代位行使する場合であっても，債務者が無資力である必要はない。

⚡ No.7 　債権者代位権に関する次の記述のうち，判例に照らし，妥当なのはどれか。　　　　　　　　　　　　　　　　　　　　　　　　【国家一般職・平成25年度】

1　土地の売主の死亡後，土地の買主に対する所有権移転登記手続義務を相続した共同相続人の一人が当該義務の履行を拒絶しているため，買主が同時履行の抗弁権を行使して土地の売買代金全額について弁済を拒絶している場合には，他の相続人は，自己の相続した代金債権を保全するため，買主が無資力でなくても，登記手続義務の履行を拒絶している相続人に対し，買主の所有権移転登記手続請求権を代位行使することができる。

2　土地の賃借人は，土地の不法占拠者に対し，対抗力の有無を問わず賃借権に基づく妨害排除請求権を行使して，直接に土地の明渡しを請求することができるから，賃貸人たる土地所有者の妨害排除請求権を代位行使して土地の明渡しを請求することはできない。

3　相続人の遺留分減殺請求権は，財産的価値を有する権利であるから，遺留分権利者が遺留分の放棄の確定的意思を外部に表示したなどの特段の事情がある場合を除き，債権者代位の目的とすることができる。

4　債権者代位権はすべての債権者のために債務者の責任財産を保全するための制度であるから，債権者が債務者に対する金銭債権に基づいて債務者の第三債務者に対する金銭債権を代位行使する場合には，債権者は自己の債権額を超えて債務者の第三債務者に対する債権全額を代位行使することができる。

5　債権者代位訴訟の原告である債権者が，被告である第三債務者が提出した抗弁に対して提出することのできる再抗弁事由は，債務者自身が主張することのできるものに限られず，その再抗弁が信義則に反し権利の濫用として許されないと解されるものを除き，債権者独自の事情に基づくものも提出することができる。

No.8 ** 債権者代位権に関するア～オの記述のうち，判例に照らし，妥当なもののみをすべて挙げているのはどれか。 　　　　　　　【国家総合職・平成30年度】

ア：Aが自ら所有する土地をBに売却し，Bがさらに当該土地をCに売却した場合において，BがAに対し移転登記請求を行わずにいるときは，Cは，Bが無資力であるか否かにかかわらず，自らのBに対する移転登記請求権を保全するため，BのAに対する移転登記請求権を代位行使することができる。

イ：AがBの名誉を侵害した場合において，AB間でAがBに対して一定額の慰謝料を支払う旨の合意が成立したなど，その具体的な金額が客観的に確定しているときであっても，Bの債権者Cは当該慰謝料請求権を代位行使することはできない。

ウ：AがすでにBに対して自らの権利を行使している場合であっても，当該権利の行使が不十分であるときには，Aの債権者Cは，当該権利を代位行使することができる。

エ：AがBに対して100万円の金銭債権を有している場合において，CがAに対して有する債権が50万円の金銭債権であっても，CはAのBに対する100万円の金銭債権全額について代位行使することができる。

オ：金銭債権を債権者代位の目的とする場合には，債権者は，第三債務者に対して，債務者に金銭を給付するよう請求することもできるし，自己に金銭を給付するよう請求することもできる。

1　ア，ウ

2　ア，オ

3　イ，ウ

4　イ，エ

5　エ，オ

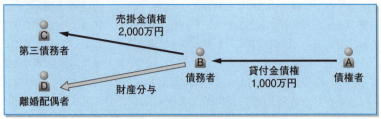

1 ✕ 直接引渡すよう請求はできるが，直接債務の弁済に充てることはできない。

　　代位権行使によって債権者Aが受領した金銭は債務者Bの財産であるから，債権者Aはこれを直接自己の債権の弁済に充てることはできない。

　　法的には，債権者Aが受領した金銭は，債務者Bに代わって一時的に保管しているという状態なので，債権者Aがこれを自己の弁済に充てるには，いったん債務者Bに引き渡したうえで，Bから再度そのお金で支払いを受けるか，あるいは強制執行手続をとることが必要である。

　　ただし，Aは**受け取ったお金と自己の債権とを相殺して**，これによって弁済を受けたのと同様の結果を生じさせることができる。**債権者による相殺を禁止する手段がないため，このような結果を生じさせることはやむをえない**とされている。しかし，債権者Aが相殺を行わずに，受け取ったお金を直接弁済に充当することは認められていない。

2 ✕ 第三債務者は債務者に対して有するすべての抗弁を代位債権者に主張できる。

　　本問では，CはBに対して有するすべての抗弁をAに対して主張できる。同時履行の抗弁権も同様である。**→No.3選択肢2**

3 ✕ 離婚に伴う財産分与に仮託した財産隠しの場合には，取消しの対象となる。

　　離婚に伴う財産分与請求権（768条）は，婚姻中夫に生計をゆだね，もっぱら家事に専念してきた妻が，離婚によってその生存を危うくされることがないようにする趣旨で認められた権利である。すなわち，この権利には**離婚後の妻の生存を保障する**という意味が含まれる。そのため，債務者Bが妻に財産を分与したために他の債権者への支払いができなくなったという場合でも，債権者はこれを詐害行為として取り消すことはできないとされている。

　　しかしながら，**財産分与がその本来の趣旨に反し，これを抜け道として利用する意図でなされたような場合**には（本来1,000万円が適正な額なのに2,000万円を渡して，ほとぼりがさめた頃に1,000万円返してもらうなど），債権者を害する行為として**取消しの対象とすることができる**。

　　判例は，債務者Bが行った財産分与が不相当に過大であり，それが財産分与を装った財産処分（財産隠し）と認められる場合には，債権者Aを害する行為として，債権者はこれを取り消すことができるとする（最判昭58・12・19）。なお，本肢の素材である詐害行為取消権は「**テーマ3**」で扱う。

4◎ 債務者が自ら権利を行使していれば，債権者代位権は行使できない。

　妥当である。債務者Bがすでに債権を行使している場合には，それが債権者Aにとって著しく不利益な結果であったとしても，もはや代位権の行使はできない（最判昭28・12・14）。

　代位権は債務者が権利の行使を怠っている場合でなければ行使できない。ただ本肢の場合，時価300万円の自動車による代物弁済は2,000万円の代金（売掛金）債権に対する弁済としては不相当に少額であるから，債権者Aは，「自動車による代物弁済は債権者Aを害する行為である」として詐害行為取消権を行使すればよい。これが認められれば，代物弁済はなかったことになるので，その場合には再度代位権を行使できるようになる。

5✕ 代位のため要した費用について，代位債権者は優先弁済権を主張できる。

　代位のために要した費用は**総債権者の共同利益のために**行った債務者の財産の保存のための費用として，これについて先取特権が成立するので（306条1号，307条1項），代位債権者Aは**優先弁済権を主張できる。**

No.6 の解説　債権者代位権

1 ◎　金銭債権保全が債務者の資力に関係がない場合は，無資力要件は必要でない。

妥当である。不動産を売却した場合，売主は契約上の義務として買主に登記を移転する義務を負う。そして，売主が土地の売却後，登記を移転する以前に死亡してX・Y両名が売主を相続したというときは，X・Y両名は売主の登記移転義務を相続し，買主に対して共同で登記を移転しなければならない。この場合，買主は土地全部の登記が移転されない限り，代金全額について支払いを拒むことができる。そして，契約はすでに有効に成立しているので，Yは登記移転義務を拒否することはできず，買主はX・Y両者に対して登記移転請求権を有する。そこで，買主がその行使を怠っているときは，Xは**売買代金請求権の履行を確保するために，買主がYに対して有する登記移転請求権を代位行使できる**（最判昭50・3・6）。

この場合は，債権者Xの債権は売買代金債権という金銭債権であるが，その保全のためであっても，それが債務者の資力の有無と関係がない場合には無資力要件を必要とせずに代位行使ができる。

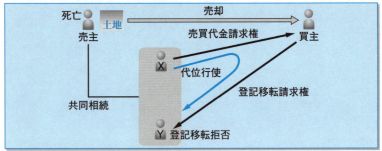

2 ✕　金銭債権以外を被保全債権とする場合には，債務者の無資力は必要でない。

CがBに対して有する**移転登記請求権の履行を確保するために**，BがAに対して有する移転登記請求権を代位行使する場合，Bの**資力の有無にかかわらず代位行使ができる**（大判明43・7・6，423条の7）。CはBに金銭の支払いを求めているわけではないので，Bの資力を問題にする必要がないからである。

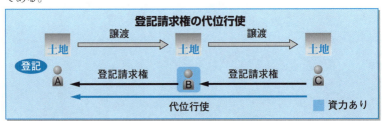

登記請求権の代位行使

3 ✕　不法占有者に対し，賃借人は所有者の妨害排除請求権を代位行使できる。

　　土地の賃借人は，賃貸人たる土地所有者が土地の不法占拠者に対して有する土地明渡請求権を代位行使して，土地の明渡しを請求できる（大判昭4・12・16）。

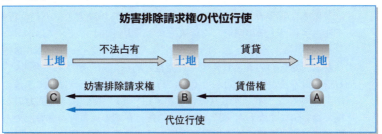

妨害排除請求権の代位行使

　　賃貸人は賃貸借契約に基づき，賃借人に目的物を使用・収益させるべき義務を負っている。そのため，たとえ賃貸人（債務者）に目的物を引き渡しても，賃貸人は直ちにこれを賃借人（債権者）に引き渡さなければならない。そうであれば，賃借人に直接引き渡すことを認めたほうが，無用な手間が省けるので合理的である。

4 ✕　財産分与請求権は，具体的内容が決まらない間は代位の対象とならない。

　　財産分与請求権は，協議あるいは審判等によって具体的内容が形成されるまでは，その範囲および内容が不確定・不明確であるから，このような財産分与請求権を保全するために債権者代位権を行使することはできない（最判昭55・7・11）。

　　夫婦が離婚した場合，当事者の一方に財産分与請求権が発生する（768条1項，771条）。その場合，たとえば妻の夫に対する財産分与の請求が確実に履行されるように，夫が第三者に対して有する債権を妻が代位行使できるかという点が問題となる。債権は，その額や履行期等の内容が定まっていなければ行使できない。したがって，**財産分与請求権も協議あるいは審判等によって具体的内容が定まるまでは代位行使は認められない。**

5 ✕　金銭債権を代位行使する場合には，債務者の無資力が要件となる。

　　債務者が，支払いに必要な十分な資力を有している場合にまで，債権者に債務者の権利の代位行使を認める必要はないからである（大判明39・11・21，最判昭40・10・12など）。

1 ◎ **金銭債権保全が債務者の資力に関係がない場合は,無資力要件は必要でない。**

妥当である（最判昭50・3・6）。→No.6 選択肢 1

2 ✕ **不法占有者に対し,賃借人は所有者の妨害排除請求権を代位行使できる。**

賃借人は賃貸人たる土地所有者が有する妨害排除請求権を代位行使して,不法占拠者に土地の明渡しを請求できる（大判昭4・12・16）。

→No.6 選択肢 3

なお,対抗力のある賃借権には物権と同様の効力が認められているので,賃借人は不法占拠者に対して直接に妨害排除請求権を行使して土地の明渡しを請求することができる（最判昭28・12・18）。しかし,**対抗力のない賃借権**では,債権すなわち賃貸人への請求権としての効力しかないため,不法占拠者に対して**直接に妨害排除請求権を行使することは認められない**。

3 ✕ **遺留分侵害額請求権は,特段の事情がある場合を除き代位の対象とならない。**

遺留分侵害額請求権とは,被相続人が贈与や遺贈で処分した財産に生活を依存していた者に,被相続人が処分した財産の一定割合についての金銭支払い（侵害額請求）を認める制度である。その目的は,**残された家族の生活保障**にある。

そして,判例は,遺留分権利者（遺留分侵害額請求権者）が自己の遺留分を回復するかどうかは,もっぱらその者の自律的決定にゆだねられているというべきであるから,遺留分侵害額請求権は権利行使の確定的意思を有することを外部に表明したと認められる特段の事情がある場合を除き,**行使上の一身専属性**を有し,遺留分権利者以外の者が,その行使の意思決定に介入することは許されないとする（最判平13・11・22）。

> **●行使上の一身専属権**
>
> 遺留分侵害額請求権が行使上の一身専属権とされるのは,遺留分権利者の意思を尊重すべき必要に基づく。1つ事例で考えてみよう。
>
> たとえば,妻Aが夫Bの不貞や暴力に耐え切れず,家を出て別居しているとする。妻Aは人生をやり直すために,夫Bに離婚を申し出るが,Bは嫌がらせでこれを承諾しない。そればかりか,愛人Cに全財産を残す遺言を作成して死亡してしまった。Aは生活のために銀行から融資を受けて食堂を始めたが,いまだ軌道に乗らず,利息の支払いが滞っている。Aにほかにめぼしい財産はない（無資力）。Aは妻であるから遺留分権利者であるが,Bから一切の利益を受けたくないと考えている。では,銀行は,Aの遺留分侵害額請求権を代位行使できるであろうか。
>
> Aが遺留分侵害額請求権を行使しないのは,「Bの記憶を払拭して人生をやり直したい,Bにかかわりたくない」ことが理由だったとすると,その不行使はAの人格や考え方にかかわってくる。このような場合に代位行使を認めると,それを損なうことになるので,認めるべきではないのである。

4 ✕ **代位行使できるのは,自己の債権額の範囲に限られる。**

この範囲で代位行使を認めれば十分だからである。→必修問題選択肢 5

5✕ 代位債権者が提出できる再抗弁は，債務者が主張できるものに限られる。

したがって，債務者と関係のない代位債権者独自の事情に基づく抗弁を提出することは許されない（最判昭54・3・16）。**→No.3 選択肢2**

No.8 の解説　**債権者代位権**　　　　　　　　　　　　　　　　→問題はP.51

ア◯ 金銭債権以外を被保全債権とする場合には，債務者の無資力は必要でない。

妥当である（大判明43・7・6）。CはBに金銭の支払いを求めているわけではないので，Bの資力を問題にする必要がないからである。

→No.6 選択肢2

イ✕ 慰謝料請求権も，具体的な金額が確定すれば債権者代位権の対象となりうる。

具体的な金額が客観的に確定していれば，それは**一般の金銭債権となんら変わるものではない**から，その段階では代位行使の対象となる（最判昭58・10・6）。**→No.3 選択肢3**

すなわち，本肢でCはB→Aの債権を代位行使できる。

ウ✕ 債務者が自ら権利を行使していれば，債権者代位権は行使できない。

債権者代位権は，債務者が権利行使を怠っている場合に行使できるものであって，債務者が権利を行使していれば代位権は行使できない（最判昭28・12・14）。**→必修問題選択肢4**

エ✕ 行使の範囲は，債権者の債権額を限度とする範囲に限られる。

Cは，AがBに対しての債権を全額行使するかどうかわからないので，**自己の債権額を超える代位権行使は無用な干渉になる**からである（最判昭44・6・24，423条の2）。**→必修問題選択肢5**

オ◯ 代位債権者は，直接自己へ金銭を引き渡すように第三債務者に請求できる。

妥当である。債務者が受領しないことがあるため，判例は，代位債権者は第三債務者に対して直接自己へ金銭を引き渡すように請求できる（大判昭10・3・12，423条の3）。**→No.1 選択肢1**

以上から，妥当なものは**ア**と**オ**であり，正答は**2**である。

必修問題

　AはBに対して金銭債権を有する。Aの詐害行為取消権について，妥当なものを選べ。争いがある場合は判例による。

【市役所・平成30年度】

1　Aの詐害行為取消権は，通常の債権と同様，<u>10年で時効により消滅する</u>。

2　Bが離婚し，妻に<u>財産分与</u>を行った場合，それが財産分与として相当であっても，<u>詐害行為取消権の対象となる</u>。

3　Bは資産状態が悪化し，唯一の財産をその時価に比して著しく低価で第三者に譲渡したが，その後，Bが<u>資産状態を回復しAに弁済が可能となった場合，Aは当該譲渡を取り消すことができない</u>。

4　Aは，Aの<u>債権成立前にBが行った不動産の譲渡行為を取り消すことができる</u>。

5　Bに詐害行為が成立するためには，Bがその行為により<u>債権者を害することを知っている必要はない</u>。

難易度　＊

必修問題の解説

　詐害行為取消権（債権者取消権）は，法律行為の形で行われる債務者の不当な財産減少行為を取り消して，債権の弁済に充てられるべき債務者の財産（責任財産）の保全を図ろうとする制度である。

　たとえば，債務超過に陥った者が，債権者にその事情が発覚する前に，強制執行による財産の減少を不当に免れる目的で妻や子などに財産を贈与してしまったとする。しかし，本来債務は信義に基づいて誠実に履行されなければならないので，このような債務者の行為は許されるべきものではない。そこで，法は，債務者のこのような積極的財産減少行為を取り消す権限を債権者に与えて，債権の満足に向けた財産保全行為を認めることとした。

　ただ，詐害行為取消権は，「債務者の法律行為を取り消す」という極めて干渉の度合いの強い行為である。また，「すでに存在している権利を単に行使するだけ」という債権者代位権と異なり，取り消された相手方や，その者からさらに当該財産の譲渡を受けた者など，多数の者が影響を受けることが予想され，場合によっては関係者に大きな混乱が生じるおそれもある。

　そのため，詐害行為取消権は原則として裁判上で行使することが必要とされるなど，債権者代位権よりも要件が厳しくなっている。

1 ✕ **詐害行為取消権は知った時から2年，行為時から10年の期間制限にかかる。**

　　詐害行為取消権は，裁判所に訴えて（つまり裁判上で）行使することが要件とされている。この訴え提起には，①債権者が詐害行為の事実を知った時から2年，②詐害行為の時から10年という期間制限が設けられている（426条）。①と②は，どちらか早いほうが優先するので，たとえば詐害行為と同時にそれを知ったという場合は，②の10年を待たずに早いほうの2年の期間制限（①）にかかる。この場合，債権者は2年以内に訴えを提起する必要がある。

　　これらは**期間制限であり，時効と異なり完成猶予や更新の制度はない。**詐害行為取消権は，行為の当事者（債務者と受益者など）でない債権者が，その行為に介入して取り消すという「混乱を招く要素のある行為」であるから，期限を区切って早期に法律関係を決着させようという趣旨である。

2 ✕ **財産分与として相当であれば，詐害行為取消権の対象にはならない。**

　　財産分与には，**離婚後の妻の生存を保障する**という趣旨が含まれており，その額が相当であれば，詐害行為とはならない（最判昭58・12・19）。

→テーマ2「債権者代位権」No.5選択肢3

3 ◎ **詐害行為後に資産状態が回復し弁済可能となれば取消権は行使できない。**

　　妥当である。債務者が，資産状態の回復により弁済が可能になれば，そのまま弁済してもらえばよく，あえて訴えを提起して詐害行為取消権を行使する必要はない。したがって，取消権の行使はできない（大判大8・10・28）。

4 ✕ **債権成立前の不動産譲渡は，詐害行為に当たらないので取消しはできない。**

　　Ｂは，ＡＢ間の取引前に不動産を処分している。ということは，Ａは不動産を所有していない時点でのＢの財産状態（信用状態）をもとに取引をしていることになる。そうであれば，ＡＢの**取引以前の行為が債権者Ａを害する行為に当たるわけがない。**つまり，ＡはＢの不動産の譲渡行為を責任財産を悪化させる行為として取り消すことはできない（最判昭55・1・24）。

5 ✕ **詐害行為の成立には債務者が債権者を害することを知ってしたことが必要。**

　　詐害行為取消権は，債務者の悪質な財産隠しに対して債権者の介入を認めようというものであるから，「債務者が債権者を害することを知ってした」ことが要件である（424条1項本文）。

正答 **3**

FOCUS

　　詐害行為取消権は，できるだけ債権者代位権と対比しながら内容を把握するようにしよう。両者はともに，債権の履行確保という同様の目的を持ち，相互に補完関係に立つ。そのため，両者は互いに混同しやすく，これが代位権・取消権の理解を妨げる要因の一つになっている。機能とリンクさせながら両者の違いを明確にしておけば，両者がともに双方の理解の突破口になってくれる。

第1章 債権総論

重要ポイント 1 詐害行為取消権（債権者取消権）の意義

詐害行為とは，ごく簡単にイメージとしていえば，弁済や強制執行を免れるために債務者が意図的に行った財産減少行為をいう。

このような行為に対して債権者は手をこまねいていなければならないとすると，財産隠しを行う悪質な債務者が得をするという結果になる。そこで民法は，これを取り消して弁済のための財産（責任財産）を確保（保全）する権利を債権者に認めた。

重要ポイント 2 要件

(1) 客観的要件

①財産減少行為（詐害行為）によって，債務者が無資力に陥ることが必要である。無資力とは，債務額全額を弁済するに足りる資力を欠くことをいい，無一文という意味ではない。

②取消権を行使している途中で債務者の資力が回復した場合には，もはや取消権の行使は許されない。

③被保全債権は，弁済期が到来している必要はない。

④婚姻や養子縁組などの身分行為は，それによって債務者の責任財産の減少を来す場合であっても，行為者の意思を尊重するという観点から，取消権の対象とはならない。

　同様に，無資力の状態にある債務者が相続を放棄する行為も詐害行為とはならない。

⑤離婚による財産分与は，原則として取消しの対象とはらない。ただし，それが不相当に過大であり，財産分与に名を借りた財産処分と見られる場合には取消しの対象となる。

⑥不動産の二重譲渡において，第二の売買が債権者を害する行為であるとして，第一の買主がこれを取り消すことは，原則として許されない。しかし，第二の買主への登記移転により，売主が無資力となり，かつ売主と第二の買主がそのことを知って第二の売買契約を成立させたなどの事情がある場合には，売主に対する損害賠償請求権を被保全債権として，第二の売買を取り消すことができる。ただしこの場合でも，直接自己へ所有権を移転するように第二の買主に求めることはできない。

⑦詐害行為取消権で保全される債権は，原則として詐害行為の前に成立していなければならない。

⑧不動産の売買契約後に債権者の債権が成立し，その後に不動産の登記が移転されたという場合，登記移転行為は詐害行為とはならない。

⑨一部の債権者への弁済は，それだけでは詐害行為とならないが，債務者が支払い不能のときに，一部の債権者と通謀して，その債権者だけに優先的な満足を得させる目的で弁済した場合には，他の債権者との関係で詐害行為が成立する。

⑩詐害行為の当否について，主なものを表に列挙しておく。

一部の債権者への弁済・担保権の設定	・原則として詐害行為にならない。 ・支払い不能時に一部の債権者と通謀して弁済すれば詐害行為となる。
不動産の売却	・原則として詐害行為にならない。 ・取得した金銭その他の財産について，隠匿や無償の供与などをする意思を持っているなどの要件を満たした場合には詐害行為となる。
無償贈与	・詐害行為となる

(2) 主観的要件

①取消しが認められるためには，債権者を害する行為を行った当事者双方に詐害の意思があることを要する。

②詐害の意思は，少なくともその行為により支払いのための資力に不足を生じるであろうということの認識が必要である。

重要ポイント 3　詐害行為取消権の行使

(1) 行使の方法

①詐害行為取消権は，必ず裁判上でこれを行使する必要がある。

②詐害行為取消権は，受益者（または転得者）のみを被告として訴えを提起すれば足り，債務者までも被告とする必要はない。

③取消しは，債務者およびすべての債権者に対して効力がある。すなわち，詐害行為取消権は総債権者のための責任財産の保全を目的とした制度である。

(2) 行使の範囲

①債権者が取り消すことができるのは，原則としてその有する被保全債権額の範囲に限られる。これは，他に債権者がある場合も同様である。

②詐害行為によって譲渡された目的物が不可分であれば，その価額が被保全債権を超過する場合でも，債権者は譲渡行為の全部について取り消すことができる。

(3) 取消後の返還方法

①不動産の場合には，移転登記の抹消という方法による（抹消登記）。

　なお，現物返還が不能な場合には，価格賠償の方法によらざるを得ない。

②動産や金銭の場合には，債権者は直接自己へ引き渡すよう請求できる。

　この場合，他に債権者がいて，その者から配当要求を受けた場合でも，債権者は動産や金銭を分配する義務はない。また，債権者は相殺によって事実上の優先弁済権を確保できることになる。

重要ポイント 4 **債権者代位権と詐害行為取消権の比較**

①債権者代位権と詐害行為取消権は，ともに債務者の責任財産の保全を目的とする
制度であるが，前者が既存の債権を行使するという消極的態様にとどまるのに対
して，後者は債務者が行った法律行為の効力を否定するという積極的態様での行
為となるため，両者にはさまざまな差異がある。

②行使方法については，債権者代位権の場合には，すでに存在している権利を単に
行使（代位行使）するだけであるから，通常の権利行使の方法（＝裁判外の権利
行使）でよい。

これに対して，詐害行為取消権の場合には，当事者間の法律行為の効力を第三
者（＝取消債権者）が否定することになるので，その適否について公正な機関
（＝裁判所）の判断が必要であり，裁判上行使することが必要とされている。

③両者の異同を表にすると，次のようになる。

	債権者代位権	詐害行為取消権
制度目的	債務者の責任財産の保全	
被保全債権	金銭債権＋特定債権	金銭債権のみ （ただし，特定物債権も金銭債権に 変じうる限り，被保全債権となる）
被保全債権の発生時期	代位行使される債権成立以前に 成立している必要はない	詐害行為以前に 成立していることが必要
無資力要件	被保全債権が ①金銭債権の場合には必要 ②転用の場合には不要	必ず必要
主観的要件	不要	必要（詐害の意思）
債権の弁済期	到来していることが必要 〔例外〕保存行為	未到来でも行使可
行使方法	裁判上で行使する必要はない	必ず裁判上で 行使しなければならない
期間制限	規定なし	①詐害行為の時から10年 ②債務者が債権者を害することを 知って行為したことを債権者が 知った時から2年

実 戦 問 題

⚡ **No.1** 詐害行為取消権に関する次の記述のうち，判例に照らし，妥当なものは
どれか。 　　　　　　　　　　　　　　　　　　　　　　【地方上級（全国型）・平成24年度】

1 債務者が財産を処分した時点で無資力であっても，詐害行為取消権を行使する
時点で債務者の資力が回復した場合には，当該処分行為に対する詐害行為取消権
の行使は認められない。

2 詐害行為取消権を有する債権者は，金銭の給付を目的とする債権を有する者で
なければならず，特定物引渡請求権の債権者は，その目的物を債務者が処分する
ことにより無資力となったとしても，この処分行為を詐害行為として取り消すこ
とができない。

3 離婚に伴う財産分与は，財産権を目的としない法律行為であると評価できるか
ら，詐害行為として取消しの対象となることはない。

4 債権が譲渡された場合において，債権譲渡行為自体が詐害行為を構成しない場
合であっても，債権の譲渡人がこれについてした確定日付のある債権譲渡の通知
のみを詐害行為取消権の対象とすることは認められる。

5 不動産の引渡請求権者が債務者による目的不動産の処分行為を詐害行為として
取り消す場合には，直接自己に当該不動産の所有権移転登記を求めることができ
る。

No.2 詐害行為取消権に関する次の記述のうち，妥当なものはどれか。

【市役所・平成20年度改題】

1 債権者の債権について詐害行為の当時に履行期限が到来していない場合には，
詐害行為取消権を行使することができない。

2 特定物引渡請求権の債権者は，その特定物を債務者が処分することにより債務
者が無資力となったとしても，この処分行為を詐害行為として取り消すことがで
きない。

3 債務者が行った不動産の売却は，その売却価格が相当であって，債務者の総財
産の減少をもたらすものでなければ，詐害行為となることはない。

4 債務者が贈与した目的物が不可分のものであり，その価額が被保全債権を超過
する場合には，債権者は当該贈与の全部については詐害行為として取り消すこと
はできない。

5 詐害行為の目的物が金銭である場合，取消債権者は，受益者に対して金銭を直
接自己に引き渡すことを請求することができる。

No.3 詐害行為取消権に関する次の記述のうち，妥当なものはどれか。

【国家Ⅱ種・平成6年度】

1 詐害行為取消権は，総債権者の利益のために効力を生じるものであるから，債権者の一人が不動産の所有権移転を詐害行為として取り消す場合には，直接自己に対する所有権移転登記を求めることは許されないとするのが判例である。

2 詐害行為取消権は債権者を保護するとともに，当該詐害行為を行った債務者に制裁を加える趣旨をも含むものであるから，当該債務者が詐害行為のときに無資力であれば，その後において資力を回復した場合であっても詐害行為取消権を行使できる。

3 詐害行為取消権の行使のためには債務者と受益者の双方が詐害の意思を有することを要し，この詐害の意思については，債務者の行為が債権者に対する弁済資力に不足をきたすことの認識のみでは足りず，債権者を積極的に害する意図を要する。

4 AがBに不動産を売却した後，さらにAが当該不動産をCに贈与し，Cが先に登記を備えた場合には，所有権の帰属は登記の先後により決せられるから，Aが当該贈与により無資力になったとしても，Bが詐害行為取消権を行使する余地はないとするのが判例である。

5 債権者の債権が成立する前に贈与された不動産について，当該債権成立後に所有権移転登記が行われた場合には，詐害行為は債権発生後に行われたものというべきであるから，当該贈与は詐害行為取消権の対象となりうるとするのが判例である。

No.4 詐害行為取消権に関するア～エの記述のうち，判例に照らし，妥当なもののみをすべて挙げているのはどれか。 【国税専門官・平成19年度改題】

ア：詐害行為取消権行使の対象となる行為は財産権を目的とする法律行為でなければならず，婚姻や養子縁組に係る家族法上の行為はその対象とはならないが，相続人による相続の承認・放棄や遺産分割協議は相続財産の帰属を確定する財産権を目的とする法律行為であるため，詐害行為取消権行使の対象となる。

イ：詐害行為取消権の被保全債権は金銭債権であることが必要であるため，被保全債権が特定物の引渡請求権であり，当該債権の債務者がその特定物を処分することによって無資力となった場合であっても，債権者は債務者の当該処分行為を詐害行為として取り消すことはできない。

ウ：詐害行為の目的物が動産または金銭である場合，取消債権者は，その動産または金銭を直接自己に引き渡すべきことを請求することができるが，詐害行

64

為の目的物が不動産である場合，取消債権者は，直接自己に移転登記を請求することはできない。

エ：被保全債権の債務者から当該債権の目的物である不動産の贈与を受けた第三者（受益者）が，当該贈与が詐害行為に当たることについて善意である場合において，受益者が当該詐害行為について悪意である者（転得者）に当該不動産を売却したときは，債権者は詐害行為取消請求をすることができる。

1 ア   **2** ウ   **3** ア，イ
4 イ，エ   **5** ウ，エ

***
No.5 詐害行為取消権に関するア〜オの記述のうち，判例に照らし，妥当なもののみをすべて挙げているのはどれか。 【国家総合職・令和元年度】

ア：抵当権の付着する土地についてされた譲渡担保設定契約が詐害行為に該当する場合において，譲渡担保権者が当該抵当権者以外の債権者であり，その土地の価額から抵当権の被担保債権の額を控除した額が詐害行為取消権の基礎となっている債権の額を下回っているときは，譲渡担保設定契約の全部を取り消して，土地自体の原状回復をすることができる。

イ：債務者の行為が詐害行為として債権者による取消しの対象となるためには，その行為が取消債権者の債権の発生後にされたものであることを必要とするが，不動産の物権移転の効果は登記が完了したときに確定的に生じるため，不動産の譲渡行為が取消債権者の債権成立前にされた場合であっても，その登記が債権成立後にされたのであれば詐害行為取消権行使の対象となりうる。

ウ：遺産分割協議は，相続の開始によって共同相続人の共有となった相続財産について，その全部または一部を各相続人の単独所有とし，または新たな共有関係に移行させることによって相続財産の帰属を確定させるものであり，その性質上，財産権に関する行為ではあるものの，本質的には身分行為であるから，共同相続人の間で成立した遺産分割協議は，詐害行為取消権行使の対象となりえない。

エ：詐害行為の成立には，債務者および受益者が債権者を害することを知っていたことが必要であるところ，債務者と受益者では債務者と特定の債権者との債権債務関係についての認識の程度が異なるため，債務者については，特定の債権者を害することを意図していたことを常に必要とするが，受益者については，必ずしも特定の債権者を害することを意図していたことまでは必要としない。

オ：債権者は，詐害行為取消訴訟において，その返還の請求が金銭の支払を求めるものであるときは，受益者に対してその支払を自己に対して行うよう請求することができるが，詐害行為取消権は総債権者の共同担保の保全を目的とするものであるから，取消債権者のみが結果として優先弁済を受けることとなることを避けるため，取消債権者は，自己が分配者となって他の債権者の請求に応じ平等の割合による分配をなすべき義務を免れない。

1　ア

2　オ

3　ア，ウ

4　イ，ウ

5　ウ，エ

⚡ **No.6**　民法に規定する債権者代位権および詐害行為取消権に関する記述として，判例，通説に照らして，妥当なのはどれか。**

【地方上級（特別区）・平成29年度】

1　債権者代位権の被保全債権は，代位行使の対象となる権利よりも前に成立している必要があり，詐害行為取消権の被保全債権も，詐害行為の前に存在している必要がある。

2　債権者代位権は，債務者が自ら権利を行使した後であっても，その行使が債権者にとって不利益な場合には，債権者はこれを行使でき，詐害行為取消権は，受益者が善意であっても，債務者に詐害の意思があれば，これを行使できる。

3　債権者代位権を行使するためには，特定債権保全のための転用の場合であっても，債務者の無資力が要件とされるが，詐害行為取消権が認められるためには，詐害行為当時の債務者の無資力は要件とされない。

4　債権者代位権の行使の範囲は，自己の債権の保全に必要な限度に限られないが，詐害行為取消権の取消しの範囲は，詐害行為の目的物が不可分の場合であっても，取消権を行使しようとする債権者の債権額に限定される。

5　債権者代位権は，被保全債権の履行期が到来していれば，裁判外であっても行使することができるが，詐害行為取消権は，必ず裁判上で行使しなければならない。

No.7 債権者代位権および詐害行為取消権に関するア～オの記述のうち, 妥当なもののみをすべて挙げているのはどれか。ただし, 争いのあるものは判例の見解による。 【国税専門官／財務専門官／労働基準監督官・平成28年度】

ア：AB間で土地の賃貸借契約が締結され, Bが当該土地を借り受けていたが, 第三者Cが同土地上に勝手に建物の建築を始めた。この場合, Bは, AのCに対する妨害排除請求権を代位行使することができる。

イ：金銭債権に基づいて債務者の金銭債権を代位行使する場合には, 代位行使することができる債権の範囲は, 責任財産保全の観点から, 代位債権者の有する債権額に限定される。

ウ：詐害行為取消債権者が第三債務者から金銭の引渡しを受けた場合, 他の一般債権者は当該債権者に対して自己への分配請求をすることができる。

エ：離婚に伴う財産分与は, 民法第768条第3項の規定の趣旨に反して不相当に過大であり, 財産分与に仮託してされた財産処分であると認めるに足りるような特段の事情がない限り, 詐害行為とはならない。

オ：債権者代位権および詐害行為取消権を行使する場合には, 裁判上の行使である必要はなく, 裁判外においても, 自由にこれを行使することができる。

1 ア, イ　　　　**2** イ, オ　　　　**3** ウ, エ
4 ア, イ, エ　　**5** ウ, エ, オ

No.8 債権者代位権および詐害行為取消権に関するア～オの記述のうち, 妥当なもののみをすべて挙げているのはどれか。ただし, 争いのあるものは判例の見解による。 【国税専門官／財務専門官／労働基準監督官・平成25年度改題】

ア：債権者代位権は, 自己の名において裁判外でも行使することができる。

イ：債権者は, その債権の期限が到来しない間は, 債権者代位権を行使することができないが, 保存行為については, 期限到来前でも債権者代位権を行使することができる。

ウ：詐害行為取消権は, 自己の名において裁判外でも行使することができる。

エ：詐害行為の成立には, 債務者がその債権者を害することを知って法律行為をしたことに加え, 債権者を害することを意図または欲して法律行為をしたことが必要である。

オ：AはBに1,000万円の債権を有していたが, Bは, 自己の責任財産から3,000万円をCに贈与したため, 債務超過に陥った。Aがこれを詐害行為として取り消す場合, 3,000万円の贈与すべてを取り消すことができる。

1 ア　　**2** ア, イ　　**3** イ, オ　　**4** ウ, エ　　**5** ウ, エ, オ

実戦問題の解説

→問題はP.63

⚡ No.1 の解説　詐害行為取消権

1 ○ **取消権行使の時点で債務者の資力が回復していれば，取消しは認められない。**

妥当である（大判大8・10・28）。**→必修問題選択肢3**

2 ✕ **特定物引渡請求権の債権者も，詐害行為取消権を行使できる。**

本肢は，たとえば次のような場合である。土地所有者Bが甲土地をAに譲渡したが（Aは甲土地を引き渡すようにBに請求できる。これが**特定物引渡請求権**である），Bはこの土地をCに二重に譲渡し，登記もCに移転した。Cが登記を備えるとCが優先するので（177条），Aに対する甲土地の引渡義務は履行不能となる。その場合，Aは債務不履行を理由とする損害賠償請求権を被保全債権（取消権の行使によって守られる―弁済をより確実にできる―債権）として，B→Cの譲渡を詐害行為として取り消すことできるかが問題となる。

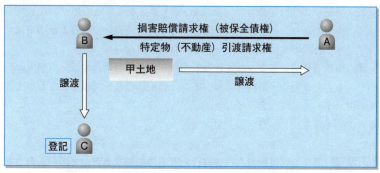

判例は，**特定物引渡請求権も究極において損害賠償債権に変じうる**のであるから，債務者の一般財産により担保されなければならないことは金銭債権の場合と同様であるとして，**当該譲渡行為を詐害行為として取り消すことを認めている**（最判昭36・7・19）。

ただ，そうなると，二重譲渡ではどちらが先に登記を備えるかで優劣を決するとした177条との整合性が問題となる。学説は，取消しによってBに復帰した甲土地の所有権は総債権者の共同担保になるので，Aは甲土地の優先権を主張できるわけではなく，**競売によって換価して他の債権者とともに配当加入を受けるほかはない**とする。やや技巧的にも思えるが，この点はそういうものだとして覚えておくほかはない。

3 ✕ **財産分与は，それに名を借りた財産処分と見られれば取消しの対象となる。**

離婚に伴う**財産分与請求権**（768条）には離婚後の妻の生存を保障するという意味が含まれている。そして，生存の確保は債権の履行に優先する価値を有するので，原則として詐害行為には当たらない。

しかし，分与の額が不相当に過大であるなど，**財産分与を装った財産処分**と認められる場合には，それは単に債権者の追及を逃れる手段にすぎないの

で，**詐害行為取消権の対象となしうる**（最判昭58・12・19）。

→必修問題選択肢2

4 ✕ **債権譲渡の通知のみを詐害行為取消権の対象とすることはできない。**

　債権譲渡の通知は，債権が譲渡されたことを債権者から債務者に通知することである。債権は，原則として自由に譲渡できるので（466条1項本文，2項），譲渡があった場合，今後は債務者が誰に弁済すればよいかを知らせておく必要がある。それが，この通知の役割である。つまり，通知は弁済の相手を確知させる効果を生じさせるにすぎず，譲渡通知の時に債権移転の効果が生じたりするわけではない。そうであれば，債権譲渡行為自体が詐害行為を構成しない場合，譲渡通知のみを切り離して詐害行為として取り扱い，これに対する詐害行為取消権の行使を認めることは妥当ではない（最判平10・6・12）。

5 ✕ **不動産の引渡請求権者が取り消しても，自己への移転登記は請求できない。**

　詐害行為取消権とは，弁済資力がなくなることをわかっていながら債務者が行った財産処分行為を取り消して，その後の強制執行（差し押さえて競売にかけ，その競売代金の中から配当を得る）に備えようとするものである。したがって，債権者（引渡請求権者）ができるのは，処分行為（売却や贈与など）に伴ってなされた**所有権移転登記の抹消**だけである（最判昭53・10・5）。

No.2 の解説　詐害行為取消権

1 ✕ 詐害行為の当時に債権者の債権が履行期未到来でも，取消権は行使できる。

　　詐害行為取消権は，履行期に債権者が強制執行してきても，それを不発に終わらせるような財産減少行為を取り消すことで，**債務者の責任財産**（競売によって債務の返済に充当できる財産）**の保全**を図ろうとするものである。したがって，履行期前であってもそれを行使できるとしておかなければ意味がない（大判大 9・12・27）。なぜなら，履行期の到来時点で「財産減少行為はすでに完了してしまっている」ということもあるからである。

　　なお，詐害行為が行われても，取消権の行使時までに債務者が十分な弁済の資力を回復していれば取消権は行使できない。弁済資力（責任財産）が十分であれば，取消しを認める法的な利益がないからである。

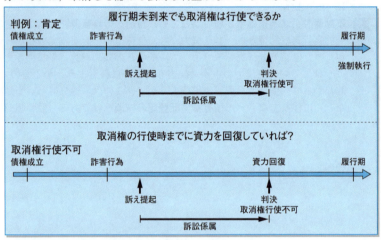

2 ✕ 特定物引渡請求権の債権者も詐害行為取消権を行使できる。

→No.１選択肢２

3 ✕ 相当価格処分行為は，詐害行為となる場合がある。

　　不動産を相当な対価を得て処分する行為（相当価格処分行為）は原則として詐害行為とはならないが，取得した金銭その他の財産について，隠匿や無償の供与などをするおそれがあり，また債務者がその意思を持っているなどの要件を満たした場合には詐害行為となる（424条の２）。

4 ✕ 贈与の目的物が不可分であれば，その全部について取消権を行使できる。

　　たとえ贈与の価額が被保全債権（取消権の行使によって守られる債権）を超過する場合であっても，債権者は当該贈与の全部を詐害行為として取り消すことができる（最判昭30・10・11）。

　　たとえば，被保全債権が500万円で，債務者の1,000万円の家屋の贈与行為が詐害行為に当たるという場合，**「家屋の贈与行為の半分だけを取り消す」とするのは，法律関係に無用の混乱を招く**おそれがある。そのため，全部に

ついて取消しを認めるのはやむをえない。

5 ◎ **取消債権者は，金銭を直接自己に引き渡すよう受益者に請求できる。**

妥当である（424条の9）。金銭の場合には，詐害行為を行った債務者が受領を拒む場合も考えられるので，債権者に直接引き渡すように請求できるとされている。

⚡ **No.3 の解説** 詐害行為取消権 →問題はP.64

1 ◎ **取消権の目的物が不動産の場合，直接自己への移転登記請求はできない。**

妥当である。仮にこれを認めると，債権者取消権は「取消権」ではなく「所有権に基づく引渡請求権」になってしまう。債権者取消権は，債務者の弁済の資力を確保するための制度（責任財産の保全の制度）であり，直接の移転登記請求は取消権の制度趣旨を逸脱することになる（最判昭53・10・5）。

2 ✕ **取消権行使の時点で債務者の資力が回復していれば，取消しは認められない。**

本肢は次の2点で誤っている。

①詐害行為取消権は，債務者の支払いの資力を確保するための制度（責任財産の保全の制度）であり，詐害行為を行った債務者に制裁を加えようというものではない。

②債務者が詐害行為の時に無資力であっても，その後において資力を回復した場合には責任財産の保全目的はすでに達成されているので，詐害行為取消権は行使できない（大判大8・10・28）。→**必修問題選択肢3**

3 ✕ **詐害の意思は，必ずしも積極的な害意まで必要とされるわけではない。**

詐害の意思があるといえるには，少なくとも，まずその行為により支払いのために資力に不足を生じるであろうという認識が必要である。ただ，それ以上に積極的に債権者を害する意図まで必要かどうかは，行為の態様との相関関係によって判断される（相関関係説）。すなわち，行為の詐害性が高ければ，詐害の意思は「認識」で足りるが，行為の詐害性が低ければ，詐害の「意図」までが必要である。

4 ✕ **特定物引渡請求権の債権者も，詐害行為取消権を行使できる。**

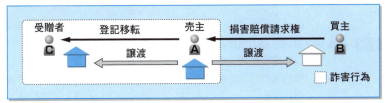

AB間の不動産の売買契約は，贈与を受けたCへの移転登記が済んでいるため履行不能となっている。したがって，買主Bは売主Aに対して債務不履行を理由に損害賠償を請求できる。ところが，売主Aが無資力になっているので，買主Bは売主Aから損害賠償の支払いを受けることが困難な状況にあ

る。この場合，売主AとCが買主Bを害する意図で贈与行為を行ったのであれば，買主Bは，売主Aに対する損害賠償請求権の履行を確保するために，AC間の贈与を詐害行為として取り消すことができる（最大判昭36・7・19）。→No.1選択肢2

5 ✕ 債権成立前の不動産譲渡は，登記時期が債権成立後でも詐害行為ではない。

　債権者の債権が成立する前に不動産物権の譲渡行為がなされている場合には，登記の移転が債権成立後になされたとしても，詐害行為は成立せず，これを取り消すことは認められない（最判昭55・1・24）。

　詐害行為とは，弁済が困難になることを知りつつ意図的になされた財産減少行為をいう。債権者はそのような行為を取り消すことができるが，そのためには，財産減少行為がなされた時点で，「これによって支払いが困難になるであろう」という認識が債務者になければならない。ということは，債権者の債権は詐害行為の時点にすでに存在していることが必要である。債権者がいないのに，債務者に「支払いが困難になる」という認識は生じようがないからである。

　本肢の場合，登記は債権成立後であっても，不動産の譲渡契約は債権成立前になされている。そして，**登記移転は，すでに成立した契約上の義務（登記移転義務）の履行行為にすぎない。**したがって，移転登記が債権成立後になされても，詐害行為は成立しない。

No.4 の解説　詐害行為取消権
→問題はP.64

ア ✕ 相続の放棄は，詐害行為取消権の対象にはならない。

　判例は，相続の放棄の詐害行為性を否定する（最判昭49・9・20）。
　理由は次の2つである。
①相続の放棄は，相続財産が入ってこないという意味では債権者の期待に反することになるが，財産状況を今よりもさらに悪くする行為ではないので，「債権者を害する行為」とは言い難いこと。
②相続の放棄を詐害行為として取り消しうるものとすれば，相続人に対し相続の承認を強制することと同じ結果となり，その不当であることは明らかであること。
　なお，遺産分割協議は詐害行為取消権行使の対象となる。→No.5ウ

イ ✕ 特定物引渡請求権の債権者も，詐害行為取消権を行使できる。

　判例は，**特定物引渡請求権**も究極において損害賠償債権に変じうるのであるから，債務者の一般財産により担保されなければならないことは金銭債権の場合と同様であるとして，当該処分行為を詐害行為として取り消すことを認めている（最大判昭36・7・19）。→No.1選択肢2

ウ ◯ 不動産の引渡請求権者が取り消しても，自己への移転登記は請求できない。

　妥当である。詐害行為取消権は**総債権者の共同担保の保全**を目的とするものである。したがって，不動産の場合には，取消債権者は，**直接自己への移**

転登記を請求することはできず，債務者のもとへ登記を戻すことを請求できるにとどまる（最判昭53・10・5）。

一方，**動産または金銭**の場合には，債務者が受領を拒むと取消しの目的を達成できないことから，判例は，取消債権者は，動産または金銭を**直接自己に引き渡すべきことを請求できる**としている（最判昭39・1・23，平成29年改正により成文化—423条の3）。

なお，不動産の場合には，債権者は判決に基づいて移転登記の抹消ができるので，債務者が「登記が戻ってくるのを拒む」という事態は起こりえない。

エ✕ **受益者が善意なら，転得者に対して取消権の行使はできない。**

本肢のように受益者が善意で転得者が悪意という場合，債権者は転得者に対して詐害行為取消権を行使することはできない。

転得者に詐害行為取消権を行使するには，**債権者が「受益者に対して詐害行為取消請求をすることができる場合」であることが要件**とされているからである（424条の5柱書）。これは，**途中に善意者が介在した場合に，その善意者の取引きの安全を図るため**である。

したがって，まず，本肢のように「債務者→受益者→転得者」という場合には，詐害行為取消訴訟の提起にはその全員が詐害の意思を有している（つまり悪意）ことが必要であり，さらに本肢の事例ではないが，「債務者→受益者→転得者A→転得者B」という場合にも，その全員が悪意でなければ，転得者Bを相手に詐害行為取消訴訟を提起することはできない。つまり，受益者または転得者Aが善意であれば，たとえ転得者Bが悪意であってもこの提起はできない（転得者Aが善意である場合について424条の5柱書2号）。

これは平成29年成立の債権法改正によって変更された部分であり，新法はいわゆる**絶対的構成**（途中に善意者が介在していれば，その後の第三者は悪意でも権利主張できるとする法律構成→民法Ⅰテーマ5「意思表示」No.3選択肢3）を採用しているということができる。

以上より，妥当なのは**ウ**のみで，正答は**2**である。

　　本問は，国家総合職特有の，マイナーな判例を用いて基礎力の理解を試す問題である。基本に立ち返って各選択肢の正誤判断をしてみよう。

ア◯　土地の譲渡が詐害行為になる場合は，取消しで土地自体の返還を請求できる。

　　妥当である。まず，本肢の「その土地の価額から抵当権の被担保債権の額を控除した額が詐害行為取消権の基礎となっている債権の額を下回っている」とは，負債が資産を上回っている状態のことである（無資力）。そして，本肢では，譲渡担保設定契約が詐害行為に該当するというのであるから，債権者は同契約を詐害行為として取り消すことができる。

　　その場合，判例は，「詐害行為取消権の制度は，詐害行為により逸出した財産を取り戻して債務者の一般財産を原状に回復させようとするものであるから，**逸出した財産自体の回復が可能である場合には，できるだけこれを認めるべき**」として（大判昭9・11・30），本肢の場合も，「土地全部についての譲渡担保契約を取り消して土地自体の回復を肯認」できるとする（最判昭53・3・30）。

イ✕　債権成立前の不動産譲渡は，登記時期が債権成立後でも詐害行為ではない。

　　登記はあくまで第三者に対抗（権利を主張）するための要件であって（177条），登記の時に所有権が移転するわけではない。所有権は，特約がなければ契約時に移転している。したがって，**その後に成立した債権を被保全債権**（取消権の行使によって守られる―弁済をより確実にできる―債権）**として取消権を行使することはできない**（最判昭55・1・24）。

→No.3 選択肢5

ウ✕　遺産分割協議は財産権を目的とする行為として詐害行為取消権の対象となる。

　　たとえば，AB両名がその父の財産である不動産を共同相続したが，BがCに多額の債務を負っていたので，Cに取られるくらいならと思い，不動産をAの単独所有とする遺産分割協議を行い，その後Bが自己破産の申立てをしたとする。

　　この場合，遺産分割協議は差押えを免れるための財産隠匿に当たらないか。常識的にはそれに当たると解すべきである。

　　判例も，**遺産分割協議は財産権を目的とする法律行為であるとして，詐害行為取消権の対象となる**とする（最判平11・6・11）。

エ✕　債権者・受益者とも必ずしも特定の債権者を害する意図までは必要でない。

　　詐害行為取消権の成立には，債権者・受益者がともに「債権者を害することを知って」財産的行為をすることが必要である（424条1項本文）。両者がともに，「この行為で債務者が無資力になって債権者は困るだろう」ということを知っているからこそ，債権者の介入が正当化されるわけである。

　　ただ，その場合，「害することを知って」とは，「特定のAという債権者を害することを知って」という意味ではなく，「責任財産の不足が生じること

を知って」という意味である（最判昭35・4・26）。

このような責任財産の不足が生じる行為は，誠意を持って履行すべきという債務者の義務に違反する行為で，介入の要件としてはそれで十分だからである。

オ ✕ 取消債権者は，自己が分配者となって他の債権者に分配すべき義務はない。

他の債権者が分配を欲するのであれば，自ら動いて配当加入を求めるべきである。取消債権者は，他の債権者になんらかの義務を負っているわけではないので，配当する責任はない（最判昭37・10・9）。**→No.7 ウ**

以上から，妥当なものは**ア**のみであり，正答は**1**である。

⚡ **No.6 の解説** 債権者代位権および詐害行為取消権　　　　　　　→問題はP.66

1 ✕ 代位権の被保全債権は，代位行使の対象の権利以前に成立する必要はない。

債権者代位権については，たとえばBがCに100万円を貸した後で，AがBに100万円を貸したとしても，期限が来ればBはAに100万円を弁済しなければならない。それは，①A→B債権（被保全債権）と，②B→C債権（代位行使の対象となる権利）のどちらが先に成立したかとは関係がない。いずれにせよ，**債務を有している以上，誠実に弁済しなければならない点に変わりはない**からである。つまり，債権者代位権では①・②の成立の前後は問題とならない。

一方，**詐害行為取消権**では，「**弁済しなければならない債権があるのに，財産を減らして弁済を困難にする」ことが不誠実**であるとして，財産の取戻しを認めようというものである。したがって，詐害行為取消権の被保全債権は詐害行為の前に成立していることが必要となる。

2 ✕ 受益者が悪意でなければ，受益者に対して詐害行為取消権は行使できない。

前半については，債務者がすでに自ら権利を行使している場合には，その行使の方法や結果が債権者に不利益になる場合であっても，債権者代位権は行使できない（最判昭28・12・14）。

→テーマ2「債権者代位権」必修問題選択肢4

後半については，詐害行為取消権は受益者が善意であれば行使できないので（424条1項但書），債務者に詐害の意思があっても行使は認められない。

3 ✕ 取消権が認められるには，詐害行為当時の債務者の無資力が要件となる。

前半については，債権者代位権の転用として金銭債権以外の債権の履行を確保しようとする場合には，たとえ資力があってもそれで履行が可能となるわけではない。すなわち，**転用の場合には，債務者の資力の有無は代位権行使の要件とはならない**（大判昭4・12・16）。

→テーマ2「債権者代位権」必修問題選択肢3

後半については，詐害行為の当時その行為によって債務者が無資力となることが要件となる。他に弁済のための十分な資力があれば，あえて取消権を行使する必要はないからである。

4 ✕ 債権者代位権の行使の範囲は，自己の債権の保全に必要な限度に限られる。

　　前半については，行使の範囲は，債権者の債権額を限度とする範囲に限られる（423条の2）。→テーマ2「債権者代位権」必修問題選択肢5

　　後半については，詐害行為の目的物が不可分であれば，その全部について取消権を行使できる（最判昭30・10・11）。→No.2選択肢4

5 ◎ 詐害行為取消権は，必ず裁判上で行使しなければならない。

　　妥当である。前半については，期限が未到来であれば，裁判上・裁判外を問わず代位権行使はできないが，期限が到来していれば裁判上・裁判外を問わず行使できる（423条2項本文）。

　　後半については，取消権は，内容的にはなんら欠陥のない法律行為を「債権者を害する」という理由で取り消すことを認めるものである。これが行使されると債務者の法律行為の効果が覆されて，法律行為の相手方など（受益者・転得者）に重大な影響を与えることになる。そのため，**濫用を防止する目的で裁判上での行使が必要**とされている（424条1項本文）。

No.7 の解説　債権者代位権および詐害行為取消権　　　　→問題はP.67

ア ◎ 不法占有者に対し，賃借人は所有者の妨害排除請求権を代位行使できる。

　　妥当である。土地の賃借人は，賃貸人が自己に土地の使用収益をさせるという債権を被保全債権として，賃貸人が土地の不法占拠者に対して有する妨害排除請求権を代位行使できる（大判昭4・12・16）。

→テーマ2「債権者代位権」No.2選択肢3

イ ◎ 債権者代位権の行使の範囲は，自己の債権の保全に必要な限度に限られる。

　　妥当である（423条の2）。→No.6選択肢4

ウ ✕ 他の一般債権者は，取消債権者に自己への分配を請求することはできない。

　　詐害行為取消債権者が第三債務者から引渡しを受けた金銭は，総債権者のための責任財産となるべきものである。しかし，私的分配に関する法制度が存在しない現在の状況下では，取消債権者は他の一般債権者に分配の義務を負わない。

　　これが破産手続きなど，裁判所の関与下に行われる公的な分配であれば，期限を区切った債権の申し出など，厳格な手続きによって行われるので問題はない。しかし，同様のことを取消債権者が私的な手続きで行うと，他の債権者が実力での奪い合いを始めたり，後から新たな債権者が債権を申し出て紛争になるなど，混乱が広がる可能性がある。

　　そのため，判例は，**取消債権者が分配者となって他の債権者の請求に応じ平等の割合による分配を為すべき義務を負うものと解することはできず**，「そのような義務あるものと解することは，分配の時期，手続等を解釈上明確ならしめる規定を全く欠く法のもとでは，否定するほかない」とする（最判昭37・10・9）。

エ ◎ 離婚に伴う財産分与は，特段の事情がない限り，詐害行為とはならない。

妥当である（最判昭58・12・19）。→No.1 選択肢3

オ✗ 詐害行為取消権は，必ず裁判上で行使しなければならない。

→No.6 選択肢5

以上から，妥当なものは**ア，イ，エ**の3つであり，正答は**4**である。

⚡ **No.8 の解説** 債権者代位権と詐害行為取消権 →問題はP.67

ア⭕ 債権者代位権は，自己の名において行使する権利である。

妥当である。債権者代位権は，債権者の利益のために認められたものであって，債権者自身の権利である。したがって，債権者は自己の名で自己の権利としてこれを行使する。

また，**債権者代位権**は，期限が到来していれば裁判所に請求せずに自らこれを行使することができる（**裁判外の請求**，→No.6 選択肢5）。債権者代位権の場合は，すでにある権利を行使するだけなので，利害関係人に及ぼす影響が小さく，裁判外で行使させても不都合は生じないからである。

イ⭕ 保存行為については，期限到来前でも代位行使できる。

妥当である（423条2項）。→テーマ2「債権者代位権」必修問題選択肢1

ウ✗ 詐害行為取消権は，必ず裁判上で行使しなければならない。

詐害行為取消権は必ず裁判上で行使しなければならず，裁判外で行使することはできない（424条1項本文）。→No.6 選択肢5

エ✗ 詐害の意思は必ずしも積極的に害する意図まで必要とされるわけではない。

行為の詐害性が低ければ，詐害の「意図」までが必要であるが，行為の詐害性が高ければ，詐害の意思は「認識」で足りる（相関関係説）。

→No.3 選択肢3

オ✗ 詐害行為取消権での取消しの範囲は自己の債権額の範囲に限定される。

取消債権者は，他の債権者に分配する義務を負わないので（→No.7 ウ），たとえ他に債権者が存在していても，その取消しの範囲は自己の債権額に限定される（424条の8）。したがって，Aは1,000万円の範囲でのみ贈与を取り消すことができる。

以上から，妥当なものは**ア**と**イ**であり，正答は**2**である。

正答	No.1=**1**	No.2=**5**	No.3=**1**	No.4=**2**
	No.5=**1**	No.6=**5**	No.7=**4**	No.8=**2**

連帯債務

必修問題

民法に規定する連帯債務に関する記述として，妥当なのはどれか。

【地方上級（特別区）・令和元年度】

1 数人が連帯債務を負担するとき，債権者は，その連帯債務者の一人に対し，全部または一部の履行を請求することができるが，同時にすべての連帯債務者に対し，全部または一部の履行を請求することはできない。

2 連帯債務者の一人について生じた事由については，民法に規定する場合を除き，相対的効力しか認められないのが原則であり，連帯債務者の一人に対する履行の請求は，他の連帯債務者に対して，その効力を生じない。

3 連帯債務者の一人に対してした債務の免除は，他の連帯債務者に対して，その効力を生じないが，連帯債務者の一人が債権者に対してした債務の承認は，他の連帯債務者に対しても，その効力を生ずる。

4 連帯債務者の一人が債権者に対して債権を有する場合において，当該債権を有する連帯債務者が相殺を援用しない間は，その連帯債務者の負担部分についてのみ他の連帯債務者が相殺を援用することができる。

5 連帯債務者の一人が弁済をし，その他自己の財産をもって共同の免責を得たとき，その連帯債務者は，他の連帯債務者に対し各自の負担部分について求償権を有するが，当該求償権には，免責のあった日以後の法定利息は含まれない。

難易度 ＊＊

必修問題の解説

◆平成29年改正における変更点のポイント

連帯債務とは，複数の債務者がそれぞれ債務全部の給付義務を負うが，そのうちの一人が給付するときはすべての債務者が債務を免れるという多数当事者の債権債務関係である。

そして，改正前の連帯債務は，たとえば「ABC3名が共同で別荘を買い，その全員が売主Dに代金全額の債務を負う」など，債務者間に「共同」という関係がある場合だけを想定していた。そのため，「共同であれば相互に密接なつながりがあるだろう」として，債務者の一人に生じた事由をできるだけ他の債務者にも及ぼすという法制度をとっていた。

しかし，実際には，たとえば「XY両名が双方の過失で車を衝突させ，歩行者Zを負傷させた」ような場合に象徴されるように，債務者（Zに対するXYの損害賠償債務）間になんらのつながりがない場合も連帯債務として扱う必要があることが

B 頻出度

国家総合職 ★
国家一般職 ★★
国税専門官 ★★
地上全国型 ―

地上特別区 ★★★
市役所Ｃ ★★

4 連帯債務

第1章

債権総論

認識されるようになってきた。そこで，債務者の一人に生じた事由は，「弁済またはそれと同視できる事由以外は他の債務者に影響を及ぼさない」ことを基本として変更を加えたのが，改正法のポイントである。

1 ✕ **債権者は，連帯債務者全員に，同時に全部または一部の履行を請求できる。**

連帯債務は，債権者のために債権の効力を強化している点がポイントである（これは改正の前後で変わらない）。通常の債権，すなわち債務者が一人という場合，債権者はその者にしか全額を請求できない。しかし，連帯債務では「複数の債務者全員が全部給付義務を負う」ので，誰に対しても全額を請求できる。

もちろん，そのうちの一人から弁済があれば，それで債権は消滅するが，**複数の債務者の誰に対しても全額を請求できる**点は大きなメリットである。それだけ，**弁済を得られる確実性が増す**からである（これを，債権が強化されているという）。

本肢で，債権者は誰に請求してもよく，全員に同時に請求してもかまわない。また，全額請求するか，それぞれ分担させて一部ずつを請求するかも債権者の自由である（436条）。

2 ◎ **弁済やそれと同視できる事由以外は他の債務者に影響を及ぼさない。**

妥当である。前記の改正点のポイントでも説明したように，改正法は，**弁済やそれと同視できる事由以外は他の債務者に影響を及ぼさない**としている。

ここで，「他の債務者に影響を及ぼす」事由を**絶対効事由**といい（438条の更改，439条の相殺，440条の混同，なお弁済は当然なので規定はない），「他の債務者に影響を及ぼさない」事由を**相対効事由**という（441条）。

履行の請求は，弁済やそれと同視できる事由ではないので，他の連帯債務者に対して効力を生じない**相対効事由**である。

3 ✕ **免除・承認は，弁済やそれと同視できる事由ではなく，相対効事由である。**

まず，**債務の承認は時効の更新事由**とされる（152条1項）。では，連帯債務者の一人が債務を承認した場合，他の連帯債務者の債務についても時効が更新されるかというとそうではない。**債務の承認は，弁済やそれと同視できる事由ではないので，その効果は承認をした連帯債務者だけにとどまり**，他の連帯債務者には影響を及ぼさない（相対効しかない）。その結果，他の連帯債務者の債務について時効が完成した場合には，債務を承認した者だけが債務全額について責任を負うことになる。

次に，**債務の免除も，弁済や相殺などとは異なり，自らの負担で債務を消滅させているわけではないので相対効事由**であり，他の連帯債務者に影響を及ぼさない。これが原則である。

ただ，連帯債務者の一人に対して「全員を免除する」趣旨の意思表示がなされた場合，その効果が全員に及ぶとすることは差支えない（最判平10・

9・10)。この点は，法制度がどうかということの問題ではなく，どのような意思で免除がなされたかという意思解釈の問題である。

4 ✕ **他の連帯債務者は「相殺を援用する」ではなく負担部分の履行拒絶ができる。**

次の図の例で説明すると，改正前の旧法では，BCはAの負担部分について相殺を援用できるとされていた（旧436条）。ここで援用とは，Aに代わって相殺するという意味である。したがって，BCはAの代わりにAの負担部分の100万円について反対債権で相殺して，連帯債務の額を200万円に減らすことができる。

しかし，Aにとっては，自分の持っている反対債権を，自分の意思とは無関係に，他の連帯債務者に勝手に使われるというのも迷惑な話である。そこで，改正法は，援用できるとする規定の部分を削除して，そのうえで，Aが**反対債権で相殺するかもしれないので，その間は「履行を拒絶できる」**とすることに改めた（439条2項）。

なお，出題時は本肢が正答であったが，法改正により，正答は**2**に変更となっている。

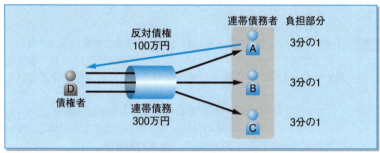

5 ✕ **求償権には，免責のあった日以後の法定利息も含まれる。**

上の図で，Aが期限に300万円をDに弁済したとする。その場合，AはBとCにそれぞれ100万円ずつ求償できるが，Bが長期間求償金の支払いを怠っているとする。その場合，その期間の利息を付すことができないかというとそうではない。法定利息を付すことができるのは当然である（442条2項）。

正答 **2**

FOCUS

連帯債務は，保証債務とともに多数当事者の債権債務関係の中核をなす重要なテーマであるが，保証債務に比べてなじみが薄く，制度が複雑であるため，これを苦手とする受験者が多い。その対策として有効なのは，①知識を必要な範囲に絞り込むことと，②なぜそうなっているのかの理由を把握することである。このテーマに関しては，覚え込むよりも①・②を実践したほうがはるかに効率がよい。

▸▸▸ P O I N T

重要ポイント 1 **連帯債務の意義**

　複数の者が1つの債務を分担する方法としては，各人がそれぞれ分割した給付を負担する場合（分割債務），各人が全給付について全責任を負う場合（不可分債務），各人が全給付について共同の責任を負う場合（連帯債務）の3つが考えられる。いずれの方法をとるかは債権者と債務者の駆引きで決まる（法律の規定で連帯責務が生じることもある）。しかし，分割債務は責任が細分化されるため債権者に不利で，不可分債務は各債務者の責任が重すぎるため債務者に不利である。そこで，妥協策として連帯債務が選択されることが多い。

重要ポイント 2 **連帯債務の性質・効力**

（1）連帯債務の性質

①連帯債務は，連帯債務者の数に応じた数個の独立した債務である。

②連帯債務者の一人について無効や取消しの原因があった場合でも，他の連帯債務者の債務はこれによって影響を受けない。

③連帯債務者の一人についてのみ，保証債務を成立させることができる。

　保証人が債務の全額を弁済した場合には，保証人は，自らが保証を行った連帯債務者に対して求償権を行使できるほか，他の債務者に対して，その負担部分のみについて求償権を有する。

④連帯債務者の一人に対する債権のみを，他の債務者に対する債権と分離して譲渡することができる。

（2）連帯債務の効力

①連帯債務者の一人が債権者に対して反対債権を有する場合には，他の連帯債務者は，反対債権を有する連帯債務者の負担部分の限度において債務の履行を拒むことができる。これについて，反対債権を有する債務者の同意は必要でない。

②連帯債務者の一人が死亡し共同相続が生じた場合，連帯債務は各共同相続人に相続分に応じて分割承継され，承継した範囲で本来の債務者と連帯の関係に立つ。

重要ポイント 3 **求償**

①連帯債務者の一人がその債務の一部を弁済した場合，弁済額がその者の負担部分を超えていない場合でも，その者は他の連帯債務者に対して，各自の負担部分に応じて求償することができる。これは，内部での公平を図る趣旨に基づく。

②連帯債務者は，債権者に弁済する場合には，事前または事後に弁済する（または弁済した）旨を他の連帯債務者に通知しなければならず，これを怠っている間に他の連帯債務者が通知したうえで弁済した場合には，その者の弁済が有効な弁済として扱われる。

③連帯債務者の一人が債務を全額弁済した旨を他の債務者に通知しなかったところ，他の債務者の一人が通知をしないまま二重に弁済した場合には，第一の弁済が有効なものとみなされる。

⚡ **No.1** A～Cの3人は，共同してDの所有地を1億5,000万円で買い受け，連帯して代金債務を負担することを約し，各人の負担をそれぞれ5,000万円とすることとして合意した。

この事例に関する次の記述のうち，妥当なものはどれか。

【地方上級・平成8年度改題】

1 AがDに対して2億円の債権を有する場合，Dからこの土地の売買代金である1億5,000万円の請求を受けたBは，1億5,000万円について履行を拒むことができる。

2 この債務の消滅時効が完成した後に，Aが債務の承認の意思表示をした場合，Aの承認の意思表示の効果はBおよびCについても生じるから，Dは依然として，A，B，Cに対して1億5,000万円全額の弁済を請求することができる。

3 DがBとの間で契約を更改した場合，その効果はBD間で生じるにすぎないから，Dは依然として，AまたはCに対し1億5,000万円全額の弁済を請求することができる。

4 AがDの請求に応じて5,000万円を弁済した場合，Aは自己の負担部分を弁済したにすぎないから，BまたはCに対して求償することはできない。

5 AがDの請求に応じて1億5,000万円を弁済し，BおよびCに事後の通知をしない間に，BがAおよびCに通知せずにDの請求に応じて1億5,000万円を弁済した場合，Aは自己の弁済を有効なものとみなすことができる。

⚡ **No.2** A，BおよびCの3人がXに対して負担部分を平等とする300万円の連帯債務を負っていた事例について，さらにア～オの事実が生じたときの帰結として，妥当なもののみをすべて挙げているのはどれか。ただし，争いのあるものは判例の見解による。

なお，ア～オの記述は相互に関連しないものとする。

【国家Ⅱ種・平成20年度改題】

ア：AがBおよびCに対して事前の通知をせずに，Xに対して300万円弁済したが，BがXに対して300万円の債権を有していた場合，AはBに対して100万円求償することができる。

イ：AがBおよびCに対して事前の通知をせずに，Xに対して300万円弁済したが，事後の通知もしなかった。その後，BもAおよびCに対して事前の通知をせずに，Xに対して300万円弁済した場合，AおよびBは対等の立場に立ち，それぞれ150万円の部分で有効な弁済となるので，AおよびBはCに対してそれぞれ50万円求償することができる。

ウ：AがXに対して60万円弁済した場合，AはBおよびCに対してそれぞれ20万

円求償することができる。

エ：AがXに対して300万円弁済し，Bが無資力になった場合，AはCに対して150万円求償することができる。

1 ア，イ

2 ア，ウ

3 ア，エ

4 イ，エ

5 ウ，エ

No.3 民法に規定する連帯債務に関するA～Dの記述のうち，判例，通説に照らして，妥当なものを選んだ組合せはどれか。

【地方上級（特別区）・平成28年度改題】

A：連帯債務者の一人が債権者に対して債権を有する場合において，当該債権を有する連帯債務者が相殺を援用しない間に，その連帯債務者の負担部分について他の連帯債務者が履行を拒絶することはできない。

B：連帯債務者の一人に対する履行の請求は，他の連帯債務者に対して，その効力を生じないが，連帯債務者の一人について法律行為の無効または取消しの原因があっても，他の連帯債務者の債務は，その効力を妨げられない。

C：最高裁判所の判例では，甲と乙が共同不法行為により丙に損害を加えた場合，甲と乙が負担する損害賠償債務は連帯債務であるから，甲丙間で訴訟上の和解が成立し，甲が丙の請求額の一部につき和解金を支払い，丙が甲に対し残債務を免除したとき，丙が乙の残債務をも免除する意思を有していると認められるとしても，乙に対し残債務の免除の効力が及ばないとした。

D：最高裁判所の判例では，連帯債務者の一人である乙が弁済その他の免責の行為をするに先立ち，他の連帯債務者に通知することを怠った場合，すでに弁済しその他共同の免責を得ていた他の連帯債務者甲が乙に事後の通知をせずにいた場合でも，乙の免責行為を有効であるとみなすことはできないとした。

1 A，B

2 A，C

3 A，D

4 B，C

5 B，D

A，B，CはDから3,000万円の連帯債務を負担している。それぞれ の負担部分は平等であるという前提の下，次の記述のうち妥当なものはどれか。

【地方上級・平成29年度改題】

1 DがCに対して債務を免除した場合，他の連帯債務者であるA，Bの債務はC の負担部分を除いた2,000万円となる。

2 AがDに対して1,000万円を弁済した場合，他の連帯債務者であるB，Cの債 務の時効も更新される。

3 BがDに対して2,000万円の債権を有している場合に，AがDから債務の支払 いを請求されたときは，Bが反対債権を相殺に援用しない間は，Aは2,000万円 の支払いを拒絶することができる。

4 BはDに対して弁済したが，他の連帯債務者に対する事後の通知を怠ってい た。その後，Aが他の連帯債務者に対する事前の通知をせずに善意で弁済した場 合，Aは自己の弁済を有効なものとみなすことができる。

5 AがDに対して900万円を弁済した場合，AはB，Cに対してそれぞれ300万円 ずつ求償することができる。

実戦問題の解説

⚡ No.1 の解説 連帯債務　　　　　　　　　　　　　　　　　　　　→問題はP.82

1 ✕ 各連帯債務者は，他の連帯債務者が有する反対債権を限度に履行を拒める。

　連帯債務者Bは，他の連帯債務者Aが債権者に対して金銭債権を有している場合，それを使って自分たちの債務の履行を拒むことができる。

　ただこの場合，連帯債務者Bは連帯債務者Aの金銭債権を自由に使えるわけではなく，**債務の履行を拒むことのできる額**はAの**負担部分**（連帯債務者内部で取り決めたAの分担割合）の5,000万円に限られる（439条2項）。

　負担部分については，もともとAが分担して支払う責任を負っているので，他の連帯債務者がこれを限度に債務の履行を拒んでも不合理ではないが，それを超える額についてはB，Cに分担の責任があるので，その分についてまで履行を拒絶することは許されない。

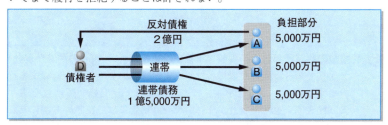

2 ✕ 連帯債務者の一人がした債務の承認は，他の連帯債務者に効力を生じない。

　債務の承認は，弁済やそれと同視できる事由ではないので，その効果は承認をした連帯債務者だけにとどまり，他の連帯債務者には影響を及ぼさない（441条本文）。**→必修問題選択肢3**

　いったん時効が完成した場合に，**時効の利益を享受するかどうかは個々の債務者が独自に判断すべきこと**であって，その点についてまで連帯による拘束を及ぼす必要はないからである。

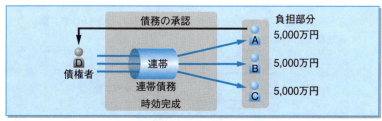

3 ✕ 連帯債務者の一人との間で更改がなされると，連帯債務は消滅する。

　更改とは，債務の要素の変更によって**旧債務を消滅させ，新たな債務を発生させる契約**である（513条）。そのような契約によって旧債務を消滅させているので，これは**自らの負担で債務を消滅させている**といえる。したがって，連帯債務者の一人について更改があると，他の連帯債務者の債務も消滅する（438条）。

4 ✕ 債務額の一部を弁済した場合でも，他の者に各自の負担部分で求償できる。

　　連帯債務者全員の負担を公平にしておくという見地から，債務額の一部のみが支払われた場合でも，他の連帯債務者に対して，それぞれの**負担割合に応じて求償すること**が認められている（442条1項）。

　　そうでないと，他の連帯債務者に十分な資力がなくて，結局弁済ができなかったという場合，一部を弁済した者のみがその一部弁済額を負担するということになり，公平を欠くというのがその理由である。

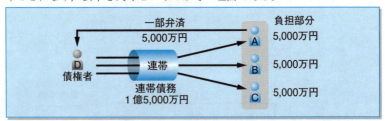

5 ◎ 複数の弁済者がともに事前・事後の通知を怠れば，第一の弁済が有効となる。

　　妥当である。悪質な債権者は，二重に支払いを受けて，そのまま行方をくらますなどということを平気でやる。そこで，支払いの重複を避けるために，民法は，連帯債務者が支払いを行う場合には，支払いの前にこれから支払うことを，ないしは支払後に他の連帯債務者への支払いを済ませたことを他の連帯債務者に通知しなければならないとしている（443条）。通知によって，他の連帯債務者が**二重払いを行う危険を回避**しようというものである。

　　そこで，これを怠った場合，支払いを行った者は，自己の支払いが有効であることを他の連帯債務者に主張できず，他の連帯債務者に対して求償ができなくなる。

　　ただ問題は，A・Bがともに通知を怠った場合である。連帯債務自体はすでに消滅しているので，いずれかの支払いを有効とせざるをえない。そうなると，**基準として考えられるのは時間の先後しかないので，最初の支払いが有効な支払いとされている**（最判昭57・12・17）。

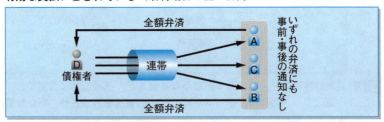

⚡ No.2 の解説　連帯債務

→問題はP.82

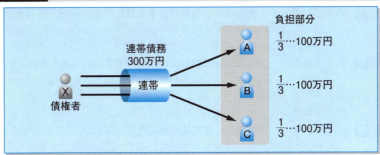

ア ✕ **事前の通知なしに弁済した者は，反対債権を有する者に求償できない。**

　　AがBに**事前の通知**をすれば，Bは，Xに対する反対債権を自己の債務の消滅のために使えたはずである。したがって，通知を怠ったAは自己の弁済が有効であることをBに主張できず，Bへの求償はできない。

イ ✕ **複数の弁済者がともに事前・事後の通知を怠れば，第一の弁済が有効となる。**

　　両者ともに，二重弁済を避けるための**事前・事後の通知**を怠っている。この場合には第一の弁済が有効なものとみなされる（最判昭57・12・17）。

→No.1選択肢5

ウ ◯ **債務額の一部を弁済した場合でも，他の者に各自の負担部分で求償できる。**

　　妥当である。**連帯債務者全員の負担を公平にしておくという見地**から，債務額の一部のみが支払われた場合でも，他の連帯債務者に対して，それぞれの**負担割合に応じて求償**することが認められている（442条1項）。

→No.1選択肢4

エ ◯ **無資力者がいて償還できない部分は求償者と他の者が負担部分で分割する。**

　　妥当である。**償還無資力者**のリスクを弁済者のみに負担させるのは不合理なので，その場合は「各自の負担部分に応じて分割して負担する」とされる（444条1項）。

　　以上から，妥当なものは**ウ，エ**であり，正答は**5**である。

A ✕ **各連帯債務者は，他の連帯債務者が有する反対債権の範囲で履行を拒める。**

ただし，反対債権を有する債務者の負担部分が限度（439条2項）。

→No. 1 選択肢 1

B ◯ **連帯債務者の一人に無効・取消し原因があっても，他には影響を及ぼさない。**

妥当である。連帯債務は，連帯債務者の数に応じた独立の数個の債務であるから，その一人に無効・取消し原因があっても，他の連帯債務者の債務は，その効力を妨げられない（437条）。また，前半も正しい（441条）。

C ✕ **被害者が甲との和解で乙の残債務免除の意思があれば，その効果は乙に及ぶ。**

判例は，被害者丙が「訴訟上の和解に際し，乙の残債務をも免除する意思を有していると認められるときは，乙に対しても残債務の免除の効力が及ぶ」とする（最判平10・9・10）。→必修問題選択肢3

その後の甲乙間の分担については，「甲の乙に対する求償金額は，確定した損害額である訴訟上の和解における甲の支払額を基準とし，双方の責任割合に従いその負担部分を定めて，これを算定するのが相当である」とする（同前判例）。

D ◯ **複数の弁済者がともに事前・事後の通知を怠れば，第一の弁済が有効となる。**

妥当である（最判昭57・12・17）。→No. 1 選択肢 5

以上から，妥当なものはBとDであり，正答は**5**である。

本問は，**A** = ✕，**D** = ◯で正答できる。

No.4 の解説　連帯債務　　　　　　　　　　　　　　→問題はP.84

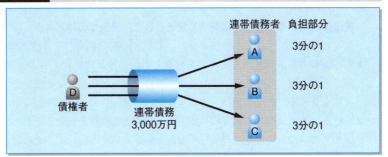

1 ✕　連帯債務者の一人に対する免除は，他の連帯債務者に効力を及ぼさない。

　　債務の免除は，弁済やそれと同視できる事由ではなく，相対効事由である（441条）。したがって，他の連帯債務者には影響を及ぼさず，他の連帯債務者の債務は3,000万円のままである。→必修問題選択肢3

2 ✕　債務の一部の弁済は承認に当たるが，承認には相対的効力しかない。

　　債務の一部の弁済は，債務が存在することを認めたうえで行われることから，時効の更新事由である**債務の承認**（152条1項）に当たる（大判大8・12・26）。

　　ただし，**債務の承認は，弁済やそれと同視できる事由ではないので，その効果は承認をした連帯債務者だけにとどまり**，他の連帯債務者には影響を及ぼさない（相対効しかない）。したがって，他の連帯債務者B・Cの時効は更新されない。→必修問題選択肢3

3 ✕　他の連帯債務者が反対債権を有する場合の履行拒絶はその負担部分のみ。

　　債務の履行を拒むことのできる額は，反対債権を有する連帯債務者の負担部分（連帯債務者内部で取り決めたAの分担割合）を限度とする（439条2項）。したがって，Aが支払いを拒絶することができるのは，Bの負担部分の1,000万円に限られる。→No.1選択肢1

4 ✕　複数の弁済者がともに事前・事後の通知を怠れば，第一の弁済が有効となる。

　　この場合は，原則に戻って時間の先後で優劣を決せざるをえない（最判昭57・12・17）。→No.1選択肢5

5 ◎　債務額の一部を弁済した場合でも，他の者に各自の負担部分で求償できる。

　　妥当である（442条1項）。→No.1選択肢4

正答　No.1＝5　No.2＝5　No.3＝5　No.4＝5

保証債務

必 修 問 題

民法に規定する保証債務に関する記述として，妥当なのはどれか。

【地方上級（特別区）・平成29年度】

1　保証債務は，保証人と主たる債務者との間の保証契約によって成立し，保証人は，主たる債務者がその債務を履行しないときに，その履行をする責任を負うが，保証契約は，書面でしなければ，その効力を生じない。

2　行為能力の制限によって取り消すことができる債務を保証した者は，保証契約の時においてその取消しの原因を知っていたときは，主たる債務の取消しがあっても，これと同一の目的を有する**独立の債務**を負担したものと推定される。

3　債務者が法律上または契約上，保証人を立てる義務を負う場合には，債権者が当該保証人を指名したときであっても，当該保証人は行為能力者であることおよび弁済をする資力を有することの要件を具備する者でなければならない。

4　**催告の抗弁権**とは，債権者が保証人に債務の履行を請求した場合に，保証人が，まず主たる債務者に催告をすべき旨を請求できる権利をいい，主たる債務者が**破産手続開始の決定**を受けたときであっても，催告の抗弁権を行使できる。

5　主たる債務者の委託を受けずに，主たる債務者の意思に反しないで保証をした者が弁済をして，主たる債務者にその債務を免れさせたときは，**免責当時に利益を受けた限度において求償できる**ため，利息や損害賠償も請求できる。

難易度　＊＊

必 修 問 題 の 解 説

1 ✕　保証債務は，保証人と債権者との間の保証契約によって成立する。

　　　一般に，契約は債権債務関係を生じる当事者の合意によって成立する。そして，**保証契約で債権を有し債務を負う者は債権者と保証人である**。債権者は保証人に保証債務の履行を求めるという債権を有し，保証人は保証債務の履行の義務を負う。すなわち，保証契約の当事者はこの両者であり，**主債務者は当事者とはならない**。

　　　一般には主債務者に頼まれて（委託を受けて）保証人になることが多いが，それは保証契約の要件ではなく，保証契約自体は主債務者が反対してい

た（意思に反する）場合でも有効に成立する。

　なお，保証契約では，安易に保証人となることを防ぐために，保証人となる明確な意思を有していることの確認のためとして，書面性が効力要件とされている（446条2項）。

2◎ **制限行為能力で取り消された場合，その保証人は同一の債務を負担する。**

　妥当である（449条）。**取り消される可能性があることを承知で制限行為能力者の保証人となった者は，同一の債務を独立に負担したものと推定される**。たとえば，未成年者の契約について伯父が保証人となった場合，未成年者が代金を払えずに取り消せば，伯父が「代わって払う」という意思を有していると推定したものである（**一種の損害担保契約である**）。

　したがって，そのような意思がなければ，あらかじめそれを明示しておく必要がある（その場合には同一の債務は負担しない）。

3✕ **債権者が保証人を指名した場合には，資力要件などは要求されない。**

　債務者が保証人を立てる義務を負う場合には，その保証人は，①行為能力者で，かつ，②弁済の資力を有することが必要とされる（450条1項）。

　しかし，**債権者が「保証人はその人にするように」と指名した場合**には，債権者がその人でよいというのであるから，①②の要件を満たす必要はない。債務者は債権者の指名に従って保証人を選任すれば，**それ以上の責任を負うべきいわれはない**（同条3項）。

4✕ **主債務者が破産手続開始の決定を受けると，催告の抗弁権は行使できない。**

　債務者が**破産手続開始の決定**を受けると，債務者はその時点から財産の処分ができなくなる。ということは，保証人が「主たる債務者に先に請求してほしい」といっても，その主たる債務者はそもそも弁済ができなくなっているのであるから，このような抗弁（催告の抗弁）は意味がない。すなわち，この場合には**保証人は催告の抗弁権は行使できない**（452条但書）。

5✕ **意思に反しない委託なしの保証人は，利息や損害賠償の請求はできない。**

　委託を受けずに自発的に保証人となった場合は，**保証人として肩代わりして弁済した額しか求償できない**（462条1項）。その後に，主債務者が求償額を支払うまで時間がかかったとしても，その間の利息や，なんらかの損害が生じた場合の賠償などは請求できない。これが，委託を受けずに保証人となった者の求償の限界である。

正答 **2**

FOCUS

　保証は日常生活の中でなじみのあるテーマなので，比較的イメージを作りやすい。ただ，学習が進むに従って，複雑なシステムや難解な用語に惑わされて理解に困難を来すことがある。保証の制度自体は，極めて合理的で常識的に組み立てられているので，途中でわからなくなった場合には，言葉や理論にとらわれずに，制度の意味や機能からもう一度考えてみよう。

重要ポイント 1 ▶ 保証債務の意義・性質

①保証債務とは，主たる債務と同一の内容の給付を目的とする従たる債務をいう。

②主たる債務の一部のみを保証することはできるが（一部保証），主たる債務よりも重い内容の債務を定めることはできない。

　　　ただし，例外として，保証債務についてのみ違約金または損害賠償の額を約定することができる。

③保証契約では，安易に保証人を引き受ける風潮を戒め，その締結を慎重にさせる目的で，書面によらなければ効力は生じないとされている。

④保証契約は，保証人と債権者の合意に基づいて成立する。債務者の依頼や同意は保証契約の要件ではない。

⑤保証債務は，主たる債務とは別個独立の債務である。

⑥将来発生する債務を保証するために，現在の時点で保証契約を有効に成立させることができる。

⑦金銭債務以外の債務について保証人となった者は，主たる債務者の債務の不履行に基づく損害賠償債務等についても保証の責任を負う。

⑧保証人の資格に制限はない。ただし，債務者が保証人を立てる義務を負う場合には，その保証人は，行為能力者であって，かつ弁済の資力を有する者でなければならない。

重要ポイント 2 ▶ 保証債務の性質

（1）付従性

①主たる債務が無効または取消しによって成立しないときは，保証債務もまた成立しない。

②主たる債務が消滅すると，保証債務もまた消滅する。ただし，主たる債務が制限行為能力を理由に取り消された場合には，取消しの原因を知って保証人となった者は同一内容の独立の債務を負担したものと推定される。

③主たる債務者について生じた事由は，保証債務にも効力を及ぼす。

④主たる債務について時効が完成したときは，主たる債務者が時効の利益を放棄したときであっても，保証人はこれを援用して債務を免れることができる。

⑤主債務者が相殺権・取消権・解除権を持つ場合は，保証人はこれらの権利の範囲で履行を拒絶できる。

⑥債権者が債権を第三者に譲渡した場合には，主たる債務者に通知すればよく，保証人に対して通知する必要はない。

⑦主たる債務を生じた契約に取消原因が存在しているものの，主たる債務者が契約を取り消さず，追認もしない場合には，保証人は，主たる債務者の有する取消権を行使することはできないが，主債務者が取消権を行使しないことが確定するまでは履行を拒絶できる。

（2）補充性

①保証人は，催告・検索の両抗弁権を有する。

②催告の抗弁権とは，債権者が保証人に先に請求してきた場合に，主たる債務者に先に請求するように主張できる権利であり，検索の抗弁権とは，主たる債務者に弁済の資力のあることを証明して，この財産に対して先に執行するように主張できる権利である。

（3）求償

①委託を受けないで保証人となった者にも，求償権が認められる。

②保証人が保証債務を履行した場合，主たる債務について債権者が有していた権利は保証人に移転する。したがって，主たる債務につき抵当権が設定されている場合には，保証人はこれを実行できる。

③保証人が，保証債務の履行によって抵当権を取得する場合には，弁済後，抵当不動産につき，代位の付記登記を済ませておく必要はない。

重要ポイント 3 連帯保証

①連帯保証人は，催告・検索の両抗弁権を有しない。

②連帯保証人には，分別の利益はない。

①	補充性がない	・連帯保証人は主たる債務者とともに第一次的な責任を負う。 ・催告・検索の抗弁権がない。
②	付従性はある	・主たる債務者に生じた事由はすべて保証人にその効力が及ぶ。
③	連帯債務の規定の準用がある	・連帯債務の規定の準用がある。ただし， 　→更改・相殺によって債務が消滅する（主たる債務者にもその効力が及ぶ）のは通常の保証の場合も同様なので，準用の意味はない。 　→混同の場合も，債権者として主たる債務者に請求するか求償者として請求するかの違いだけで，これも準用の意味がない。 　→それ以外に連帯保証人に生じた事由は，主たる債務者にその効力が及ばない。
④	分別の利益を有しない	・同一の主たる債務について他に保証人がいても，連帯保証人には保証人の数に応じた債務額の分割（分別の利益）はない。

⚡ **No.1** 　民法に規定する保証債務に関する記述として，通説に照らして，妥当なのはどれか。　　　　　　　　　　　　　【地方上級（特別区）・平成26年度改題】

1 　保証契約は，債務者と保証人との間の契約であるが，保証契約の締結に際しては，債権者の同意が必要である。

2 　保証債務は，主たる債務の内容の変更に応じて保証債務もその内容を変ずるので，主たる債務の目的または態様が重くなった場合には，それに応じて保証債務も重くなる。

3 　保証債務は主たる債務とは別個の債務であるから，主たる債務者に対する履行の請求その他の事由による時効の更新は，保証人に対しては，その効力を生じない。

4 　債権者が指名した保証人が弁済をする資力を有することの要件を欠くに至ったときは，当該債権者は，弁済をする資力を有することの要件を具備する者をもってこれに代えることを常に債務者に請求することができる。

5 　連帯債務者または不可分債務者の一人のために保証をした者は，他の債務者に対し，その負担部分のみについて求償権を有する。

⚡ **No.2** 　民法に定める保証債務に関する記述として，妥当なのはどれか。

【地方上級・平成16年度】

1 　保証債務は，主たる債務より軽いものであってはならず，たとえば，主たる債務が15万円である場合に保証債務を10万円とすることはできない。

2 　債務者が保証人を立てる義務を負う場合に，制限行為能力者や弁済の資力を有しない者を保証人とすることはできないが，債権者がこれらの者を保証人として指名したときは保証人とすることができる。

3 　保証人は，債権者が主たる債務者に先立って保証人に債務の履行を請求してきたときは，債務者が破産手続開始の決定を受けた場合でも，先に当該債務者に催告するよう請求することができる。

4 　主たる債務の消滅時効が更新した場合，時効更新の効力は，主たる債務者に及ぶが，保証人には及ばない。

5 　主たる債務者の委託を受けて保証人となった者が，当該債務者に代わって弁済した場合，保証人は当該債務者に対し求償権を有するが，求償の範囲には，強制執行などにかかる費用や損害賠償を含まない。

実戦問題 **1** の解説

⚡ No.1 の解説 保証債務
→問題はP.94

1 ✕ **保証契約は債権者と保証人の合意で成立し，債務者の同意は必要でない。**

→必修問題選択肢1

2 ✕ **主たる債務の目的や態様が重くなっても，保証債務は重くならない。**

　　保証人は，その債務の内容だからこそ，「それならば」として保証人となっている。それを，主債務者の内容が重く変更されたからといって，保証債務も一方的に重くされたのでは保証人はたまらない。主たる債務の目的や態様が重くなっても，保証債務は重く変更されることはない（448条2項）。

3 ✕ **主たる債務の時効が更新した場合には，保証人にもその効力が及ぶ。**

　　保証債務は，主たる債務の履行の保証を目的とする。したがって，**主たる債務が適法に存続する限り，保証人もその義務から免れることはできない**。

　　主たる債務の時効進行中に確定判決等によって時効が更新した場合には，適法に時効の進行がリセットされたわけであるから，その影響は保証人にも及ぶ。保証人が主たる債務の履行を保証した以上，これはやむをえない。

4 ✕ **債権者の指名保証人が弁済資力を欠くに至っても，債務者は責任を負わない。**

　　債権者が自らその保証人でよいとしたのであるから，保証人が弁済をする資力を有することの要件を欠くに至ったとしても，その責任は債権者が負うべきである。**債権者は，自分の人選ミスの責任を債務者に転嫁することは許されない**。すなわち，債権者は，弁済資力を有する保証人を立てることを債務者に請求することはできない（450条2項・3項）。

5 ◎ **一人のための保証人は，他の連帯債務者にはその負担部分で求償ができる。**

　　妥当である（464条）。まず，連帯債務者または不可分債務者の一人のためだけに保証することもできる。債権者にとっては，たとえ債務者の中の一人だけであっても，保証してもらえればそれだけ弁済が確実になるからである。

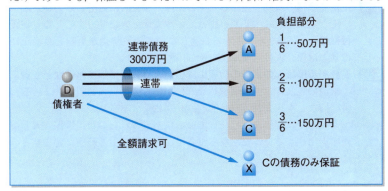

　　それで本肢はどんな意味かというと，わかりやすいように箇条書きにしてみよう。①連帯債務者または不可分債務者（No.8 イ参照）は，各自全額の弁済責任を負っている（436条，430条）。②ということは，たとえその中の

一人だけについて保証が行われたとしても、**主たる債務**（図でいえばＣの債務）**が全額の弁済責任である以上、保証人の責任もまた全額の弁済責任となる**。つまり、債権者は連帯債務者または不可分債務者が弁済しない場合、保証人に対して全額を請求できる。③保証人は、全額を弁済した場合、主たる債務者Ｃに全額を求償できる。④しかし、他の債務者Ａ・Ｂに対しては、その負担部分のみに限って求償できるにすぎない。これが本肢の意味である。

つまり、**主債務が全額弁済責任を負う連帯債務である以上、保証人はＣに全額を求償できる**。そして、Ｃが求償に応じた場合、ＣはＡ・Ｂにその負担部分について求償できる。この関係を、保証人がＡ・Ｂに直接に求償する場合にも当てはめて、簡易の決済を図ろうとしたものである。

⚡ No.2 の解説　保証債務 　　　　　　　　　　　　→問題はP.94

1 ✕ **主たる債務の全額ではなく、その一部を保証することも可能である。**

保証債務は、主たる債務より重いものであってはならないが（448条1項）、軽いものであることは、なんら差し支えない。

たとえ主債務の一部であっても保証してくれる者がいることは（**一部保証**）、債権者にとってメリットとなるからである。

2 ◎ **債権者が保証人を指名した場合には、資力要件などは要求されない。**

妥当である（450条1・3項）。→必修問題選択肢3

3 ✕ **主債務者が破産手続開始の決定を受けると、催告の抗弁権は行使できない。**

破産手続開始の決定（破産法30条）があると、破産者が有していた財産の管理処分権は、決定と同時に、裁判所から選任された破産管財人に移る。そのため、**決定の時点から破産者は勝手に弁済等の財産処分ができなくなる**。したがって、催告の抗弁権（452条）は行使できない。→必修問題選択肢4

4 ✕ **主たる債務の時効が更新した場合には、保証人にもその効力が及ぶ。**

主たる債務者に生じた事由は、すべて保証人に効力を生じる（**保証債務の付従性**）。そのため、主たる債務について消滅時効が更新した場合には、その効力は保証人にも及ぶ。→No.1選択肢3

5 ✕ **委託ある保証人の求償の範囲には強制執行費用や損害賠償などが含まれる。**

求償の範囲には、強制執行などにかかる費用（大判昭9・7・5）や、損害賠償なども含まれる（459条2項、442条2項）。

委託を受けて保証人になっている以上、これらの費用も保証人となったために支出せざるをえなくなった費用として、求償の範囲に含ませるのが公平にかなうからである。

正答 No.1＝5　No.2＝2

実戦問題❷ 応用レベル

No.3 **保証人が主たる債務者に代わって弁済をした場合のその保証人の権利に関する次の記述のうち,妥当なものはどれか。** 【地方上級・平成10年度】

1 主たる債務者の委託を受けないで保証人になっていた場合には,主たる債務者に対して求償することはできない。

2 保証人は,債権者の主たる債務者に対する債権を担保するための抵当権を実行して,弁済を受けることができる。

3 債権者の主たる債務者に対する債権を担保するための抵当権の目的となっている不動産が第三者に譲渡されているときは,保証人は,その抵当権によって弁済を受けることはできない。

4 主たる債務が連帯債務であって数人の主たる債務者全員のための保証人となった場合は,保証人は各債務者に対して分割してしか求償することができない。

5 主たる債務が連帯債務であったが,そのうちの一人のためにだけ保証したにすぎない場合は,保証人は,その者に対して,その者の負担部分の範囲においてのみ求償することができる。

No.4 **保証に関する次の記述のうち,妥当なのはどれか。ただし,争いのあるものは判例の見解による。** 【国家一般職・令和元年度改題】

1 保証人が保証債務を承認した場合,主たる債務の時効も更新されるが,主たる債務者が主たる債務を承認したとしても,保証債務の時効は更新されない。

2 主たる債務者に対する裁判上の請求による時効の更新は,保証人に対しては,その効力を生じない。

3 主たる債務が時効で消滅した場合において,主たる債務者が時効の利益を放棄したときであっても,保証人は主たる債務の時効を援用することができる。

4 主たる債務者の委託を受けない保証人が,主たる債務者に代わって弁済その他自己の財産をもって主たる債務を消滅させる行為をした場合において,保証人となったことが主たる債務者の意思に反しないときは,保証人は,主たる債務者が現に利益を受けている限度においてのみ求償することができる。

5 保証債務は,保証人と債権者との間の保証契約によって成立するほか,保証人と主たる債務者との間の保証委託契約によっても成立する場合がある。

No.5 保証債務に関するア～オの記述のうち，妥当なもののみをすべて挙げているのはどれか。ただし，争いのあるものは判例の見解による。

【国家一般職・平成27年度改題】

ア：主たる債務について二人の連帯保証人がある場合，各連帯保証人は，債務者に対して主たる債務の2分の1の額についてのみ保証債務を負う。

イ：主たる債務が弁済期にある場合，保証人は，主たる債務者の委託を受けないで保証をしたときであっても，主たる債務者に対して事前求償権を行使することができるが，主たる債務者の意思に反して保証をしたときは，事前求償権を行使することができない。

ウ：特定物の売買における売主のための保証においては，保証人は，特に反対の意思表示のない限り，売主の債務不履行により契約が解除された場合における原状回復義務についても保証の責めに任ずる。

エ：個人根保証契約は，自然人が保証人であっても法人が保証人であっても，極度額を定めなければ効力を生じない。

オ：債権者が主たる債務者に対して債務の履行を催告した後に保証人の財産について執行してきた場合，保証人は，主たる債務者に弁済の資力があり，かつ，執行が容易であることを証明して，まず主たる債務者の財産に対して執行すべきことを主張することができる。

1 ア，ウ　　　**2** ア，エ　　　**3** イ，エ
4 イ，オ　　　**5** ウ，オ

No.6 保証に関するア～オの記述のうち，妥当なもののみをすべて挙げているのはどれか。

【国家総合職・平成26年度】

ア：保証契約は，諾成・不要式の契約であり，債権者と保証人となるべき者の間で，主たる債務者がその債務を履行しない場合に，保証人となるべき者がその履行をする責任を負うことについて合意が形成されることによって，その効力が生じる。

イ：保証債務は，主たる債務に対して附従性を有し，保証人の負担が債務の目的または態様において主たる債務より重い場合は，主たる債務の限度に減縮される。

ウ：保証債務は主たる債務に対して随伴性を有し，債権者が保証債務によって担保されている債権を第三者に譲渡した場合は，保証人は当該第三者に対して保証債務を負担することになる。

エ：債権者が主たる債務者に対して抵当権や質権などの担保を有していた場合に，弁済をした保証人が債権者に代位してその権利を行使するためには，担

保設定者である主たる債務者の同意が必要である。

オ：特定物売買の売主のための保証においては，保証人は，当該売買契約から直接生じる売主の債務についてはもちろん，売主の債務不履行により売主が買主に対し負担する損害賠償義務についても保証の責めに任ずるが，売主の債務不履行により契約が解除された場合における原状回復義務については保証の責めに任ずるものではないとするのが判例である。

1 ア，イ　　　**2** ア，エ　　　**3** イ，ウ
4 ウ，オ　　　**5** エ，オ

⚡ **No.7** ＊＊＊ 保証に関するア～オの記述のうち，妥当なもののみをすべて挙げているのはどれか。ただし，争いのあるものは判例の見解による。

【国家総合職・平成29年度】

ア：根保証契約の被保証債権を譲り受けた者は，その譲渡が当該根保証契約に定める元本確定期日前にされた場合であっても，当該根保証契約の当事者間において当該債権の譲受人の請求を妨げるような別段の合意のない限り，保証人に対し，保証債務の履行を求めることができる。

イ：期間の定めのある建物の賃貸借において，賃借人のために保証人が賃貸人と保証契約を締結した場合には，反対の趣旨をうかがわせるような特段の事情のない限り，保証人が更新後の賃貸借から生ずる賃借人の債務についても保証の責めを負う趣旨で合意がされたものと解すべきである。

ウ：請負契約が注文者と請負人との間で合意解除され，その際，請負人が注文者に対しすでに受領した前払金を返還することを約定した場合，請負人の保証人が当該約定に関知していなかったときは，保証人は当該約定の債務について責任を負うことはない。

エ：保証債務の附従性から，主たる債務について損害賠償額に関する約定がない限り，その保証債務についてのみ損害賠償額を約定することはできない。

オ：債務者が保証人を立てる義務を負う場合，保証人は行為能力者であることおよび弁済をする資力があることが必要であり，保証人が制限行為能力者となったときは，債権者は代わりの保証人を立てることを請求することができる。

1 ア，イ　　　**2** ア，オ　　　**3** イ，エ
4 ウ，エ　　　**5** ウ，オ

No.8 多数当事者の債権関係に関するア〜オの記述のうち，妥当なもののみを
すべて挙げているのはどれか。　　　　　　　　　　【国家一般職・平成29年度】

ア：1個の可分給付につき数人の債務者がある場合，各債務者は，別段の意思表
示がある場合に限り，それぞれ等しい割合で義務を負う。

イ：1個の不可分給付につき数人の債務者がある場合，債権者が債務者の一人に
対してその債務を免除したときは，その債務者の負担部分についてのみ，他
の債務者の利益のためにも，その効力を生ずる。

ウ：連帯債務者の一人について法律行為の無効または取消しの原因があっても，
他の連帯債務者の債務は，その効力を妨げられない。

エ：連帯債務者の一人と債権者との間に更改があったときは，その連帯債務者の負
担部分についてのみ，他の連帯債務者の利益のためにも，その効力を生ずる。

オ：債務者が保証人を立てる義務を負う場合，債権者が保証人を指名したときを
除き，その保証人は行為能力者であることが必要である。

1 イ　　　**2** オ　　　**3** ア，ウ　　　**4** イ，エ　　　**5** ウ，オ

No.9 民法に規定する保証債務に関する記述として，判例，通説に照らして，
妥当なのはどれか。　　　　　　　　　　【地方上級（特別区）・令和2年度】

1 保証債務は，保証人と主たる債務者との間の保証契約によって成立し，保証人
は，主たる債務者がその債務を履行しないときに，その履行をする責任を負う
が，保証契約がその内容を記録した書面または電磁的記録によってされなけれ
ば，その効力を生じない。

2 債権者が指名した保証人が弁済をする資力を有することの要件を欠くに至った
ときは，当該債権者は，弁済をする資力を有することの要件を具備する者をもっ
てこれに代えることを常に債務者に請求することができる。

3 債権者が保証人に債務の履行を請求したとき，保証人は，主たる債務者が破産
手続開始の決定を受けた場合は，まず主たる債務者に催告すべき旨を請求できる
が，主たる債務者の行方が知れない場合は，その旨を請求できない。

4 最高裁判所の判例では，特定物の売買契約における売主のための保証人は，債
務不履行により売主が買主に対し負担する損害賠償義務についてはもちろん，特
に反対の意思表示のない限り，売主の債務不履行により契約が解除された場合に
おける原状回復義務についても保証の責に任ずるものとした。

5 最高裁判所の判例では，継続的売買取引について将来負担すべき債務について
した責任の限度額ならびに期間の定めのない連帯保証契約における保証人たる地
位は，特段の事由のない限り，当事者その人と終始するものではなく，保証人の
死亡後生じた債務については，その相続人が保証債務を負担するとした。

実戦問題 2 の解説

⚡ **No.3 の解説**　保証債務の履行　　　　　　　　　　　　　　　→問題はP.97

1 ✗　委託を受けずに保証人になっていた場合でも，求償権は認められる。

　　たとえ，主たる債務者から保証人になってほしいと依頼されていなくて
も，保証人が保証債務を履行した場合には，主たる債務者はそれによって債
務の消滅という利益を得ているので，その利益を保証人に還元する必要があ
る。これが**求償権**である。したがって，委託を受けない保証人にも求償権は
認められる（462条）。

　　なお，委託の有無等によって，求償できる範囲は次のように異なっている。

> ①**委託を受けて保証人となった場合**…弁済その他免責があった日以後の法定利息およ
> 　び避けることができなかった費用その他の損害の賠償
> ②**委託を受けずに保証人となった場合**
> ⅰ）主債務者の意思に反しない場合…弁済等で「債務の消滅行為をした時点」で主債務者
> 　が利益を受けた限度で求償できる。
> ⅱ）主債務者の意思に反する場合…「求償時」に，主債務者が現に利益を受けている限度
> 　で求償できる。

2 ◎　弁済すれば，保証人は主たる債務者に対する債権者の抵当権を実行できる。

　　妥当である。保証人が主たる債務者に代わって支払いを行った場合，債権
者が有していた権利はすべて保証人に移転する（501条1項，**弁済による代
位**）。債務者に代わって債務を支払った者を保護して，債務者への求償をよ
り確実なものにするためである。したがって，主たる債務に抵当権が設定さ
れていた場合には，その抵当権は保証人に移転し，保証人はこれを実行して
債権者から支払いを受けることができる。

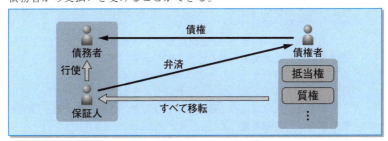

> 　抵当権を移転するくらいならば，いっそ債権者が抵当権を実行すればよいはずである
> が，債権者が抵当権の実行を避けて保証人に先に請求するのには理由がある。抵当権の実
> 行は，手続的にも費用の面でもかなり厄介だからである。保証人が十分な資産を有してい
> れば，抵当権を実行するよりも，保証人から現金で支払いを受けるほうがはるかに債権の
> 回収が容易である。そこで，本肢のようなことが生じるわけである。

3 ✕ **抵当不動産が第三者に譲渡されていても，保証人は抵当権を行使できる。**

本肢は，表現がわかりにくいが，次のような意味である。

すなわち，主債務者Aが，その債務の担保のために自己所有の甲不動産に抵当権を設定し，さらに主債務の履行確保のためにBに保証人になってもらった。期限に保証人Bが弁済して，抵当権はBに移ったが（→肢2），Bがその旨の登記をしていない間に，甲不動産がAから第三者Cに譲渡された。この場合，Bは登記なくして抵当権をCに対抗しうるか。

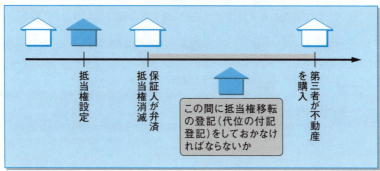

不動産の購入者Cの取引の安全を考慮すると，登記簿上に「Bという抵当権者がいること」が表示されているのが理想である。そのため，平成29年改正前の旧法では，弁済による代位によって抵当権がBに移った旨の登記（**代位の付記登記**という）が必要で（旧501条1号），これがなければ第三取得者Cに抵当権を対抗できないとされていた（最判昭41・11・18）。

しかし，**保証人が弁済した場合**には，代位によって抵当権が保証人に移転するので，**抵当権の登記は抹消されずに残ったままである**（単に移転するだけで消滅するわけではない）。そうなると，登記は残ったままなのに，「弁済によって債務は消滅したが，代位があったことは知らない」ということは通常はありえない。やはり，**「登記が残っているのはなぜか。代位があったのではないか」と考えてしかるべき**なのである。そのため，仮にそう考えない第三取得者がいたとしても，その者を保護する必要はない。

このような考慮から，改正法は付記登記をしなくても，保証人は保証債務を履行すれば代位によって**抵当権を行使でき，このことを第三取得者にも主張できる**として旧規定の501条1号を削除している。

4 ✕ **全員の保証人となった者は，弁済により各連帯債務者に全額を求償できる。**

連帯債務者全員の保証人となった場合，各連帯債務者は債権者に対して全額の弁済責任を負っているのであるから，保証人は債権者に弁済した場合，いずれの連帯債務者に対しても全額を求償できる。

No.1 選択肢5で，「連帯債務者の一人であるCのために保証人となった者は，Cに対しては全額を求償できる」ことを，本肢では全員の保証人となっているので全員に適用すればよいということである。

5 ☒ 連帯債務のうちの一人の保証人は，弁済により主債務者に全額を求償できる。

　　保証人は，保証を行った連帯債務者に対して，保証債務の履行として債権者に支払った全額を求償することができる。→No.1選択肢5

⚡ **No.4 の解説**　保証 →問題はP.97

1 ☒ 保証人が保証債務を承認しても，主たる債務の時効は更新されない。

　　まず後半から先に説明すると，**主たる債務者に生じた事由は保証人にその効力を及ぼす**。このような事由はそのまま主たる債務の内容となるところ，**保証とはそのような主債務の履行を担保しようとするもの**だからである。したがって，主債務者が債務を承認して時効が更新されると，その効力は保証人にも及び，保証人は時効が更新された主債務を保証し続けることになる（457条1項）。以上から，後半は正しい。

　　次に前半であるが，**保証人に生じた事由は主たる債務者に効力を及ぼさない**。保証とは，主債務の履行を担保することを目的とするものであり，保証人になんらかの事由が生じても，それは主債務の履行の担保とは関係がないからである。したがって，**保証人が保証債務を承認しても，主たる債務の時効は更新されない**。すなわち，本肢は前半が誤り。

2 ☒ 主債務者に対する裁判上の請求による時効の更新は保証人にも効力を生ずる。

　　主たる債務について請求訴訟が提起され，それを認める判決が確定すると，主債務について時効の更新が生じる（147条）。これは主債務に生じた事由であるから，保証人にもその効力（**時効中断効**，457条1項）が生じることになる。

3 ◎ 時効完成後に主債務者が時効利益を放棄しても，保証人は時効を援用できる。

　　妥当である。いったん時効が完成した場合，**時効の利益を享受するかどうかは，それぞれの援用権者が自らの判断で決めればよいこと**である。したがって，主債務者が時効利益を放棄しても，保証人（援用権者であることについて145条カッコ書き）はなお時効を援用できる（大判昭8・10・13）。

4 ☒ 主債務者の意思に反しない無委託保証人の求償権は当時利益を受けた限度。

　　求償権の範囲についてはNo.3選択肢1を参照。

　　簡単に説明しておくと，まず，委託を受けて（頼まれて）保証人になった場合には，保証人の負担はすべて主債務者がこれを補償すべきというのが①である（459条1項）。

　　次に，委託を受けずに（自主的に）保証人になった場合（**無委託保証**）は，2つに分かれていて，本肢のように**主たる債務者の意思に反しないとき**は（②ⅰ），弁済などの**債務消滅行為（免責行為）の時点で主債務者が利益を受ける限度**が求償の範囲になる（462条1項）。したがって，免責行為以後の利息等は請求できない（大判昭11・6・15）。

　　また，無委託保証が**主たる債務者の意思に反するとき**は（②ⅱ），さらに補償の範囲が狭く，**実際に求償する時点で主たる債務者が現に利益を受けて**

いる限度でのみ求償ができる（462条2項）。したがって，免責行為後，求償までの間に主たる債務者が反対債権を取得したような場合には，主債務者はそのことを保証人に対抗（反対債権の額については求償に応じない）できる。

したがって，本肢は，②のⅰとⅱが混同されている点が誤り。

5 ✕ **保証債務は，保証人と債権者との間の保証契約によって成立する。**

保証人と主たる債務者との間の保証委託契約によっては成立しない。

No.5 の解説 保証債務　　　　　　　　　　　　　　　　　　→問題はP.98

ア ✕ **連帯保証人が複数ある場合，各連帯保証人は全額の保証責任を負う。**

通常の保証の場合と異なり，連帯保証の場合は，連帯保証人が複数いても各連帯保証人に分別の利益（456条，427条）はない（大判大6・4・28）。普通の保証の場合は複数の保証人間で保証の額を分割する権利が認められている（**分別の利益**）。つまり，主たる債務の額が100万円で保証人が2人いる場合には，保証人は「100万円÷2人＝50万円」だけを負担すればよい。しかしこれでは，保証人を複数立てた意味がなくなる。そこで，連帯保証では各連帯保証人にこのような分割のメリット（分別の利益）を失わせて，主たる債務額全額を保証しなければならないとされている。

イ ✕ **事前求償権を行使できるのは，委託を受けた保証人の場合に限られる。**

委託を受けて保証人になった場合には，保証人を特に保護する必要から事前求償権が認められている（460条）。これは，保証人が「自分が代わって弁済するので，弁済額をあらかじめ主債務者に請求しておく」ということを認めようというものである。特に，主債務者の財務状況がどんどん悪化しているような場合には，保証人の保護のために有効な手段となる。

ただ，**主債務者としては，事前求償に応じたものの，保証人が保証債務を履行してくれないと困るので，保証人に相当の担保を供することを求めるなど，主債務者の保護手段も法は用意している**（461条）。

そして，このような事前求償権が認められているのは委託を受けた保証人の場合だけであり，委託を受けずに保証人になった場合には，主債務者の意思に反しているか否かにかかわらず，事前求償権は認められない。

ウ ◯ **売主の保証人は，解除の場合の原状回復義務についても保証の責任を負う。**

妥当である。**売主のために保証人となった者**は，売主が目的物を引き渡さない場合に，売主に代わって目的物を引き渡すという趣旨で保証人になっているというよりも，むしろ，**売主が債務不履行をした場合に，損害賠償や代金の返還義務（原状回復義務）を買主のために保証するという趣旨で保証人になっている**ケースが一般的である。したがって，原状回復義務については，特に保証しないという意思表示がなされていない限り，保証人は解除による代金返還義務についても保証しなければならない（最判昭40・6・30）。

エ ✕ **個人根保証契約は，保証人が自然人である場合の契約である。**

根保証も根担保の一種であり（根担保については民法Ⅰテーマ18「質権」No.3選択肢4参照），個人根保証契約においては極度額を定めることが必要となる（465条の2第1項・2項）。

しかし，個人根保証契約は保証人が自然人である場合の契約であり，法人が保証人になる場合は除外されている（465条の2第1項，465条の5第3項参照）。

オ◯ 主債務者への催告後に保証人に執行してくれば，検索の抗弁を行使できる。

妥当である。保証債務は，主たる債務者が履行しない場合に二次的に主債務者に代わって弁済するという性質のものである。このような保証債務の二次的な性格から，保証人には**催告・検索という2つの抗弁権**（弁済を拒絶できる事由）が認められている。

前者すなわち**催告の抗弁権**（452条）とは，債権者が主たる債務者よりも前に保証人に請求してきた場合，**まず主債務者に請求するように主張できる権利**であり，後者すなわち**検索の抗弁権**（453条）とは，**主債務者に弁済の資力があり，かつ，執行が容易であることを証明して，主債務者の財産に先に執行するように主張できる権利**である。

本肢では，債権者が主たる債務者に対してすでに債務の履行を催告しているので，保証人は検索の抗弁権を行使すべきことになる。

以上から，妥当なものは**ウ**と**オ**であり，正答は**5**である。

No.6 の解説 保証債務 →問題はP.98

ア✕ 保証契約は要式契約であり，書面でしなければその効力を生じない。

保証契約は，書面でしなければその効力を生じないとされる（446条2項）。**→必修問題選択肢1**

イ◯ 保証人の負担は，主たる債務の負担よりも重いものであってはならない。

妥当である。保証債務は，「主たる債務の履行の担保」を目的として存在しているので，その内容を主債務よりも重くすることはできない。**内容を重くすることは，「主債務の履行の担保」ではなく，それとは別の債務を新たに負担することにほかならない**からである。したがって，保証人の負担が債務の目的または態様において主たる債務より重い場合は，主たる債務の限度に減縮される（448条1項，内容における附従性）。

ウ◯ 債権者の変更により主債務が移転すると，保証債務もそれに伴って移転する。

妥当である。**保証は主債務の履行を担保するもの**であるから，債権者が主債務者に対する債権を第三者に譲渡した場合は，保証人は当該第三者に対して保証債務を負担することになる。債権者が誰に代わろうと，保証人に特段不利はないからである。

一方，上記とは異なり，主たる債務者が代わる場合（債務引受）には，債務者の弁済資力等に変化が生じることになるので，保証債務は消滅するのが原則である。保証は，「主たる債務者がその人であるから」，つまりその人の

信用や弁済資力を信頼して保証したのであり，債務者が代われば保証債務を消滅させるのが合理的である（なお，472条の4第3項）。

エ ✕ 保証人が債権者に代位する場合は，主たる債務者の同意は必要でない。

　　保証人が主たる債務者に代わって支払いを行った場合，債権者が有していた権利はすべて保証人に移転する（501条1項，**弁済による代位**）。債務者に代わって債務を支払った者を保護して，債務者への求償をより確実なものにするためである。

　　この場合，主たる債務に抵当権が設定されていた場合には，その抵当権は保証人に移転し（499条），保証人はこれを実行して債務者から支払いを受けることができる（501条1項）。これについて，主たる債務者の同意は必要でない。担保権が当然に移転することを認めないと，保証人の保護がおろそかになるからである。

オ ✕ 売主の保証人は，解除の場合の原状回復義務についても保証の責任を負う。

　　判例は保証の責めに任ずるとする（最判昭40・6・30）。→No.5ウ

　　以上から，妥当なものは**イ**と**ウ**であり，正答は**3**である。

⚡ No.7 の解説　保証

ア ○ 根保証の被保証債権が譲渡された場合，別段の合意がなければ随伴性肯定。

　　妥当である。本肢のポイントは，問題文の中の「根保証契約の当事者間において当該債権の譲受人の請求を妨げるような別段の合意のない限り」の部分である。

　　どういうことかというと，根保証などの「根担保」については類似のものに**根抵当権**がある。ただ，こちらは**物権であって，その性質については法律で厳格に定められている**。そして，法は，根抵当権の被担保債権が譲渡された場合について，「元本の確定前に根抵当権者から債権を取得した者は，**その債権について根抵当権を行使することができない**」と規定して（398条の7第1項），**根抵当権には随伴性がない**ことを明示している。

　　では，同じことが根保証にも当てはまるか。これが本肢の問題である。

　　そこで**根保証**であるが，これは債権であって，この債権については「**契約内容は当事者間で自由に定めることができる**」とする契約自由の原則が妥当する。そのため，物権である根抵当権とは異なり，根保証では，当事者間の合意で随伴性を生じさせるか否かを自由に定めることができる。そして，本肢では，「譲受人の請求を妨げるような別段の合意のない限り…保証債務の履行を求めることができる」とされているので，本肢の契約は随伴性を認めるものだということになる。そのため，判例は，本契約のもとでの譲渡債権について保証債務の履行を求めることができるとしている（最判平24・12・14）。

イ ○ 期間の定めのある建物の賃貸借で，保証人は更新後も保証の責任を負う。

　　妥当である。本肢は，期間の定めのある建物の賃貸借において，保証人は

その（更新前の最初の）期間だけ保証するのか，それとも賃貸借契約が更新された後も保証が続くのかという問題である。

これも，保証契約の意思解釈の問題である。そして，判例は，一般的には「賃借人のために保証人となろうとする者にとって，賃貸借関係の継続は当然予測できるところ」であるから，「反対の趣旨をうかがわせるような特段の事情のない限り」，「**更新後の賃貸借から生ずる債務についても保証の責めを負う趣旨で保証契約をした**ものと解するのが，当事者の通常の合理的意思に合致する」とする（最判平9・11・13）。

ウ× 形式が合意解除でも実質が債務不履行解除なら保証人は責任を負う。

まず，本肢のように，保証人のあずかり知らぬところで，請負契約の当事者で勝手に合意解除され，請負人が受領した前払い金の返還について保証人が責任を負えと言われても，保証人は「そんなことまで保証した覚えはない」ということになろう。したがって，原則は，「保証人は責任を負わない」である。

しかし，本肢の元になった事案は，債務不履行が原因で合意解除の形をとったものであり，実際は債務不履行による解除であった。そうなると，No.5ウと同じ論理が妥当する。したがって，その場合には，「保証人は当該約定の債務について責任を負う」ことになる（最判昭47・3・23）。

ただ，本肢はその点の記述が不明確であり，この判例の知識がなければ他の肢で正答を判断する以外にはない。

エ× 保証人は，保証債務についてのみ違約金または損害賠償額を約定できる。

保証とは主たる債務の履行を担保しようとするものであるから，その負担は主たる債務より重いものであってはならない（448条1項）。しかし，**保証債務についてのみ違約金または損害賠償額を約定しても，それは主たる債務の内容を拡張するものではない。したがって，法もこのような約定を認めている**（447条2項）。

オ× 保証人が制限行為能力者となっても債権者は代わりの保証人を請求できない。

制限行為能力者となった場合に制限されるのは，「新たな法律行為」である（5条1項，9条等）。保証人が途中から制限行為能力者となったとしても，新たな法律行為がなされるわけではない。つまり，すでにある保証債務はそのまま存続し，これについて改めて保護機関の同意を得る必要はない。なぜなら，**保証契約自体は十分な判断能力を備えたときに行ったなんら欠陥のない行為**だからである。

そして，債務者が保証人を立てる義務を負う場合の保証人の要件は，①行為能力者であることと，②弁済をする資力があることの双方を満たすことであるから（450条1項），制限行為能力者となった保証人に弁済をする資力がある限り，保証契約不履行の場合にはその財産に強制執行すればよい。したがって，制限行為能力者となっても代わりの保証人を請求することはできない（同条2項）。

以上から，妥当なものは**ア**と**イ**であり，正答は**1**である。

No.8 の解説　保証　　　　　　　　　　　　　　　　　　　　→問題はP.100

ア ✕ **分割債務で別段の意思表示がなければ，各債務者は等しい割合で義務を負う。**

本肢は，「別段の意思表示がある場合に限り」の部分が誤り。

「1個の可分給付につき数人の債務者がある場合」とは，たとえばAがBから100万円を借りたまま死亡し，二人の子C・Dが相続した場合のC・Dの債務がその例である。別段の意思表示がなければ，C・Dはそれぞれ50万円ずつ返済すればよく，100万円全額を返済する義務はない（427条）。

イ ✕ **不可分債務で一人に免除がなされても，他の債務者は全部給付義務を負う。**

不可分債務とは，たとえばA・Bが共有している車をCに売却したような場合に，A・B両名がCに対して負う車の引渡債務などのことをいう。簡単にいえば，**複数の債務者が「全額の金銭債務」を負う場合が連帯債務，「全部の物の給付債務」を負う場合が不可分債務**である。つまり，両者は給付するのが金銭か物かの差があるにすぎない。そのため，法は不可分債務について連帯債務の規定を準用することにしている（430条）。

そこで，連帯債務の規定であるが，**債務者の一人に対する免除には相対効しかない**（441条）。つまり，一人に免除があっても他の不可分債務者には影響がなく，他の債務者は依然として全部の給付義務を負う。上例でいえば，Aが免除を受けても，BはCに車全部を引き渡さなければならない。

ウ ◯ **連帯債務者の一人の無効や取消しの原因は，他者の債務に影響を及ぼさない。**

妥当である。連帯債務とは，複数の債務者全員が債務全部の給付義務を負うことで債権の効力を強化しよう（つまり弁済を確実にしよう）というものである。ということは，連帯債務者の一人について法律行為の無効（3条の2など）または取消し（95条1項など）の原因があったとしても，他の連帯債務者には影響を及ぼさないことがこの趣旨にかなう。すなわち，連帯債務者の一人に無効や取消しの原因が存在しても，他の連帯債務者の債務には影響を及ぼさない（437条）。

エ ✕ **連帯債務で更改があると，債権はすべての連帯債務者のために消滅する。**

更改は絶対効事由であり（438条），**更改によって連帯債務は全額弁済されたのと同様の効果を生じ**，債務自体が消滅することになる（513条）。

オ ◯ **保証人を立てる義務を負う場合，保証人は行為能力者であることを要する。**

妥当である（450条1項1号）。ただし，債権者が保証人を指名したときは，この要件は除外されている（同条3項）。**→必修問題選択肢3**

以上から，妥当なものは**ウ**と**オ**であり，正答は**5**である。

No.9 の解説 保証債務
→問題はP.100

1 ✕ **保証債務は，保証人と債権者との間の保証契約によって成立する。**

保証契約で債権や債務を負う者は債権者と保証人である。すなわち，保証契約の当事者はこの両者であり，主債務者は当事者とはならない。
→**必修問題選択肢1**

なお，後半は正しい。まず，保証人は，主たる債務者がその債務を履行しないときに，その履行をする責任を負う（446条1項）。いわゆる**補充的責任**である。また，**保証契約がその内容を記録した書面または電磁的記録によってされなければ，その効力を生じない**（同条2・3項）。

2 ✕ **債権者の指名保証人が弁済資力を欠くに至っても，債務者は責任を負わない。**

債権者は，弁済資力を有する保証人を立てることを債務者に請求することはできない（450条2項・3項）。→**No.1選択肢4**

3 ✕ **主債務者が破産手続開始の決定を受けると，催告の抗弁権は行使できない。**

債務者が**破産手続開始の決定を受けると，債務者はその時点から財産の処分ができなくなるので催告の抗弁は意味がない。**この場合には，保証人は催告の抗弁権は行使できない（452条但書）。→**必修問題選択肢4**

4 ◎ **売主の保証人は，解除の場合の原状回復義務についても保証の責任を負う。**

妥当である。原状回復義務については，特に保証しないという意思表示がなされていない限り，保証人は解除による代金返還義務についても保証しなければならない（最判昭40・6・30）。→**No.5ウ**

5 ✕ **保証人の死亡後生じた債務については相続人はその保証債務を負担しない。**

本肢の契約は，たとえばAが商売で商品の仕入れ先Bと継続的に取引をする場合に，そこで発生するAの仕入れ代金などの債務について，Cが保証人として継続的にそれを保証するとするものである（いわゆる**根保証**）。

そして，「**限度額および期間の定めがない**」というのであるから，**無制限に保証する，いわば底なし沼のようなもの**である。そのため，本肢のような保証の最高限度額（極度額）を定めない**個人根保証契約**（相続が問題になっているので法人ではなく個人である）**は無効**とされる（465条の2第2項）。

そして，判例は，保証人が死亡した後の債務について，相続人は保証債務を負担しないとする（最判昭37・11・9）。

正答	No.3=**2** No.4=**3** No.5=**5** No.6=**3** No.7=**1** No.8=**5** No.9=**4**

必修問題

　AがBに対して有する債権をCに譲渡した。この場合の法律関係に関する次の記述のうち，妥当なものはどれか。

【地方上級（全国型）・平成29年度】

1　AがCへの債権の譲渡について，Bに対して譲渡と同時に通知するか，またはBが譲渡について承諾するのでなければ，CはBに対して債権の弁済を請求できない。

2　Bが事前に譲渡することを知っていれば，譲渡の通知ないし承諾は必要でない。

3　AがCとの債権譲渡契約を解除した場合は，Bにその旨を通知しなくても，AはBに対して債権を行使できる。

4　Aが3月1日に債権をCに譲渡し，3月2日にDに譲渡して，いずれについても確定日付ある譲渡通知がなされた場合，その通知が先に債務者に届いたほうが優先する。

5　Aの債権がCとDに二重に譲渡され，それぞれの譲渡について確定日付のある通知が同時にBに到達した場合，BはCとDのいずれの請求も拒絶できる。

難易度　＊

⑥債権譲渡

必修問題の解説

　債権は，性質上譲渡できないもの（特定の人の肖像を描かせる債権など）や，法律上譲渡が禁止されるもの（扶養請求権，881条）などを除いて自由に譲渡できる。ただ，証券化された債権（手形や社債など）と異なり，譲渡は意思表示だけで有効に成立することから，二重・三重に譲渡されることも稀ではない。そのため，譲渡取引の安全性の確保と，譲渡に関与できない債務者の保護をどのように図るかが主要なテーマとなっている。

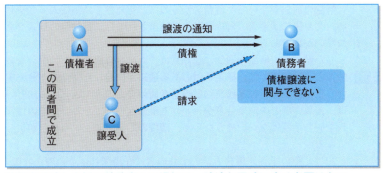

1 ✕　債権を譲渡した旨の債務者への通知は，譲渡と同時にする必要はない。

　まず，前提知識であるが，債権譲渡で重要なのは次の2点である。

> **債権譲渡で考慮すべき2つのポイント**
> ①譲渡の自由を確保する
> ②債権譲渡に関与できない債務者の保護を図る

　これらを念頭に置いて考えてみよう。

　債権譲渡とは債権の売買のことと考えておけばよい（贈与や代物弁済の場合もないではないが）。そして，売買であれば，売主である債権者と買主である譲受人の合意があれば有効に成立する。つまり，**債務者の同意は不要なので，債務者は譲渡が行われたかどうかや，いつ行われたかなどもわからない**。それなのに，ある日突然譲受人と称する者が現れて「自分に払え」と言われても困るであろう。そこで，譲渡があったことを譲渡人から**通知**するか，それとも債務者が譲渡の事実を知っていてこれを**承諾**するかのいずれかがなければ，**譲受人は債務者に「自分が新債権者である」旨を主張できない**とされている（467条1項）。

　そこでこの**通知・承諾**であるが，これらは**誰が債権者かを認識させて債務者を二重弁済**（譲渡人に弁済した後でさらに譲受人にも弁済する）の危険から守るためのものである。したがって，**通知については譲渡時もしくは譲渡後になされなければならない**（大判明36・3・10）。譲渡前の通知が効力を認められないのは，譲渡されるかどうか，またいつ譲渡されるかが不明確

111

で，債務者に不利だからである。

　これに対して，**承諾のほうは事前に行ってもよい**。この場合は，債務者に譲渡についての認識が明白なので，債務者に不利益は生じないからである。

2 ✕ 債務者が譲渡を知っていても，通知・承諾がなければ債務者に対抗できない。

　債務者が譲渡のあることを知っているかどうかは内心の事情であり，証明が難しい。後日のトラブルを避けるためには，債務者が知っているかどうかにかかわらず，客観的に明白な通知・承諾という事実が必要である。

3 ✕ 譲渡契約を解除した場合はその旨を通知しなければ債務者に対抗できない。

　解除の通知がないと，債務者がそのことを知らずに譲受人に弁済してしまい，その後に譲渡人（解除者）から請求されて，**二重弁済のリスクを負い**かねないからである。

　したがって，解除の通知がなければ，AはBに債権を行使できない。

4 ◎ 債権の二重譲渡では，確定日付のある通知が先着した譲受人が優先する。

　妥当である。債権譲渡契約は当事者間の合意のみで成立する。ということは，複数の者との間で合意が行われる事態も生じてくる。合意の性質上，それを阻む手段はない。そうなると，**債権の二重譲渡**という事態が生じることになる。

　では，その場合，債務者はいずれの者に弁済すればよいのか。この点も，譲渡に関与できない債務者保護の視点から考える必要がある。

　これに関して，法は**二重譲渡の場合には確定日付のある通知・承諾が必要である**として，確定日付の先後で譲受人間の優劣を決めようとした（467条2項）。ただ，この方法では，第一の譲渡の後で，債務者が第二の譲受人と通謀して，後者の日付を前者よりも先にするといった事態が生じかねない。しかし，譲渡相互間の優先順位を債務者の恣意にゆだねるようなことは妥当とはいえない。

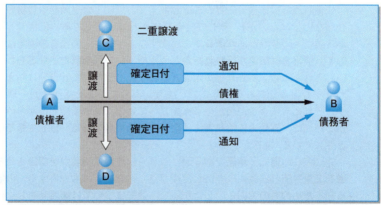

　そこで判例は，法が確定日付を要求しているので，**第三者対抗要件として通知・承諾が確定日付ある証書でなされることは必要だが，その優劣は日付**

の先後ではなく債務者への到達の先後で決めるとした（最判昭49・3・7）。したがって，通知が先に債務者に届いたほうが優先することになる。

5 ✕ 確定日付のある通知が同時に到達した場合は，いずれか一方に払えばよい。

　　債務者は，確定日付のある通知が同時に到達した場合は譲受人間の優劣を判断できない。ただ，譲受人としては「自分が他の譲受人に優先している」とは言えないものの，債権を譲り受けたことは確かである。したがって，債務者に全額を請求できるし，また，**債務者としてもいずれかに弁済すれば，それで債務を免れる**。債務者としては，譲受人間の優劣がわからないことを理由に**全員に弁済を拒否することは許されない**。

正答 4

FOCUS

　債権譲渡では，債権の自由譲渡と債務者の保護を中心に考えるようにしよう。債権は当事者の意思表示で自由に譲渡できるが，譲渡は債権者と第三者の合意のみで有効に成立するので，債務者はこれに一切タッチできない。そこで，債権譲渡になんら関与できない債務者が，債権譲渡によって不利な立場に立たされることのないようにする必要がある。この点が債権譲渡の中心命題となる。

▶▶▶ P O I N T

重要ポイント **1** 債権の自由譲渡性

①債権は，これを自由に譲渡できる（自由譲渡の原則）。

②債権の性質上譲渡が制限される場合（466条1項但書），債権の譲渡が法律で制限されている場合には，自由譲渡は認められない。

原則		自由譲渡可（自由譲渡の原則） 　→債務者の承諾を要することなく自由に譲渡できる。
譲渡性の制限	性質上の制限	・債権が譲渡性になじまないものである場合 　→例：特定人の肖像画を描かせる債権
	法律上の制限	・社会保障的見地から法律によって譲渡性が制限されている場合 　→例：扶養請求権（民法881条），恩給受給権（恩給法11条1項）， 　　　災害補償請求権（労働基準法83条2項）

重要ポイント **2** 債権譲渡の対抗要件

(1) 債務者に対する対抗要件

①債権譲渡を債務者に主張するには，債権者である譲渡人から債務者に通知が行われるか，または債務者がその譲渡を承諾するかのいずれかが必要である。

②債務者に対して債権譲渡を主張するには，通知や承諾に確定日付を付す必要はない。

③通知は，必ず譲渡人たる債権者から行われることが必要である。債権を失う者から通知がなされてはじめて，譲渡の真実性を確保できるからである。

　譲渡人が通知を怠っている場合には，強制執行の手段によることはできるが，代位の方法によることはできない。代位の通知には譲渡人は関与しないので，譲渡の真実性を確保できないからである。

④譲渡前に行われた債権譲渡の通知は，通知としての効力を有しないが，譲渡前に行われた債権譲渡の承諾は，承諾としての効力を有する。

⑤債務者は，譲渡の通知を受けるまでに債権者に対して生じた事由を，すべて譲受人に対しても主張できる。たとえば，譲渡の通知を受けるまでに債権者にすでに弁済していた場合には，譲受人に対して債務の消滅を主張できる。

⑥債権譲渡がなされる前にすでに相殺適状に達している反対債権を債務者が有していた場合には，債務者は債権譲渡の通知を受けた後であっても，反対債権で相殺して債務を免れることができる。

⑦対立する債権の一方が譲渡された場合には，両債権の弁済期の先後を問わず，両債権の弁済期が到来して相殺適状に達すれば，譲渡された債権の債務者は反対債権を用いて相殺ができる。

(2) 第三者に対する対抗要件

①債権譲渡を第三者に主張するには，債権者である譲渡人から債務者に対して確定日付のある通知が行われるか，または債務者がその譲渡を確定日付のある証書で承諾するかのいずれかが必要である。

②債権が二重に譲渡された場合に，複数の譲受人のいずれが優先するかは，確定日

付のある通知が債務者に到達した日時の先後を基準に判断される。

③債権が二重に譲渡された場合に，複数の譲受人の確定日付のある通知が債務者に到達した日時の先後が不明なときは，同時に到達したものとして扱われる。

④債権が二重に譲渡された場合に，複数の譲受人の確定日付のある通知が債務者に同時に到達したときは，複数の譲受人間に優劣の差はなく，各譲受人はそれぞれ全額を債務者に請求できる。この場合，債務者はいずれかの者に弁済すれば債務を免れるが，複数の債権者があることを理由にその全員に対して履行を拒むことはできない。

⑤債権が二重に譲渡され，複数の譲受人の確定日付のある通知が債務者に同時に到達したために，債権者を特定できないときは，債務者は債務額を供託して債務を免れることができる。この場合，各譲受人は按分額を請求できるにとどまる。

重要ポイント 3 債務引受け

①**債務引受け**とは，債務が同一性を保ったまま第三者に移転することをいう。これには，債務者が債務を免れる**免責的債務引受け**と，第三者が債務者とともに同一内容の債務を負担する**重畳的（併存的）債務引受け**の2種がある。

②債務引受けは債務のみの引受けであるから，契約当事者の地位に対して認められた取消権や解除権は当然には引受人に移転しない。

③免責的債務引受けは，債務者の意思に反しないことは要件とされていない。

④免責的債務引受けが行われた場合，その債務に付された保証債務は原則として消滅するが，保証人が同意した場合には存続する。

⑤併存的債務引受けが行われた場合，両債務者は連帯債務の関係に立つ。

⑥履行の引受けとは，履行のみを引き受けて行うことであり，引受人は債権者に対して債務を負うわけではないから，債権者は引受人に対して履行を請求することはできない。

**

⚡ **No.1** 民法に規定する債権の譲渡に関するA～Dの記述のうち，妥当なものを選んだ組合せはどれか。 【地方上級（特別区）・平成24年度改題】

A：債権が二重に譲渡され，それぞれについて確定日付のある証書による通知がなされた場合，譲受人相互の間の優劣は，通知に付された確定日付の先後によって定めるべきではなく，通知が債務者に到達した日時の先後によって決すべきである。

B：転付命令は債権譲渡と同じ効果をもたらすので，譲渡制限特約のある債権の転付命令を受けた債権者が当時譲渡制限特約の存在につき悪意である場合には，当該債権者は転付命令によってその債権を取得できない。

C：弁済期到来前に受働債権の譲渡があった場合，債務者は，当該債権の譲渡通知の送達の当時すでに弁済期の到来している反対債権を有していても，当該債権の譲受人に対し，相殺をもって対抗することはできない。

D：民法は，債権の譲渡を制限する旨の意思表示は善意の第三者に対抗することができない旨を規定しているが，重大な過失は悪意と同様に取り扱うべきものであるから，譲渡制限の意思表示のある債権の譲受人は，その意思表示の存在を知らないことにつき重大な過失があるときは，その債権の履行を拒絶される場合がある。

1 A，B
2 A，C
3 A，D
4 B，C
5 B，D

⚡ **No.2** 債権譲渡に関する次の記述のうち，妥当なのはどれか。ただし，争いの あるものは判例の見解による。　　　　　　　　　【国家一般職・平成29年度改題】

1　債権の譲渡を制限する特約は，善意の第三者に対抗することはできないが，外 観に対する正当な信頼を保護するため，過失は悪意と同様に扱うべきであるか ら，譲受人が，譲渡制限特約の存在を知らずに債権を譲り受けた場合であって も，これにつき譲受人に過失があるときには，その債権を取得することはできな い。

2　差押債権者が債権の譲渡を制限する特約の付いている債権を差し押さえて転付 命令を得た場合，差押債権者が譲渡制限特約の存在を知って債権を差し押さえた ときであっても，差押債権者への債権の移転は有効である。

3　債権譲渡は，譲渡人から債務者に対する確定日付のある証書による通知または 確定日付のある証書による債務者の承諾がなければ，債務者に対抗することがで きない。

4　債権が二重に譲渡された場合において，どちらの債権譲渡についても譲渡人か ら債務者に対する確定日付のある証書による通知があるときには，譲受人間の優 劣は，その確定日付の先後で決定される。

5　現在存在している債権だけではなく将来発生すべき債権についても債権譲渡す る契約を締結することができるが，将来発生すべき債権を目的とする債権譲渡契 約にあっては，契約締結時において債権発生の可能性が低い場合には，その債権 譲渡契約は無効となる。

実戦問題 **1** の解説

⚡ **No.1 の解説**　債権譲渡　　　　　　　　　　　　　　　　→問題はP.116

A⃝ **債権の二重譲渡人相互の優劣は，債務者への到達の先後で決せられる。**

　　妥当である（最判昭49・3・7）。**→必修問題選択肢4**

　　なお，**到達時の先後が不明な場合には，同時に到達したものとして扱われ
る**（最判平5・3・30）。いずれが先に到達したか不明である以上，いずれ
か一方を他方に優先させることは許されないからである。

　　混乱しやすいので，この部分の知識をまとめておこう。

> ●**債権の二重譲渡における譲渡人相互の優劣**
> ①通知・承諾に確定日付がある者とない者がいる場合は，前者が勝つ
> ②ともに確定日付がある場合，到達(または通知の日付)の先後で優劣が決まる
> ③到達の先後が不明な場合には同時到達として扱われる。この場合には，譲受
> 　人間に優劣はない

　　なお，到達時の先後が不明な場合，債務者はどちらが優先するのかわから
ないとして供託することもできる（494条2項）。その場合，供託所（各地の
法務局の中にある）は国の機関であるから，二重に譲り受けた者をともに平
等に扱わなければならない（平等原則）。その結果，**弁済供託の場合**には，
譲受人はそれぞれの債権額に応じて「**供託金額を案分した額の供託金還付請
求権をそれぞれ分割取得する**」ことになる（最判平5・3・30）。

B✕ **譲渡制限特約は，転付命令を受けた譲受人に対しては効力を認められない。**

　　転付命令とは，差押えを受けた債権を代物弁済として差押債権者に移す
（転付する）ことによって債権の満足を図るという強制執行の手段である
（民執法159条）。

　　そこで，仮に譲渡制限特約がある債権は強制執行の対象にならないとする
と，私人間の合意によって**執行禁止財産の作出**を認める結果になる。それは
不合理なので，**特約についての善意・悪意や重過失の有無などを問わず，転
付命令による債権移転が認められている**（最判昭45・4・10，466条の4第
1項）。

C✕ **弁済期到来前に受働債権が譲渡されても，弁済期が到来すれば相殺できる。**

　　本肢は，たとえば甲が乙に，また乙が甲に債権を有していて，「甲→乙」
の債権が丙に譲渡され，その通知が丙に到達した当時，すでに「乙→甲」の
債権の弁済期が到来していたという場合に，乙は両債権を相殺によって決済
できるかという問題である。

　　このように両債権が対立している場合，当事者は，「**弁済期が到来すれば
相殺によって簡易に決済する**」という期待を有しており，判例は，この期待
は保護に値する，つまり**債権譲渡によっては害されない**とする（最判昭50・
12・8）。

　　そして，本肢では，「乙→甲」の債権の弁済期が到来していて，乙はすで
に甲から弁済してもらえる状態にあるので，たとえ「甲→乙」の債権の弁済

期が到来していなくても（つまり乙は甲にまだ弁済しなくてよい状態でも），乙が期限の利益を放棄して相殺することは認められる（大判昭8・5・30）。

D○ 譲渡制限の意思表示を重過失で知らない譲受人には履行を拒絶できる。

　妥当である。まず，債権は譲渡できるのが原則であるから，当事者間で譲渡制限の意思表示をしても，それを知らなかった者（善意者）には対抗できない。なぜなら，外部者にとって容易に知ることができない（存在すらわからない）このような意思表示で**自由譲渡性**を阻害されるべきではないからである。

　また，知らなかったということについての重大な過失は悪意と同視できるので（最判昭48・7・19），譲渡制限の意思表示について悪意または重過失がある譲受人に対しては，履行の拒絶ができる（466条3項）。

　以上から，妥当なものはＡとＤであり，正答は**3**である。

⚡ No.2 の解説 **債権譲渡** →問題はP.117

1 ✕ 譲渡制限特約に反する譲渡は，譲受人が悪意または重過失であれば対抗可。

　結論から先に説明すると，譲受人の主観的要件（善意・悪意や過失の有無など）にかかわらず，**譲渡制限特約があっても譲渡自体は有効**である（466条2項）。ただし，譲受人に悪意または重過失がある場合は，債務者は譲渡制限の効力を主張して履行を拒絶できる。すなわち，本肢は，①通常の過失（軽過失）の場合には譲渡制限特約の効力は及ばないこと，②譲受人は悪意または重過失であっても債権を取得できること，の2点で誤っている。

　以下，順を追って説明する。

（1）債権の自由譲渡の原則と譲渡制限特約の効力

　まず，**債権は自由に譲渡できるのが原則である**（466条1項本文）。

　ただ，債権者と債務者間で「現在の債権者と債務者を固定しておきたい」などとして，譲渡を制限する特約を付すことも，もちろん可能である。これを**譲渡制限特約**という。

　では，この特約に反して譲渡がなされた場合，譲渡の効力はどうなるか。

（2）譲渡制限特約と譲受人の主観的要件（善意・悪意，過失の有無など）

　当事者間の特約を外部者が知ることは容易でない。そのため，法は，譲受人の保護を図る観点から，**譲渡制限に違反してなされた譲渡も有効である**としている（466条2項）。

　ただ，これは特約があることを知らなかった（善意）者を保護しようという趣旨であるから，**知っている（悪意）者まで保護する必要はない**。

　では，過失がある場合はどうか。債権は自由譲渡が原則であるから，特約の存否についていちいち調査する義務を負わせるなど，なんらかの注意義務を課すのは妥当でない。すなわち，譲受人は特約の存在に注意を払わなくても債権を有効に取得できるとしておくべきで，「調査しなかった」などの**通常の過失は問題にすべきでない**。一方で，「その種の債権の場合，譲渡制限

があることが常識になっていて，譲受人はそのことを当然に知っておくべき」などという場合には，知らなかったでは済まされない。このような者を**重過失者**といい，悪意と同視すべきという立場から，法は悪意者と同様に保護の対象から除外している（466条3項）。

（3）悪意または重過失者に対する譲渡の効果

そこで，譲受人が**悪意または重過失の場合**の効果であるが，**債務者は譲受人に対する履行を拒絶して，譲渡人に弁済することができる**（466条3項）。

問題となるのは，債務者が，譲受人への弁済を拒否したうえで，譲渡人に対しても「譲渡したからもはや債権者でなくなった」として弁済を拒否した（つまり誰にも弁済しない）場合である。この点について，法は，**譲受人は相当の期間を定めて譲渡人への履行を催告し，その期間内に履行がなければ債務者は履行拒絶権を行使できない**として，「債務者が誰にも弁済しないで債務を逃れる」という事態が生じることを防止している（同条4項）。

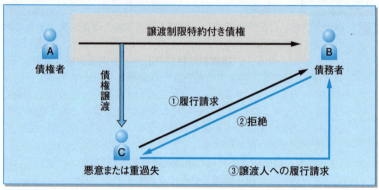

2 ◎ 譲渡制限特約は，転付命令を受けた譲受人に対しては効力を認められない。

妥当である。私人間の合意によって執行禁止財産の作出を認める結果になるのは不合理なので，特約についての善意・悪意や重過失の有無などを問わず，転付命令による債権移転が認められている（466条の4第1項）。

→No.1 B

3 ✕ 債務者に債権譲渡を主張するための要件であれば単なる通知・承諾でよい。

債権譲渡の対抗要件は，「債務者が誰に弁済すればよいのか」を確知させるためのものであるから，基本的には単なる通知・承諾でよい（467条1項，**対債務者対抗要件**）。

確定日付は，譲受人が複数の場合に，日付の先後を基準にどちらが真の債権者かを特定しようとして法が採用したものである（同条2項，**対第三者対抗要件**，ただし実際には到達の先後が基準とされている点は**No.1 A**参照）。

したがって，対債務者対抗要件としてであれば，単なる通知・承諾でよい。

混乱しやすいので簡単にまとめておこう。

対債務者 対抗要件	債務者に，自分が正当な譲受人（新債権者）であることを主張するための要件	通知・承諾
対第三者 対抗要件	二重譲渡の場合に，複数の譲受人の中で自分が優先することを主張するための要件	確定日付のある 通知・承諾

4 ☒ 債権の二重譲渡人相互の優劣は，債務者への到達の先後で決せられる。

→No. 1 A

5 ☒ 将来の債権は，発生可能性が低くても譲渡契約の効力を当然には左右しない。

判例は，「契約の締結時において債権発生の可能性が低かったことは，契約の効力を当然に左右するものではない」とする（最判平11・1・29）。

●将来の債権の譲渡

そもそも，なぜ将来の債権を譲渡する必要があるのかというと，それによって金融を得やすくなるというメリットがあるからである。

将来の債権は，発生が確実であるほど価値が高まるが，「100％確実」ということはない。そのため，貸す側としては当然リスクを負うことになるが，それは融資する側が自主的に判断すればよいことである。これを，債権発生の可能性が一定程度なければ契約を無効にするというまでの必要はない。極端にいえば，無担保で貸すよりも将来債権を確保できるなら，そちらのほうが融資する側にとってはリスクの軽減になる。

本肢の事案は，医師が病院開設の借入金返済のために，社会保険診療報酬支払基金から支払われる将来の診療報酬債権を，一定期間分について融資会社へ担保として譲渡する契約を締結したというものである。病院の開設にはかなりの資金が必要になるが，その一方で，医師が担保として提供するのに適した不動産等を有していないことも十分に考えられる。最高裁は，「このような融資形態が是認されることによって，能力があり，将来有望でありながら，現在は十分な資産を有しない者に対する金融的支援が可能になる」として，この方法を肯定的にとらえている。

◆預貯金債権についての譲渡禁止の効力（参考）

預貯金債権については，法は特別の規定を設けて，悪意または重過失のある譲受人その他の第三者に譲渡制限の効力を対抗できるとしている（466条の5第1項）。預貯金債権については譲渡制限があることが常識になっており（→肢1（2）），知らなかった（善意）場合は，一般には重過失があるとされる。そして，悪意・重過失者への譲渡は無効とされ，その無効は第三者に対しても主張できる（物権効という）。なお，差押えは譲渡制限を知っている悪意者でも可能である（同2項）。

正答 No.1＝**3**　No.2＝**2**

No.3　債権譲渡に関するア～オの記述のうち，妥当なもののみをすべて挙げているのはどれか。ただし，争いのあるものは判例の見解による。

【国家総合職・平成28年度改題】

ア：債権譲渡は，譲渡人からの債務者への通知または債務者の承諾がなければ債務者その他の第三者に対抗することができないが，譲受人が譲渡人を代位して行った通知や，譲受人が譲渡人の代理人として行った通知は有効である。

イ：譲渡制限特約のある債権について，譲受人が特約の存在を知って譲り受けた場合でも，債務者がその譲渡に承諾を与えたときは，当該債権譲渡は譲渡の時にさかのぼって有効となる。

ウ：将来発生すべき債権を目的とする債権譲渡契約において，期間の始期と終期を明確にするなどして債権が特定されている場合，債権譲渡契約の締結時において債権発生の可能性が低かったとしても，特段の事情がない限り，当該債権を有効に譲渡することができる。

エ：債権譲渡において，債務者以外の第三者に対する対抗要件として，確定日付のある証書による通知または承諾が要求されている趣旨は，当事者間の通謀による日付の操作を防止するためであるから，債権が二重に譲渡された場合の優劣は確定日付の先後で決することとなる。

1　ア，イ

2　ア，ウ

3　イ，ウ

4　イ，エ

5　ウ，エ

No.4　AがBに対して有するα債権（以下「α」という。）をCに譲渡した場合における次の記述のうち，妥当なのはどれか。ただし，争いのあるものは判例の見解による。　【国税専門官・平成26年度】

1　αをCに譲渡したことについて，AからBへの通知またはBの承諾がない場合であっても，Bが当該譲渡につき悪意であれば，CはBに対してαの譲受けを主張することができる。

2　Aは，αをCに譲渡した後にDに二重に譲渡し，12月2日付けの内容証明郵便によりαをCに譲渡した旨をBに通知し，12月3日付けの内容証明郵便によりαをDに譲渡した旨をBに通知した。これらの二つの通知がBに同時に到達した場合には，CおよびDは，Bに対し，αの全額の2分の1の額の弁済を請求することができるのみであって，αの全額の弁済を請求することはできない。

3　Aは，αをCに譲渡したことについて，普通郵便によりBに通知した。この通

知が12月3日にBに到達し，Bが同日にCにaの全額を弁済した場合には，その後，AがaをDに二重に譲渡し，その旨の内容証明郵便がBに到達したとしても，Bは，aはCへの弁済により消滅しているとして，Dからされたaの支払請求を拒絶することができる。

4 aに譲渡制限特約が付されていたが，Cが当該特約の存在を知らずにaを譲り受けた場合には，Aは，Bの意思にかかわらず，当該特約の存在を理由に，Cに対してaの譲渡の無効を主張することができる。

5 aをCに譲渡したことについてのBへの通知は，Aが行うことができるほか，当該譲渡に利害関係を持つCも，Aに代位してこれを行うことができる。

No.5 債権譲渡に関するア～エの記述のうち，妥当なもののみをすべて挙げているのはどれか。ただし，争いのあるものは判例の見解による。

【国税専門官／財務専門官／労働基準監督官・令和2年度】

ア：債務者は，譲渡制限の意思表示がされた金銭債権が譲渡されたときは，譲受人が当該意思表示につき善意であるか悪意であるかにかかわらず，その債権の全額に相当する金銭を供託することができる。

イ：債権差押えの通知と確定日付のある債権譲渡の通知とが第三債務者に到達したが，その到達の先後関係が不明であるために，その相互間の優劣を決することができない場合には，当該各通知が同時に第三債務者に到達した場合と同様に取り扱われる。

ウ：債権の譲渡は，譲渡人でなく譲受人が債務者に通知を行ったときであっても，債務者に対抗することができる。

エ：譲渡人が債権譲渡の通知をしたときは，債務者は，当該通知を受けるまでに譲渡人に対して生じた事由をもって譲受人に対抗することができない。

1 ア，イ
2 ア，エ
3 イ，ウ
4 イ，エ
5 ウ，エ

二重譲渡された債権間の優先関係に関するア～オの記述のうち，判例に照らし，妥当なもののみをすべて挙げているのはどれか。

【国家総合職・令和元年度】

ア：債権者Aは，2019年4月10日，債務者Bに対する債権をXに譲渡し，同月11日，Bに対して通常郵便でAX間の債権譲渡の通知を発送したところ，通知は同月13日にBに到達した。ところが，Aは，同月12日，同じ債権をYにも譲渡した。Bは，同月14日，AY間の債権譲渡を公正証書により承諾した。この場合，当該債権についてYがXに優先する。

イ：債権者Aは，2019年4月10日，債務者Bに対する債権をXに譲渡し，同日，Bに対して内容証明郵便でAX間の債権譲渡の通知を発送したところ，通知は同月12日にBに到達した。ところが，Aは，同月11日，同じ債権をYにも譲渡し，同日，Bに対して内容証明郵便でAY間の債権譲渡の通知を発送したところ，この通知も同月12日にBに到達した。この場合，当該債権についてYがXに優先する。

ウ：債権者Aは，2019年4月10日，債務者Bに対する債権をXに譲渡した。Bは，Xから債務の履行を請求されたので，同月11日，Xに対して債権譲渡を承諾するとともに債務を履行した。ところが，Aは，同月12日，同じ債権をYにも譲渡し，同日，Bに対して内容証明郵便でAY間の債権譲渡の通知を発送したところ，通知は同月13日にBに到達した。この場合，当該債権についてYがXに優先する。

エ：債権者Aは，2019年4月10日，債務者Bに対する債権をXに譲渡し，同月11日，Bに対して内容証明郵便でAX間の債権譲渡の通知を発送したところ，通知は同月14日にBに到達した。ところが，Aは，同月12日，同じ債権をYにも譲渡し，同日，Bに対して内容証明郵便でAY間の債権譲渡の通知を発送したところ，この通知は同月13日にBに到達した。この場合，当該債権についてYがXに優先する。

オ：債権者Aは，2019年4月10日，債務者Bに対する債権をXに譲渡し，同月11日，Bに対して内容証明郵便でAX間の債権譲渡の通知を発送したところ，通知は同月14日にBに到達した。ところが，Aは，同月12日，同じ債権をYにも譲渡した。Bは，同月13日，Yに対して内容証明郵便でAY間の債権譲渡の承諾を発送し，承諾は同月15日にYに到達した。この場合，当該債権についてYがXに優先する。

1 ア，エ　　　**2** ウ，オ　　　**3** ア，エ，オ

4 イ，ウ，オ　　**5** イ，エ，オ

実 戦 問 題 **2** の 解 説

No.3 の解説 債権譲渡 →問題はP.122

ア✕ 譲受人が譲渡人を代位して行った債権譲渡の通知は無効である。

前半は正しい（467条1項）。しかし，**譲受人が譲渡人を代位して行った債権譲渡の通知は無効**であるから後半は誤り（大判昭5・10・10）。なぜ代位できないかというと，**譲渡の真正性を確保**して債務者を保護するためである。すなわち，「**債権を失う者があえて通知するのであるから，譲渡が行われたことは間違いない**」という経験則に基づいて（→民法Ⅰテーマ9「時効」No.9エ），真実性が担保できるとの判断から，債権者からの通知が要求されているわけである。

なお，代理人の行為は本人にその効果が帰属する（本人が行った行為と同視される）ことから，判例は**代理人による債権譲渡の通知は有効**としている（最判昭46・3・25）。

イ◯ 譲渡制限について悪意でも，債務者が承諾すれば譲渡は当初から有効になる。

妥当である（最判昭52・3・17参照）。譲渡制限特約は債務者の利益のために付されるものである。したがって，債務者がその譲渡に承諾を与えたときは，譲渡制限特約を付さなかったものとして扱ってよい。

ウ◯ 将来の債権は，発生可能性が低くても譲渡契約の効力を当然には左右しない。

妥当である。判例は本肢のように述べている（最判平11・1・29，466条の6）。→No.2選択肢5

エ✕ 債権の二重譲渡人相互の優劣は，債務者への到達の先後で決せられる。

判例は到達時基準説（到達時説）の立場に立つ（最判昭49・3・7）。

→No.1 A

以上から，妥当なものは**イ**と**ウ**であり，正答は**3**である。

1 ✕ **債務者が譲渡を知っていても，通知・承諾がなければ債務者に対抗できない。**

たとえば，債務者がたまたま知人から「債権が譲渡されたそうだ」と聞かされて譲渡の事実を知った（悪意）としても，その譲渡について通知・承諾がなければ，譲渡を有効と認める必要はない。

債務者としては，**後日のトラブルを避ける意味で，正式に法の要求する対抗要件**（467条１項の通知・承諾）**を備えることに十分な利益がある**からである。

2 ✕ **確定日付のある通知が同時到達した場合，各譲受人は全額を請求できる。**

確定日付のある通知として最も典型的なのが内容証明郵便である（民法施行法５条６号，他に公正証書―同１号―などもある）。そして，**同時到達の場合には譲受人相互に優劣はない**（最判昭55・１・11）。

その場合，各譲受人は債務者に債務額全額の支払いを請求でき，債務者は**いずれか一方に支払えば，それによって債権は目的を達して消滅する。**

→No.１A

3 ◎ **第一の譲受人への弁済後に譲渡されても，債務者は支払いを拒絶できる。**

妥当である。すでに債務は有効に弁済されて消滅しているので，ＢはＤの支払請求を拒絶できる。

本肢の法律関係を，時間を追って説明しよう。

①Ａ→Ｃの譲渡について，普通郵便による通知がなされた。ここで「普通郵便」というのは，通知に「確定日付がない」ことを表している。
②通知に確定日付が付されていなくても，譲受人は債務者に対して「Ａ→Ｃの譲渡」を主張できる。これに基づいて，ＢはＣに債務を弁済し，これによって債務は消滅する。
③債務の消滅後に，Ａ→Ｄの譲渡行為があり，それについて内容証明郵便による通知がなされた。ここで内容証明郵便というのは，通知に「確定日付がある」ことを表している。

確定日付による通知は対第三者対抗要件であるが，債権がすでに有効な弁済によって消滅している場合には，対抗の問題は生じない。対抗とは，一方が他方の存在を否定できる不完全な状態で，権利が並存的に存在している場合の問題だからである（大判昭７・12・６）。

すなわち，甲債権が存在していなければ，それを譲渡することはできないので，いかに確定日付のある通知を行っても債権を取得することはできない。

そもそも，法がこのような**対抗要件を要求したのは，債務者を二重弁済の危険から保護するため**である。本肢の事案で，債務者は法の要求する対抗要件を備えたＣに弁済すれば（たとえ確定日付が付されていない通知でも），

それで免責されるはずである。その弁済後に確定日付ある通知がなされても，Cはすでに適法に弁済したのであるから，二重弁済を強いられるいわれはない。

4✕ 譲渡制限特約に反して譲渡した債権者は善意の譲受人に特約を主張できない。

譲渡制限特約は，善意の譲受人には対抗できない（466条2項・3項）。

→No.2 選択肢1

5✕ 譲受人が譲渡人を代位して行った債権譲渡の通知は無効である。

通知は，債務者に誰が債権者かを確知させるために行われるので，譲渡人がしなければならず，譲受人が代位して行うことはできない（大判昭5・10・10）。→No.3 ア

No.5 の解説　質権
→問題はP.123

ア◯ 譲渡制限特約について譲受人の善意・悪意に疑義があれば債務者は供託可。

妥当である。債権に譲渡制限特約が付されていても，それを外部者である譲受人が知ることは容易でない。そのため，法は，譲受人保護の観点から，**譲渡制限に違反してなされた譲渡も有効である**としている（466条2項）。ただ，これは**特約の存在を知らない善意（かつ無重過失）の譲受人を保護しようという趣旨**であるから，知っている（悪意）者まで保護する必要はない（なお，重過失者も悪意者と同様である）。したがって，譲受人が悪意のときは，債務者は特約の効力を主張して譲受人の請求を拒絶できる。

→No.2 選択肢1

問題は，債務者が，譲受人が悪意かどうか判別できない場合，債務者は譲渡人と譲受人のどちらに払えばよいかである。仮に判断を誤ると，**債務者に二重払いの事態が生じる**が，そのようなリスクを負わせるのは妥当でない。そこで，法は，このような場合には，**譲受人が善意か悪意かにかかわらず，その債権の全額に相当する金銭を供託できる**としている（466条の2第1項）。

イ◯ 到達時の先後が不明な場合には，同時に到達したものとして扱われる。

妥当である。債権差押えの通知は裁判所が発するもので，そこには確定日付が付されている。したがって，本肢は，確定日付のある債権譲渡の通知が複数ある場合と同じように考えればよい。

そして，判例は，「その到達の先後関係が不明であるために，その相互間の優劣関係を決することができない場合には，各通知が同時に第三債務者に到達した場合と同様に，**差押債権者と債権譲受人との間では，互いに相手方に対して自己が優先的地位にある債権者であると主張することが許されない**関係に立つ」とする（最判平5・3・30）。→No.1 A

ウ✕ 譲渡の通知は譲渡人が行うことを要し，譲受人が通知しても効力はない。

法は，「債権を失う者があえて通知するのであるから，譲渡が行われたことは間違いない」という経験則に基づいて，譲渡の真実性を担保するため

に，債権者からの通知を要求している（467条1項）。したがって，**譲受人が通知しても，通知の効力は認められず**，譲受人は債権譲渡を債務者に対抗することはできない。

エ✕ **対抗要件具備時までに生じた事由については，譲受人に抗弁を対抗できる。**

これは，譲渡に関与できない債務者に不利益を生じさせないためである（468条1項）。

以上から，妥当なものは**ア**と**イ**であり，正答は**1**である。

⚡ No.6 の解説　債権譲渡　　　　　　　　　　　　　　　→問題はP.124

本問は，一見すると複雑なようだが，これまでの問題の知識で選択肢の絞り込みができる。各事案を基礎になる知識にていねいに当てはめてみよう。

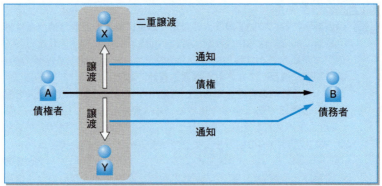

ア○ **対第三者対抗要件としては確定日付ある証書による通知・承諾が必要である。**

妥当である。債権が二重に譲渡された場合には，**確定日付ある証書**による通知・承諾が必要で，それが**あるものとないものでは，あるもののほうが優先する**（467条2項）。

本肢で，Xへの譲渡には内容証明郵便（確定日付あり）ではなく**通常郵便**（確定日付なし）が使われており，一方，Yへの譲渡には**公正証書**（確定日付あり→No.4選択肢2）が使われている。したがって，当該債権についてYがXに優先する。

なお，譲渡人は，譲受人が確実に債権を行使できるように確定日付ある証書で通知すべき義務があるが（大判昭16・2・20），これはまた別の問題である。

イ✕ **同時到達の場合には譲受人間に優劣はなく，各譲受人は全額を請求できる。**

Xへの譲渡の通知もYへの譲渡の通知も，ともに内容証明郵便（確定日付あり）で行われており，それらは同時に債務者に到達したというのであるから，両者間に優劣はない。→No.1 A

ウ✕ **第一譲受人への弁済後に通知があっても，債務者は支払いを拒絶できる。**

すでに債務は有効に弁済されて消滅しているので，たとえ「第一の譲渡が

確定日付なし，第二の譲渡が確定日付あり」であっても，ＸとＹの優先（対抗）の問題は生じない。**優先（対抗）とは，一方が他方の存在を否定できる不完全な状態で，権利が並存的に存在している場合の問題**だからである（大判昭7・12・6）。→No.4選択肢3

エ〇 債権の二重譲渡人相互の優劣は，債務者への到達の先後で決せられる。

妥当である。判例は**到達時説**の立場に立つ（最判昭49・3・7）。

→No.1 A

オ〇 対抗力の発生時期は，通知の場合は到達時，承諾の場合はその日時である。

妥当である。対抗力の発生時期について，判例は，通知については確定日付ある通知が債務者に到達した日時，承諾については確定日付ある承諾の日時であるとしている（最判昭49・3・7）。

本肢で，通知の到達時は14日，承諾の日時は13日であり，後者のほうが早いので，承諾のＹのほうが通知のＸに優先する。

以上から，妥当なものはア，エ，オの3つであり，正答は**3**である。

債権の消滅原因

必修問題

　民法に規定する弁済に関するA～Dの記述のうち，判例，通説に照らして，妥当なものを選んだ組合せはどれか。

【地方上級（特別区）・令和元年度改題】

A：**弁済の提供**は，債務の本旨に従って現実にしなければならないが，債権者があらかじめ債務の受領を拒んだときに限り，弁済の準備をしたことを通知してその受領の催告をすれば足りる。

B：弁済の費用について別段の意思表示がないときは，その費用は，債務者の負担とするが，債権者が住所の移転その他の行為によって弁済の費用を増加させたときは，その増加額は，債権者の負担とする。

C：最高裁判所の判例では，借地上の建物の賃借人と土地賃貸人との間には直接の契約関係はないものの，当該建物賃借人は，敷地の地代を弁済し，敷地の賃借権が消滅することを防止することに法律上の利益を有するとした。

D：最高裁判所の判例では，債権者の代理人と称して債権を行使する者も**受領権者としての外観を有する者**にあたると解すべきであり，このような者に対する弁済が有効とされるには，弁済者が善意であればよく，無過失である必要はないとした。

1 A，B
2 A，C
3 A，D
4 B，C
5 B，D

難易度　＊＊

必修問題の解説

　弁済は，債権の消滅原因の中で最もポピュラーなものである。そして，ポピュラーであるがゆえに，それがスムーズに行われるように，法は弁済について細かなルールを定めている。そこで，問題を通してどのようなルールが定められているかを検証しながら，スムーズな弁済による債権消滅のあり方を考えていこう。

A ✕　受領拒絶のほかに債権者の協力を要するときも，提供は口頭の提供でよい。

　　　債務者が，債務の内容を実現するために，なすべきことをすることを**弁済**

頻出度 A
国家総合職 ★★★　地上特別区 ★★★
国家一般職 ★★★　市役所Ｃ ★
国税専門官 ★
地上全国型 ★★★

7 債権の消滅原因

第1章

債権総論

の提供という。この弁済の提供は，問題前半にあるとおり，その**原則は「債務の本旨に従って現実に」すること**である（493条本文）。これを**現実の提供**という。また，債務の本旨に従ってとは「履行すべき内容のとおりに」といった意味である。

ただ，たとえば，「家賃は値上げしたはず。それなのに，賃借人は認めずに従来の額の家賃を持って来ようとする。それでは受け取れない」などと，①**債権者があらかじめ債務の受領を拒んだとき**や，「債務者の倉庫において検品のうえで受け取る」など，②**履行に債権者の協力が必要なとき**，の2つの場合には，弁済の準備をしたことを通知してその受領を催告すれば足りる（同条但書）。これを**口頭の提供**という。

B ○ **債権者が弁済費用を増加させたときは，その増加額は債権者の負担となる。**

妥当である。まず，**弁済費用は別段の意思表示がないときは，債務者の負担**となる（485条本文）。たとえば借金の返済のために相手の自宅に出向く場合には，自宅までの交通費は借主（債務者）が負担する。

一方，「借金を相手の自宅に返しに行く」という約束で，貸主が引っ越した場合には，余分にかかった交通費は貸主の負担となる（485条但書）。しごく常識的な規定である。

C ○ **借地上の建物の賃借人は，敷地の地代の弁済に法律上の利害関係を有する。**

妥当である。下の図で説明しよう。Ａ所有の土地をＢが借りて，その上にＢ所有建物を建て，それをＣに賃貸したとする。では，Ｂが借地の賃料を支払わない場合，ＣはＢに代わってＡに賃料を支払うことができるか。

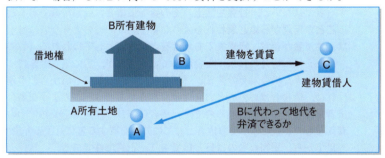

ポイントは2つあって，第一は，Ｂが賃料を支払わなければ，ＡはＢの債務不履行を理由にＡＢ間の土地賃貸借契約を解除できる（541条本文）。その際，契約関係のないＣの同意などは不要である。そして，**解除されると借地権が消滅するので，Ｂは賃貸建物を撤去しなければならなくなる。**その結果，Ｃは建物の賃借ができなくなる。

そこで，第二に，Ｃはそれを避けるために，Ｂに代わって賃料を弁済できるかが本肢の問題点である。ＡＣ間には直接の契約関係がなく，ＣはＡに契約上の債務を負担しているわけではない。したがって，Ｃの弁済は**第三者の弁済**となるが，ここに少々厄介な問題がある。それは，法が「弁済をするに

ついて正当な利益を有する者でない第三者は，債務者の意思に反して弁済をすることができない」という規定を設けているからである（474条2項本文）。

この部分は少々複雑なので，整理しておこう。

> **●第三者の弁済（474条）―第三者は弁済できるか（概要）**
> ・原則…第三者も弁済できる（1項）
> ・債務者の意思に反する弁済…弁済の正当な利益を有するか否かで区別
> →正当な利益を有しない…弁済できない（弁済は無効，2項本文）
> →正当な利益を有する…弁済できる（例：保証人，物上保証人など）
> ・債権者の意思に反する弁済…債権者は弁済を拒絶できる（3項本文）
> →債務者の意思はわかりにくいので，その点の判断を債権者に負わせるのは酷。そのため，判断がつかなければ，債権者は受領拒絶できる。

弁済の正当な利益を有しない場合は，上記のようにいろいろな制約がある。一方で，正当な利益を有する場合にはすんなりと弁済ができる。では，本肢の建物の賃借人（図のC）はどちらか。

判例は，正当な利益を有する者に当たるとした（最判昭63・7・1）。Cが**建物の賃借を続けるというのは法的な利益であって，これは弁済の正当な利益に当たる**というのがその理由である。

D ✕ 受領権者の外観を有する者への弁済が有効となるのは善意かつ無過失の場合

すなわち，単に善意（正当な債権者と思っていた）だけでは足りず，無過失（そう思うことがやむをえない）という場合でなければならない（478条）。

受領権者としての外観を有する者とは，真実の債権者または受領権限を有する者ではないが，**社会生活上，その者を債権者・受領権者であると判断することが無理からぬと思われるような者**をいう。このような者に対する弁済は，**弁済者が善意・無過失であれば有効な弁済として扱われる**（478条）。

たとえば，毎月の月末に集金に来ている店員が，店の領収証を持って集金に来たような場合，その前日に解雇されていたとしても店からその連絡がなければ，債務者はいつもどおり代金を払うであろう。このような場合には弁済者を保護する必要があるので，弁済者の善意・無過失を要件にその弁済を有効なものとしたのが受領権者としての外観を有する者に対する弁済である。

以上から，妥当なものはBとCであり，正答は**4**である。

正答 4

FOCUS

債権の消滅原因の分野では，主に弁済と相殺から出題される。このうち，弁済は論点が多く，また各論点間の有機的関連が薄いために，受験者には負担の重い分野と見られがちである。しかし，出題箇所は限定されており，論点の絞込みによる効率化を図ることによって，最小限の知識で十分な成果を得ることが可能である。

▶▶▶ P O I N T

重要ポイント **1** 弁済

（1）弁済の意義，弁済の提供

①弁済には，債務を弁済するという意思は必要でなく，単に債務の内容どおりの履行行為がなされればそれで債務は消滅する（通説）。したがって，弁済は法律行為ではないとされる。

　また，弁済の内容となる給付は法律行為に限られない。

②弁済は，原則として，債務の本旨に従って現実になされなければならない。これを**現実の提供**という。

③金銭債務において，銀行の自己宛小切手または銀行が支払いを保証した小切手の提供は，現実の提供となる。

④実際に現金を持参し，債権者の前でそれを支払う旨を述べた場合には，現実の提供があったとされる。

⑤賃借人が賃料を持参して債権者の代理人である弁護士の事務所に赴いたが，弁護士が不在で現金の呈示ができない場合には，特段の事情のないかぎり，当該弁護士事務所の事務員に受領の催告をしなくても，現実の提供があったと認められる。

⑥債権者があらかじめその受領を拒んでいる場合には，弁済の準備を完了したうえで，債権者にこれを受け取るように催告すればよい。これを**口頭の提供**という。

⑦債権者の受領拒絶が明らかである場合には，弁済の提供をしなくてもよい（口頭の提供すら不要である）。

（2）弁済の場所・費用，弁済の充当

①債権が特定物の引渡しを目的とするときは，弁済者は引渡しをすべき時の現状でその物を引き渡せば足りる。

②弁済の場所について当事者間に特段の合意がないときは，特定物の引渡しは債権発生当時にその物が存在した場所ですべきことになる。

③弁済の費用は，当事者間に特段の合意がない限り，債務者の負担となる。

④当事者の合意によって，法の定める充当の方法と異なる方法で充当することができる。

⑤弁済者は，弁済に際して債権者が弁済を受け取ったことを証明する受取証書（例：領収証）の交付を債権者に請求できる（弁済と受取証書の交付とは同時履行の関係に立つ）。

　これに対して，債権証書が作成されている場合でも，債権証書の返還とは同時履行の関係に立たない。受取証書があれば，それによって債権の消滅は証明できるからである。

（3）第三者の弁済

①第三者も債務者に代わって弁済することができる。ただし，正当な利益を有しない第三者は債務者の意思に反して弁済することができない。ここで「正当な利益」とは法律上の正当な利益を有しないという意味である。

②借地上の建物の賃借人は，敷地の地代の弁済について法律上の正当な利益を有する第三者である。したがって，債務者（建物の賃貸人である借地人）の意思に反

しても，債務者の代わりに地代を支払うことができる。

③第三者の弁済が許されない場合

以下の３つの場合には，第三者の弁済は許されない。

(1)	・債務の性質がこれを許さないとき →特別な技術を有する医師の専門的治療，特定歌手の出演など
(2)	・当事者が反対の意思を表示したとき →この場合の意思表示は，契約によって生じる債権の場合は契約で，単独行為によって生じる債権の場合は単独行為で行う。
(3)	・正当な利益を有しない者は債務者または債権者の意思に反して弁済できない。

（4）受領権者としての外観を有する者に対する弁済

①取引通念に照らして真実債権を有するとの外観を備える者をいい，その者に対する弁済は，弁済者が善意・無過失である限り有効な弁済となる。

②預金通帳（銀行）ないし貯金通帳（郵便局）と届出印を持参して払戻しを請求する者に対して，銀行ないし郵便局が支払いをした場合には，銀行，郵便局が善意・無過失である限り，受領権者としての外観を有する者に対する弁済として有効な弁済となる。

③金融機関が，記名式定期預金について真実の預金者甲と異なる乙を預金者と認定して乙に貸付けをしたのち，貸付債権を自働債権とし預金債権を受働債権としてした相殺が478条により甲に対して効力を生ずるためには，当該貸付時において，乙を預金者本人と認定するについて金融機関として負担すべき相当の注意義務を尽くしたと認められれば足りる。

④代理人と詐称して弁済を受ける者（詐称代理人）も，取引通念に照らして弁済受領の権限を有するような外観を備えていれば，受領権者としての外観を有する者に当たる。

重要ポイント 2 **供託**

①債権者側の事情によって弁済ができない場合には，債務者は目的物を供託して債務を免れることができる。すなわち，有効な供託があれば，その時点で債務は消滅する。

　　供託に債権者の承諾は不要である。

②供託原因は，債権者の受領拒絶，債権者の受領不能，弁済者が過失なく債権者がだれであるかを知ることができないとき，の３つである。

③供託者には，供託者以外の者の利益に影響を及ぼさない範囲で，供託物の取戻しが認められる。ただし，この取戻権は，債権者が供託を受諾したとき，供託を有効とした判決が確定したとき，供託によって質権または抵当権が消滅したとき，取戻権の消滅時効が完成したとき，の４つの場合には消滅することになる。

重要ポイント **3** 相殺（そうさい）

(1) 意義

①同種の目的を有する債権（例：ＡＢが互いに金銭債権を有している，あるいはＡ
　Ｂが互いに甲会社の乙銘柄の同容量のビールの引渡債務を負っている）が対立し
　ている場合には，実際にお金や物の相互引渡しをする手間を省いて，意思表示だ
　けで債権債務を帳消しにできる。これを相殺という。

②相殺は，両当事者の公平の確保や手間を省くという簡便さ，簡易決済による債権
　回収の期待の保護（相殺の担保的機能）などに基づいて認められた制度である。

(2) 要件（相殺適状）・効果

①互いに対立する２つの債権が相殺できる状態になることを**相殺適状**という。

②互いに対立する２つの債権が相殺できる状態になるためには，両債権が同種の目
　的を有すること，相殺する側の債権（自働債権）が弁済期に達していること，債
　務の性質が相殺を許さないものでないことなどの要件が必要である。なお，両債
　権の弁済期に関する相殺の要件は，以下のとおりである。

	期限の利益	相殺の可否
自働債権	相手方にある	相手方は自働債権の履行期までの間，履行を強制されない　↓　自働債権の弁済期が未到来であれば相殺不可
受働債権	相殺する者の側にある	期限の利益の放棄は可能（136条2項本文）　↓　受働債権の弁済期が未到来でも，自働債権の弁済期が到来していれば相殺可

③不法行為に基づく損害賠償債権（ただし悪意による不法行為に基づく損害賠償の
　債務，人の生命または身体の侵害による損害賠償の債務）に関する相殺の可否
　は，以下のとおりである。

自働債権	受働債権	相殺の可否
不法行為に基づく損害賠償債権	一般の債権	○
一般の債権	不法行為に基づく損害賠償債権	×
不法行為に基づく損害賠償債権	不法行為に基づく損害賠償債権	×（最判昭49・6・28）

※結局，受働債権が前記（③のカッコ）のような不法行為に基づく損害賠償債権で
　あれば相殺不可。

④当事者の合意によって相殺を禁止する特約を締結することもできる。ただし，そ
　の特約は善意・無重過失の第三者には対抗できない。

⑤相殺は，相手方に対する一方的意思表示によってこれを行う。
　　両債権の履行場所が異なる場合でも，相殺は認められる。

⑥時効によって債権が消滅した場合でも，その債権が消滅前にすでに相殺できる状態になっていれば，債権者は時効消滅した債権を用いて相手方に対する自己の債務と相殺をすることができる。

⑦相殺の意思表示がなされると，両債権は相殺の要件を満たした最初の時点（相殺適状時）にさかのぼってその効力を生じる。

（3）相殺の担保的機能

①同種の債権が対立している場合，当事者は互いに相殺による債権債務の簡易決済の期待を有しており，この期待は法的保護に値するものとされる。これを相殺の担保的機能という。

②相殺による簡易決済の期待は，両債権の弁済期の先後に関係なく保護される（無制限説）。

重要ポイント 4 　その他の債権の消滅原因

①債権の一般的消滅原因として定められているものには，前述した弁済，代物弁済，供託，相殺のほかに，更改，免除，混同がある。

②債権は，債権の一般的消滅原因のほかに，権利の一般的消滅原因によっても消滅する。消滅時効の完成，権利の存続期間の満了などがその例である。

　　さらに，債権が法律行為に基づいて成立している場合には，取消しや解除，解除条件の成就によっても消滅する。

③更改がなされると，旧債務に付されていた担保権や保証債務は，別段の合意がなされない限り消滅する。

実戦問題❶ 基本レベル

⚡ **No.1** 弁済に関する次の記述のうち，妥当なものはどれか。

【地方上級（全国型）・平成26年度改題】

1 債務の履行について債権者の行為を要するときは，弁済の提供は，債務の本旨に従って現実にしなければならない。

2 債権者があらかじめ弁済の受領を拒んでいる場合であっても，弁済の提供は，債務の本旨に従って現実にしなければならない。

3 弁済につき正当な利益を有しない第三者は，債務者ないし債権者の意思に反して弁済はできないが，弁済につき正当な利益を有する第三者は，債務者ないし債権者の意思に反して弁済をすることができる。

4 差押えを受けた債権の第三債務者が自己の債権者に弁済をしたときは，差押債権者といえども，その受けた損害の限度においてさらに弁済をすべき旨を第三債務者に請求することはできない。

5 受領権者としての外観を有する者に対して弁済をした場合，その弁済をした者が善意であれば当該弁済は有効となる。

⚡ **No.2** 民法に規定する相殺に関する記述として，通説に照らして，妥当なのはどれか。

【地方上級（特別区）・平成17年度改題】

1 自働債権は，弁済期に達していなくても相殺することはできるが，受働債権は，弁済期に達していなければ相殺することはできない。

2 相殺禁止の特約は，当事者間で締結することができるが，この特約は善意・無重過失の第三者には対抗することができない。

3 相殺の効力は，相殺の意思表示が相手方に到達した時に発生するため，意思表示の到達前に相殺適状に至ったとしても，その時点には遡及しない。

4 自働債権が時効によって消滅した場合は，その債権が消滅以前に相殺適状にあったとしても，相殺することは一切できない。

5 不法行為債権を自働債権とし，不法行為債権以外の債権を受働債権として相殺することは，いかなる場合においてもできない。

No.3 相殺に関する次の記述のうち，妥当なものはどれか。

【地方上級（全国型）・令和元年度】

1 AがBに対して貸金債権を有し，BがAに対して代金債権を有している場合において，Bの代金債権の弁済期が到来していなければ，Aから相殺をすることはできない。

2 AがBに悪意による不法行為を行ったことにより，BがAに対して損害賠償債権を有し，AがBに対して貸金債権を有する場合において，Bから相殺をすることはできる。

3 AがBに悪意による不法行為を行ったことにより，BがAに対して損害賠償債権を有し，AがBに対して貸金債権を有する場合において，Aから相殺をすることはできる。

4 AがBに対して貸金債権を有し，BがAに対して代金債権を有している場合において，Aの貸金債権が時効消滅したときは，Aから相殺ができることはない。

5 AがBに対して貸金債権を有し，BがAに対して代金債権を有している場合において，双方の債務の履行地が異なるときは，相殺をすることができない。

実戦問題 **1** の解説

→問題はP.137

No.1 の解説　弁済

1 ✕　債務の履行について債権者の行為を要するときは，口頭の提供で足りる。

　　口頭の提供とは，弁済の準備を済ませたことを債権者に通知して受領を催告することである。**→必修問題A**

　　本肢の，「債務の履行について債権者の行為を要する」とは，弁済をするときに受領などの行為が必要だという意味ではなく，弁済に先立って債権者の行為を必要とするという意味である（いわゆる**先行的協力行為**，取立債務がその典型例）。

　　このような債権者の先行的な行為が必要な場合は，通常の売買のように目的物を債権者の前に差し出して受領を促すといった，いわゆる現実の提供はできない。すなわち，この場合の弁済の提供の程度としては，口頭の提供で足りる（493条但書）。

2 ✕　債権者があらかじめ弁済の受領を拒んでいる場合は，口頭の提供で足りる。

　　この場合には，弁済の準備を済ませたことを債権者に通知して受領を催告すれば足りる（493条但書，口頭の提供）。**受領を拒んでいるのに現実の提供をせよというのは，債務者に無用な負担を強いる**ことになるからである。

　　なお，あらかじめ弁済の受領を拒んでいる場合にも次の2つが考えられるので，まとめておこう。

> **●債権者があらかじめ弁済の受領を拒んでいる場合**
> ①債務者は口頭の提供を行えば足りる。
> ②債権者が債権の存在自体を否定するなど，受領拒絶の意思が強固である場合は口頭の提供も不要である。

3 ◎　正当な利益を有する第三者は，債務者・債権者の意思に反して弁済ができる。

　　弁済につき正当な利益を有する第三者の典型例は保証人であるが，主債務者に代わって弁済しようとする際に，それが債権者の意思に反するからといって弁済できないのは不当である。**弁済につき正当な利益を有するのであれば，債権者（のみならず債務者）の意思に反しても，弁済できる**としておく必要がある（474条2項本文，3項本文）。**→必修問題C**

　　ところで，この部分は条文の構成が複雑になっているので，ここで知識を整理しておこう。

①**第三者も弁済できる**（原則，474条1項）…なぜなら，誰が弁済しようとも，債権者にとっては債権の満足が得られて利益になるからである。

②**正当な利益を有しない第三者は債務者の意思に反して弁済できない**…「その人には弁済してほしくない，恩を着せられたくない」という**債務者の意思を尊重する**ためである（2項本文）。したがって，**債務者の意思に反する弁済は無効**となる。

　　一方，保証人や物上保証人などの「**弁済につき正当な利益を有する第三者**」は，債務者の意思に反してでも弁済できる。たとえば物上保証人な

ら，主債務者が弁済しなければ，抵当権が実行されて自宅住居などの抵当不動産を失うおそれがある。それを避けるには，正当な利益を有する者については弁済できるとしておかなければならない。

③**正当な利益を有しない第三者は債権者の意思に反して弁済できない**…問題となるのは，債務者の意思という内心の事情は，債権者からわかりにくいという点である。「債務者の意思に反する弁済は無効，しかし反しない場合には受領の義務がある（∵第三者も弁済できるから）」となると，債権者に，債務者の意思に関する調査義務を課すという無用の手間をかけることになる。そこで，法は次のような手当を講じている。

まず，**債務者の意思に反しないかどうかはわかりにくいので，債権者に受領拒絶権を認めた**（3項本文の「債権者の意思に反して弁済できない」とはそういう意味である）。

ただ，**債権者が知らずに受領してしまう場合**もあることから，その場合には**弁済は有効になる**とした（2項但書）。

これらによって，弁済の際の債権者の負担を軽減しようとするものである。

4 ✕　差押えを受けた債権の第三債務者の弁済は，債権者に対抗できない。

債権の差押えにより支払いの差止めを受けた場合，第三債務者は債務者（第三債務者にとっては債権者に当たる）に**弁済してはならないという拘束を受ける**。それにもかかわらず，あえて弁済したのであれば，そのリスクは第三債務者が負うべきである。したがって，差押債権者は，その受けた損害の限度においてさらに自己に対して弁済をすべき旨を第三債務者に請求できる（481条1項）。

5 ✕　受領権者の外観を有する者に対する弁済は，債務者が善意・無過失なら有効。

すなわち，単に善意（正当な債権者と思っていた）だけでは足りず，無過失（そう思うことがやむをえないという場合）でなければならない（478条）。

→**必修問題D**

⚡ **No.2 の解説** 相殺
→問題はP.137

1 ❌ 受働債権は弁済期に達していなくても相殺できる。

なお，自働債権は弁済期に達していなければ相殺できない。

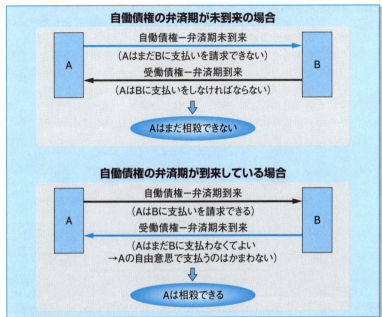

自働債権の弁済期が未到来の場合

自働債権－弁済期未到来

（AはまだBに支払いを請求できない）

受働債権－弁済期到来

（AはBに支払いをしなければならない）

Aはまだ相殺できない

自働債権の弁済期が到来している場合

自働債権－弁済期到来

（AはBに支払いを請求できる）

受働債権－弁済期未到来

（AはまだBに支払わなくてよい
→Aの自由意思で支払うのはかまわない）

Aは相殺できる

自働債権とは相殺する側が相殺される側に対して有している債権であり，**受働債権はその反対債権**である。上図で，Bは自働債権の弁済期未到来の間は（つまりBの債務の支払期限が到来するまでは）Aに弁済する義務はない。ところが，その間にAの相殺を認めると，Bは弁済期前に弁済を強制される結果になる。なぜなら，相殺とはAがBに負っている受働債権の支払義務を，BがAに負っている自働債権の支払義務で決済して消滅させようとする制度だからである。しかし，それは不当なので，自働債権の弁済期（BのAに対する支払期限）が到来するまでは，相殺は許されない。

2 ◎ 相殺禁止特約は，善意・無重過失の第三者には対抗することができない。

妥当である（505条2項）。その結果，相殺禁止特約の付いた債権をその特約の存在を重大な過失がなく知らずに（善意・無重過失）譲り受けた者が債務者に債務を負担していた場合，譲受人は譲り受けた債権と自己の債務を相殺によって決済できる。

債権は自由に譲渡できるのが原則であることにかんがみれば（466条1項本文），**譲受人にいちいち相殺禁止特約の有無についての調査義務を課すのは不合理**である。したがって，善意・無重過失の譲受人には特約の効力を主

張できないとして，譲受人を保護しておく必要がある。つまり，**いちいち特約の有無を調査する必要はなく，知らなければそれで保護する**としておくわけである（重過失は悪意と同視される）。

3 ✕ **相殺の意思表示は相殺適状時にさかのぼってその効力を生ずる。**

　これは，相殺の意思表示の到達時点ではなく，**相殺に適した状態になった時点で両債権が消滅したものとして扱う**という意味である（506条2項）。

　相殺の要件をすべて満たした場合には（**相殺適状**），当事者は両債権がすでに決済されたものと考えるのが通常であることから，この当事者の意思ないし信頼を保護する趣旨である（相殺適状時に消滅したものとして扱うので，その時点以降は両債権ともに利息は発生しない。したがって，次の図でいえば，両債権の利率が異なる場合，Bは利息の差額分の40万円をAに支払わなくてもよいということになる）。

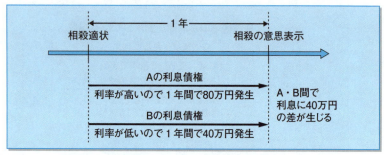

4 ✕ **時効によって消滅した債権を自働債権として相殺することができる。**

　時効消滅する以前に，対立する2つの債権が相殺できる状態になった場合には，**当事者はそれによって自動的に債権と債務が簡易に決済されたものと考えて**，相殺の意思表示を行わないことが多い。そのような当事者の意思ないし**信頼を保護**しようとする趣旨である（508条）。

5 ✕ **不法行為に基づく損害賠償請求権を自働債権とする相殺は認められる。**

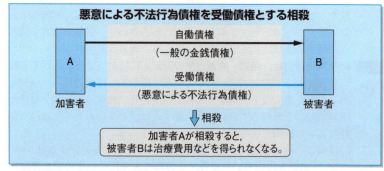

　まず，悪意による不法行為等により生じた損害賠償債権を受働債権とする相殺は認められない。これは，**治療費などを現実に必要としている被害者の保護を図る**ためである（509条）。

　一方，不法行為等により生じた損害賠償債権を自働債権とする相殺は認められる（最判昭42・11・30）。この場合は不法行為が悪意によるか否かなどを問わない。**被害者自身が，その有する損害賠償請求権を使って相殺を望むのであれば，これを禁止する理由はない**からである。

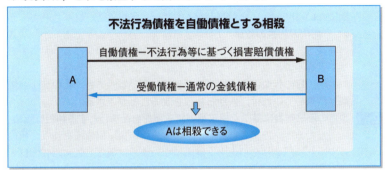

1 ✕　自働債権が弁済期にあれば，受働債権の期限の利益を放棄して相殺できる。

　　本肢で自働債権とはA→Bの債権で，受働債権とはB→Aの債権である。そして，両債権はいずれも金銭債権であるから相殺に適した債権である。

　　そこで，本肢であるが，A→Bの債権の期限が到来していれば，AはBから支払いを受けられる（**自働債権は弁済期にある**）。一方，Bの債権の弁済期が到来していなければ，AはまだBに支払わなくてよい（**受働債権は弁済期にない**）。でも，「まだ払わなくてよい」ということは「払ってもかまわない」（**期限の利益の放棄**，136条2項本文）ということであるから，Aが期限の利益を放棄して，Bから払ってもらえるお金で今すぐBに弁済する（両債権を対等額で相殺する）ことはなんら差支えない（大判昭8・5・30）。

　　結局，**Bの代金債権の弁済期が到来していなくても，Aの貸金債権の弁済期が到来していれば，Aから相殺をすることができる。**

2 ◎　悪意の不法行為に基づく損害賠償請求権を自働債権とする相殺は認められる。

　　妥当である。被害者自身が，その有する損害賠償債権を使って相殺を望むのであれば，これを禁止する理由はないからである（最判昭42・11・30）。

→No.2選択肢5

3 ✕　悪意の不法行為による損害賠償債権を受働債権とする相殺は認められない。

　　治療費などを現実に必要としている**被害者の保護**を図るために，加害者（A）からの相殺は禁止されている（509条柱書本文，1号）。

→No.2選択肢5

4 ✕　時効によって消滅した債権を自働債権として相殺することができる。

　　Aの債権が**時効消滅する以前に両債権が相殺適状**になっていれば，Aから相殺することができる（508条）。→No.2選択肢4

5 ✕　両債権の履行地が異なる場合でも，相殺は可能である。

　　たとえば，AのBに対する100万円の債務の履行地が東京で，BのAに対する100万円の債務の履行地が大阪である場合，相殺を認めなければ，Aが東京に出向いて100万円を弁済し，つづけてBが大阪に出向いて100万円を弁済するという無駄な手間が必要になる。**履行地が異なる場合でも，簡易決済のために相殺を認めるのが合理的**である（507条前段）。

正答　No.1＝3　No.2＝2　No.3＝2

実戦問題❷　応用レベル

＊＊
🌀 **No.4**　弁済の効力に関するア～オの記述のうち，判例に照らし，妥当なもののみをすべて挙げているのはどれか。　【国家総合職・平成30年度】

ア：債権者の代理人を詐称する者に対する弁済の効力は，表見代理に関する規定によって決するべきであるから，真実の代理人でないことにつき弁済者が善意かつ無過失であったとしても，それだけでは弁済は有効とならない。

イ：弁済の提供は，債務の本旨に従って行われる必要があるため，金銭債務の弁済においては，金額に不足があれば，当該不足の程度にかかわらず，弁済の提供があったものとは認められない。

ウ：債務者が弁済の提供をしようとする場合において，債権者があらかじめ弁済の受領を拒んでいるときは，現実に弁済の提供をする必要はなく，いわゆる口頭の提供で足りる。もっとも，債務者は，債権者が受領を申し出た場合には直ちに現実に提供することができるよう準備をしておかなければならず，金銭債務であれば，現金を調達して手元に用意しておかなければ，弁済の準備をしたとはいえない。

エ：債権者が契約の存在を否定しており，弁済を受領しない意思が明解であると認められる場合であっても，債権者が翻意する可能性もあることから，債務者は，いわゆる口頭の提供を行わなければ，債務不履行の責任を免れることはできない。

オ：金融機関であるAが，相当の注意義務を尽くしたにもかかわらず，真実の預金者Bを詐称するCをB本人であると誤認し，Bの定期預金債権を担保とする貸付けを行った場合，Aが，当該定期預金の満期後にCは真実の預金者でないことを認識した上で当該貸付金債権と当該定期預金債権とを相殺したとしても，当該相殺は有効である。

1　ア
2　オ
3　ア，ウ
4　エ，オ
5　イ，ウ，エ

**
No.5 民法に規定する弁済の目的物の供託に関する記述として，判例，通説に
照らして，妥当なのはどれか。　　　　　　　　【地方上級（特別区）・平成24年度】

1 債務者は，弁済の目的物を供託した場合，遅滞なく，債権者に供託の通知をし
なければならず，これを怠ったときは，当該供託は無効であり，債務は消滅しな
い。

2 債権者があらかじめ受領しないことが明確であるときであっても，受領遅滞は
供託の要件であるので，債務者は弁済の準備をして口頭の提供をする必要があ
り，口頭の提供をしないでした供託は無効である。

3 債権者が供託を受諾せず，または供託を有効と宣告した判決が確定しない間
は，当該供託によって質権または抵当権が消滅した場合であっても，弁済者は供
託物を取り戻すことができる。

4 最高裁判所の判例では，本来，一部供託は無効であるが，債務の一部ずつの弁
済供託がなされた場合であっても，各供託金の合計額が債務全額に達したとき
は，その全額について供託があったものとして，これを有効な供託と解するのが
相当であるとした。

5 最高裁判所の判例では，民法は，消滅時効は権利を行使することができる時か
ら進行すると定めているので，弁済供託における供託金取戻請求権の消滅時効
は，供託者が免責の効果を受ける必要が消滅した時から進行するのではなく，供
託の時から進行するとした。

*
No.6 相殺に関する次の記述のうち，妥当なものはどれか。
　　　　　　　　　　　　　　　　　【地方上級（全国型）・平成21年度改題】

1 時効消滅した債権の債権者は，その債権が時効消滅する以前に相殺適状にあっ
た場合でも，その債権を自働債権として相殺することは認められない。

2 同時履行の抗弁権の付着した債権について相殺を認めると，抗弁権を一方的に
奪う結果になるので，そのような債権を受働債権として相殺することはできな
い。

3 悪意による不法行為に基づく損害賠償請求権を受働債権として相殺することは
認められていないが，これを自働債権として相殺することは認められる。

4 相殺の意思表示は，当事者の一方から相手方に対して行われ，相対立する債権
は相殺の意思表示が到達した時点において対当額で消滅する。

5 債権が差押えを禁止されたものであるときは，債権の満足が法律によって強制
されていることから，これを相殺のために用いることは一切許されない。

⚡ **No. 7** ** **民法に規定する相殺に関する記述として，妥当なのはどれか。**

【地方上級（特別区）・平成30年度改題】

1 　相殺をするためには，相対立する債権が相殺適状にあることが必要であるが，当事者が相殺禁止の意思表示をした場合は，相殺は適用されず，その意思表示は，善意・無重過失の第三者にも対抗することができる。

2 　相殺は，当事者の一方から相手方に対する意思表示によって効力を生じるが，その相殺の効力発生時期は，実際に相殺の意思表示をした時期であり，双方の債権が相殺適状になった時に遡及して効力を生じることはない。

3 　時効によって消滅した債権がその消滅以前に相殺適状にあったときは，その債権者は，時効消滅した債権を自働債権として，その時点に遡及して相殺することはできない。

4 　悪意による不法行為によって生じた損害賠償債権の債務者は，その不法行為による損害賠償債権を受働債権として，当該不法行為による損害賠償債権以外の債権と相殺することはできない。

5 　第三債務者が差押えによって支払を差し止められた場合において，その後に取得した反対債権を自働債権として相殺したときは，これをもって差押債権者に対抗することができる。

No.8 相殺に関するア～エの記述のうち，妥当なもののみをすべて挙げているのはどれか。ただし，争いのあるものは判例の見解による。

【国家一般職・平成30年度】

ア：連帯債務者AおよびBのうち，Aが債権者Cに対して反対債権を有する場合において，Aが相殺を援用したときは，債権はAのみの利益のために消滅する。

イ：すでに弁済期にある自働債権と弁済期の定めのある受働債権とが相殺適状にあるというためには，受働債権につき，期限の利益を放棄することができるというだけではなく，期限の利益の放棄または喪失等により，その弁済期が現実に到来していることを要する。

ウ：使用者は，労働者に対して有する不法行為に基づく損害賠償請求権を自働債権とし，賃金債権を受働債権とする相殺をすることができる。

エ：AがBのCに対する債権を差し押さえた場合に，Cが差押前に取得したBに対する債権の弁済期が差押えの時点で未到来であり，かつ，差し押さえられた債権の弁済期よりも後に到来するときは，Cは，両債権の相殺をもってAに対抗することができない。

1 ア
2 イ
3 ウ
4 ア，エ
5 イ，エ

148

実戦問題②の解説

No.4 の解説　弁済の効力
→問題はP.145

ア× 詐称代理人への弁済は表見代理の規定ではなく478条によって処理される。

本肢は，債権者の代理人を詐称する者に対する弁済の有効性が，①受領権者としての外観を有する者への弁済の規定（478条）によって判断されるのか，それとも，②表見代理の規定（110条）によって判断されるのかという問題である。

両者はともに，弁済者に善意・無過失が要求される点では同じであるが，表見代理の場合は，それに加えて本人の帰責事由が要求されるため，弁済者が保護される要件は①よりも②のほうが厳しくなる。

しかし，たとえば，通帳を盗んだ者が銀行の窓口で払い戻しを受けようとして，預金者本人と名乗ったか（①）代理人と名乗ったか（②）で，銀行が「保護される・されない」が違ってくるのは妥当でない。そこで判例も，受領権限を有しているような外観があれば，**代理人と詐称した場合でも「受領権者としての外観を有する者」に含めて解している**（最判昭37・8・21）。

イ× 提供金額のわずかな不足であれば，有効な弁済とみられる場合がある。

弁済は，債務の本旨に従って行われなければならず，金銭債務であれば，債権額全額の弁済でなければ有効な弁済とはならないのが原則である。

ただ，事情によっては，**提供された金額がわずかに不足するという場合に，信義則に照らして有効な弁済と判断される余地はありうる**（最判昭35・12・15）。たとえば，売買代金を供託したが，利息の期間計算を間違って利息額がわずかに少なかったなどという場合，債務の本旨に従った履行がなされていないとして債権者が契約を解除するのは信義に反する。

ウ× 受領拒絶の場合は，翻意すれば直ちに給付完了できる準備があれば足りる。

まず，債権者があらかじめ弁済の受領を拒んでいるときは，弁済の提供の程度は**口頭の提供**で足りる（493条但書）。→**必修問題A**

ただその場合も，債権者が翻意して受領しようとすれば，直ちに現実に提供できるような準備をしておかなければならない。ただ，それは「直ちに提供できる準備」であるから，**必ずしも現金を手元に用意しておく必要はない**。たとえば銀行との融資契約があることなどでもよい（大判大7・12・4）。

エ× 債権者の受領拒絶の意思が明確な場合には，口頭の提供も不要である。

債権者が契約の存在を否定しているような場合には，口頭の提供を行っても意味がない。そのような場合には，口頭の提供を行わなくても，債務者は債務不履行の責任を免れる（最大判昭32・6・5）。→**No.1選択肢2**

オ○ 定期預金の本人詐称者に貸付けて相殺した場合も478条の類推適用が可能。

妥当である。本肢では，金融機関Aが相当の注意を尽くして本人確認をして，本人を詐称するCを真実の預金者Bと誤認し，Bの定期預金を担保にCに貸付を行った。その後，金融機関Aは定期預金の満期後にCがBでないこ

とに気づいたが，Cが返済しないので，Cへの貸金とBの定期預金を相殺したというものである。そこで，このような相殺は許されるか。もし許されるとすれば，その根拠条文は何かが問題になった。

判例は，「金融機関として負担すべき相当の注意義務を尽くしたと認められるときには，478条の規定を類推適用し，第三者に対する貸金債権と担保に供された定期預金債権との相殺をもって真実の預金者に対抗することができる」とする（最判昭59・2・23）。つまり，**相殺は許され，その根拠条文は478条の類推適用である**とする。

ただ，478条は，「受領権者の外観を有する者に対する弁済」の規定であり，本肢のように，「定期預金を担保に貸付をして相殺する」などという事例に関する規定ではない。しかし，判例は，相当の注意を尽くして本人確認していれば，その後本人ではないことがわかっても，478条の規定の類推適用により相殺が認められるという。弁済と相殺ではジャンルが違うようにも思えるが，とにかく先に結論ありきで，あとは「それっぽい根拠条文を探す」という判例の手法である。

なお，この判例は，相殺の担保的機能を重視したものであり，平成21年度の国家Ⅱ種試験でも，1問丸ごと本判例を素材とした問題が出題されているので要注意の判例といえる。

以上から，妥当なものは**オ**のみであり，正答は**2**である。

→問題はP.146

No.5 の解説　供託

供託とは，受領拒絶などの債権者側の事情によって債務者が弁済できない場合に，**弁済の目的物を供託所**（法務局の中に置かれている）**に預かってもらう制度**であり，これを行うと債務は消滅する（あとは，債権者が供託所に目的物を取りに行けばよい）。

1 ✕ 債務者による供託の通知がなくても供託は無効にはならない。

民法は，債務者が供託を行った場合には，その旨を債権者に通知しなければならないと規定している（495条3項）。ただ，供託の手続きにおいては供託所から被供託者に供託通知書が発送され，被供託者はこの通知書だけで還付請求ができるとされているので，事実上この義務は有名無実化している。そのため債務者による通知がなくても供託は無効にはならないと解されている（最判昭29・2・11）。

2 ✕ 債権者があらかじめ受領しないことが明確であれば，有効に供託できる。

債権者が弁済を受領しない意思が明らかである場合には，口頭の提供を行っても無意味である。したがって，これを経なくても供託は有効となる（大判大11・10・25）。

3 ✕ 供託により質権や抵当権が消滅した場合は，供託物取戻権もまた消滅する。

供託によって債務は消滅するので，その債務に質権や抵当権が付されていた場合には，それらもまた消滅する（**担保物権の付従性**）。したがって，そ

の場合に取戻しを認めると，担保付の債権が無担保債権として復活すること
になり，債権者を不当に害することになる。そのため，法は，**質権や抵当権
が消滅した場合には取戻権もまた消滅する**とする（496条2項）。

4 ◎ **債務の一部ずつの弁済供託が債務額全額に達したときは有効な供託となる。**

妥当である。合計すれば債務全額に達しているという場合には，債権者と
しては債権の満足が得られるので，このような供託をあえて無効とする必要
はない（最判昭46・9・21）。

5 ✕ **取戻請求権の消滅時効は，免責を受ける必要が消滅した時から進行する。**

供託者には，債権者が供託を受諾するなど，一定の事由が生じない間はこ
れを取り戻すことが認められている。ただ，この権利もいつまでも行使しな
いでいると，時効によって消滅してしまう。問題は，その起算点である。一
つ事例で考えてみよう。

賃料の値上げについて紛争が生じ，従来の賃料を供託した賃借人甲と，そ
れでは不足だとする賃貸人乙との間に長い紛争が続いたとする。後日，賃貸
借契約を解除する代わりに現在までの賃料を放棄するという裁判上の和解が
成立したので，賃借人甲が供託所に供託金を取り戻しに行ったところ，「す
でに供託から時間が経過しており時効消滅している」というのでは，あまり
に甲に酷である。このような場合，時効の起算点は，供託した時というより
もむしろ裁判上の和解が成立して**供託を維持する必要がなくなった時**であろ
う。なぜなら，和解協議が続いている間は，和解内容がどうなるかわからな
いので，供託金を取り戻すことは現実には困難だからである。そこで，判例
は，これを「供託者が免責の効果を受ける必要が消滅した時」としている
（最大判昭45・7・15）。

1 ✕ 時効によって消滅した債権を自働債権として相殺することができる。

　　時効によって債権が消滅した場合でも，その債権が消滅前にすでに相殺できる状態になっていれば，債権者は時効消滅した債権を用いて相手方に対する自己の債務と相殺することができる（508条）。→No.2 選択肢4

2 ✕ 抗弁権の付着している債権を受働債権として相殺することは可能である。

　　抗弁権の付着した債権とは，債権者の履行請求に対して債務者が**履行を拒絶できるなんらかの事由（抗弁）を有している債権**のことである。そして，「受働債権に抗弁権が付着している」とは，Bの支払請求に対してAがこれを拒絶できる主張をもっているということである。この場合，抗弁を主張するかどうかはAの自由であるから，Aは抗弁を主張せずに両債権を相殺することができる。相殺すれば，AはBの債権（受働債権）について相殺した額の限度で支払いを済ませたことになる。

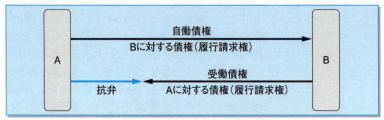

　● 「抗弁権が付いている場合の相殺の可否」の処理方法

　　この問題は理論で考えていると混乱しやすいので，わからなければ実際にA，B両者に支払いをさせてみればよい。原始的だが，これが一番確実な方法である。なぜなら，相殺とは，相殺者Aが相手方Bから弁済として受け取ったお金を再度Bに弁済として戻すという，通常の弁済方法にかかる手間を省くものにすぎないからである。

　　これを上図の例で考えてみよう。結果は次のようになる。

　　まず，AはBから債務を支払ってもらうことができるので，お金はAに渡る。そこで，Aはそのお金を自己のBに対する債務の弁済としてBに渡すことができる。AはBの請求に対して支払いを拒絶する事由（抗弁）を有しているが，それは権利であって義務ではないから，Aはその事由（抗弁）を主張せずに支払ってもよい。そうなると，お金は結局Bの元に戻る。これを最初からお金を動かさずに意思表示だけで済ませようというのが相殺の制度であるから，本肢の場合には相殺は可能である。

3 ◎ 悪意による不法行為の損害賠償債権を受働債権とする相殺は認められない。

　　妥当である。被害者保護の観点から，**悪意による不法行為等に基づく損害賠償請求権を受働債権とする相殺は認められない**（509条）。

　　一方，**不法行為等債権を自働債権とする相殺は認められる**。被害者自身が，その有する損害賠償請求権を使って相殺を望むのであれば，これを禁止

する理由はないからである（最判昭42・11・30参照）。**→No.2選択肢5**

4 ✕ **相殺の意思表示は相殺適状時にさかのぼってその効力を生ずる。**

　　これは，相殺の意思表示の到達時点ではなく，相殺に適した状態になった時点で両債権が消滅したものとして扱うという意味である（506条2項）。

→No.2選択肢3

5 ✕ **差押禁止債権を自働債権とする相殺は認められる。**

　　たとえば，差押禁止債権である生活保護受給権は，受給権者の生存確保のために差押えが禁止されている（生活保護法58条）。したがって，これを受働債権として相殺することは，相殺される者の生存を脅かすことになるので認められない。

　　しかし，受給権者が自ら相殺することは，この趣旨に反しないので認められる（510条）。

⚡ **No.7 の解説**　相殺　　　　　　　　　　　　　　　　　　　　　→問題はP.147

1 ✕ **相殺禁止の意思表示は，善意・無重過失の第三者には対抗できない。**

　　債権は自由に譲渡できるのが原則であることにかんがみれば（466条1項本文），**譲受人にいちいち相殺禁止特約の有無についての調査義務を課すのは不合理**である。したがって，善意・無重過失の譲受人には特約の効力を主張できないとして，譲受人を保護しておく必要がある。**→No.2選択肢2**

2 ✕ **相殺の意思表示は相殺適状時にさかのぼってその効力を生ずる。**

　　相殺の要件をすべて満たした場合には（相殺適状），当事者は両債権がすでに決済されたものと考えるのが通常であることなどから，**両債権は相殺適状時に消滅**したものとして扱われる（506条2項）。**→No.2選択肢3**

3 ✕ **時効によって消滅した債権を自働債権として相殺することができる。**

　　相殺適状時に自動的に**簡易に決済**されたものと考える**当事者の意思ないし信頼を保護**しようとする趣旨である（508条）。**→No.2選択肢4**

4 ◎ **悪意の不法行為による損害賠償債権を受働債権とする相殺は認められない。**

　　妥当である。治療費などを現実に必要としている**被害者の保護**を図るために，加害者（損害賠償債権の債務者）からの相殺は禁止されている（509条柱書本文，1号）。**→No.2選択肢5**

5 ✕ **差押後に取得した債権を自働債権として相殺しても差押債権者に対抗不可。**

　　差押えとは処分禁止（支払いや譲渡などができない）という意味である。そして，処分が禁止された後に取得した債権で相殺ができるとすれば，処分禁止の趣旨は潜脱されてしまう。そのため，差押え後に取得した債権で相殺しても，差押債権者には対抗できないとされている（511条1項前段）。これが原則であり，本肢は，この原則で誤りと判断すればよい。

　　なお，たとえば，Aから頼まれて，AのBに対する借金の保証人になったCがAに借金していたとして，その後に，主債務者Aが期限に弁済しないので，保証人CがAに代わって債権者Bに弁済したとする。その場合，CはA

に対して求償権を取得することになるが，その前にAの債権者DがA→Cの債権を差し押さえた場合，Cの求償権は差押え後に取得されたものとなる。しかし，Cとしては，「万が一，保証債務の履行という事態になった場合でも，自分（C）が主債務者（A）に負っている借金と相殺すればよい」と思っていたはずであり，そのような期待は保護に値する。そこで，法は，差押え後に取得した債権が**差押え前の原因に基づいて生じたものであるときは，相殺をもって差押債権者に対抗できる**としている（同条2項本文）。ただし，これはあくまで例外事例であり，本肢は，上記の原則に基づいて誤りとすればよい。

No.8 の解説　相殺

ア✕ **反対債権を有する連帯債務者の相殺は，他の連帯債務者にも効力を及ぼす。**

弁済またはそれと同視できる事由は他の連帯債務者にも効力を及ぼす（**絶対効**）。すなわち，連帯債務は相殺額においてすべての連帯債務者の利益のために消滅する（439条1項）。この場合は，**反対債権で弁済したのと同じことだから**である。

イ◯ **相殺適状にあるとは，両債権の弁済期が現実に到来していることを要する。**

妥当である。本肢では何が問題かというと，「自働債権はすでに弁済期が到来している（払ってもらえる），しかし受働債権はまだ弁済期が先である（弁済期までは払わなくてよい）」という場合に，相殺の要件である「**相殺適状になったというためには，受働債権はまだ払わなくてよいかもしれないが，それでもやはり，きちんと期限の利益を放棄して両債権が弁済期にある状態にしておくべきだ**」ということである（最判平25・2・28）。

ウ✕ **使用者は，不法行為債権と賃金債権を相殺することはできない。**

使用者が賃金債権を受働債権として相殺すると，労働者は賃金を現実に得られないことになる。しかし，**労働者にとって賃金はもっとも重要な生活の糧であり，それが現実に得られないと生存を脅かされるおそれがある**。そのため，判例は，労働者の不法行為に基づく損害賠償債権と賃金を相殺することは許されないとしている（最大判昭36・5・31）。

使用者は賃金を全額支払ったうえで（**賃金の全額払いの原則**，労基法24条1項本文），損害賠償については別途請求すべきことになる。

エ✕ **自働債権と受働債権の弁済期にかかわらず，相殺適状に達すれば相殺可能。**

Aが差し押さえる前に，すでにCがBに対する債権（反対債権）を取得していたということは，Cは将来的にその債権でB→Cの債権を相殺して**簡易決済しようという期待**を有していたはずである。そのような期待は保護に値することから，両債権の弁済期の先後にかかわらず，Cは，その後にB→Cの債権を差し押さえたAに，相殺をもって対抗できるとするのが判例である（最大判昭45・6・24）。そのような期待は，弁済期の先後で左右されるものではないからである。

154

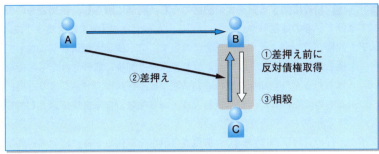

以上から，妥当なものは**イ**のみであり，正答は**2**である。

正答 No.4=**2** No.5=**4** No.6=**3** No.7=**4** No.8=**2**

No.9 相殺に関するア～オの記述のうち，判例に照らし，妥当なもののみをすべて挙げているのはどれか。　　　　　【国家総合職・平成28年度】

ア：債権が差し押さえられた場合において，第三債務者が債務者に対して反対債権を有していたときは，当該反対債権が差押後に取得されたものでないことはもちろん，当該反対債権の弁済期が被差押債権の弁済期よりも前に到来するものでなければ，第三債務者は，当該反対債権を自働債権として被差押債権と相殺することができない。

イ：銀行の貸付債権について，債務者の信用を悪化させる一定の客観的事情が発生した場合には，債務者のために存する当該貸付金の期限の利益を喪失させ，当該債務者の預金等の債権につき銀行において期限の利益を放棄し直ちに相殺適状を生じさせる旨の合意は，当該預金等の債権を差し押さえた債権者に対しては，当該貸付債権の本来の弁済期が当該預金等の債権の弁済期より前に到来する場合に限り，有効である。

ウ：受働債権の債務者がいつでも期限の利益を放棄できることを理由に自働債権と相殺適状にあると解することは，当該債務者がすでに享受した期限の利益を自ら遡及的に消滅させることとなって相当でないから，すでに弁済期にある自働債権と弁済期の定めのある受働債権とが相殺適状にあるというためには，受働債権につき，期限の利益を放棄することができるというだけでなく，期限の利益の放棄または喪失等により，その弁済期が現実に到来していることが必要である。

エ：当事者の相殺に対する期待を保護するという民法第508条の趣旨に照らし，時効によって消滅した債権を自働債権とする相殺をするためには，消滅時効が援用された自働債権は，その消滅時効期間が経過する以前に受働債権と相殺適状であったことが必要である。

オ：双方の過失に起因する同一の交通事故によって生じた物的損害に基づく損害賠償債権相互間においては，人的損害とは異なり，被害者に現実の弁済を受けさせる必要があると解すべき合理的理由はなく，また，事故の性質上，損害賠償債権の相殺を許さないことによって誘発を防止することも期待できないから，相殺が認められる。

1　ア
2　オ
3　ア，イ
4　ウ，エ
5　ウ，エ，オ

実戦問題 3 の解説

No.9 の解説 相殺 →問題はP.156

ア ✕ **自働債権と受働債権の弁済期にかかわらず，相殺適状に達すれば相殺可能。**

判例は，自働債権と受働債権の弁済期の前後を問わず，相殺適状に達すれば，差押後でもこれを自働債権として相殺できるとする（最大判昭45・6・24）。

なお，本肢の「当該反対債権が差押後に取得されたものでないことはもちろん」とは，**第三債務者が差押えによって支払いを差し止められた場合，その後に取得した反対債権を自働債権として相殺しても差押債権者には対抗できない**という意味である（最判昭45・6・24，511条1項，ただし差押え前の原因に基づいて生じた債権である場合を除く，同2項本文）。

これは，たとえば，第三債務者Cが債務者Aに負っている債務について，Aの債権者Bがこれを差し押さえたとする。ところが，Cが，Aに債権を有しているDからその債権を譲り受け，これを用いてCのAに対する債務と相殺する旨を主張した。では，これは許されるか。判例の答えは否である。

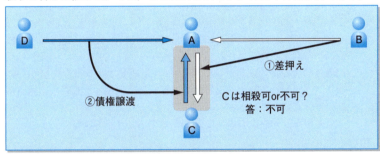

これを認めると，①Bの差押えが無意味になること，②差押えを受けたというAの信用不安に乗じてCが「D→A」の債権を安く買いたたき，これを使ってAに対する債務と相殺すれば，CはBの差押えを「安価で弁済できる絶好の機会」として利用できるという不合理な結果をもたらしかねないからである。

イ ✕ **銀行の相殺予約特約は，貸付債権と預金債権の弁済期の前後を問わず有効。**

判例は，債務者に信用を悪化させる一定の客観的事情が発生した場合に，債権者（銀行）の貸付金債権について期限の利益を喪失させ，債務者の銀行に対する預金等の債権については銀行が期限の利益を放棄し，直ちに相殺適状を生ぜしめる旨の合意（**相殺予約特約**）は，契約自由の原則上有効であるとして，この合意は差押債権者に対する関係においても効力を有するとする（最大判昭45・6・24）。すなわち，貸付債権の本来の弁済期が当該預金等の債権の弁済期より前に到来するか否かを問わない。本肢はこの点が誤り。

ウ ○ **相殺適状にあるというためには，現実に弁済期が到来していることを要する。**

妥当である。判例は,「既に弁済期にある自働債権と弁済期の定めのある受働債権とが相殺適状にあるというためには,受働債権につき,期限の利益を放棄することができるというだけではなく,**期限の利益の放棄又は喪失等により,その弁済期が現実に到来していることを要する**」とする(最判平25・2・28)。→No.8イ

エ⚪ 時効消滅前に相殺適状にあれば,その債権を自働債権として相殺できる。

妥当である(最判平25・2・28)。→No.2選択肢4

オ⚪ 同一の過失で生じた物的損害の賠償債権相互間での相殺は認められる。

不法行為に基づく損害賠償債権については,現実に賠償を行わせて被害者を救済するという立場から,加害者による相殺は認められていない(509条)。そして判例は,対立する両債権がともに不法行為によって生じた場合にも相殺を認めない(大判昭3・10・13)。

このことは,両債権が同一の交通事故から生じた物的損害に基づく損害賠償債権の場合にも同様である(最判昭49・6・28)。

ただし,これは典型的な不法行為,すなわち悪意による不法行為(509条1号)や人の生命身体を侵害する不法行為(同条2号)に妥当することで,過失による不法行為の場合には妥当しない。そのため,過失の場合には例外的に相殺禁止から除外されている。

過失によるとの限定がない場合には,「重要ポイント3(2)③」にあるとおり,不法行為に基づく損害賠償債権を受働債権とする相殺は認められないとして考えておけばよい。

以上から,妥当なものは**ウ**と**エ**と**オ**であり,正答は**5**である。

第2章
債権各論

試験別出題傾向と対策

頻出度	試験名 / テーマ	国家総合職（国家Ⅰ種）					国家一般職（国家Ⅱ種）					国家専門職（国税専門官）				
	年度	18|20	21|23	24|26	27|29	30|2	18|20	21|23	24|26	27|29	30|2	18|20	21|23	24|26	27|29	30|2
	出題数	7	11	9	10	8	8	11	6	6	6	3	1	3	4	2
B	⑧契約総論	1	3	4	2	2	1	3	1	1	1				1	
A	⑨贈与・売買		3		2		2	1	1	1		2		1	1	
A	⑩消費貸借・賃貸借	1		1	1		2	2	1	1	2			1	1	
B	⑪その他の典型契約	2	1		1	2		1	1	1	1			1		2
C	⑫債権の総合問題	1	1				1	2								
C	⑬事務管理・不当利得	1	1	1	1			1		1						
A	⑭不法行為	1	2	3	3	2	1	2	1	1	1	1	1		1	

　債権各論は，出題数，出題テーマともに増加傾向にあり，民法の中で最も注目度の高い分野である。特に，ここ数年は解除や組合などの問題の増加が目立つ。また，従来の頻出テーマからも，新たな問題点を素材としたものが登場している点は注目される。不法行為法で蓄積された過失相殺の判例などはその典型例であるが，このようなテーマが頻繁に素材として取り上げられているので，実際に問題に当たって最新の傾向を把握しておきたい。

● **国家総合職（法律）**

　毎年2～3問がこの分野から出題される。知識問題と論理問題を適宜組み合わせ，また形式的にも単純正誤問題と新形式の問題を混在させて，多角的・総合的な理解のレベルを試そうとする傾向が見られる。また，問題形式の多様化も進んでおり，各論でも対話形式での正誤問題や，妥当なものの組合せなどが多く登場している。国家総合職では，特に不法行為分野からの出題が多いので，判例を中心に不法行為の知識を確実にしておきたい。

● **国家一般職**

　出題は，従来からの頻出箇所である売買，賃貸借，不法行為の3つに加え，近年は契約総論，特に解除からの問題も目立つようになっている。出題形式は，その大半が「妥当なものの組合せ」問題で，比較的解きやすいものが多い。国家一般職では，一時，長文化などで難化が指摘されていた時期もあったが，ここ数年は，テーマの選択，要求されている知識のいずれをとっても基礎力重視の傾向に変わってきている。ただ，各論部分は出題範囲が広いので，必要な知識の量も多く，他の分野以上に何度も問題を繰り返して知識を固めておくことが重要であろう。

	地方上級 （全国型）					地方上級 （特別区）					市役所 （C日程）					
	18 ～ 20	21 ～ 23	24 ～ 26	27 ～ 29	30 ～ 2	18 ～ 20	21 ～ 23	24 ～ 26	27 ～ 29	30 ～ 2	18 ～ 20	21 ～ 23	24 ～ 26	27 ～ 28	30 ～ 元	
	3	4	3	3	2	1	6	6	6	6	2	4	3	2	1	
		1	1	1		1	1	1	1	1				1		テーマ8
	1		1	1	1		2	1	2	1		1	1			テーマ9
	1			1			1	1	1	1	1	1	1		1	テーマ10
		1					1	1			1	1				テーマ11
																テーマ12
		2					2		2							テーマ13
	1		1		1		2	1	1			1	1	1		テーマ14

● 国家専門職（国税専門官）

　例年1問がこの分野から出題されている。従来は，「契約一般」などという包括的なテーマでの出題が多かったが，ここ数年は，他の試験と同様に，売買など特定のテーマからの出題に変わってきている。出題のテーマはポピュラーなものに限られており，素材も大半が基礎的な知識の範囲で選択されているので，過去問をていねいに潰しておけば十分である。

● 地方上級（全国型）

　出題は，契約総論や賃貸借，不法行為といった債権各論の頻出箇所に集中する傾向がみられる。細かなテーマは選択されておらず，内容的にも基礎的な知識を試すものが大半を占める。その意味で，出題箇所の絞り込みが重要であり，ポイントを絞って知識を固めていくという方法が効果的であろう。

● 地方上級（特別区）

　賃貸借や不法行為などの債権各論の重要テーマからの出題が多い。ただ，他の試験では出題数が少ない事務管理・不当利得での出題が多い点は注意する必要がある。出題箇所が特定部分に集中する傾向があるので，出題された箇所は，周辺知識を含めて特に念入りに知識を整理しておきたい。

● 市役所

　ほぼ全体から出題されているが，出題箇所はいわゆる頻出テーマに限られている。細かな部分は問われていないので，まずは賃貸借，不法行為などの分野で知識を固めて，それ以外は時間の許す範囲で重要テーマをまとめておくようにしたい。

契約総論

┌ 必修問題 ┐

　民法に規定する契約の解除に関する記述として，通説に照らして，妥当なのはどれか。　　　　　　　　　　【地方上級（特別区）・平成30年度改題】

1　契約または法律の規定により当事者の一方が<u>解除権</u>を有するときは，その解除は，相手方に対する意思表示によってするが，<u>当該意思表示は，任意に撤回することができる。</u>

2　当事者の一方がその債務を履行しない場合において，相手方は，相当の期間を定めてその履行の催告をすることで契約を解除することができるが，<u>期間を明示しない催告は，催告後相当期間を経過しても解除権は発生しない。</u>

3　契約の性質により，<u>特定の日時に履行をしなければ目的を達することができない契約</u>において，当事者の一方が履行をしないでその時期を経過したときは，相手方は，催告をすることなく，<u>直ちにその契約を解除することができる。</u>

4　<u>履行の全部または一部が不能となったときは，その債務の不履行が債務者の責めに帰することができない事由によるものであるときは，債権者は，契約の解除をすることができない。</u>

5　当事者の一方が解除権を行使したときは，契約の効力を遡及的に消滅させ，各当事者は相手方を原状に復させる義務を負うが，<u>相手方の債務不履行を理由に契約を解除した者は，相手方に対して</u>**損害賠償**<u>を請求することができない。</u>

難易度　＊

必修問題の解説

　契約総論では，同時履行の抗弁権と契約の解除が主な出題テーマとなっている。このうち，出題頻度が最も高いのは契約の解除であるが，同時履行の抗弁権も契約総論での出題とともに他の章の問題で選択肢の一つとして出題されることが多いので，制度の概要や基礎部分の知識について正確に把握しておきたい。

1 ✗ **解除の意思表示は，これを任意に撤回することはできない。**

　　　　前半は正しい（540条1項）。しかし，**任意の撤回は，相手に不測の損害を被らせる**おそれがあるため認められておらず，後半は誤り（同条2項）。

　　　　たとえば，BがAに商品を納入する契約で，原料の入手困難で生産が遅れ

てBに商品が届かず，Aが履行遅滞を理由に催告して解除したとする。その後に生産者から商品が納入されたが，商品の行き場がなくBが困っていたところ，新たな買い手Cが見つかり，売買契約を結んだ。ところが，その直後にAが解除を撤回したら，Bはさらに商品を調達しなければならず，窮地に陥ってしまう。このような事態を避けるために，撤回は認められていない。

2✕ 催告に期間の明示がない場合は，相当期間経過時から解除が認められる。

　　相手が債務を履行しない場合，その相手が履行期を間違えているなどのこともあるので，**解除の前に相当期間を定めて催告することが求められている**（541条本文）。

　　そして，この場合の**相当期間**は，相手が履行期に気づいて（あるいは意を翻して）直ちに**履行するために必要な期間**であるから，催告に期間の明示がなくても相当期間が経過すれば解除は可能である（大判昭 2・2・2）。

3◎ 定期行為では，履行がないまま時期を過ぎれば催告なしに解除できる。

　　妥当である。本肢のように，特定の日時または一定の期間内に履行をしなければ契約をした目的を達することができないものを**定期行為**という（542条 1 項 4 号）。「結婚式当日に花束を式場に届けてほしい」と花屋に依頼する契約はその一例である。この場合，花屋が 1 日遅れて届けても契約の目的は達せられない。そのため，定期行為では，**その日時または期間内に履行がなければ，債権者は催告なしに解除ができる**とされている。

4✕ 履行が不能になれば，債務者の帰責事由の有無にかかわらず解除ができる。

　　履行不能（などの債務不履行）において，**債権者が解除するには債務者の帰責事由は必要でない**（542条 1 項 1 号，2 項 1 号）。帰責事由の存否について当事者に争いがあるような場合，債権者はいつまでたっても解除ができず，別の業者からの調達ができないなどの不都合があるからである。

5✕ 債務不履行による解除で債務者に帰責事由があれば，損害賠償請求ができる。

　　前半については，解除がなされると契約は結ばれなかったことになるので（**遡及的消滅**），当事者に**原状回復義務**が生ずる（545条 1 項本文）。

　　そして，債務不履行が債務者の責めに帰すべき事由（**帰責事由**）によるものである場合には，**債権者は解除してもなお損害賠償請求ができる**（同条 4 項，415条 1 項）。

正答 3

FOCUS

　　契約総論は契約の通則を定めた部分である。この部分にはさまざまな論点があるが，出題の対象とされるものとそうでないものの区別がはっきりしているのが特徴である。論点相互間の有機的関連が薄いので，重要部分に的を絞って知識を整理しておいてもかまわない。

重要ポイント 1 **契約の成立**

①申込者が申込みを発信した後，その到達前に死亡した場合において，そのことを相手方が承諾の通知を発するまでに知ったときは，その申込みが相手方に到達した場合でも申込みとしての効力を生じない。

②申込みに承諾期間が定められていない場合でも，申込者は，承諾の通知を受けるのに相当な期間は申込みを撤回できない。

③申込みに承諾期間が定められている場合，承諾の通知はその期間内に相手方に到達しなければならない。

　　その期間を経過すると，申込みは当然に失効する。

④申込みに承諾期間が定められていなかった場合でも，取引社会の一般通念に照らして相当な期間を経過した後は，もはや承諾はできない。

⑤承諾の内容は，申込みの内容と一致していなければならない。

　　売買価格を変更してなされた応諾は，申込みの拒絶とともに新たな申込みとなる。

重要ポイント 2 **同時履行の抗弁権**

①同時履行の抗弁権は，たとえば，代金の支払いと同時でなければ商品を引き渡さない，あるいは商品と引換えでなければ代金を支払わないと主張できる権利である。

②同時履行の抗弁権は，履行に関する当事者間の公平を図るために認められた権利であるから，これを主張できるのは双務契約の当事者間だけに限られる。

　　この権利は，第三者に対しては主張できない。これは，だれに対してもその主張が認められるところの留置権と異なる点である。

③相手方が債務の一部について履行の提供をした場合，その部分については同時履行の抗弁権を主張できない。

④債務の支払いを担保するために担保物権が設定されている場合，債務の支払いと担保物の返還とは同時履行の関係に立たない。

⑤建物賃貸借契約終了に際しての賃借人の建物引渡債務と賃貸人の敷金返還債務とは同時履行の関係に立たない。

⑥建物買取請求権が行使された場合，土地の賃借人（建物所有者）は土地の賃貸人から買取代金の提供があるまでは，土地の明渡しを拒絶できる。

⑦双務契約の当事者の一方は，相手方から履行の提供があっても，その提供が継続されない限り，同時履行の抗弁権を行使することができる。

⑧売買契約において，代金債権が第三者に譲渡された場合でも，買主は，売主による目的物の引渡しと同時でなければ代金を支払わない旨の同時履行の抗弁権を譲受人に対して主張できる。

重要ポイント 3 ▶ 契約の解除

(1) 解除の意義・要件

①債務者が契約を履行しない場合，債権者は相当の期間を定めて履行を催告することができ，その期間内に履行がない場合には契約を解除できる。

法律の規定によって認められたこのような解除権を**法定解除権**という。

②当事者の合意で解除権をあらかじめ留保することも認められる。これを**約定解除**という。

③契約の拘束を続けることが信義則に照らして妥当でないと判断できるような事情の変更があった場合には，契約の解除が認められる。

④催告に期間が定められていなかった場合にも，履行を完了するのに必要な期間が経過すれば，債権者は解除することが可能である。

⑤自己の債務について履行期日に履行の提供を行わなかった者は，相手方もまた履行の提供を行わなかったとしても，解除権行使の前提としての催告を行うことは認められない。

⑥履行不能を理由とする解除において，履行が不能か否かを判断する基準時は履行期であるが，履行不能が履行期前に明らかになれば，その時点で解除ができる。

⑦契約当事者の一方が数人いる場合には，解除の意思表示はその全員からまたはその全員に対して行わなければならない。これを**解除権不可分の原則**または**解除権の不可分性**という。

⑧遺産分割協議を解除することは認められない。

これは，遺産分割協議の法的安定性を図るためである。

⑨形式上は複数の契約とされているものであっても，それらの目的とするところが相互に密接に関連づけられていて，いずれか一方の履行だけでは契約を締結した目的が達成されない場合には，債権者は一方の契約上の債務不履行を理由に，他方の契約もあわせて解除できる。

(2) 解除の効果

①売買契約が解除された場合，契約は遡及的に失効し（直接効果説，判例・通説），当事者間に原状回復義務が発生する。

②双方の原状回復義務は同時履行の関係に立つ。

債務不履行により解除された当事者も，相手方（解除者）の原状回復と同時に履行することを主張できる。

③他人の物を売買の目的とした場合において，売主がその物の所有権を買主に移転できないために売買契約が解除された場合でも，買主はその物の使用利益を売主に返還しなければならない。

④不動産売買契約が解除された場合において，解除前に買主から不動産を取得した第三者は，登記を備えていなければ，解除者に対して自己の所有権取得を主張できない。

⑤土地の賃貸人と賃借人が賃貸借契約を合意解除しても，土地の賃貸人は解除の効果を建物の賃借人に対抗できない。

No.1 次の各事例のうち，同時履行の抗弁権が認められるものをすべて選んだ場合，その組合せとして妥当なものはどれか。ただし争いがある場合は判例による。

【市役所・平成28年度】

ア：Bの賃貸住宅の契約の期間が満了し，AはBに敷金を返さず退去を求めた。

イ：BはAに対して500万円の債務を抱えているが，Aは受取証書を準備せずBに支払うよう求めた。

ウ：6月1日に商品を引き渡し，6月5日に支払う契約をしたが，6月6日になっても引き渡しが遅れており，支払いをせず商品の引き渡しを要求した。

エ：新聞料金を，月末に払う契約をしたが5月末になっても支払いをせず，6月分の新聞を要求した。

オ：AはCと宝石の購入契約をしたが，商品引き渡しの前に債権者がCからBに変わり，CがAにその通知をした後にBがAに代金を要求した。

1 ア，ウ

2 ア，エ

3 イ，ウ

4 イ，オ

5 エ，オ

No.2 同時履行の抗弁権に関する次の記述のうち，妥当なのはどれか。

【国家一般職・平成26年度】

1 双務契約の当事者の一方は，相手方の同時履行の抗弁権を消滅させるためには，常に相手方に対して現実の提供をすることが必要である。

2 双務契約の当事者の一方は，契約の相手方に対して同時履行の抗弁権を行使した場合であっても，契約上の債務の履行期日を徒過すれば債務不履行の責任を負う。

3 双務契約の当事者の一方が契約の相手方に対して訴訟上で債務の履行を請求する場合であっても，その相手方が同時履行の抗弁権を主張したときは，請求が棄却される。

4 同時履行の抗弁権は，留置権と同様，公平の見地から認められる制度であるから，契約当事者以外の第三者に対しても行使することができる。

5 双務契約である売買契約の解除によって発生した原状回復義務につき，売主および買主は，原状回復義務の履行について，互いに同時履行の抗弁権を行使することができる。

No.3 民法に規定する契約の解除に関する記述として，通説に照らして，妥当なのはどれか。　　　　　　　　　【地方上級（特別区）・平成28年度改題】

1　当事者相互の契約によって解除権が留保されている場合の解除を約定解除というが，解除権の行使方法や効果について，法定解除の限定された要件や効果を修正するためにすることは一切できない。

2　定期行為の履行遅滞による解除の場合，催告をすることなく，直ちに契約を解除したものとみなされるため，定期行為について解除しないで本来の給付を請求することはできない。

3　契約の当事者の一方が数人ある場合には，契約の解除は，その全員からまたはその全員に対してのみ，することができ，解除権が当事者のうちの一人について消滅したときは，他の者についても消滅する。

4　解除権が行使されると，解除によって遡及的に契約の効力が失われ，各当事者は相手方を原状に復させる義務を負い，相手方の債務不履行を理由に契約を解除する場合であっても，損害賠償を請求することはできない。

5　解除権を有する者が故意によって契約の目的物を著しく損傷したときは，解除権は消滅するが，加工または改造によってこれを他の種類の物に変えたときは，解除権は消滅しない。

実戦問題 **1** の 解説

No.1 の解説 　同時履行の抗弁権　　　　　　　　　　　　　　　　　　→問題はP.166

ア✕ **賃貸借終了による家屋の明渡しと敷金の返還とは同時履行の関係に立たない。**

　　　敷金は，賃貸借契約成立からその終了と目的物引渡しまでの間に発生した
一切の延滞賃料や損害金などを差し引いて，これらを**清算したうえで返還さ
れる**というものである（622条の2第1項柱書カッコ書き）。すなわち，引渡
しがあって初めて清算ができるのであるから，**引渡しと敷金返還は同時履行
の関係には立たない**。そこで，判例は，両者は一個の双務契約によって生じ
た対価的債務の関係にはないとして同時履行を否定している（最判昭49・
9・2，622条の2第1項1号）。

イ◯ **弁済者は，弁済の際に受取証書の交付と弁済の同時履行を主張できる。**

　　　妥当である。**受取証書**とは，簡単にいえば**領収証**のことであるが，領収証
を貰えなければ，債権者から二重請求された場合に拒絶できないおそれがあ
る。債権者が「支払いは済んでいない」と主張した場合に，払った記憶だけ
では反論の証拠として確実性に欠けるからである。

　　　そのため，**債務者は弁済と受取証書の交付の同時履行を主張できる**とされ
ている（486条）。

ウ◯ **一方が履行期を徒過した場合でも，履行に際しては同時履行を主張できる。**

　　　妥当である。本肢では，「6月1日に商品を引き渡し，6月5日に支払う
契約」，すなわち商品の引渡しが先履行の契約になっている。これはたとえ
ば，買主が6月5日まで現金を用意できないなどの事情がある場合にこのよ
うな契約が行われる。しかし，買主が「支払いをせず商品の引き渡しを要求
した」のは6月6日であるから，買主もすでに現金を用意できる期日に達し
ている。そうであれば，**両者の公平を図る**見地から，同時履行を認めるのが
妥当である。

エ✕ **継続的契約で未払い代金がある場合は，未払い代金の支払いが先である。**

　　　新聞の購読者はすでに期限が過ぎている5月分の新聞料金の支払いを先に
済ませるべきであり，6月分の新聞の提供と5月分の新聞料金の支払いの同
時履行を主張することはできない。仮にこのような主張を認めると，購読者
は6月分の新聞の提供がない限り5月分の新聞料金の支払いをしなくてよい
（債務不履行に陥らない）ことになり，明らかに不合理である。

　　　そのため，判例は，「いわゆる**継続的供給契約において前の給付に対する
代金の支払いがない場合には，これを理由として後の給付を拒絶すること
ができる**」とする（最判昭42・6・29）。

オ✕ **売主として認めていない者から代金を請求されても，支払う義務はない。**

　　　本肢では，売主の地位がCからBに変わり，CがAにその通知をしたとい
うにとどまり，Aの承認はない。売買契約の**当事者の地位**が移転する場合，
それが有効となるためには**契約の両当事者と地位の譲受人の三者の合意が必
要**とされている。したがって，それがないままBがAに代金を請求しても，

AはBに代金を支払う義務はない（539条の2）。

以上から，妥当なものは**イ**と**ウ**であり，正答は**3**である。

⚡ No.2 の解説　同時履行の抗弁権
→問題はP.166

1 ✕　相手方の同時履行の抗弁権を消滅させるには，履行の提供が必要である。

　　双務契約の当事者の一方が履行の提供をすると，相手方の同時履行の抗弁権（533条）はいったんそこで消滅するため，相手方は履行遅滞に陥る。そうなると，損害賠償や契約解除などの効果が履行の提供を行った側に発生することになる。

　　そして，ここで**履行の提供**とは必ずしも現実の提供である必要はなく，①**債権者があらかじめその受領を拒んでいる場合や，②債務の履行について債権者の行為を要するときは**，弁済の準備をしたことを通知してその受領の催告をする，いわゆる**口頭の提供で足りる**（493条但書）。

　　なお，上記で「いったん消滅する」とは，一度履行の提供をすれば，それで相手方の同時履行の抗弁権が完全に消滅するという意味ではない。相手方が履行する意思を固めて，「こちらも提供するのでそちらも提供してほしい」と主張することはなんら差支えない（最判昭34・5・14）。

2 ✕　同時履行の抗弁権を行使すれば，履行期を徒過しても不履行責任を負わない。

　　双務契約の当事者の一方が**同時履行の抗弁権を行使**したとは，たとえば商品の売買契約において，買主が履行期日に「代金を支払うので，引き換えに商品を引き渡してほしい」といったような場合である。この場合，**売主が商品を引き渡さない限り買主は代金を支払う必要はない**。したがって，そのままの状態で履行期を徒過したとしても，買主は債務不履行の責任を負わない（大判大14・10・29）。

3 ✕　訴訟で相手が同時履行の抗弁権を主張した場合，引換給付判決がなされる。

　　同時履行の抗弁権が主張された場合には，当事者の公平性を考慮して，原告と被告がそれぞれ同時に履行することを命ずる**引換給付判決**がなされる（大判明44・12・11）。

4 ✕　同時履行の抗弁権は，留置権と異なり契約の相手方以外には主張できない。

　　留置権は物権であるから，誰に対してもこれを主張できる。一方，同時履行の抗弁権は**「契約当事者間の公平」を図る制度**であるから，これを主張できるのは**契約の相手方に限られる**。

5 ◎　契約解除による双方の原状回復義務については同時履行を主張できる。

　　妥当である（546条，545条1項本文，533条）。双方の原状回復義務は，1個の双務契約に基づいて発生したものであるから，公平の見地から同時履行の抗弁権を認めるのが妥当だからである。

⚡ No.3 の解説　契約の解除

1 ✕　当事者間の約定で，法定解除の要件や効果を修正することができる。

　　約定解除は，その内容が公序良俗（90条）や強行法規に違反しない限り，その効力が認められる。

　　法定解除権は，債務不履行になったときに債権者を保護するものであるが，それ以外の事由については関知していない。また，債務不履行以外の事由で解除を認めることが公序良俗に反することになるわけでもない。したがって，**法定解除の要件や効果を修正する合意も有効**とされている（540条1項は，契約に基づく解除権を認めている）。

　　たとえば，履行遅滞があれば催告しないで解除できる旨の特約をしておくとか，**解除した場合の損害賠償の額をあらかじめ定めておくなどもその一つ**である。

2 ✕　定期行為の履行遅滞による解除では，解除しなくてもかまわない。

　　定期行為では，その日時または期間内に履行がなければ，**債権者は催告なしに解除ができる**（542条1項4号）。**→必修問題選択肢3**

　　ただ，これは権利であって，自動的に解除が擬制されるわけではない。たとえば，結婚式当日に届ける約束の花束が届かなかった場合でも，「せっかくだから記念に飾っておこう」として解除しなくてもかまわない。

3 ◎　契約の解除は，全員からまたはその全員に対してのみ行うことができる。

　　妥当である。いわゆる**解除不可分の原則**である（544条1項）。

　　当事者の一方が数人ある場合に，特定の者にだけ解除の意思表示をすると，「その者については契約は無効となるが，他の者については依然として有効なまま」という**法律関係の錯綜した状態**を招いてしまうことになる。このような**無用な混乱を避けるために**，全員への効果発生が必要とされている。

4 ✕　解除した場合でも，損害賠償請求は可能である。

　　債務不履行の効果として，債務者の帰責事由を要件に損害賠償の請求が認められ（415条），また解除権の行使は損害賠償の請求を妨げないとされる（545条4項）。

　　これらのことは当然のように思われがちだが，ここには法理論上の問題点がある。契約の解除の効果を「契約は一切なかったことにする」つまり，契約は締結されなかったことにするならば（法的には「契約の成立当初にさかのぼって無効になる」と表現する），債務不履行に基づく損害賠償請求権は出てこないのである。なぜなら，債務不履行は契約が有効に存在していることを前提に，その不履行についてのペナルティを規定するものだからである。

　　そこで，両者の整合性を図るために，さまざまな法理論が展開された。ただ，現在では，このような理屈あわせではなく，**事実として損害が生じてい**

る以上，端的にその賠償を認めればよいとする見解が一般的である（通説）。

5 ✕ 解除権者が目的物を加工・改造で他の種類の物に変えれば解除権は消滅する。

　解除権者が解除した場合，当事者には原状回復義務が発生する。したがって，解除権者はいったん受領した目的物を相手に返還しなければならない。そのような物を自ら加工・改造しておきながら解除権の行使を認めることは，**加工・改造品を返還される相手の利益を著しく害する**ことになる。そのような場合に解除を認めることは，信義則に照らしてとうてい許されない（548条本文）。いわば当然の規定である。

⚡ **No.4** **同時履行または同時履行の抗弁権に関する記述として，最高裁判所の判例に照らして，妥当なのはどれか。** 【地方上級（特別区）・平成25年度】

1　売買契約が詐欺を理由として取り消された場合における当事者双方の原状回復義務は，同時履行の関係に立たない。

2　双務契約の当事者の一方は，相手方から履行の提供が一度でもあれば，不受領の不利益を提供の継続という形で相手方に転嫁するのは公平に反するため，相手方の履行の提供が継続しなくても，同時履行の抗弁権を失う。

3　債務の弁済とその債務を担保するための抵当権設定登記の抹消手続とは，前者が後者に対し先履行の関係にあるものではなく，両者は同時履行の関係に立つ。

4　双務契約の当事者の一方が自己の債務の履行をしない意思を明確にした場合には，相手方が自己の債務の弁済の提供をしなくても，当該当事者の一方は，自己の債務の不履行について履行遅滞の責を免れることをえない。

5　家屋の賃貸借終了に伴う賃借人の家屋明渡債務と賃貸人の敷金返還債務とは，賃借人保護が要請されるため，特別の約定のない限り，同時履行の関係に立つ。

No.5 **同時履行の抗弁権に関するア～オの記述のうち，妥当なもののみをすべて挙げているのはどれか。ただし，争いのあるものは判例の見解による。**

【国税専門官・平成27年度】

ア：目的物がAからB，BからCへと転売され，BがAに対して当該目的物の売買契約に基づく金銭債務を履行しない場合，Aは同時履行の抗弁権に基づき，Cからの目的物の引渡請求を拒むことができる。

イ：建物買取請求権を行使したときの代金債務と建物収去土地明渡義務は，同一の双務契約から生じたものではないから，同時履行の関係には立たない。

ウ：家屋の賃貸借終了に伴う賃借人の家屋明渡債務と賃貸人の敷金返還債務とは，特別の約定のある場合を除き，同時履行の関係に立つ。

エ：契約の解除に基づく原状回復義務は，民法第546条により相互に同時履行の関係に立つ。また，契約が取り消されたり無効となる場合において，給付された物を返還する義務が相互に生じるときも，当該義務は同時履行の関係に立つ。

オ：贈与契約は片務契約であるため同時履行の抗弁権は認められないが，負担付贈与は，その性質に反しない限り，双務契約に関する規定が準用されることから，同時履行の抗弁権の規定の適用がある。

1　ア，オ　　　　**2**　イ，ウ　　　　**3**　エ，オ
4　ア，イ，ウ　　　**5**　ウ，エ，オ

⚡ **No.6** **契約の解除に関するア〜オの記述のうち，妥当なもののみをすべて挙げているのはどれか。ただし，争いのあるものは判例の見解による。**

【国家一般職・令和元年度】

ア：当事者の一方が数人ある場合には，契約の解除は，その一人からまたはその一人に対してすることができ，また，解除権が当事者のうちの一人について消滅しても，他の者については消滅しない。

イ：契約または法律の規定により当事者の一方が解除権を有する場合は，その解除は，相手方に対する意思表示によってするが，解除に条件を付けることは認められないことから，当事者の一方がその債務を履行しないときに，履行の催告をすると同時に，相当の期間内に履行しないならば解除する旨の意思表示を行うことはできない。

ウ：解除権の行使について期間の定めがない場合は，相手方は，解除権を有する者に対し，相当の期間を定めて，その期間内に解除するかどうかを確答すべき旨の催告をすることができ，その期間内に解除の通知を受けないときは，解除権は消滅する。

エ：当事者の一方がその解除権を行使した場合は，各当事者は，その相手方を原状に復させる義務を負う。また，解除前の第三者に対しては，原状回復義務を理由としてその権利を害することはできないが，当該第三者が解除原因を知っているときは保護されない。

オ：不動産を目的とする売買契約に基づき買主に移転した所有権が解除によって遡及的に売主に復帰した場合において，売主は，その所有権取得の登記を了しなければ，その契約解除後に買主から不動産を取得した第三者に対し，所有権の取得を対抗することができない。

1 ア，イ
2 ア，エ
3 イ，ウ
4 ウ，オ
5 エ，オ

No.7 民法上の定型約款に関するア~オの記述のうち，妥当なもののみをすべて挙げているのはどれか。　　　　　　　　　　【国家総合職・令和2年度】

ア：定型取引を行うことの合意をした者は，定型約款を契約の内容とする旨の合意をしていなくても，定型約款を準備した者があらかじめその定型約款を契約の内容とする旨を相手方に表示したときは，原則として，定型約款の個別の条項について合意をしたものとみなされる。

イ：定型約款の規定によって合意をしたものとみなされる定型約款の個別の条項であっても，相手方の不作為をもって当該相手方が新たな契約の申込みまたはその承諾の意思表示をしたものとみなす条項その他の法令中の公の秩序に反しない規定の適用による場合に比して相手方の権利を制限しまたは相手方の義務を加重するものは，およそ合意をしなかったものとみなされる。

ウ：定型約款は，その変更が相手方の一般の利益に適合するときであっても，変更する旨および変更後の定型約款の内容ならびにその効力発生時期について，当該効力発生時期が到来するまでに周知されなければ，その変更の効力を生じない。

エ：定型取引を行おうとする定型約款準備者は，相手方からの請求がなくても，定型取引合意の前に，相当な方法でその定型約款の内容を示さなければならない。

オ：定型約款準備者は，一定の場合には，定型約款の変更をすることにより，変更後の定型約款の条項について合意があったものとみなし，個別に相手方と合意をすることなく契約の内容を変更することができ，その際に必要とされる変更後の定型約款の内容等を周知する方法として，インターネットの利用が認められている。

1　ア，ウ

2　ア，オ

3　イ，エ

4　イ，オ

5　ウ，エ

実戦問題 **2** の解説

→問題はP.172

⚡ **No.4 の解説** 同時履行の抗弁権

1 ✕ **詐欺による取消しの場合でも，原状回復義務は同時履行の関係に立つ。**

契約の取消しの効果として，契約は当初から締結されなかったことになる（121条）。そのため，契約当事者は履行として受け取った目的物や代金をそれぞれ契約の相手方に返還しなければならない。そして，この双方の返還義務は同時履行の関係にあるとされる（最判昭47・9・7）。

詐欺をするような者にはペナルティとして同時履行を認めるべきでないという考え方もあるかもしれないが，そのペナルティは，本来損害賠償で追及すべきものである。**目的物と代金双方の同時返還（同時履行）を認めても被欺罔者になんら不利益ではない**。これに対して，詐欺者に先履行を義務づけると，今度は，被欺罔者が「代金を使い果たして残っていない」などとして代金を返却できず，今度は詐欺者のほうが著しく不利になることも考えられる。そのため，判例は両者の同時履行を認める。

2 ✕ **相手方からいったん履行の提供があっても，同時履行の抗弁権は失われない。**

一度相手方が履行の提供をすれば，それで他方当事者の同時履行の抗弁権が消滅するわけではない。相手方が提供をやめてしまった場合には，「こちらも提供するのでそちらも提供してほしい」と主張することはなんら不合理ではない（最判昭34・5・14）。→No.2選択肢1

3 ✕ **債務の弁済と抵当権設定登記の抹消手続とは，前者が先履行の関係に立つ。**

判例は，**債務を弁済するのが先**であり，その後で，当該債務を担保するための抵当権の抹消がなされるべきとする（最判昭57・1・19）。

債権者が抵当権を抹消するのは，弁済によって債務が消滅したからである。この場合，順序としては「返済がなされた→それによって債務が消滅した→そのため抵当権抹消の義務が発生した」となる。

仮に同時履行を認めると，債権者は弁済がなされる以前の段階から抵当権の抹消に向けた準備を始めなければならず，加重な負担になるというのがその理由である。

4 ◎ **相手が履行拒絶の意思が明確であれば，同時履行を要求しても意味がない。**

妥当である。たとえば，ＡＢ間でＢ所有不動産をＡに売却する契約が成立したとする。ところが，Ｂが不当な口実をつけて契約を一方的に解除し，当該不動産を第三者に賃貸してしまった。これが，本肢にいう「当事者の一方が自己の債務の履行をしない意思を明確にした場合」である。そこで，買主Ａから売主Ｂに対して債務不履行責任の追及がなされたが，Ｂは，Ａが売買代金の提供をしていない，つまりＢには同時履行の抗弁権があるので履行遅滞には陥っていないと主張した。

しかし，判例は，このような場合には，「相手方（買主Ａ）が自己の債務の弁済の提供をしなくても，当該当事者の一方（売主Ｂ）は，自己の債務の不履行について履行遅滞の責を免れない」とした（最判昭41・3・22）。仮

第2章 債権各論

に代金をBのもとへ持参してもBが**受領しないことは明白**であるから，提供しても意味がない。そうであれば，**同時履行の抗弁権を認める必要はない。**

5 ✗ **賃貸借終了による家屋の明渡しと敷金の返還とは同時履行の関係に立たない。**

家屋の明渡しが先である（最判昭49・9・2，622条の2第1項1号）。

→No.1 ア

No.5 の解説 | **同時履行の抗弁権** →問題はP.172

ア ✗ **同時履行の抗弁権は，留置権と異なり契約の相手方以外には主張できない。**

AC間には直接の契約関係はないので，AはCに対して同時履行の抗弁権は主張できない。→No.2選択肢4

イ ✗ **建物買取請求権の行使で，代金支払いと建物収去土地明渡しは同時履行。**

建物買取請求権とは，借地契約において，その期間満了に際して地主が更新拒否をしたため借地上の建物を収去しなければならないという場合に，「更新しなければ（地主に）建物を買い取らせる」という権利を認めることで，**建物という大きな財産的価値のあるものの存続を図ろう**（また，間接的に更新を促そう）とするものである（借地借家法13条1項）。

この権利は，相手の承諾を得ることなく一方的に行使できる（このように一方的な意思表示で効果を生じさせる権利を**形成権**という）。そして，この権利が行使されると，土地所有者と買取請求権者との間で**売買契約が成立したのと同じ扱いとなる。**したがって，通常の売買契約と同様に，**建物の引渡し・登記移転と代金支払いとは同時履行の関係に立つ。**

ただ，この場合の売買目的物は建物であるから，基本的には，買取請求権者の同時履行の抗弁権は建物についてのみ主張が可能であり，土地の返還については同時履行の主張はできないはずである。しかし，土地を先に返還して，建物の引渡しだけを拒絶するというのは不可能である。そのため，判例は**土地の引渡しも拒絶できる**とする（大判昭7・1・26，最判昭35・9・20）。

ウ ✗ **賃貸借終了による家屋の明渡しと敷金の返還とは同時履行の関係に立たない。**

家屋の明渡しが先である（最判昭49・9・2，622条の2第1項1号）。

→No.1 ア

エ ○ **契約の無効・取消し，解除のいずれの原状回復義務も同時履行の関係に立つ。**

妥当である。契約の解除について546条，545条1項本文，533条。

→No.2選択肢5

取消しの場合について，最判昭47・9・7。→No.4選択肢1

オ ○ **負担付贈与では，贈与者は負担と贈与の同時履行を主張できる。**

妥当である。**負担付贈与**とは，たとえば「残りの住宅ローンを負担してくれるならあの家を贈与する」など，一定の負担を伴う贈与のことである。この場合，負担は法的には給付の制限であって贈与の対価ではない。しかし，実質的には対価と同様の性質を有している。そのため，負担付贈与には双務契約に関する規定が適用されており（553条），贈与者には，負担と贈与の同

時履行の主張（553条，533条）が認められている。

以上から，妥当なものは**エ**と**オ**であり，正答は**3**である。

⚡ No.6 の解説　契約の解除
→問題はP.173

ア✕ 契約の解除は，全員からまたはその全員に対してのみ行うことができる。

　　法律関係の無用な混乱を避けるため，解除は全員から，または全員に対し
てのみ行うことができる（544条1項）。また，解除権が当事者のうちの一人
について消滅したときは他の者についても消滅するとされる（同条2項）。

→No.3選択肢3

イ✕ 相手を不利に陥れないものであれば，解除に条件を付けることができる。

　　本肢の「契約または法律の規定により当事者の一方が解除権を有する」と
は，前者が**約定解除権**，後者が**法定解除権**のことである。→No.3選択肢1

　　これらは，いずれも一方的意思表示によってすることから（540条1項），
条件に親しまない行為とされている。

　　ただ，その趣旨は，**条件を付けると相手の地位をいちじるしく不安定なも
のにする**という点にあるので，**そのようなものでなければ条件を付すことも
認められる**（通説）。本肢の「当事者の一方が～解除する」との内容は法定
解除権行使の場合と同じものであって（541条本文），相手の地位をいちじる
しく不安定なものにするわけではないので許される。

ウ⚪ 解除権を行使するか否かの催告で相当期間が経過すれば解除権は消滅する。

　　法的安定性を維持する見地から，相当期間経過時の状態（契約はいまだ解
除されていない）で法律関係が確定し，その結果，解除権は消滅する（547
条）。→民法Ⅰテーマ1「制限行為能力者」No.12エ

エ✕ 解除者と解除前に出現した第三者の優劣は，登記の先後で決せられる。

　　本肢は後半が誤り。判例は，第三者が解除原因を知っているか否かにかか
わらず，どちらが**先に登記を済ませるか**（つまりなすべきことを行ったか）
で優劣が決まるとしている（大判大10・5・17）。

→民法Ⅰテーマ11「不動産物権変動」No.4イ

　　なお，前半は正しい（545条1項本文）。

オ⚪ 解除者と解除後に出現した第三者の優劣は，登記の先後で決せられる。

　　妥当である。不動産の所有権が売買契約の解除によって売主に復帰した場
合には，売主はそのことを速やかに登記して，第三者が登記簿上の記載（買
主が所有者であるとの記載）を誤解しないようにしておかなければならな
い。それを怠っている場合，売主は登記なくして第三者に所有権を対抗でき
ない（最判昭35・11・29）。→民法Ⅰテーマ11「不動産物権変動」No.1オ

　　以上から，妥当なものは**ウ**と**オ**であり，正答は**4**である。

　契約は，両当事者が協議して，その合意された内容で締結するのが一般である。しかし，たとえば電力会社との電気供給契約や，パソコンソフトのインストールの可否のように，**事業者側があらかじめ契約のひな形を用意しておいて，「全部に同意すれば契約成立，そうでなければ不成立」として，内容を当事者間で煮詰めるという作業を省略する**ものがある。このような契約形態で事業者側が提示するのが**定型約款**と呼ばれるものである。

　この定型約款は，平成29年の改正民法で初めて成文化されたが，まったく新規の制度というわけではなく，すでに生活の中に頻繁に取り入れられているものを，信義則等の縛りを明らかにして明文化したというものである。したがって，このテーマの問題も，経験上の知識で解けるはずである。実際にやってみよう。

ア◯ 定型取引を合意した者は，約款の個別条項に合意したものとみなされる。

　妥当である（548条の2第1項柱書）。**定型取引**とは，たとえば電力会社との電気の供給契約のように，特定者（電力会社）と不特定多数者（利用者）との間で**契約内容が画一化され**，公平性が担保されるなど**双方に合理的になっているもの**をいう（同柱書カッコ書き）。通常，契約書の裏面などに細かい字でびっしり書かれているのでいちいち読まないことが多いが，定型約款を契約の内容とする旨を相手方に表示した場合に（同柱書2号），「それでよい」といえば，個別の条項について合意をしたものとみなされる。

イ✕ 信義則に照らし，相手方の利益を一方的に害する定型約款の条項は無効。

　「法令中の公の秩序に反しない規定の適用による場合に比して相手方の権利を制限しまたは相手方の義務を加重するもの」がすべて無効というわけではなく，**「信義則に反して相手方の利益を一方的に害すると認められるもの」が無効**とされる（548条の2第2項）ので，本肢は誤り。前半は意味がわかりにくいが，これは消費者契約法10条の条文の引用である。その意味は，たとえば試供品のサンプルを消費者がネットで請求した際に，約款に「継続購入しない旨の電話を消費者がしない（不作為）場合には，継続購入に同意したとみなす」という条項を入れていたなどという場合である。

　意味がわかりにくければ，他の肢の正誤判断で正答を導けばよい。

ウ✕ 相手方の一般の利益に適合するときは，効力発生後に周知してもよい。

　この場合は，効力発生後に周知しても相手の不利益にならないからである（548条の4第1項柱書1号，同3項）。

エ✕ 定型約款準備者は，相手方から請求があった場合に内容を開示すればよい。

　「相手方からの請求がなくても」，ではなく，「合意後，相当の期間内に相手方から請求があった場合には」が正しい（548条の3第1項本文）。

　相手方は，契約締結の場面でも定型約款を逐一読もうとしない場合が多く，また，準備者側に常に事前の内容開示を義務づけるのは煩雑な場合もあ

ることから，法は，**請求があった場合に開示すればよい**としている。

オ◯ 約款の内容を，相手方との合意なしに変更できる場合がある。

妥当である（548条の4第1・2項）。ここで一定の場合というのは，定型約款の変更が相手方の一般の利益に適合するとき（同条第1項柱書1号），また定型約款の変更が契約をした目的に反せず，かつ，変更に係る事情に照らして合理的なものであるとき（同2号）のことである。

以上から，妥当なものは**ア**と**オ**であり，正答は**2**である。

正答 No.4=**4**　No.5=**3**　No.6=**4**　No.7=**2**

必修問題

　AがBに不動産を贈与する契約を締結した場合に関する次の記述のうち，妥当なものはどれか。　　　　　　　　　【地方上級・令和元年度】

1　この不動産が第三者の所有に属する場合，A・B間の契約は他人物贈与となり，無効である。

2　この贈与契約が口頭で締結された場合に，この不動産について，登記がAからBへ移転されたが，引渡しはされていないときは，Aは贈与契約を解除することができる。

3　この贈与契約が口頭で締結された後，AとBがこの贈与契約について書面を作成した場合は，書面による贈与には当たらず，Aは贈与契約を解除することができる。

4　この贈与契約が，BがAを介護するという負担付贈与契約であった場合，Bがまったく介護をしないときでも，Aは贈与契約を解除することができない。

5　この贈与契約が，Aが死んだらBに不動産の所有権を移転するという内容であった場合には，その性質に反しない限り，遺贈に関する規定が準用される。

難易度　＊

必修問題の 解説

1 ✕ 他人物贈与も契約自体は有効で，贈与者は物を受贈者に移す義務を負う。

　契約は，基本的に強行法規や公序良俗（90条）に反しないものであれば，その内容は当事者間で自由に定めることができる。他人物贈与も，これらに反するものではないので，契約としては有効である。

　ただ，他人の所有物であるから，贈与者はそれを取得して受贈者に所有権を移転する契約上の義務を負う。それができなければ，債務不履行責任を問われることになる。

2 ✕ 書面によらない不動産の贈与で移転登記が済めば，もはや解除はできない。

　「贈与契約が口頭で締結された」とは，書面によらない贈与がなされたということである。そして，書面によらない贈与については，履行が終わった

といえる前であれば解除が認められている（550条）。これは，たとえば，「相手の歓心を買おうとして，ついプレゼントすると言ってしまった」など，軽率な贈与から生じる紛争を防止するためである。

しかし，**登記の移転があれば，もはや軽率な判断に基づいたものとはいえない**ので，引渡しの有無を問わず解除は認められない（最判昭40・3・26）。

3 ✗ 口頭の贈与でも，後に書面を作成すれば書面による贈与になり解除できない。

書面によらない贈与の場合に解除が認められるのは，相手の歓心を買うためになされたような「贈与意思が不明確な贈与」について，本当に**贈与する意思があったのかどうかを争点にしばしば紛争が生じる**ことから，そのような**紛争を防止する趣旨で認められた例外**である。

したがって，たとえ当初は口頭であっても，後に書面を作成した場合は，その時点で贈与意思が明確になるので，もはや贈与契約の解除はできない。

4 ✗ 負担付贈与で負担が履行されない場合には，贈与者は契約を解除できる。

法的には，負担は贈与の対価ではなく給付の制限とされる。対価でないということは，負担付贈与は**双務契約**（＝当事者双方が対価的性質を有する債務を負担する契約）ではないことを意味する。

しかし，負担付贈与では，贈与者は負担があるからこそ贈与するのであって，**実質的に負担は対価にほかならない**。そこで，法は「性質に反しない限り，双務契約に関する規定を準用する」としており（553条），負担不履行の場合には（特に性質に反することはないので）債務不履行に基づく解除の規定（541条）を準用して契約の解除ができる（最判昭53・2・17）。

5 ◎ 死因贈与については，性質に反しない限り遺贈に関する規定が準用される。

贈与者の死亡によって効力を生ずる贈与を**死因贈与**という。

この死因贈与は，契約すなわち両当事者の合意で成立する点で，相手方の同意なしに単独で行われる遺贈（遺言による贈与，964条）と異なる。しかし，効果として死亡時に財産が移転することは同じであるから，法は，「その性質に反しない限り，遺贈に関する規定を準用する」としている（554条）。

正答 5

FOCUS

贈与・売買のうち，売買は令和2年に施行された改正債権法の影響を最も強く受ける分野の一つである。改正法成立から施行までの3年間の周知期間における売買からの出題はその数が少なく，一方で，法改正の影響が少なかった贈与の問題が増加している。ただ，今後は売買からの出題も次第に増加することが予想されるので，まずは本テーマの問題でこの分野の知識を固めておくようにしよう。

贈与

①贈与は，当事者の一方が他方に無償で財産を与える意思を表示し，相手方がこれを受諾することによって成立する契約である。

　　すなわち，相手方の受諾がなければ贈与契約は成立しない。

②書面によらない贈与は，履行が終わっていない部分については，これを解除することができる。

　　この解除権は時効によっては消滅しない。

　　また，詐欺・強迫などの取消事由があった場合には，それらを理由として法律行為を取り消すことができる。すなわち，書面によらない贈与が詐欺（または強迫，錯誤）によって行われた場合には，贈与が書面によらないことを理由に解除してもよいし，詐欺を理由に取り消してもよい。

　　このような「原因の競合」の問題は，民法の随所で生じるが，競合する権利の一方が他方の効果発生を阻止するような関係にない限り，「どちらを主張してもよい」と考えておけばよい。

③贈与を受ける側が贈与者に対して一定の給付を負担する贈与を負担付贈与という。

　　負担は贈与の対価ではないので，負担付贈与は無償契約である。

④負担付贈与における負担は，実質的には「負担が行われるので贈与を行う」という対価的性質を有しているため，公平を図る見地から，当事者は負担と贈与の同時履行を主張できる。

売買

(1) 売買の予約

①売買の予約とは，当事者間で，将来売買の本契約を締結すべきことを約する契約をいう。

②民法の定める売買の予約は，当事者の一方のみが予約完結の意思表示を行う権利（**予約完結権**）を有するものである。

　　これを，**売買の一方の予約**という。

③売買の一方の予約において，予約完結権を有する一方当事者が予約完結の意思表示をすると，相手方の承諾を必要とすることなく，売買契約が成立する。

④Aのみが予約完結権を有する売買の一方の予約において，予約完結権の行使期間を定めなかったときは，相手方BはAに対して，相当の期間を定めて，その期間内に売買を完結するかどうかを確答すべき旨を催告できる。Aがその期間内に確答をしないときは，法律関係はその時点の状態（いまだ売買契約は成立していない）で確定するので，売買の一方の予約はその効力を失う。

(2) 手付

①手付とは，契約の成立に際して当事者の一方から他方へ交付される金銭その他の有価物である。

②手付は金銭に限られず，貴金属や株券など，金銭以外の有価物でもかまわない。

③手付の種類には，契約成立の証拠としての意味を有する**証約手付**，手付金額を失うことを条件に契約成立後において契約の任意解除を認める**解約手付**，債務不履行があった場合には没収するという趣旨で交付される**違約手付**，手付の交付が契約成立の要件となる**成約手付**などがある。

　このうち，成約手付は売買契約が当事者の合意だけで成立するという性質（諾成契約）に反することから，手付をこの趣旨で解釈することは許されない。

④解約手付は，たとえば買主Ａが100万円の解約手付を売主Ｂに交付したとすると，買主Ａは100万円を放棄して，また売主Ｂは倍額の200万円を買主Ａに現実に提供して，契約を解除できるとするものである。

　売主Ｂは倍額（200万円）を現実に提供しなければならないが，買主Ａからすでに100万円を受け取っているので，損失は買主Ａと同じく100万円である。

⑤売主Ａが解約手付によって解除するには，買主Ｂに対して手付の倍額（200万円）を現実に提供することを要する。

⑥手付は原則として解約手付と推定される。

　これは，手付の額が売買価格に比して著しく少ない場合でも同様である。

⑦解約手付による解除ができるのは，相手方が履行に着手するまでであり，それ以後は認められない。

　履行着手後の解除が制限されるのは，履行に着手した者の利益を保護するためであるから，自分だけが履行に着手し，相手方が履行に着手していない間は，自分の利益を放棄すればよいので，解除は可能である。

⑧解約手付による解除が制限される「**履行の着手**」とは，客観的に外部から認識できるような形で履行行為の一部を行い，または履行の提供のために不可欠の前提行為を行うことをいう。

　その時期は，履行期の前であると後であるとを問わない。

(3) 売買の効力・その他

①代金の支払いと売買の目的物の引渡しの双方がいまだ履行されていない段階では，売買の目的物から生じた果実は，売主の側がこれを収穫・取得する権利を有する。

②売買契約において，買主は，売主に目的物の交付と代金支払いの同時履行を主張する場合のほか，売買の目的について権利を主張する者があって買主が買い受けた権利の全部または一部を取得できないか失うおそれがあるとき，ならびに，買い受けた不動産につき，契約の内容に適合しない先取特権，質権または抵当権の登記があるときにおいても，代金の支払いを拒絶できる。

③買戻しの特約は，売買契約と同時にしなければ，買戻しとしての効力を生じない。

④売買契約に買戻しの特約を付した場合において，その売買契約の売主は，買戻しの期間内に買主が支払った代金および契約の費用を提供しなければ，買戻しをすることができない。

⑤買戻しの期間は10年を超えることができず，特約でこれより長い期間を定めたときは，その期間は10年とする。

第2章
債権各論

買戻しについて期間を定めたときは、その後にこれを伸長することができず，期間を定めなかったときは、5年以内に買戻しをしなければならない。

　いずれも，買戻しの性質が「解除権の留保」であることにかんがみ，法律関係を早期に安定させる趣旨である。

実戦問題 ❶ 　基本レベル

No.1 　贈与に関する次の記述のうち，妥当なものはどれか。

【地方上級・平成6年度改題】

1　贈与はこれを受ける者に一方的に利益を与えるものであるから，贈与の有効な成立には必ずしも相手方の承諾は必要でない。

2　贈与は無償で行われるので，贈与された物の種類・品質・数量が契約内容と適合しなくとも，贈与者はなんらの責任も負わない。

3　贈与契約が有効に成立した場合でも，履行が終わっていない部分については，それが書面による贈与であるか否かを問わず，贈与者はこれを解除することができる。

4　書面によらない贈与について，履行前であることを理由とする解除権は，贈与契約で定められた履行期日から5年を経過すれば時効によって消滅する。

5　負担付贈与において，贈与者は負担が履行されなければ贈与も行わないと主張することができ，また負担が履行されない場合には贈与契約を解除することもできる。

No.2 　売買に関する記述として，妥当なのはどれか。

【地方上級（特別区）・平成22年度改題】

1　売買は債権行為であるので，売主に所有権がない物であっても売買することができるが，契約が成立すると売主は所有権を取得して買主に移転する義務を負うため，売主が買主に所有権を移転できない場合は，売買が無効になる。

2　買主が売主に解約手付を交付した場合，当事者の一方が契約の履行に着手しても契約の履行を完了するまでは，買主はその手付を放棄し，売主はその倍額を現実に提供して契約の解除ができる。

3　売買で引き渡された目的物が種類，品質または数量に関して契約の内容に適合しないものであるときは，買主は売主に対して履行の追完を請求できるが，このとき請求できるのは目的物の修補，代替物の引渡しまたは不足分の引渡しである。

4　一方の当事者が予約完結権を有する予約は，その行使により本契約たる売買の効力を生じさせるので，一方の当事者の相手方に対する予約完結の意思表示とともに，改めて相手方の承諾がなければ，本契約たる売買は成立しない。

5　売主が担保責任を一切負わない旨の特約がある場合には，売主は，売買の目的物に瑕疵があることを知りながら買主に告げなかったときであっても，担保責任を免れることができる。

実戦問題 ❶ の 解説

No.1 の解説 贈与

1 ✕ 贈与は契約であり，両当事者の意思の合致がなければ成立しない。

　　贈与は，**相手方の承諾がなければ有効に成立しない**（549条）。

　　たとえば，結婚を執拗に迫っている者からの指輪のプレゼントのように，利益であっても押し付けられることが迷惑な場合がある。そのため，贈与の成立には当事者双方の意思の合致が必要とされている。

2 ✕ 贈与者が特定時の状態で引渡し・移転ができなければ債務不履行責任を負う。

　　贈与では，贈与者は，贈与の目的である物または権利を，贈与の目的として特定した時の状態で引渡し，または移転する義務を負う（551条1項）。そのため，特定時から引渡しまたは移転までの間は善管注意義務を負い（400条），これらを履行できなければ，贈与者は債務不履行責任（415条）を負う。

3 ✕ 書面による贈与の場合には，解除はできない。

　　履行が終わっているかどうかにかかわらず，解除は認められない。

　　いったん契約が有効に成立すると，当事者はその契約で定められた義務を履行しなければならず，これを勝手に解除することは原則として許されない。しかし，民法は，書面によらない単なる口約束の贈与については，履行が終わっていない部分の解除を例外的に認めている（550条）。これは，相手の歓心を買うためになされたような「贈与意思が不明確な贈与」について，本当に贈与する意思があったのかどうかを争点にしばしば紛争が生じることから，そのような紛争を防止する趣旨で認められた例外である。すなわち，**贈与者が本心から贈与の意思を有していると客観的にわかるまでは解除を認め，それ以後は解除を認めない**とすることで，軽率な贈与から生じる紛争を防止しようとするものである。したがって，**贈与意思が客観的に明らかな書面による贈与の場合**には，履行が終わったか否かにかかわらず**解除は認められ ない。**

	履行が終わっていない部分	履行が終わった部分
書面によらない贈与（単なる口約束）	解除ができる	解除はできない
書面による贈与	解除はできない	

4 ✕ 書面によらない贈与の解除権は，時効にはかからない。

　　すなわち，時効によって消滅しない。

　　この場合の解除権は，相手方の歓心を買うためになされたような軽率な贈与について，後日の紛争を防止するという観点から，法が履行前に解除することを認めたものである。したがって，**履行前であればいつでも解除ができ**，これについて，特に行使期間といったものは設けられていない。

5 ◎ 負担付贈与では,負担と贈与の同時履行や負担不履行の場合の解除権がある。

　　妥当である。負担は，法的には給付の制限であって贈与の対価ではない。

186

しかし，**実質的には対価と同様の性質を有している**。そのため，負担付贈与には双務契約に関する規定が適用されており（553条），贈与者には，負担と贈与の同時履行の主張（553条，533条）や，負担が履行されない場合の契約の解除（553条，541条）などが認められている。

No.2 の解説　売買

→問題はP.185

1 ✕ **売主が買主に所有権を移転できなくても，売買は無効にはならない。**

契約の無効原因とされるのは，次のような場合である。すなわち，①そのような意思が存在しない場合（意思無能力，ならびに心裡留保・通謀虚偽表示といった意思の欠缺の場合），②公序良俗違反（90条）などであり，通常はこの2つを覚えておけばよい。

なお，このほかに民法総則の「条件」の部分で不能な停止条件や純粋随意条件を付した場合などが無効原因となるが，条件特有の部分なので，民法Ⅰの「条件，期限」で別途チェックしておこう。

2 ✕ **解約手付による解除が可能なのは，相手が履行に着手するまでである。**

売買においては，買主が売主に**解約手付**を交付し，相手が契約の履行に着手するまでは，「買主はその手付を放棄し，売主はその倍額を現実に提供して契約の解除をする」ことが認められている（557条1項，解約権の留保）。

解除が「相手の履行の着手時まで」に制限されているのは，履行に着手した相手は必要な費用を支出し，また契約の履行に多くの期待を寄せていたはずなので，そのような**相手の利益を保護する必要がある**からである。

●手付の役割（一般的な解約手付の例）

なぜ手付を渡すかというと，とりあえず売価の1～2割程度の手付を打って（＝渡して）物件を押さえておくのである（たとえば2,000万円の不動産なら，手付が2割なら400万円というかなりの高額になる）。残額は，目的不動産の登記移転と引換えに支払うとしておけば，慌てて全額を用意する必要はない。売主としても，手付が交付されると，「相手は本気で買うつもりだ」と予測できるので，別の買い手を探す手間が省ける。これが，不動産売買などで手付が交付される理由である。

ただ，買うつもりでいた者が，「他にもっとよい物件が見つかったのでキャンセルしたい」と考えた場合はどうなるか。その場合は手付を放棄しなければならず，前例でいうと手付として渡した400万円はあきらめなければならない。これがいわゆる解約手付である。

そして，これは買主だけでなく売主の場合も同様で，売主が，「2,500万円で買うという人が現れたのでそちらに売りたい」となった場合には，「手付倍返し」つまり前例でいうならば400万円×2＝800万円を手付の交付者に返さなければ解除ができない（それでも受け取った手付の400万円は，もともと相手のお金なので，800万円の返還といっても実質損は400万円であり，物件が2,500万円で売れれば100万円の利益は出る）。

このようにして，手付で相手を拘束しておくわけである。

なお，手付の放棄（買主側）や手付倍返し（売主側）で解除ができるのは，あくまで相手が履行に着手する前に限られる。相手がいったん履行に着手したら，もう解約はできなくなる。

3 ◎ **種類・品質・数量が契約内容に適合しないとき，買主は追完請求できる。**

　　妥当である（562条1項但書）。追完請求は「契約の内容に適合したもの」となることを求めるものであり，追完請求の種類には「目的物の修補（修理，補修）」「代替物の引渡し」「不足分の引渡し」がある。

4 ✕ **予約完結の意思表示があれば，それだけで売買契約が成立する。**

　　売買の予約とは，将来売買契約を締結することを予約することをいう。

　　たとえば「金鉱山の開発で，金鉱石が出るかどうかは掘ってみないとわからない。そこで，金鉱石が出れば予約完結の意思表示をして売買を成立させる」などである。当事者の一方が本契約成立の意思表示（予約完結の意思表示）をできる権利を持つのが売買の一方の予約，双方ができる権利を持つのが売買の双方の予約である（通常は前者の場合が一般的である）。

　　この売買の予約は，予約段階ですでに「将来売買契約を締結する」との合意が成立している。したがって，あとは**予約完結の意思表示**をすれば，それで売買契約は成立する。完結の意思表示の時点で相手方の承諾などは必要でない（556条1項）。

5 ✕ **売主は，不担保特約があっても，知って告げなかった事実の責任を負う。**

　　このような特約も公序に反するものではないので有効であるが，特約は信義に反する行為まで正当化するわけではないので，「知りながら告げなかった事実」については担保責任を免れることができない（572条）。

正答　No.1＝5　No.2＝3

実 戦 問 題 ❷　応用レベル

No.3 　**民法に規定する贈与に関する記述として，判例，通説に照らして，妥当なのはどれか。**【地方上級（特別区）・令和元年度改題】

1　贈与とは，当事者の一方が自己の財産を無償で相手方に与える意思を表示し，相手方が受諾をすることによって，その効力を生じる契約のことをいい，契約類型として，契約によって当事者双方が債務を負担しそれが互いに対価たる意義を有する双務契約であり，契約が成立するために物の引渡しを必要とする要物契約である。

2　贈与者は，贈与の目的である物または権利を，贈与の目的として特定した時の状態で引き渡し，または移転することを約したものと推定されるが，負担付贈与の場合は，その負担の限度において，売主と同じく担保の責任を負うものではない。

3　定期の給付を目的とする贈与は，贈与者または受贈者の死亡によって，その効力を失うが，当該贈与が終期の定めのない無期限贈与または終期の定めのある期間付贈与である場合は，特約の有無にかかわらず，それによってその効力を失わない。

4　最高裁判所の判例では，不動産の贈与契約において，当該不動産の所有権移転登記が経由されたときは，当該不動産の引渡しの有無を問わず，贈与の履行が終わったものと解すべきであり，当事者間の合意により，移転登記の原因を形式上売買契約としても，履行完了の効果を生ずるについての妨げとなるものではないとした。

5　最高裁判所の判例では，売主から不動産を取得した贈与者がこれを受贈者に贈与した場合，贈与者が司法書士に依頼して，登記簿上の所有名義人である売主に対し，当該不動産を受贈者に譲渡したので売主から直接受贈者に所有権移転登記をするよう求める旨の内容証明郵便を差し出したとしても，それは単なる第三者に宛てた書面であるから，贈与の書面に当たらないとした。

⚡ **No.4** ^{**} **売買に関する次の記述のうち，妥当なものはどれか。**

【国税専門官・平成 7 年度】

1 解約手付が交付されている売買契約について，当事者の一方がすでに履行に着手している場合には，いずれの当事者も当該契約を解除することができないとするのが判例である。

2 他人の物を目的とする売買契約において，売主が目的物を取得して買主に移転することができない場合には，買主は，それが他人の所有であることを知っていたか否かにかかわらず，当該契約を解除することができる。

3 売買契約の成立以後は，目的物がいまだ買主に引き渡されていない場合であっても，当該目的物から生じた果実は，買主の所有に属する。

4 売主が担保責任を一切負わない旨の特約がある場合には，売主は，売買の目的物に瑕疵があることを知りながら買主に告げなかったときであっても，担保責任を免れることができる。

5 売買代金支払いの時期について特約がある場合を除き，買主が代金の支払いを拒絶することができるのは，同時履行の抗弁権を主張しうる場合に限られる。

⚡ **No.5** ^{**} **売買契約に関する次の記述のうち，妥当なのはどれか。**

【国税専門官／財務専門官／労働基準監督官・平成28年度改題】

1 他人の権利を売買の目的としたときは，売主は，その権利を取得して買主に移転する義務を負う。

2 売主が種類や品質，数量に関して契約の内容に適合しない目的物を買主に引き渡した場合に，買主がそれを理由に契約の解除等をすることができるのは，売買契約の締結時から 1 年以内に限られる。

3 売買契約に関する費用は，契約で特に定めなかった場合は，すべて買主が負担する。

4 売買の一方の予約がなされた後，予約完結権を有する当事者から売買を完結する意思表示がなされた場合には，予約の時に遡って売買の効力を生じる。

5 ＡＢ間の売買契約で，Ａがその所有する宝石をＢに売却し，代金はＢがＣに支払うとの合意をした場合において，ＣがＢに対して，その代金を受領する意思を表示した後であっても，ＡおよびＢは，かかる売買契約を合意解除することができる。

No.6 民法に規定する売買の効力に関する記述として，妥当なのはどれか。

【地方上級（特別区）・平成27年度改題】

1 売買の目的である権利の全部が他人に属することにより，売主がこれを買主に移転することができないときは，買主は，契約の解除をすることができ，この場合において，買主が契約時にその権利が売主に属しないことを知っていたときには，損害賠償の請求をすることはできない。

2 売主が買主に移転した権利が，地上権，永小作権または地役権等が付着しているために契約の内容に適合しないものとなっている場合には，買主は損害賠償請求ができるほか，契約の目的を達成できないときは契約の解除もできるが，これ以外の救済手段である履行の追完請求や代金減額請求などは認められない。

3 売買の目的である権利は，契約の成立したときに買主に移転するが，権利の移転と目的物の引渡しとの間には，時間的な差が生じうるものであるため，権利移転後もまだ引き渡されていない売買の目的物が果実を生じたときは，その果実は，当然買主に帰属する。

4 売買の目的について権利を主張する者があるために買主がその買い受けた権利の全部または一部を失うおそれがあるときは，売主が買主との合意に基づいて担保物権を設定した場合においても，買主は，その危険の限度に応じて，代金の支払を拒むことができる。

5 買い受けた不動産について抵当権の登記があるときは，買主は，抵当権消滅請求の手続きが終わるまで，その代金の支払を拒むことができるが，この場合において，売主は，買主に対し，遅滞なく抵当権消滅請求をすべき旨を請求し，また，その代金の供託を請求することができる。

1 売買契約締結に際し，買主から売主に対し手付が交付された場合において，そ
の後買主が履行に着手することにより売主が契約の履行に対する期待を抱いた以
上，売主がいまだ履行に着手していないときであっても，履行に着手した買主は
売主に対して契約を解除することはできない。

2 売買契約締結に際し，買主から売主に対し手付が交付された場合であっても，
契約書にその手付について「買主に契約不履行があるときは，売主は手付を没収
し，売主に契約不履行があるときは，売主は買主に手付の倍額を損害賠償として
提供する」と定めているときには，売主は，この手付を根拠にして，手付の倍額
を返還して契約を解除することはできない。

3 他人の権利を売買の目的とする売買契約を締結した場合において，その他人に
権利を譲渡する意思がないことが明らかなときは，その売買契約は原始的不能を
理由に無効となる。

4 強制競売も売買と同一の性格を持つので，競売の目的物に隠れた瑕疵があった
ときは，買受人は，売主の地位に立つ債務者に対し，目的物の瑕疵に基づく担保
責任を追及することができる。

5 売買契約において，引渡前に目的物から生じた果実は売主に帰属し，買主は目
的物の引渡日より代金の利息の支払義務を負うから，売主は，目的物の引渡しを
遅滞していても，代金が未払である限り，果実を収得することができる。

実戦問題 **2** の解説

→問題はP.189

No.3 の解説 贈与

1 ✕ **贈与は，当事者の一方のみが債務を負担する片務契約である。**

　　贈与は契約であって，両当事者の合意がなければ成立しないので，前半は
正しい（549条）。

　　しかし，**贈与は当事者の一方がある財産を無償で相手方に与えるもので**，
債務を負うのは贈与者のみである。このような契約を**片務契約**といい，当事
者双方が対価的性質を有する債務を負担する双務契約とは異なる。したがっ
て，後半は誤り。

2 ✕ **負担付贈与の贈与者は，負担の限度で売主と同じく担保の責任を負う。**

　　贈与は無償契約であるから，贈与者の通常の意思は「たとえ瑕疵があって
もそのままの状態で引き渡せばよい」として合意しているものと推定されて
いる（551条1項）。したがって，前半は正しい。

　　しかし，負担付贈与の場合は，負担が実質的に対価の性質を有しているの
で（→**必修問題選択肢4**），単純に無償行為とはいえない。その部分につい
ては有償行為である売買と同様に扱うのが妥当であり，法も「贈与者は，そ
の負担の限度において，売主と同じく担保の責任を負う」とする（同条2
項）。したがって，後半は誤り。

3 ✕ **無期限贈与や期間付贈与も，特約があれば期間の途中で贈与は終了する。**

　　まず，定期の給付を目的とする贈与を**定期贈与**という。たとえば，家計が
厳しい中で勉強を続けて大学に合格した甥に，伯父が「大学を卒業するま
で，毎月10万円を援助する」などという場合である。この場合，伯父が死亡
したり，在学中に甥が死亡すれば，定期贈与は終了する（552条）。したがっ
て，前半は正しい。

　　一方，終期の定めのない無期限贈与とは，たとえば「生存中は援助する」
などという場合，また，終期の定めのある期間付贈与とは「来月から5年
間，毎月10万円を贈与する」などという場合である。前者では，定期贈与と
同様に当事者いずれかの死亡によって終了すると解されており，後者も特約
があれば終了すると解されている。したがって，後半は誤り。

　　なお，無期限贈与や期間付贈与が出題されることはほとんどなく，本肢は
惑わし肢と考えてよい。知識として，あえてここまで覚える必要はない。

4 ◎ **不動産の贈与で移転登記が済めば，履行が終わったものと解してよい。**

　　妥当である。判例は，「不動産の贈与契約において，不動産の所有権移転
登記が経由されたときは，当該不動産の引渡の有無を問わず，贈与の履行を
終ったものと解すべき」とする（最判昭40・3・26）。→**必修問題選択肢2**

5 ✕ **受贈者でなく第三者に宛てた書面でも，贈与の書面に当たる場合がある。**

　　贈与者が，司法書士に「受贈者に不動産を贈与したので登記してほしい」
という依頼文書を内容証明郵便で差し出せば，**贈与の意思はそこに明確に表
れている**。したがって，第三者に宛てた書面であるからといって，贈与の書

面に当たらないとすることはできない。

　判例は，本肢の事例で，「その作成の動機・経緯，方式及び記載文言に照らして考えるならば，贈与者の慎重な意思決定に基づいて作成され，かつ，贈与の意思を確実に看取しうる書面というのに欠けるところはなく，民法550条にいう書面に当たる」とする（最判昭60・11・29）。

⚡ No.4 の解説　売買 →問題はP.190

1 ✕ 相手方が履行に着手していなければ，手付による解除が認められる。

　解約手付が交付されている場合でも，相手方が履行に着手すれば解約ができなくなる（557条1項）。これは，履行に着手した者は必要な費用を支出し（例：売買目的物の整備や業者への配送依頼など），また契約の履行に多くの期待を寄せていたはずなので，そのような**履行着手者の利益を保護する**必要があるからである。

　したがって，自分だけが履行に着手している段階では，自らの利益を放棄して契約を解除することはなんらかまわない（最判昭40・11・24）。

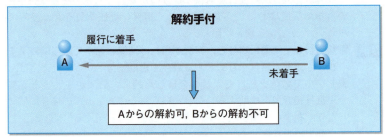

2 ◎ 他人物売買の買主も，所有権を移転できない場合は契約を解除できる。

　妥当である。他人物売買の買主も，目的物が他人の物であることを知っていても，**売主が所有者から所有権を取得して自分に移転することを期待してよく**，それができなければ契約を解除することが認められる（561条，415条，541条，542条）。

　たとえば，本屋で注文して出版元から本を取り寄せてもらうような場合がその例である。買主が悪意（他人の物であることを知っている）の場合に解除ができないとすると，売主が解除しない限り延々と契約の拘束が続くことになるが，それは不都合であろう（注文した月刊誌を数年後に本屋が取り寄せた場合にも購入の義務があることになる）。そもそも売主が所有権を移転できないこの場合は，単なる債務不履行にすぎないので，買主が善意かどうかを問題にする必要はない。

3 ✕ 目的物がいまだ買主に引き渡されていない場合，果実は売主が収取する。

　売主が売買の目的物を引き渡しておらず，また，買主が代金を支払っていないという段階では，果実は売主の側がこれを収穫・取得する権利を有する（575条1項）。したがって，売主は果実を買主に引き渡す必要はない。

これは，たとえば，みかん畑の売買において，履行期が過ぎているかどうかにかかわらず，買主が代金を支払うまでは，売主はみかんを収穫してこれを自分のものにできるということである。

すなわち，目的物の所有権は特約がない限り売買契約の成立と同時に買主に移転するので，本来ならば目的物から生じた果実も買主に帰属するはずである。しかし，**所有権の移転を認めるのであれば，公平の見地から代金も直ちに支払うべきことを認めてよく，そうなると，契約の成立後は遅延利息が発生し始める**ことになる。しかしこのような法律関係を認めるのは面倒である。そこで**果実収取権と利息とを一挙に決済して法律関係を簡明に処理することにしたのが575条1項である。**同項によれば，目的物が買主に引き渡されていない間は，売主は果実収取権を有するとされる。

→民法Ⅰテーマ13「占有」No.8選択肢3

4 ✕ 不担保特約があっても，知りながら告げなかった瑕疵には責任を負う。

不担保特約も，公序に反するものとはいえないので有効である。しかし，そのような特約も，信義に反する行為まで正当化できるわけではない。すなわち，**売買の目的物に瑕疵があることを知りながら買主に告げなかったとき**には，売主は**担保責任を免れることができない**（572条）。

5 ✕ 売買においては，同時履行の抗弁権のほか，特殊な代金支払拒絶権がある。

売買においては，双務契約において公平の見地から認められる同時履行の抗弁権のほか，次のような特殊な代金支払拒絶権が認められている。

	売買の目的について権利を主張する者があるなどのために，買主が買い受けた権利の全部または一部を取得できない，または失うおそれがあるとき（576条）
①	→その危険の程度に応じて，代金の支払いの全部または一部の支払いを拒絶できる。たとえば，売主Aと買主Bが甲土地の売買契約を締結したところ，第三者Cが甲土地の一部は自分の所有地であると買主Bに主張してきたような場合である。
	買い受けた不動産について，契約の内容に適合しない先取特権，質権または抵当権の登記があるとき（577条）
②	→買主が担保不動産の評価額に相当する金額を担保権者に提供して担保権を消滅させる手続（379条，**抵当権消滅請求手続**，なお先取特権や質権の場合にも準用）が終了するまで，買主は売主に代金の支払いを拒絶できる。この手続が終了した場合，買主は売買代価から担保権者に提供した金額を差し引いた額を売主に支払えばよい。

1 ◎ 他人物売買の売主は，権利を取得して買主に移転する契約上の義務を負う。

　　妥当である（561条）。他人の物の売買であっても契約は有効であり，売主は契約に基づいて，権利者から権利を取得して，これを買主に移転すべき義務を負う。

2 ✕ 期間制限があるのは，物の種類・品質に関する契約不適合の場合だけ。

　　「1年以内」という期間制限があるのは，物の種類・品質に関する契約不適合の場合に限られる（566条）。それ以外の，物の数量や権利に関する契約不適合の場合には，このような期間制限はない。

　　物の種類・品質の場合にだけ，このような短期の期間制限が設けられているのは，買主が，「種類や品質が違っていたが，とりあえず使ってから取り替えてもらおう」などということを防止するためである。数量など，これ以外の契約不適合責任の追及については，一般の消滅時効の規定（166条1項）によって規律される。

　　なお，「1年以内」の期間は，その間に不適合がある旨を通知すればよく，実際の権利行使の期間はそれを超えてもよい。通知があれば，売主は対応の準備ができるので，準備に時間がかかるような場合もあることから，売主と買主の利益調整を図ったものである。

3 ✕ 売買契約に関する費用は，特約がなければ当事者が等しい割合で負担する。

　　売買契約に関する費用とは，たとえば契約書を公正証書で作成する場合の作成費用とか印紙代などのことである。これらは両当事者が等分で負担するのが公平に資する（558条）。

　　なお，弁済の費用の場合は，別段の意思表示がないときは債務者の負担とされる（485条本文）。これと混同しないように注意。

4 ✕ 売買の一方の予約で，完結の意思表示があればその時点で売買が成立する。

　　売買の予約は，「完結の意思表示があった時点で売買契約を成立させよう」というものであるから，効果は遡及しない（556条1項）。

　　No.2選択肢4の例でいえば，まだ金鉱石が見つからない時点までさかのぼって売買契約を成立させても意味がない。「金鉱石が見つかったので，約束どおりに売買契約を締結させましょう」というのが予約の意味である。

5 ✕ 受益の意思表示で成立した第三者の権利を合意解除で消滅させるのは不可。

　　本肢は，契約によって生じる権利を第三者に直接帰属させるというもので，第三者のためにする契約と呼ばれる（537条）。

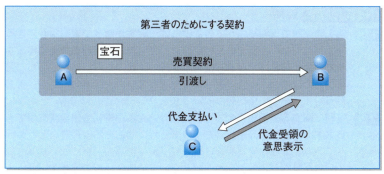

第三者のためにする契約

宝石

売買契約

引渡し

A → B

代金支払い

C

代金受領の
意思表示

　本肢で，売主Aは本来であれば自らが代金を受け取るはずであるが，Aが
第三者Cに借金がある場合，買主BがAに代金を支払う代わりに第三者Cに
払ってもらえば，AがCに支払う手間が省ける。このような簡易決済を，第
三者Cの受益の意思表示を要件として法的に保護しようというわけである。
そして，第三者Cが受益の意思表示をすれば，その時点でCのBに対する代
金引渡請求権が発生する（同条３項）。これは**法的な権利**であるから，この
権利を勝手に消滅させるようなAB間の**合意解除は認められない**（538条１項）。
　なお，第三者のためにする契約についての知識がなくても，次のことがわ
かっていれば本肢は正誤判断できる。

●**権利放棄や当事者の合意（解約）で第三者の権利を奪うことは許されない**
　いったん有効に成立した第三者の権利を，その第三者が関与しないところで
勝手に処分したり消滅させたりすることは許されない。これは，道理として当
然のことである。民法も，たとえば398条で「地上権または永小作権を抵当権
の目的とした地上権者または永小作人は，その権利を放棄しても，これをもっ
て抵当権者に対抗することができない」と規定しているが，これは上記の道理
の表れにほかならない。また，賃貸借で，賃貸人と賃借人の合意解約で賃貸借
契約を消滅させても転借人には対抗できないとしているのも（613条３項本
文），同様の趣旨である。

1 ✕　他人物売買で権利移転ができなければ，買主が悪意でも解除ができる。

　　　売買目的物の**全部が他人の権利**で，売主がその**権利を買主に移転すること
ができない場合は，単なる債務不履行**の問題である。したがって，買主は売
買の目的物が他人の物であることを知っていたか（悪意）否か（善意）にか
かわらず，その売買契約を解除できる（541条）。

2 ✕　権利に関する契約不適合でも，履行の追完請求や代金減額請求ができる。

　　　本肢の「地上権等が付着しているために契約の内容に適合しないものとな
っている」とは，売買契約において，地上権等の負担のないまっさらの権利
の移転を目的とすることが内容となっていたということである。

　　　そのような場合，買主には損害賠償請求権や契約解除権も認められるが，
**履行の追完請求として，買主にこれらの負担を消滅させるように求めること
もできる**し，場合によっては代金減額請求も認められる（565条による562条
～564条の準用）。後2者の権利を認めないとする特段の理由はないからであ
る。

3 ✕　目的物がいまだ買主に引き渡されていない場合，果実は売主が収取する。

　　　果実収取権と利息とを一挙に決済して法律関係を簡明に処理するためであ
る（575条1項）。→No.4選択肢3

4 ✕　売主が買主と合意して担保物権を設定した場合は，支払拒絶はできない。

　　　本肢の「売主が買主との合意に基づいて担保物権を設定した場合」という
のは，権利を主張する者があるために，売主が万が一の場合に備えて買主に
担保を差し出した（例：相当額の物を質物として渡したなど）という意味で
ある。相当な担保があれば，買主がその買い受けた権利の全部または一部を
失うおそれがあっても，そのリスクは担保物によってカバーされる。したが
って，買主は代金支払いの拒絶はできない（576条但書）。

**5 ◎　抵当権消滅請求を理由に支払いを拒む場合，売主は代金の供託も請求でき
る。**

　　　妥当である。前半については**No.4選択肢5**参照（577条1項前段）。

　　　後半については，買主がいつまでも抵当権消滅請求をしないで支払拒絶を
することもありうるので，売主は，**買主に対して遅滞なく消滅請求をすべき
旨を請求でき**（同項後段），さらに代金の供託を請求することもできる（578
条）。

1 ✕　相手方が履行に着手していなければ，手付による解除が認められる。

　　　解除が「相手の履行の着手時まで」に制限されているのは（557条1項），
履行に着手した相手は必要な費用を支出し，また契約の履行に多くの期待を
寄せていたはずなので，そのような**相手の利益を保護する必要がある**からで
ある（→No.2選択肢2）。

しかし，相手が単に期待を抱いたというだけでは，相手にまだ具体的な損失は生じておらず，この段階で解除を制限する必要はない。すなわち，買主が履行に着手しても，売主がいまだ履行に着手していなければ，買主が手付を放棄して契約を解除することは可能である。

2 ✕ **手付が違約手付と解約手付とを兼ねることは可能である。**

本肢の「買主に契約不履行があるときは…手付を没収し…倍額を損害賠償として提供する」との趣旨で交わされた手付は，**債務不履行があった場合に没収される趣旨で交付される手付**であり，これを**違約手付**という。

一方，「手付の倍額を返還して契約を解除する」とは解約手付のことであるが，では**違約手付と解約手付を兼ねる**ことはできるか。

判例はできるという（最判昭24・10・4）。相手が履行に着手するまでは「手付の放棄・手付倍返し」で解約を認め，さらに履行期に債務不履行があった場合に没収されるという趣旨を，一つの手付の中に含めることはなんら差し支えないとする。

3 ✕ **売主が買主に所有権を移転できなくても，売買は無効にならない。**

本肢の**原始的不能**とは，「そもそも最初から履行が無理なんだから契約として認める実益がない」という意味である。ただ，他人物売買で所有者に権利譲渡の意思がないことが明らかでも，契約の成立を認めたうえで，仮に履行できなければ債務不履行として処理すればよい。したがって，他人物売買も，契約としては有効に成立する（最判昭25・10・26）。

4 ✕ **競売の目的物に隠れた瑕疵があっても，担保責任の追及はできない。**

競売では，売主の地位に立つ債務者は，自由意思ではなくいわば強制的に所有権を譲渡させられていることや，競売では目的物にある程度の損傷があることは避けられず，買受人はあらかじめそれを織り込んで競売に臨んでいることなどがその理由である（568条4項）。

5 ◎ **目的物がいまだ買主に引き渡されていない場合，果実は売主が収取する。**

妥当である（575条1項）。→No.4選択肢3

消費貸借・賃貸借

必修問題

　賃貸借に関するア～オの記述のうち，妥当なもののみをすべて挙げているのはどれか。　　　　　　　　　　【国家一般職・平成25年度改題】

　ア：処分の権限を有しない者であっても，賃貸人として5年以内の建物賃貸借契約を締結することができる。

　イ：賃貸借契約において，当事者が賃貸借の期間を定めなかったときは，賃貸人は，いつでも契約の解約の申入れをして，直ちに賃貸物の返還を請求することができる。

　ウ：賃貸人は，賃貸物の使用および収益に必要な修繕をする義務を負う。

　エ：賃借人が賃貸人の承諾を得て賃借物を転貸したときは，転借人は，賃貸人に対して直接に賃料支払義務を負う。

　オ：賃借物の一部が賃借人の過失によらないで滅失したときは，賃借人は，滅失した部分の割合に応じて，賃料の減額を請求することができる。

1 ア，イ
2 ア，ウ
3 イ，オ
4 ウ，エ
5 エ，オ

難易度　＊

必修問題の解説

ア ✕ 処分の権限を有しない者は，短期賃貸借のみを行いうる。

　処分の権限を有しない者が単独で行いうる建物賃貸借の契約期間は，「5年以内」ではなく「3年以内」である（602条3号）。

　ここで「処分の権限を有しない者」とは，**不在者の財産管理人**（28条）や**権限の定めのない代理人**（103条）などのように，管理権限は有しているが処分権限がない者のことである。

　短期賃貸借の定めは，長期の賃貸借を処分行為ととらえたうえで，「処分の権限を有しない者は，処分行為はできないが**財産管理行為**はできる」こと

から，**管理行為に属する範囲で賃貸借を認めようとするもの**である。その期間は，山林以外の一般の土地は5年以内（602条2号），建物の場合は3年以内である。

　一般に，試験対策として細かな数字までは覚える必要はないが，この2つについては覚えておくと役に立つ。

イ× **期間の定めがない場合，解約申入れ後直ちに返還請求ができるわけではない。**

　期間の定めのない賃貸借の場合，当事者からの解約申入れがなされたときは，賃貸物の種類により申入れの日から法定の期間を経過することによって賃貸借が終了する（617条1項）。直ちに終了するわけではない。

ウ○ **賃貸人には，契約上の義務としての修繕義務が課されている。**

　妥当である。賃貸借は，相手方に目的物を使用・収益させて，その対価として賃料を得ることを内容とする契約である（601条）。したがって，賃貸人には，契約上の義務として相手方に目的物を使用・収益させる義務があり，またその一環として，**目的物を使用・収益に適した状態にしておくために，必要な修繕義務**が課されている（606条1項）。

エ○ **承諾ある転貸において，賃貸人は転借人に直接に賃料を請求できる。**

　妥当である。承諾を得て適法に転貸がなされると，**賃貸人は転借人に対して直接賃料を請求することができる**（613条）。

　これは，転貸によって目的物を直接に使用・収益しなくなった賃借人が，賃貸人に賃料の支払いを滞らせるなどのケースが予想されることから，**賃貸人の利益を保護するために認められた権利**である。

　なお，転借人が賃貸人に賃料を支払うと，転借人はその額の限度で賃借人（転貸人）に対する賃料支払義務を免れることになる。

オ× **賃借物の一部滅失の場合，賃料は当然に減額される。**

　民法は，当然に減額になるとする（611条1項）。

　以上から，妥当なものは**ウ**と**エ**であり，正答は**4**である。

　なお，本問では，**オ**は判断を惑わせるための選択肢と考えればよい。正誤判断は，基礎知識の範囲の**ウ**と**エ**で容易にできるので，基礎の部分の知識を正確にすることを心がけよう。

正答 4

FOCUS

　本テーマでは賃貸借を中心に出題される。そして賃貸借では，借地借家法という特別法が登場する。この法律は民法の規定をいろいろな部分で修正しているので，賃貸借は売買などの他の典型契約に比べて複雑な印象を受ける。どの部分がどのように修正されているのかをすべてフォローしようとすると学習効率が悪いので，過去問に登場した修正箇所，もしくはそれに関連する部分に限定して知識を整理するような対策が望ましい。

第2章　債権各論

重要ポイント **1** **賃貸借契約の成立と効力**

(1) 賃貸借契約の成立

①賃貸借契約は当事者の合意のみによって成立する（諾成契約）。

賃借物の引渡しは契約の成立要件ではない。

②賃料は目的物の使用の対価であるから，賃貸借契約が有効に成立しても，賃貸人が目的物を引き渡さない間は賃料債務は発生しない。

(2) 賃貸人の義務

①賃貸人には，賃借人が目的物を使用・収益できる状態にしておくという積極的な義務が課されている。

これは，借主が目的物を使用・収益するのを単に認容するという消極的な義務にとどまる地上権との相違点の一つである。

②賃貸人には目的物の修繕義務がある。

賃借人が代わって修繕した場合，賃借人は直ちにその費用（必要費）の償還を賃貸人に請求できる。

③賃借人が有益費を支出した場合には，賃貸人は，賃貸借終了時に，賃借人が支出した費用または増価額のいずれかを選択して，これを賃借人に償還しなければならない。

④賃借人が有益費を支出した後，目的物の所有権譲渡により賃貸人が交替したときは，特段の事情のない限り，新賃貸人において旧賃貸人の権利義務一切を承継するため，新賃貸人は，当該有益費の償還義務を負う。

(3) 賃借人の義務

①賃借人は，物の使用の対価として，賃料を支払う義務を負う。

②賃借人は，賃借物の保管に関して善良な管理者の注意義務を負う。

③賃借人は，賃貸借の終了の際には，賃借物を原状に復してこれを返還しなければならない。

④賃借人が失火によって目的物を焼失させたときは，賃借人に重過失がなくても，軽過失がある限り，賃借人は賃貸人に対して債務不履行責任を負う。

(4) 賃借権の対抗力

①不動産の賃借権は，登記をすれば，これを第三者にも対抗できる。

②建物の所有を目的とする借地権（賃借権および地上権）の場合は，借地権の登記がなくても，地上建物について所有権の登記がなされていれば，その所有権登記で借地権についても対抗力が認められる（借地借家法による民法の原則の修正）。

③建物の賃貸借においては，賃借権の登記がなくても，建物の引渡しがあれば，借家人はその賃借権を第三者に対抗できる（借地借家法による民法の原則の修正）。

重要ポイント2 賃借権の譲渡・転貸

①賃借人が第三者に賃借権を譲渡または賃借物を転貸するには，賃貸人の承諾が必要である。

②賃貸人の承諾を得ないでなされた賃借権の譲渡または転貸契約は無効ではないが，その効果を賃貸人に対抗できない。

　また，賃貸人は無断譲渡・転貸を理由に，賃借人との賃貸借契約を解除できる。

③無断譲渡・転貸が行われても，それが賃貸人に対する背信行為に当たらないと認められる特段の事情がある場合には，賃貸人に契約の解除権は発生しない。

④無断転貸を理由に，賃貸人が転借人に賃借物の返還を請求するには，賃貸借契約を解除しておく必要はない。

⑤賃貸人の承諾を得ないで転貸借契約が締結された場合でも，賃貸人が賃貸借契約を解除できるのは，転借人が目的物の使用を開始した場合に限られる。

　すなわち，いまだ目的物の使用を開始していない段階では解除はできない。

⑥借地人が借地上に建物を建築した後に，それを第三者に賃貸しても，土地の無断転貸には当たらない。

⑦賃貸人の承諾を得て転貸が行われた場合には，転借人は賃貸人に対して直接に義務を負う。そのため，賃貸人は転借人に賃料を請求できる。

　この場合，転借人は転貸人に転借料を前払いしていることを理由として賃貸人からの賃料請求を拒絶することはできない。

⑧賃貸人が転借人に直接に賃料を請求できる場合，その額は，賃貸人が賃借人に請求できる賃料の額と転借人が転貸人に支払うべき賃料の額の両者によって制限を受ける。

⑨賃貸人の転借人に対する賃料請求は権利であって義務ではない。

　したがって，賃借人が賃料の支払いを怠る場合には，賃貸人は転借人に賃料を請求することなく，賃借人の債務不履行を理由に賃貸借契約を解除できる。

①敷金は，賃貸借関係から賃借人に生じる一切の債務を担保する目的で，賃貸人に交付されるものである。

②賃貸借契約終了後，明渡しまでの間の使用利益（賃料相当額）も敷金によって担保される。したがって，敷金返還請求権が発生するのは賃借人が賃借物を明け渡した後である。

　それゆえ，賃借物の明渡しと敷金返還とは同時履行の関係に立たない。

③賃借権の存続期間中に賃貸人が交代した場合には，原則として敷金関係は新賃貸人に承継される。

④賃貸借契約終了後，目的物の明渡しまでの間にその目的物が譲渡されても，賃貸人の交代は生じない。

　したがって，敷金関係は新所有者には引き継がれない。

⑤賃借権が適法に譲渡されて賃借人が交代した場合には，原則として敷金関係は承継されない。

　すなわち，旧賃借人が差し入れた敷金は，賃借人の交代の時点で延滞賃料等を差し引いて旧賃借人に返還される。

①他人の物の賃貸を目的とする賃貸借契約も当事者間では有効であるが，賃借人が所有者から目的物の返還を請求された場合には，その時点から賃貸人の貸す債務が履行不能となるので，その時点以降，賃借人は賃貸人からの賃料請求を拒絶できる。

②転借人の転借権が賃貸人に対抗できない場合において，賃貸人が転借人に目的物の返還を請求した場合には，その時点以降，転借人は転貸人からの賃料請求を拒絶できる。

③期間の定めのない動産賃貸借（民法の原則がそのまま妥当する賃貸借）において，賃貸人が解約を申し入れたときは，一定期間経過後に賃貸借は終了する。

　この場合，解約申入れに正当事由は必要でない。

実戦問題 **1**　基本レベル

✦ **No.1**　*　民法に規定する賃貸借に関する記述として，通説に照らして，妥当なのはどれか。　【地方上級（特別区）・平成15年度】

1　賃貸借の存続期間については，特段の定めがなく，当事者の自由にゆだねられている。

2　賃貸人は，賃借人に目的物を使用および収益させる義務を負うとともに，それに必要な修繕をなす義務を負う。

3　賃借人は，賃貸人に賃料を支払う義務を負うが，賃料は，支払時期について特約がなければ先払いである。

4　賃貸人は，賃借人が賃貸人の承諾なく第三者に賃貸物の一部を使用または収益させた場合であっても，契約を解除することが一切できない。

5　賃借人は，存続期間の定めのない賃貸借においては，いつでも解約申入れをすることができ，当該賃貸借は，解約申入れ後直ちに終了する。

✦ **No.2**　*　Aから建物を賃借していたBが，Aの承諾を得て当該建物をCに転貸した。次のうち，妥当なものの組合せはどれか。

【地方上級（全国型）・平成15年度改題】

ア：CはAに対して債務を直接履行する義務は負わない。

イ：AがBに対する権利を行使することはできなくなる。

ウ：AB間でBの債務不履行を理由に賃貸借契約が解除されたときは，AはCに建物の返還請求ができる。

エ：AB間で賃貸借契約を合意解除したときは，AはCに建物の返還請求ができる。

オ：CはBへの借賃の前払いをもって，Aに対抗できない。

1　ア，イ

2　ア，エ

3　イ，オ

4　ウ，エ

5　ウ，オ

消費貸借契約に関する次の記述のうち，妥当なのはどれか。

【地方上級（全国型）・平成27年度改題】

1 消費貸借契約は要物契約であるから，その契約を担保する抵当権設定契約が締結された場合，その後になされた金銭消費貸借契約が有効となることはない。

2 金銭その他の物を給付する義務を負う者がある場合において，当事者がその物を消費貸借の目的とすることを約したときは，旧債務は消滅せずに，新債務が発生する。

3 消費貸借において，当事者が返還の時期を定めたときは，借主はその期限までは返還ができない。

4 当事者が返還時期を定めたときは，借主は期限の利益を有するから，たとえ借主が担保目的物を滅失させても，貸主は期限到来までは返還請求できない。

5 借主は，期限の定めのある消費貸借契約でもそれが無利息であればいつでも返還できる。もっとも，利息付きの場合は，期限までの利息を支払って返還することが必要である。

実戦問題 **1** の解説

→問題はP.205

⚡ **No.1 の解説** 賃貸借

1 ☒ 賃貸借には存続期間の定めがある（604条1項）。

債権である賃借権は期間を限定し，それ以上長期の利用権設定については物権である地上権や永小作権によるという役割分担に基づく制限である。

2 ◎ 賃貸人は目的物を使用・収益させる義務を負い，必要な修繕義務を負う。

妥当である。賃貸借は，相手方に目的物を使用・収益させて，その対価として賃料を得ることを内容とする契約である（601条）。したがって，賃貸人には，契約上の義務として相手方に**目的物を使用・収益させる義務**があり，またその一環として，目的物を使用・収益に適した状態にしておくために必要な修繕義務が課されている（606条1項本文）。

3 ☒ 賃料は，支払時期について特約がなければ後払いである。

賃料は，**動産，建物および宅地については毎月末，その他の土地については毎年末の後払いが原則である**（614条本文）。

賃料は，目的物の使用・収益の対価であるから，使用・収益していない段階で支払う（前払い）のではなく，使用・収益した段階で支払う（後払い）のが原則とされている。

4 ☒ 賃貸人の承諾なく第三者に使用・収益させれば，契約の解除原因となる。

賃貸借は，だれが使用・収益するかによって目的物の傷み具合などに大きな差が生じるため，特にその相手を信頼して結ぶ契約であるとされている。したがって，たとえ一部であっても賃貸人の承諾なく第三者に賃借物を使用・収益させた場合，それが契約上の義務に違反する行為ないしは**信頼関係を損なう行為**と認められれば，賃貸人は契約を解除できる（612条参照）。

5 ☒ 期間の定めのない賃貸借は，解約申入れの後，一定期間経過後に終了する。

土地の賃貸借は1年，建物の賃貸借であれば3か月など，所定の期間を経過した時点で終了する（617条1項）。

ア✕ 適法に転貸された場合，転借人は賃貸人に対して債務履行義務を負う。

賃貸人が転貸を承諾し，**適法に転貸**が行われた場合，転借人は賃貸人に対して**債務を直接履行する義務を負う**（613条1項本文）。

目的物の保管等につき，現に使用・収益している転借人に直接義務を負担させて賃貸人を保護する趣旨である。

イ✕ 賃貸人は，転貸を承諾しても，賃貸借契約上の権利を賃借人に行使できる。

AはBに対して，賃貸借契約に基づく権利を行使できる。たとえば，Bに賃料を請求するなどである。

AB間の賃貸借契約は，期間満了などの終了事由がない限り終了しない。転貸借契約の締結や，それに同意を与えることなどは終了事由ではないから，AB間の賃貸借契約は依然として効力を有している。したがって，AはBに契約上の義務の履行を請求できる。

ウ〇 賃貸人は，債務不履行を理由に解除した場合，転借人に返還請求ができる。

妥当である。転貸借契約は賃貸借契約を基礎として成立しているので，賃貸人Aが賃借人Bの債務不履行を理由として賃貸借契約を解除すれば，Aは転借人Cに目的物の返還を請求できる（613条3項但書）。

エ✕ 賃貸借契約を合意解除しても，転借人にはその効果を対抗（主張）できない。

債務不履行によってAB間の賃貸借契約が解除された場合と異なり，AB間で賃貸借契約を合意解除しても，その効果をCには対抗できない（613条3項本文）。したがって，AはCに建物の返還を請求できない。

AB間の合意で，適法に成立している第三者の権利を消滅させることは許されないからである（398条，538条などにこの法理が表れている）。

（抵当権の目的である地上権等の放棄）
398条 地上権又は永小作権を抵当権の目的とした地上権者又は永小作人は，その権利を放棄しても，これをもって抵当権者に対抗することができない。
（第三者の権利の確定）
538条1項 前条（第三者のためにする契約）の規定により第三者の権利が発生した後は，当事者は，これを変更し，又は消滅させることができない。

オ〇 転借人は，転貸人への前払いを理由に賃貸人からの賃料請求を拒めない。

妥当である（613条1項後段）。CはBにすでに賃料を支払っていることを理由に，Aからの賃料請求を拒絶できない。これは，**賃貸人の保護を図る趣旨**である。

以上から，妥当なものは**ウ**と**オ**であり，正答は**5**である。

No.3 の解説 消費貸借 →問題はP.206

1 ✕ **金銭の引渡し前に担保契約が設定されても消費貸借の要物性は損なわれない。**

　　本肢の「その契約を担保する抵当権設定契約が締結された」ことによって消費貸借の要物性が損なわれるわけではない。抵当権設定契約は担保の契約であって消費貸借そのものとは別のものだからである。

　　本肢の場合には，その後に**金銭が現実に引き渡された時点で消費貸借が成立し**（要物契約，587条），また，**その時点から抵当権も被担保債権を担保し始める。**

2 ✕ **準消費貸借契約が成立すれば，旧債務は消滅する。**

　　本肢にいう「金銭その他の物を給付する義務を負う者がある場合において，当事者がその物を消費貸借の目的とすることを約した」とは，たとえば商品の売買契約で，買主が代金を未払いにしている場合に，売主との合意に基づき，その代金債務を消費貸借契約に変える（代金額相当の金銭を貸したことにする）ような場合をいう（これを**準消費貸借**という，588条）。

　　この準消費貸借は，借主（上記でいう買主）にとっては，新たな契約で合意すれば返済時期を延長できる可能性があるというメリットがあり，貸主にとってもその間の利息を得られるというメリットがある。

　　そして，**準消費貸借契約が成立すれば，代金債務は消滅する**ことになる。そうでないと，借主は代金債務と準消費貸借契約による金銭債務という二重の債務を負うことになり，不合理だからである。

3 ✕ **借主はいつでも返還することができる。**

　　返還の時期の定めの有無にかかわらず，借主はいつでも返還することができる（591条2項）。

4 ✕ **借主が担保目的物を滅失させたときは，貸主は直ちに返還請求ができる。**

　　担保となる物を借主がなくしたということは，借主が期限に弁済できない場合に**担保から優先弁済を受けられる可能性がなくなる**ということである。このような**信用を損ねる行為**を借主が行った場合，借主は期限の利益を失い（137条2号），貸主は直ちに返還を求めることができる。

5 ◎ **利息付消費貸借で，期限前に返済するには期限までの利息の支払いが必要。**

　　妥当である。借主は，期限いっぱい借りられる（期限の定めのある）場合でも，無利息であればいつでも任意に返済してかまわない。しかし，利息付きの場合には，貸主には，「期限いっぱい貸しておけばそれまでの利息を得られる」という利益があるので，期限前に返済するには期限までの利息を支払うことを要する（136条2項）。

正答 No.1=**2**　No.2=**5**　No.3=**5**

**

⚡ **No.4**　賃貸借契約に関するア～オの記述のうち，判例に照らし，妥当なもののみをすべて挙げているのはどれか。　【国家Ⅱ種・平成23年度】

ア：建物の賃貸借契約の終了時において，賃借人は建物の原状回復義務を負っているので，社会通念上通常の使用をした場合に生じる建物の劣化または価値の減少に係る補修費用について賃借人が負担することが明確に合意されていなかったとしても，賃貸人は，当該補修費用を差し引いて敷金を返還することができる。

イ：建物の賃貸借契約の終了時において，賃貸人の敷金返還債務と賃借人の建物明渡債務は同時履行の関係にあり，賃借人は，敷金が返還されるまで建物の使用を継続することができる。

ウ：居住用建物の賃貸借における敷金について，賃貸借契約の終了時にそのうちの一定金額を返還しない旨の特約が合意された場合には，災害により当該建物が滅失し賃貸借契約が終了したときであっても，特段の事情がない限り，賃借人は賃貸人に対し当該一定金額の返還を請求することはできない。

エ：建物の賃貸借契約において，賃貸人の承諾を得た適法な転貸借関係が存在する場合に，賃貸人が賃借人の賃料の不払いを理由に当該契約を解除するには，特段の事情のない限り，転借人に通知等をして賃料の代払いの機会を与えなければならないものではない。

オ：建物の賃貸借契約において，賃借人が賃貸人の承諾なく当該建物を第三者に転貸した場合においても，賃借人の当該行為が賃貸人に対する背信的行為と認めるに足らない特段の事情があるときは，賃貸人は当該契約を解除することができない。

1　ア，ウ　　**2**　ア，オ　　**3**　イ，ウ
4　ウ，エ　　**5**　エ，オ

**

No.5　賃貸借に関する次の記述のうち，妥当なものはどれか。

1　賃借人は，目的物を改良するための有益費を支出した場合には，支出した費用またはそれによる目的物の価格の増加額のいずれかを選択して，賃貸人に対し直ちに償還するよう請求することができる。

2　賃借人は，たとえば借家の屋根に損傷があって雨漏りがするといったような場合には，賃貸人に対し目的物の使用収益に必要な修繕をするように請求することができるから，これを理由として賃貸借契約を解除することはできない。

3　他人の所有物を所有者に無断で賃貸した場合でも，賃貸借契約は有効であるが，賃借人が所有者から目的物の返還またはその使用収益による不当利得の返還

を請求されたときは，賃借人は賃貸人に対し賃料の支払いを拒絶することができる。

4 賃借人が賃貸人の承諾を得ずに第三者に目的物を転貸し使用収益させることは許されないから，賃借人が目的物である土地上に建てた建物を第三者に賃貸した場合には，賃借人は無断転貸を理由として賃貸借契約を解除することができるとするのが判例である。

5 賃借人が賃貸人の承諾を得て第三者に賃借権を譲渡した場合には，賃借人の契約上の地位は当該第三者に移転するから，賃借人が賃貸人に敷金を交付していたときは，敷金に関する権利義務関係も原則として当該第三者に承継されるとするのが判例である。

**
No.6 Ａの所有する土地がＢに賃貸され，さらにＣに転貸されて，実際にＣがその土地を使用している事例に関するア～オの記述のうち，判例に照らし，妥当なもののみをすべて挙げているのはどれか。 【国家Ⅱ種・平成19年度】

ア：Ａに無断で転貸借契約がされた場合には，Ｃの土地の使用によりＡＢ間の信頼関係が破壊されているか否かを問うことなく，Ａは賃貸借契約を解除することができる。

イ：Ａの承諾を得て転貸借契約がされ，その後，Ｃが土地の所有権を取得した結果賃貸人の地位を有するに至った場合であっても，転貸借関係は，ＢＣ間でこれを消滅させる合意が成立しない限り当然には消滅しない。

ウ：Ａの承諾を得て転貸借契約がされ，その後，Ｂが賃料の支払を延滞したためＡが賃貸借契約を解除しようとする場合には，特段の事情のない限り，Ａは，解除前にＣに対して当該延滞賃料を支払う機会を与えなければならない。

エ：Ａの承諾を得て転貸借契約がされ，その後，Ｂの債務不履行を理由にＡが賃貸借契約を解除した場合には，転貸借契約は，原則としてＡがＣに対して土地の返還を請求した時に，ＢのＣに対する転貸人としての債務の履行不能により終了する。

オ：Ａに無断で転貸借契約がされた場合には，Ａは賃貸借契約を解除しなくても，Ｃに対して所有権に基づき土地の明渡しを請求することができる。

1 ア，イ，ウ
2 ア，ウ，オ
3 ア，エ，オ
4 イ，ウ，エ
5 イ，エ，オ

⚡ **No.7** 賃貸借に関するア～オの記述のうち，妥当なもののみをすべて挙げているのはどれか。ただし，争いのあるものは判例の見解による。

【国税専門官／財務専門官／労働基準監督官・平成29年度改題】

ア：賃料の支払は，特約または慣習がない場合には，前払いとされている。ただし，収穫の季節があるものについては，後払いとされている。

イ：賃借人が賃貸人の承諾を得ずに賃借物を転貸して第三者に使用または収益をさせた場合であっても，賃借人の当該行為が賃貸人に対する背信的行為と認めるに足りない特段の事情があるときには，賃貸人は民法第612条第2項により契約を解除することはできない。

ウ：対抗力のある土地の賃貸借の目的物が譲渡された場合，旧所有者と賃借人との間に存在した賃貸借関係は法律上当然に新所有者と賃借人との間に移転し，旧所有者はその関係から離脱するが，その所有権の移転について未登記の譲受人は，賃貸人たる地位の取得を賃借人に対抗することができない。

エ：家屋の賃貸借契約が終了しても，賃借人は，特別の約定のない限り，敷金が返還されるまでは家屋の明渡しを拒むことができる。

オ：土地の賃借権が賃貸人の承諾を得て旧賃借人から新賃借人に移転された場合であっても，旧賃借人が差し入れた敷金に関する権利義務関係は，特段の事情のない限り，新賃借人に承継されない。

1 ア，エ　　　**2** ウ，オ　　　**3** ア，イ，エ
4 イ，ウ，オ　　**5** イ，エ，オ

No.8 民法に規定する賃貸借に関する記述として，判例，通説に照らして，妥当なのはどれか。　【地方上級（特別区）・令和2年度】

1　賃貸人が賃貸物の保存に必要な行為をしようとする場合において，そのために賃借人が賃借をした目的を達することができなくなるときは，賃借人は，これを拒むことまたは賃料の減額を請求することができる。

2　賃借人は，賃借物について賃貸人の負担に属する必要費を支出したときは，賃貸人に対し，賃貸借を終了した時に限り，その費用の償還を請求することができる。

3　最高裁判所の判例では，家屋の賃貸借における敷金契約は，賃貸人が貸借人に対して取得することのある債権を担保するために締結されるものであって，賃貸借契約に付随するものであるから，賃貸借の終了に伴う賃借人の家屋明渡債務と賃貸人の敷金返還債務とは，一個の双務契約によって生じた対価的債務の関係にあり，特別の約定のない限り，同時履行の関係に立つとした。

4　最高裁判所の判例では，適法な転貸借関係が存在する場合，賃貸人が賃料の不

払を理由として賃貸借契約を解除するには，特段の事情のない限り，転借人に通知をして賃料の代払の機会を与えなければならないとした。

5 最高裁判所の判例では，土地賃貸借が賃貸人の承諾を得て旧賃借人から新賃借人に移転された場合であっても，敷金に関する敷金交付者の権利義務関係は，敷金交付者において賃貸人との間で敷金をもって新賃借人の債務の担保とすることを約し，または新賃借人に対して敷金返還請求権を譲渡する等，特段の事情のない限り，新賃借人に承継されないとした。

No.9 ＊＊ 賃貸借に関するア～オの記述のうち，妥当なもののみをすべて挙げているのはどれか。ただし，争いのあるものは判例の見解による。

【国家一般職・平成30年度】

ア：不動産の賃借人は，賃借権に基づいて，賃貸人に対して当然にその登記を請求する権利を有する。

イ：賃貸借契約の解除をした場合には，その解除は契約締結時に遡ってその効力を生ずるが，解除以前に生じた損害賠償請求権は消滅しない。

ウ：建物の賃借人が有益費を支出した後，建物の所有権譲渡により賃貸人が交替した場合には，特段の事情のない限り，新賃貸人が当該有益費の償還義務を承継し，旧賃貸人は償還義務を負わない。

エ：貸主Ａが借主Ｂとの間で建物の賃貸借契約を締結し，さらにＢがＡの同意を得てＣとの間で当該建物の転貸借契約を締結した場合において，ＡＢ間の賃貸借契約がＢの債務不履行を原因として解除により終了したときであっても，ＡはＣに当該建物の返還を請求することはできない。

オ：ＡがＢに対して建物所有を目的として土地を賃貸しており，その契約中にＢがＡの承諾を得ずに借地内の建物の増改築をするときはＡは催告を要せずに契約の解除ができる旨の特約があるにもかかわらず，ＢがＡの承諾を得ずに建物の増改築をした場合において，当該増改築が借地人の土地の通常の利用上相当であり，土地賃貸人に著しい影響を及ぼさないため，賃貸人に対する信頼関係を破壊するおそれがあると認めるに足りないときは，Ａは当該特約に基づき解除権を行使することができない。

1 ア，イ　　　**2** ア，ウ　　　**3** イ，エ

4 ウ，オ　　　**5** エ，オ

実戦問題 ❷ の 解説

⚡ No.4 の解説　建物の転貸借

→問題はP.210

ア✕ **通常の使用による賃借物の劣化・価値の減少の補修費用は賃貸人が負担する。**

　　すなわち，補修費用を賃借人が負担するとの明確な合意がなければ，これ
を敷金から差し引くことは許されない（最判平17・12・16，621条本文）。

　　通常の使用をした場合に生じる建物の劣化や価値の減少に係る補修費用
を，賃貸人と賃借人のいずれが負担すべきかという点に関して，判例は，賃
借人に負担させるためには，その旨の明確な合意（**通常損耗補修特約**）がな
ければならないとする。このような合意がなければ，これを賃借人に負担さ
せることは許されないので，敷金から差し引くことは許されない。

イ✕ **賃貸借終了による家屋の明渡しと敷金の返還とは同時履行の関係に立たない。**

　　敷金は，賃貸借契約成立からその終了と目的物引渡しまでの間に発生した
一切の延滞賃料や損害金などを差し引いて，これらを清算したうえで返還さ
れるというものである。すなわち，**引渡しがあって初めて清算ができるので**
あるから，引渡しと敷金返還は同時履行の関係には立たない（最判昭49・
9・2，622条の2第1項1号）。

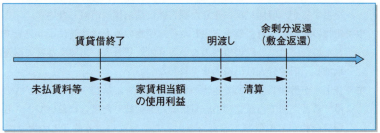

ウ✕ **災害で賃貸家屋が滅失して契約が終了した場合，敷引特約は適用できない。**

　　賃借建物が被災して滅失したために賃貸借が終了した場合には，賃貸借終
了時に敷金から一定金額を返還しないという合意（**敷引特約**という）をその
まま適用することはできない（最判平10・9・3）。

　　判例は，その理由として，「賃貸借契約が火災，震災，風水害その他の災
害により当事者が予期していない時期に終了した場合についてまで敷引金を
返還しないとの合意が成立していたと解することはできない」からとする。

エ⚪ **賃借人に賃料不払いがあれば，転借人に通知等をせずに契約を解除できる。**

　　妥当である。**賃貸人は，転借人に対してなんら義務を負っていない**ので，
賃借人に賃料不払いがあれば，転借人に催告することなく賃貸借契約を解除
できる（最判昭37・3・29）。

オ⚪ **無断譲渡・転貸があっても，信頼関係を破壊しないものなら解除はできない。**

　　妥当である。法は，賃借権の無断譲渡・転貸があった場合に，賃貸人に契
約の解除権を認めている（612条2項）。ただし，その趣旨は賃貸人の利益を
保護しようとする点にあるので，賃借物の使用状況になんらの変化がないな

ど，賃貸人の利益保護に支障がない（**背信的行為と認められるような特段の事情がない**）場合には，**解除権の行使は認められない**（最判昭28・9・25）。

たとえば，ともに建築設計士である親子B・Cが共同で仕事をするために，当初は父B名義で所有者Aからビルの一室を借りていたが，父Bが引退し，その後は子Cがもっぱらその事務所を使って仕事を続け，賃料も子Cが引き続き支払っていたという場合に，父Bが子Cに賃借権を転貸するなどがその例である。

以上から，妥当なものは**エ**と**オ**であり，正答は**5**である。

なお，本問は**ア**や**ウ**の知識がなくても，残りの選択肢の正誤判断で正答できる。

No.5 の解説 賃貸借 →問題はP.210

1 ☒ 賃借人が有益費の償還を請求できるのは，賃貸借終了時である。

本肢は次の2点で誤っている。

①賃借人が有益費を支出した場合，賃借人は賃貸人にその償還を請求できるが，償還請求の時期は支出後「直ちに」ではなく，賃貸借終了時である（608条2項本文）。

賃借物の使用に支障を来した場合の修理費用などの**必要費**は，本来賃貸人が負担すべき費用であることから，賃借人はその支出後直ちに償還を請求できる（608条1項）。これに対して，浴室に新たにシャワー設備を施した場合のようないわゆる**有益費**（賃借物の価値を高める費用）の場合は，本来賃貸人が支払いを義務づけられるものではない。したがって，賃貸借終了時において**増加価値が現存している場合に限り，その時点で償還を請求できる**とされている。

②支出費用またはそれによる目的物の価格の増加額のいずれかを選択できるのは，賃借人ではなく賃貸人のほうである（608条2項，196条2項）。

有益費は，本来賃貸人が支払いを義務づけられるものではないので，賃貸人の利益を考慮して，支出費用と増価額のいずれを支払うかの選択権は賃貸人の側にあるとされている。

2 ☒ 賃貸借の目的を達成できないときは，直ちに契約を解除できる。

雨漏りの程度がひどく，また梅雨の時期を控えているのに修理に相当な期間を要するなど，**借家契約をした目的が達成できないとき**は，修繕を要求することなく直ちに契約を解除できる（559条，564条）。

3 ◎ 他人の所有物を所有者に無断賃貸した場合でも，賃貸借契約は有効である。

妥当である。ただし，所有者から目的物の返還を請求された場合には，その時点で賃借人は賃借物を使用・収益することができなくなるので，賃貸人に対して賃料支払いを拒絶できる（最判昭50・4・25）。また，所有者から不当利得（目的物の使用利益）の返還を請求された場合にも，賃料との二重弁済を強いられることになるので，同様に賃料の支払いを拒絶できる。

4 ✗ 賃借地上に賃借人が建てた建物を第三者に賃貸しても無断転貸にならない。

　土地の賃借人が借地上に建てた建物を第三者に賃貸しても，土地の賃借人は建物所有のために自ら土地を使用している者であるから，賃借地そのものを第三者に転貸したというわけではない。すなわち，**土地の無断転貸に当たらない以上**，土地の賃貸人は無断転貸を理由に賃貸借契約を解除することはできない（大判昭 8・12・11）。

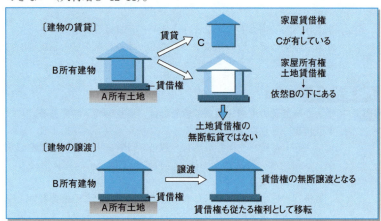

5 ✗ 賃借人の交代の場合，敷金関係は原則として新賃借人に引き継がれない。

　賃貸人の交代の場合と異なり，賃借人の交代の場合には，原則として敷金関係は第三者（新賃借人）に引き継がれない（622条の 2 第 1 項 2 号）。

　敷金は，賃貸人が賃借人から賃料や修理代金などを取り損なうことがないように，これらの債権の**担保として賃借人に差入れを要求するもの**である。

　したがって，敷金の担保としての機能に照らし，賃借人が交代して旧賃借人が賃料や修理代金などに関する**債務者でなくなった場合には，旧賃借人に敷金を返還しなければならない**。

　仮に敷金が当然に承継されることを認めると，新賃借人が新たに発生させた修理費用や未払い家賃などを旧賃借人の敷金で賄うことになる。しかしそれは，旧賃借人の利益を損なうもので不当である。

　したがって，旧賃借人から新賃借人へ敷金返還請求権が譲渡された場合など，特段の事情がある場合を除き，敷金関係は新賃借人へは承継されない。

> **●賃貸人が交代した場合の敷金関係**
>
> 　この場合には，敷金関係は旧賃貸人から新賃貸人に引き継がれる（605条の 2 第 4 項・1 項，605条の 3）。
> 　その理由は，賃貸人の交代という突然の事情によって，賃借人がその都度，旧賃貸人との間で敷金に関して清算を行い，新賃貸人に新たに敷金を差し入れるなどという面倒な手間や，敷金調達にかかる負担を省くことができるからである。すなわち，敷金は，新賃貸人にそのまま引き継いでもらったほうが賃借人にとって有利なのである。

No.6 の解説 転貸借をめぐる法律関係

→問題はP.211

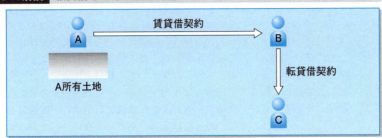

ア ✕ 無断譲渡・転貸があっても，信頼関係を破壊しないものなら解除はできない。

　　信頼関係が破壊されているとは認められない特段の事情があれば，契約の解除は認められない（最判昭28・9・25）。→No.4 オ

イ ○ 賃貸人と転借人の地位が同一人に帰した場合でも，転貸借は消滅しない。

　　妥当である。Cが土地所有権取得によってAの賃貸人の地位を承継した場合には，単にAB間の賃貸借契約の貸主がCに入れ替わるだけで，既存の2つの契約である賃貸借契約と転貸借契約は影響を受けずにそのまま存続する。土地所有権取得という理由だけでCから土地利用権（賃借権）を奪う必要はなく，また，そのように解してもなんらBの利益を損なうことはないからである。そのため，判例は，**転貸借関係は，BC間でこれを消滅させる合意が成立しない限り当然には消滅しない**とする（最判昭35・6・23）。

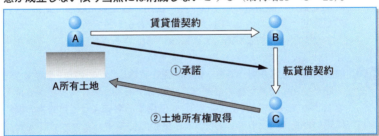

ウ ✕ 賃借人に賃料不払いがあれば，転借人に通知等をせずに契約を解除できる。

　　賃貸人は，転借人に対してなんら義務を負っていないので，賃借人に賃料不払いがあれば，転借人に催告することなく賃貸借契約を解除できる（最判昭37・3・29）。→No.4 エ

エ ○ 賃貸人の債務不履行後に転借人が返還請求を受けた時に，転貸借は終了する。

　　妥当である。転貸借契約は賃貸借契約を基礎として成立しているので，賃貸人が賃借人の債務不履行を理由として賃貸借契約を解除した場合には，賃貸人は転借人に目的物の返還を請求できる。そして，**返還請求が行われた場合には，転借人は目的物を賃貸人に引き渡さなければならない。したがって，その時点で転貸借契約は履行不能となり終了する**（最判平9・2・25）。

第2章

債権各論

このように，転貸借契約の終了時が，賃貸人が賃貸借契約を解除した時点ではなく，転借人に対して目的物の引渡しを請求した時点であることに注意。

その理由は，判例によれば，「賃貸人が転借人に直接目的物の返還を請求するに至った以上，転借人が賃貸人との間で再び賃貸借契約を締結するなどして，転借人が賃貸人に転借権を対抗し得る状態を回復することは，もはや期待し得ない」からとされている。すなわち，転借人が賃貸人と再度契約を締結できれば，転借人は転借人に使用・収益させる義務があるので，転貸借契約はそのまま存続できるが，賃貸人が転借人に目的物の引渡請求を行った場合には，そのような契約の締結はもはや期待できない。したがって，その時点で履行不能を認定すべきという意味である。

オ⭕ 無断転貸の場合，賃貸借契約を解除しなくても転貸人に明渡請求ができる。

妥当である。Aに無断で転貸借がなされても，転借人Cは土地の利用権をAに対抗できない。すなわち，Aとの関係では，Cは土地の不法占拠者になるので，Aは賃貸借契約を解除することなしに，直ちにCに土地の明け渡しを請求できる（最判昭26・5・31）。

以上から，妥当なものは**イ，エ，オ**であり，正答は**5**である。

⚡ **No.7 の解説　賃貸借**　　　　　　　　　　　　　　　　→問題はP.212

ア✕ 賃料は，支払時期について特約がなければ後払いである。

賃料は，目的物の使用・収益の対価であるから，使用・収益していない段階で支払う（前払い）のではなく，**使用・収益した段階で支払う（後払い）のが原則**とされている（614条本文）。→**No.1選択肢3**

また，収穫の季節があるものについては，その季節の後に遅滞なく支払わなければならないとされている（同条但書）。

イ⭕ 無断譲渡・転貸があっても，信頼関係を破壊しないものなら解除はできない。

妥当である。賃借権の無断譲渡・転貸があった場合に，法が賃貸人に解除権を認めているのは（612条2項），**使用する者によって目的物の損耗の状況に違いがある**ことから，「その人を信頼して貸す」という賃貸人利益を保護しようとする点にある。したがって，賃借物の使用状況になんらの変化がないなど，**賃貸人の利益保護に支障がない（背信的行為と認められるような特段の事情がない）場合には，解除権の行使は認められない**（最判昭28・9・25）。→**No.4 オ**

ウ⭕ 賃貸不動産の譲渡で，譲受人は登記なしに賃貸人の地位の移転を主張不可。

妥当である。本肢には2つの問題点が含まれているので，分けて説明する。
①賃貸人たる地位の移転（契約上の地位の移転）…賃貸人は賃貸借契約の一方当事者であって，その契約に基づき，賃料を得るなどの権利を有する一方で修理が必要なら修理するなど，さまざまな義務を負っている。このような地位を**契約上の地位**という。では，次の図で，土地の所有権が譲渡された場合に，この契約上の地位はどうなるのか。結論から先に言うと，A

B間で特別の合意がない限り，賃貸人たる地位は当然にCに移転する（605条の2第1項）。これが通常の契約上の地位の移転の場合であれば，ＡＢＣ三者の合意が必要とされるのであるが（539条の2），Bの賃借権は対抗力を備えているので，Cは「土地を明け渡せ」とはいえず，Bの賃借権を承認せざるをえない。いわばＡＢＣ三者の合意を**承認せざるをえないので，「当然に移転する」わけである**。なお，「ＡＢ間で特別の合意がある」とは，たとえばA→Cの譲渡が売買ではなく贈与で，「無償で贈与する代わりに，家賃を得る権利を留保したいので，賃貸人たる地位は自分（A）が持っておく」などという場合である（605条の2第2項前段）。

②譲受人が賃貸人たる地位を主張するには登記が必要…そうでないと，たとえばAがさらにDに土地を譲渡して，Dが先に登記を備えたなどという場合に，Bは**賃料の二重払いのリスクを負いかねないからである**（605条の2第3項）。→民法Ⅰテーマ11「不動産物権変動」No.2ア

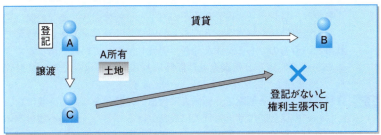

→No.4イ

エ✗ **賃借人は，家屋の賃貸借契約が終了すれば敷金返還前でも明渡しを拒めない。**

家屋の明渡しが先で，敷金返還はその後である（622条の2第1項1号）。

→No.4イ

オ◯ **賃借人の交代の場合，敷金関係は原則として新賃借人に引き継がれない。**

妥当である。敷金は「**その賃借人が賃貸人に差し入れた担保**」であるから，賃借人が交代して旧賃借人が債務者でなくなった場合には，賃貸人は旧賃借人に敷金を返還しなければならない（622条の2第1項2号）。

→No.5選択肢5

以上から，妥当なものは**イ，ウ，オ**の3つであり，正答は**4**である。

1 ✕　保存行為で賃借の目的を達成できないときは，賃貸契約を解除できる。

　　賃貸人が賃借人の意思に反して保存行為をしようとする場合において，そのために**賃借人が賃借をした目的を達することができなくなるとき**は，賃借人は，**契約の解除をすることができる**（607条）。

　　そして，「賃借をした目的を達することができなくなる」とは，借りていても意味がないということであるから，減額請求は意味をなさない。この場合に認められるのは契約の解除だけである。

2 ✕　賃借人は，賃貸人の負担に属する必要費について直ちに償還請求ができる。

　　賃借物の使用に支障を来した場合の修理費用などの**必要費**は，本来賃貸人が負担すべき費用であることから，賃借人はその**支出後直ちに償還を請求できる**（608条1項）。→No.5選択肢1

3 ✕　賃貸借終了による家屋の明渡しと敷金返還とは同時履行の関係に立たない。

　　敷金は，賃貸借契約成立からその終了と目的物引渡しまでの間に発生した一切の延滞賃料や損害金などを差し引いて，これらを**清算したうえで返還されるというもの**である。すなわち，引渡しがあって初めて清算ができるのであるから，引渡しと敷金返還は同時履行の関係には立たない（最判昭49・9・2，622条の2第1項1号）。→No.4 イ

4 ✕　賃料不払いによる解除で，転借人に代払いの機会を与える必要はない。

　　代払いの機会の付与を賃貸人に義務づけることは，債務不履行という賃貸人になんら責めのない事由で新たな負担を強いることになる。そのため，判例は，「土地の賃貸借契約において，適法な転貸借関係が存在する場合に，賃貸人が賃料の不払を理由に契約を解除するには，特段の事情のない限り，転借人に通知等をして賃料の代払の機会を与えなければならないものではない」とする（最判平6・7・18）。

5 ◎　賃借人の交代の場合，敷金関係は原則として新賃借人に引き継がれない。

　　妥当である。賃貸人の交代の場合と異なり，賃借人の交代の場合には，原則として敷金関係は第三者（新賃借人）に引き継がれない（最判昭49・9・2，622条の2第1項2号）。

ア ✕　賃借権は債権であるから，不動産の賃借人には登記請求権はない。

　　賃貸借契約は，簡単にいえば「使用料（賃料）を払うから貸してほしい」ということを内容とする契約である（601条）。そこには**登記の要求は含まれていない**（大判大10・7・11）。つまり，登記するかどうかはあくまで任意であって，賃貸人が登記に応じたとしても，それは賃貸人の好意に基づくものである。物権の場合のような，**権利としての登記請求権があるわけではない**。

イ ✕　賃貸借契約の解除の効力は，将来に向かって生ずる。

　　同じく解除であっても，売買のような1回で完結する契約と，賃貸借契約

のように継続的な契約の場合では，解除の効力にもその性質に応じた違いがある。

前者では，「契約は最初からなかったことにする」とするのが一般の感覚に合っている。したがって，解除の効果は遡及する，つまり契約締結の時点に遡って（戻って）「契約は締結されなかった」としてかまわない（**解除の遡及効**）。

しかし，賃貸借のような継続的契約関係では，これと同じように考える（解除に遡及効を認める）ことは無理である。毎月の家賃や修理代金の返還等々，法律関係はいたずらに複雑なものとなる。そこで，**賃貸借のような継続的契約関係においては，解除の効力は遡及せず，将来に向かってのみ生ずる**とされている（620条本文）。

ウ〇 譲渡で賃貸人が交替する場合は，新賃貸人が有益費償還義務を承継する。

妥当である。有益費は，賃貸人にとって利益になるからこそ，その償還が認められている（608条2項本文，196条2項）。したがって，本肢は，これらの費用が旧賃貸人と新賃貸人のどちらに有利かを考えてみればよい。

たとえ旧賃貸人の時点で有益費が支出されても，それによる利益は新賃貸人に承継されるはずである。そうであれば，建物の所有権譲渡により賃貸人が交替した場合には，新賃貸人が当該有益費の償還義務を承継し，旧賃貸人は償還義務を負わないことになる（最判昭46・2・19）。

エ✕ 賃貸人は，債務不履行を理由に解除した場合，転借人に返還請求ができる。

転貸借契約は賃貸借契約を基礎として成立しているので，賃貸人Aが賃借人Bの債務不履行を理由として賃貸借契約を解除すれば，Aは転借人Cに目的物の返還を請求できる（613条3項但書）。**→No.2ウ**

オ〇 増改築禁止特約があっても，増改築が信頼関係を破壊しなければ解除は不可。

妥当である。判例は，「賃貸借契約中に，賃借人が賃貸人の承諾を得ないで賃借地内の建物を増改築するときは，賃貸人は催告を要しないで，賃貸借契約を解除することができる旨の特約があるにかかわらず，賃借人が賃貸人の承諾を得ないで増改築をした場合においても，この増改築が借地人の土地の通常の利用上相当であり，土地賃貸人に著しい影響を及ぼさないため，**賃貸人に対する信頼関係を破壊するおそれがあると認めるに足りないときは，**賃貸人が前記特約に基づき**解除権を行使することは，信義誠実の原則上，許されない**」とする（最判昭41・4・21）。

以上から，妥当なものは**ウ**と**オ**であり，正答は**4**である。

必修問題

　民法に規定する請負または委任に関する記述として，通説に照らして，妥当なのはどれか。　　　　　　　　　　　　【地方上級（特別区）・令和元年度】

1　請負は，当事者の一方がある仕事を完成することを約し，相手方がその仕事の結果に対してその報酬を支払うことを約することによって，その効力を生ずる有償，双務および諾成契約である。

2　注文者が破産手続開始の決定を受けたとき，請負人は，契約の解除をすることができるが，この場合に，請負人は，すでにした仕事の報酬に含まれていない費用について，破産財団の配当に加入することができない。

3　委任は，各当事者がいつでもその解除をすることができるが，当事者の一方が相手方に不利な時期に委任の解除をしたときは，その当事者の一方は，必ず相手方の損害を賠償しなければならない。

4　委任は，特約の有無にかかわらず，委任者または受任者の死亡，委任者または受任者が後見開始の審判を受けたことおよび受任者が破産手続開始の決定を受けたことによって終了する。

5　受任者は，委任の本旨に従い，善良な管理者の注意をもって，委任事務を処理する義務を負うが，委任事務を処理するについて費用を要するときであっても，当該委任事務を履行した後でなければ，これを請求することができない。

難易度　＊＊

必修問題の解説

1 ◎　請負は，相互に対価的性質を有する有償・双務契約で，かつ諾成契約である。

　　妥当である。法は，「請負は，当事者の一方がある仕事を完成することを約し，相手方がその仕事の結果に対してその報酬を支払うことを約することによって，その効力を生ずる」と規定する（632条）。

　　そして，「報酬を支払う」とは**有償契約**であること，また，「一方は報酬を支払い，他方は仕事を完成する」とは，双方が債務を有する**双務契約**であること，さらに，「約することで効力を生ずる」とは合意があればそれだけで成立する**諾成契約**であることを意味する。

2 ✕　注文者に破産手続開始の決定があっても，既発生の報酬等は配当加入できる。

　　破産手続というと難しく考えられがちだが，要するに，債務者が全債務を返済できるめどが立たなくなったので，裁判所から選任された破産管財人

B

頻出度

国家総合職 ★★★ 地上特別区 ★★
国家一般職 ★★★ 市役所C ★★
国税専門官 ★★
地上全国型 ★

11 その他の典型契約

第2章 債権各論

が，その現有財産をピックアップして，それを債権者にそれぞれの債権額に応じ配当するという手続きである。

そこで，問題は請負契約の行方であるが，**破産手続開始の決定があっても契約自体はそのまま存続**する。契約の存続と破産手続きによる現有財産のピックアップとは関係がないからである。ただ，そうなると，請負人は仕事を完成しても報酬全額を得られる見込みがなくなるので，請負人に著しく不利となる。そのため，**法は請負人からの契約解除を認めている**（642条1項本文）。したがって，前半は正しい。

次に，解除前の「すでにした仕事の報酬」や「それに含まれていない費用」については，**すでに発生している費用**なので，これについては少しでも回収を認めるべきである。そのため，これらについては，**法は破産財団の配当に加入することを認めている**（同条2項）。したがって，後半は誤り。

3 ✕ 不利な時期の委任の解除も，やむをえぬ事由があれば損害賠償義務を免れる。

委任は当事者間の信頼関係が契約の基礎になっているので，当事者双方に**自由な解除権が認められている**。信頼のなくなった相手のために事務を処理する（受任者），あるいは事務処理をゆだねる（委任者）というのは不合理だからである（651条1項）。

ただし，**相手方に不利な時期に契約を解除**した場合は，それが**やむをえない事由によるものでなければ，相手の損害を賠償しなければならない**（同条2項柱書本文1号）。一方で，やむをえない事由によるものであれば免責される（同条2項柱書但書）。

4 ✕ 委任は，特約があれば，委任者の死亡によっては終了しない。

委任者の**死亡は委任の終了原因**であるが（653条1号），**特約で終了させないとすることもできる**。たとえば，死亡後の病院への入院費用の支払いや葬儀を行うことを依頼するような場合である（最判平4・6・22）。

5 ✕ 委任事務の処理費用について，受任者は前払いを請求できる。

報酬はともかく，他人に事務処理を依頼する以上は，そこにかかる費用は前払いである（649条）。なお，前半は正しい（644条）。

正答 1

FOCUS

典型契約にはさまざまな種類のものがあるが，そのうち「贈与・売買」と「賃貸借」以外で出題されるのは，「請負」「委任」「組合」の3つにほぼ集約される。これら3つは，比較的マイナーな分野であることや，出題数が「贈与・売買」や「賃貸借」に比べて少ないことから，出題は特定のテーマに集中する傾向が見られる。

重要ポイント **1**　**請負**

①請負とは，当事者の一方（請負人）が他方（注文者）から依頼された仕事を完成することを約束し，他方（注文者）がその仕事の結果に対して報酬を支払うことを約束することによって成立する（有償双務契約）。

②請負では，請負人は注文どおりの仕事を完成すればよいので，下請禁止特約が結ばれている場合でない限り，請負人は下請負人に仕事をさせることができる。

③目的物の所有権移転時期は，材料の全部または主要部分を注文者が提供したときは，完成と同時に注文者に帰属し，請負人が提供したときは請負人に帰属する。後者の場合，請負人から注文者への所有権の移転は目的物の引渡しによって行われる。なお，当事者の合意で所有権移転時期を別途定めてもよい。

④請負人が仕事を完成しない間は，注文者はいつでも請負人の損害を賠償して契約を解除できる。

⑤注文者が破産手続開始の決定を受けたときは，請負人は契約を解除できる。

重要ポイント **2**　**委任**

(1) 意義・性質

①委任とは，当事者の一方が他方に事務処理を委託する契約である（法律行為を委託した場合は委任，それ以外の事務処理を委託した場合は準委任と呼ばれる）。

②委任は原則として無償契約である。

③委任は当事者の信頼関係を基礎に成立しており，受任者には委任事務処理に関して自己執行義務がある。したがって，復委任は委任者の許諾またはやむをえない事由がなければ許されない。ただし，履行補助者を用いることは差し支えない。

④委任は当事者の信頼関係を基礎に成立しているので，当事者双方はいつでも自由に委任契約を解除できる。これは，委任が受任者の利益のためにもなされた場合であっても同様である。ただし，相手方が不利な時期に解除するときは，やむをえない事由がある場合を除いて，相手方の損害を賠償しなければならない。

⑤当事者の一方について破産手続開始の決定があると，その者に対する他方の信頼が失われるので，委任契約は終了する。また，当事者の一方の死亡も委任契約の終了原因である。さらに，受任者が後見開始の審判を受けたときも，受任者の事務処理能力に対する信頼が失われるので，契約は終了する。

(2) 効力

①受任者は，善良な管理者の注意義務をもって事務を処理しなければならない。

②履行の途中で契約が終了した場合には，受任者は履行の割合に応じた報酬を委任者に請求できる。

③委任事務の処理に必要な費用は前払いである。一方，報酬は後払いである。

④受任者は，委任事務を処理するに当たって受け取った金銭その他の物または収取した果実を委任者に引き渡さなければならない。これは速やかに行うべきものであるから，報酬の支払いとは同時履行の関係に立たない。

重要ポイント 3 **組合**

①組合は，2人以上の当事者が，それぞれ出資を行って共同事業を営むことを約束することによって成立する（合同行為）。

②組合契約においては，すべての当事者が出資を履行しなければならないが，その出資は金銭に限られず，財産的価値のあるものならなんでもよい。したがって，信用や労務による出資も認められる。

③ある特定の組合員の出資義務が不可抗力により履行不能となった場合でも，他の組合員の出資義務は消滅しない。

④組合の目的たる事業は当事者で自由に定めることができる。営利・非営利，公益・私益を問わない。また，継続的なものではなく一時的な事業であってもよい。

⑤組合の業務は，組合員の過半数の同意によって決せられる。

⑥組合員の脱退に際して持分の払戻しが行われる場合，払戻しは，組合員の出資の種類いかんにかかわらず，これを金銭で行うことができる。

No.1　請負に関するア～エの記述のうち，判例に照らし，妥当なもののみをすべて挙げているのはどれか。　　　　　　　　　　【国家Ⅰ種・平成22年度改題】

ア：建物の建築請負契約において，請負人が自分の材料で注文者の土地の上に建物を築造したときは，当事者間に別段の意思表示がない限り，建物の所有権は，その完成の時に，注文者に移転する。

イ：建物の建築請負契約において，請負人の仕事完成義務と注文者の報酬支払義務とは，同時履行の関係に立つ。

ウ：建物の建築請負契約において，注文者と請負人の間に下請負禁止の特約がなされた場合には，その特約の効力は第三者にも及び，請負人と第三者の間で成立した下請負契約は無効である。

エ：建物の建築請負契約において，注文者が建築の主要材料である木材一切を供給したときは，当事者間に別段の意思表示がない限り，建物の所有権は原始的に注文者に帰属する。

1　ア，イ
2　ア，ウ
3　イ，エ
4　ウ
5　エ

No.2　委任に関する次の記述のうち，妥当なものはどれか。

【市役所・平成26年度】

1　委任は，有償・無償を問わず，受任者は善良なる管理者の注意をもって委任事務を処理しなければならない。

2　受任者は，委任事務が終了した後でなければ委任事務を処理するのにかかる費用を委任者に請求できない。

3　委任者，受任者ともに，相手方に不利な時期に委任契約を解除することはできない。

4　受任者が後見開始の審判を受けたときでも，委任契約は終了しない。

5　委任者または受任者が死亡しても，委任契約は終了しない。

No.3 委任契約に関する次の記述のうち，妥当なものはどれか。

【市役所・平成9年度改題】

1 無償委任契約の受任者は，自己のためにするのと同一の注意を持って事務を処理すればよい。

2 委任者・受任者はともに，相手方の不利なとき以外は，いつでも自由に委任契約を解除することができる。

3 委任契約は，委任者について後見開始の審判がなされても終了しないが，受任者について後見開始の審判がなされたときは終了する。

4 有償委任契約の受任者は，受任者の責めに帰すべき事由により事務を中途で終了した場合には，報酬を請求することができない。

5 受任者は，委任事務を処理するにつき費用を要する場合であっても，委任事務が終了した後でなければ，費用を請求することができない。

No.4 民法に定める組合に関する記述として，妥当なのはどれか。

【地方上級・平成18年度】

1 組合契約は，組合員全員が出資する義務を負うものでなければならず，出資は金銭，不動産および債権に限られ，労務は含まれない。

2 組合契約によって共同で行われる事業は，営利目的でも公益目的でもよいが，継続的なものに限られ，一時的なものは含まれない。

3 ある特定の組合員の出資義務が不可抗力により履行不能となった場合には，他の組合員の出資義務は消滅すると解されている。

4 組合契約により，一部の組合員または第三者に業務の執行を委任することができ，委任された業務執行者が複数いるときは，常に業務執行者全員の同意により業務を決定する。

5 組合員は，やむをえない事由がある場合には，組合の存続期間の定めの有無にかかわらず，常に組合から任意に脱退することができ，これに反する組合契約の約定は無効であると解されている。

実戦問題 **1** の 解説

→問題はP.226

⚡ **No.1 の解説** 請負

ア ✗ **請負人の材料で築造した場合，完成建物の所有権は請負人に帰属する。**

　　完成建物の所有権の帰属に関して，判例は次のように考えている。

①	材料の全部または主要部分を注文者が提供した場合	完成した建物の所有権は注文者に帰属する
②	材料の全部または主要部分を請負人が提供した場合	完成した建物の所有権は請負人に帰属する（その後の引渡しによって注文者に移転する）
③	②において，完成と同時に注文者に所有権を移転する旨の特約ないし暗黙の合意がある場合	完成した建物の所有権は注文者に帰属する

　　本肢では，請負人が材料を供給しているので，完成建物の所有権は請負人に帰属し，引渡しによって注文者に所有権が移転する（大判明37・6・22）。

イ ✗ **建築請負では，完成建物の引渡しと報酬の支払いは同時履行の関係に立つ。**

　　注文者の報酬支払義務と同時履行の関係に立つのは，請負人の仕事完成義務ではなく，目的物の引渡義務である（633条本文）。

　　仮に，請負人が仕事を完成した段階で報酬の支払いが必要とされるなら，注文者は**「報酬は支払ったが建物を引き渡してもらえない」という不都合な事態に直面するおそれがある。**当事者間の公平を期すのであれば，報酬の支払いと目的物の引渡しを同時履行としておくほうがよい。また，そのように解しても，請負人に特段の不都合は生じない。

ウ ✗ **下請負禁止の特約があっても，請負人と第三者間の下請負契約は有効である。**

　　下請負禁止の特約がなされた場合でも，その特約に違反してなされた下請負契約は無効ではない（大判明45・3・16）。この理屈は，「賃貸人の承諾を得ずに締結された転貸借契約も当事者間では有効」とされるのと同じである。

　　契約は，それを締結した当事者を拘束するだけであって第三者を拘束するものではない。したがって，下請負禁止の特約があるにもかかわらず，それに違反して下請負契約が締結されても，その契約は当事者間では有効に成立する。

　　ただ，下請負人を使用した場合には，注文者から特約違反（債務不履行）の責任を追及されることになる。

エ ◯ **注文者が建築の主要材料を供給したときは，建物の所有権は注文者に帰属。**

　　妥当である（大判昭7・5・9）。この場合には，「工作によって生じた価格が材料の価格を著しく超えるときは，加工者がその加工物の所有権を取得する」とする加工の規定（246条1項但書）は適用されない。加工は，物権どうしがいわばむき出しで衝突する場合の所有権帰属に関する規定であって，契約関係に適用するのは適当ではない。**注文者が材料を出して建築を依**

頼するという場合には,「**建物の所有権は原始的に注文者に帰属する**」というのが取引通念に合致する判断といえる。**→アの表の①**

以上から,妥当なものは**エ**のみであり,正答は**5**である。

No.2 の解説　委任

→問題はP.226

1 ◎　受任者は,有償・無償を問わず善良なる管理者の注意で事務処理をすべき。

妥当である。たとえ委任契約が無償(報酬がない)でも,受任者は**善良なる管理者の注意義務**(善管注意義務)をもって事務を処理しなければならない(644条)。有償委任の場合も同様である。

委任契約は,他人(委任者)の事務を処理する契約である。他人の事務(一般には重要な事務であることが多い)の処理であるから,たとえ無償であっても,その他人(委任者)の利益を損なうことがないように,**誠実に事務処理を行う必要がある**。そのため,受任者の注意義務の程度は「自己の財産におけると同一の注意義務」ではなく,それよりも高度な「善良なる管理者の注意義務」とされている。

2 ✕　委任事務の処理に必要な費用は「前払い」である。

たとえば,不動産の登記を他人(受任者)に依頼する場合には(656条),登録免許税などの登記に**必要な費用**は,「受任者がいったん立て替えて,後で委任者に請求できる」のではなく,**委任者が事前に前払い**しておかなければならない(649条)。委任事務の終了後に請求できるのは,費用ではなく報酬のほうである(648条2項本文)。

3 ✕　解除は自由だが,相手方に不利な時期の解除では損害賠償の義務を負う。

委任は**当事者間の信頼関係が契約の基礎になっている**ことから,当事者双方に**自由な解除権**が認められている。信頼のなくなった相手のために事務を処理する(受任者),あるいは事務処理を委ねる(委任者)というのは不合理だからである(651条1項)。ただし,相手方に不利な時期に契約を解除した場合は,それがやむをえない事由によるものでない限り,相手の損害を賠償しなければならない(同条2項1号)。いったん信頼を得て事務処理を開始した以上,途中解約の場合でも「誠実な終了」が求められる。

4 ✕　受任者が後見開始の審判を受けたときには,委任契約は終了する。

受任者が後見開始の審判によって成年被後見人(一時的に判断能力が回復することもあるが,通常の状態としては判断能力がないという常況にあり,後見開始の審判を受けた者)となったときは,**受任者の事務処理能力の欠如**が明らかになったので,委任契約は終了する(653条3号)。

なお,委任者が後見開始の審判によって成年被後見人となったとしても,受任者の委任事務の処理には支障がないし,また正常な判断能力を有していた時点で委任者が受任者に寄せていた信頼が後見開始の審判によって損なわれるわけではない。そのため,委任者が後見開始の審判を受けた場合は委任契約の終了原因とはされていない。

5 ✕ **委任者または受任者が死亡したときは，委任契約は終了する。**

　委任が当事者間の信頼を基礎に成立していることが，終了の理由である（653条1号）。

No.3 の解説 **委任**

1 ✕ **受任者は，有償・無償を問わず善良なる管理者の注意で事務処理をすべき。**

　委任契約は，他人（委任者）の事務を処理する契約であるから，たとえ無償であっても，その他人（委任者）の利益を損なうことがないように，誠実に事務処理を行うべきであり，その**注意義務は善管注意義務である**（644条）。**→No.2選択肢1**

2 ✕ **委任では，相手方の不利なときであっても契約を解除できる。**

　委任契約は当事者の信頼関係を基礎に成立しているので，**信頼関係が失われた場合にも委任事務の処理を継続させるのは妥当でない**。したがって，相手方の不利なときであっても契約を解除できる（651条1項）。

　ただし，相手方が不利な時期に解除するときは，やむをえない事由がある場合を除いて，相手方の損害を賠償しなければならない（同条2項柱書本文1号，同項柱書但書）。

3 ◎ **受任者が後見開始の審判を受けたときには，委任契約は終了する。**

　妥当である。受任者について後見開始の審判があったときは，**受任者の事務処理能力の欠如が明らかになった**ので，委任契約は終了する（653条3号）。

　一方，委任者が後見開始の審判によって成年被後見人となったとしても，受任者の委任事務の処理には支障がないし，また正常な判断能力を有していた時点で委任者が受任者に寄せていた信頼が後見開始の審判によって損なわれるわけではないので，委任契約の終了原因とはされていない。

4 ✕ **受任者は帰責事由があっても履行した割合分の報酬請求ができる。**

　まず，前提として，**受任者に帰責事由がない場合**，受任者は当然のことに事務処理を行った分については**報酬請求が認められる**。この点について特に異論はない。

　では，「自己都合で委任事務処理を中止した」など，**受任者に帰責事由がある場合**はどうか。

　これを，労務提供という点で性格が同じである雇用で考えると，たとえば「親が病気になったので雇用期間の途中で退職して帰郷する」などという場合，それまでの報酬は一切請求できないかというとそうではない（624条の2）。

　同様のことは請負にもいえるであろう（634条）。

　そうであれば，委任の場合であっても，**受任者に帰責事由があっても，それまでの履行の割合に応じて報酬を請求することを認めてよい**はずである。そこで法は，受任者が履行の割合に応じて報酬請求ができる場合として，

「委任者の責めに帰することができない事由によって委任事務の履行をすることができなくなったとき」と規定している（648条3項1号）。ここにいう「委任者に帰責事由がない」とは，受任者に帰責事由がない場合と，それがある場合の両方を含む趣旨である。

5 ✗ 委任事務の処理に必要な費用は「前払い」である。

委任事務の処理に必要な費用は，「受任者がいったん立て替えて，後で委任者に請求できる」のではなく，委任者が事前に前払いしておかなければならない（649条）。→No.2選択肢2

⚡ No.4 の解説 組合

→問題はP.227

民法上の組合は，契約の各当事者がそれぞれ出資を行って共同の事業を営むことを約束するものである。同様の性格のものに法人があるが，法人となるためには一定の要件を満たさなければならず，また成立後の法の規制も厳格である。これに対して民法上の組合は，各当事者が合意すればそれで成立し，また団体に関する法の規制は緩やかである。そのため，「児童の保護者の有志が集まって学校でバザーをする」，あるいは「職人が数人集まって共同で仕事を請け負う」など，社会生活のさまざまな場面で，簡単に成立させて活動できる団体として頻繁に利用されている。

●民法上の組合

団体としての権利能力（法人格）が認められない点に特質がある。ただ現代では，組合員が出資して共同事業を営む組合組織についても法人格を必要とするものも多数存在するため（例：生活協同組合，農業協同組合，信用組合など），このような組合についてはそれぞれ特別法で権利能力（法人格）が付与されている。そこで，このような組合と区別する意味で「民法上の組合」という呼称が用いられている。

1 ✗ 出資は，労務によってこれを行ってもかまわない。

組合の場合，法の規制はそれほど厳しくない。当事者で話し合って納得する限り，出資は財産的価値のあるものであればなんでもよい。たとえば，学生A～Dの4名が大学の学園祭に店を出すという場合，A・Bが材料，C・Dが労務を提供するということでもかまわない。

2 ✗ 事業が継続性を有することは組合契約の要件ではない。

すなわち，**事業は一時的なものであってもよい**（組合の成立や運営に関する法の規制は緩やかである）。たとえばバザーを成功させるための契約も組合契約といえる。

なお，前半は正しい。

3 ✗ 一部組合員の出資義務の履行不能は，他の組合員の出資義務に影響しない。

一組合員の出資義務が履行不能となった場合には，**残りの組合員によって共同事業が行われる**。したがって，残りの組合員の出資義務は消滅しない

（667条の2）。

　選択肢**1**の解説の例でいえば，たとえBが材料を調達できなくても，Aが調達した材料でC，Dが製品を作って販売すればよい。これは，その組合員（B）の出資義務が履行不能になった原因が不可抗力によるものか，それともBの過失によるものかを問わない。

4 ✕ **業務執行者が複数いる場合，業務はその過半数で決定する。**

　組合の業務執行は，必ず全員でしなければならないわけではない。役割分担で効率化を図るために，一部の組合員または第三者に業務の執行を委任することはなんら差支えない（670条2項）。したがって，前半は正しい。

　また，業務執行者が複数いるときは，組合の業務は，業務執行者の過半数で決定し，各業務執行者が執行する（同条3項）。これについて全員の同意を必要とすると，一人でも反対すれば業務執行ができず，組合の業務が停滞するからである。

5 ◎ **脱退は自由であり，法の規定よりも脱退を困難にする約定は無効である。**

　妥当である。前半については，678条1項・2項。後半については，やむをえない事由があるのに，組合からの脱退を認めないというのは，多数者の意思で少数者に共同事業の遂行を強制することになるので，無効と解されている（大判昭18・7・20）。

実戦問題❷　応用レベル

No.5 **委任に関するア～オの記述のうち，妥当なもののみをすべて挙げているのはどれか。**　【国税専門官・令和元年度】

ア：受任者は，委任者の請求があるときは，いつでも委任事務の処理の状況を報告し，委任が終了した後は，遅滞なくその経過および結果を委任者に報告しなければならない。

イ：委任は無償契約であり，受任者は，自己の財産におけるのと同一の注意をもって，委任事務を処理する義務を負う。

ウ：本人・代理人間で委任契約が締結され，代理人・復代理人間で復委任契約が締結された場合において，復代理人が委任事務を処理するに当たり受領した物を代理人に引き渡したとしても，復代理人の本人に対する受領物引渡義務は消滅しないとするのが判例である。

エ：委任事務を処理するについて費用を要するときは，委任者は，受任者の請求により，その前払をしなければならない。

オ：受任者は，委任事務を処理するため自己に過失なく損害を受けた場合，委任者に当該損害の発生について過失があるときに限り，委任者に対して当該損害の賠償を請求することができる。

1 ア，イ
2 ア，ウ
3 ア，エ
4 イ，エ，オ
5 ウ，エ，オ

No.6 **委任に関するア～オの記述のうち，妥当なもののみをすべて挙げているのはどれか。ただし，争いのあるものは判例の見解による。**

【国家一般職・平成28年度】

ア：委任契約が成立するためには，委任者と受任者との間の事務処理委託に関する合意のほかに，委任者から受任者に対する委任状など書面の交付が必要である。

イ：有償の委任契約においては，受任者は，委任の本旨に従い，善良な管理者の注意をもって事務を処理する義務を負うが，無償の委任契約においては，受任者は，委任の本旨に従い，自己の事務をするのと同一の注意をもって事務を処理する義務を負う。

ウ：委任契約の受任者は，事務処理の過程で委任者の要求があれば，いつでも事務処理の状況を報告する義務があり，委任が終了した後は，遅滞なくその経過および結果を報告しなければならない。

エ：委任契約の受任者は，事務処理に当たって受け取った金銭その他の物および収取した果実を委任者に引き渡さなければならない。

オ：委任契約は，委任者の死亡により終了するから，委任者の葬式を執り行うなど委任者の死亡によっても終了しないという趣旨の委任契約が締結された場合であっても，かかる委任契約は委任者の死亡により終了する。

1 ア，イ **2** ア，ウ **3** イ，オ
4 ウ，エ **5** エ，オ

No.7 A，BおよびCは，Aが自らの所有する土地を，BおよびCがそれぞれ金銭を出資して，民法上の組合（以下「甲組合」という。）を設立する契約を締結した。この事例に関するア～オの記述のうち，妥当なもののみをすべて挙げているのはどれか。なお，当該組合契約には業務執行者に関する定めはないものとする。

【国家総合職・平成30年度】

ア：甲組合の財産が第三者であるDによって侵害された場合に発生する損害賠償請求権について，Aは，自らの持分については単独でDに対し履行を請求することができるとするのが判例である。

イ：組合員が組合を脱退する場合には，持分の払戻しが行われるが，Aが甲組合を脱退する場合であっても，Aの出資した土地を返還する必要はなく，金銭で払い戻すことができる。

ウ：甲組合に対して債権を有する者は，まず甲組合の財産に対してその権利を行使しなければならず，それによって債権の満足が得られない場合に限り，各組合員の個人財産に対しても行使することができる。

エ：当該組合契約に，組合員は，やむを得ない事由があっても甲組合を任意に脱退することはできない旨の定めがあったとしても，当該規定は組合員の脱退に関する民法の強行法規に反するものであり無効であるとするのが判例である。

オ：AおよびCが期日を過ぎても当該組合契約に基づく出資を怠っている場合において，AがすでにBから出資の履行を請求されたときは，AはCが出資を怠っていることを理由として当該請求を拒むことができる。

1 ア，ウ
2 ア，エ
3 イ，エ
4 イ，オ
5 ウ，オ

実戦問題❷の解説

No.5 の解説　委任

→問題はP.233

ア◯ 受任者には事務処理状況や，経過や結果についての報告義務がある。

妥当である（645条）。受任者が行うのは，「委任者のための」事務処理である。したがって，事務処理の進行状況や処理方法が適切かなどについて委任者は利害を有しているので，**随時その報告を受任者に求めることができる**。また，**委任が終了した後は，遅滞なくその経過および結果を報告しなければならない**。

イ✕ 受任者は，有償・無償を問わず善良なる管理者の注意で事務処理をすべき。

委任契約は，他人（委任者）の事務を処理する契約であるから，たとえ無償であっても，その他人（委任者）の利益を損なうことがないように，誠実に事務処理を行うべきであり，その**注意義務は善管注意義務である**（644条）。→No.2 選択肢1

ウ✕ 復代理人が受領物を代理人に引き渡せば，本人に対しても責任を免れる。

復代理人が受領物を代理人に引き渡せば，あとは代理人が本人にそれを引き渡せばよい（646条1項前段）。復代理人の**受領物引渡義務**は，それによって消滅する（最判昭51・4・9）。

エ◯ 委任事務の処理に必要な費用は「前払い」である。

妥当である。委任事務の処理に必要な費用は，「受任者がいったん立て替えて，後で委任者に請求できる」のではなく，委任者が事前に前払いしておかなければならない（649条）。→No.2 選択肢2

オ✕ 委任者は，受任者に無過失で生じた損害について賠償の責任を負う。

なんら落ち度のない受任者に不利益を被らせないようにするために，**過失の有無を問わず委任者に賠償義務が認められている**（650条3項）。

以上から，妥当なものは**ア**と**エ**であり，正答は**3**である。

⚡ No.6 の解説　委任

ア✕ **書面性は委任契約成立の要件とはされていない（643条）。**

　なお，書面性が要求されるものとしては，下の3つを覚えておけば，公務員試験対策としては十分である。

> **●民法上書面性が要求されているもの**
> ①抵当不動産の第三取得者による抵当権消滅請求手続（383条）
> ②保証契約（446条2項）
> ③遺言（967条）

　（参考）これ以外で書面がかかわってくる主なものとして，151条（協議を行う旨の合意による時効の完成猶予），472条の4第4項（免責的債務引受による担保の移転），587条の2（書面でする消費貸借等），593条の2・657条の2（書面による使用貸借や寄託の解除），739条（婚姻の届出）などがある。問題として出題された場合にチェックしておけばよい。

イ✕ **受任者は，有償・無償を問わず善良なる管理者の注意で事務処理をすべき。**

　委任契約は，他人（委任者）の事務を処理する契約であるから，たとえ無償であっても，その他人（委任者）の利益を損なうことがないように，誠実に事務処理を行うべきである（644条）。→No.2選択肢1

ウ〇 **受任者は，委任者の要求に応じて何時でも事務処理状況の報告義務がある。**

　妥当である（645条）。受任者が行うのは，「委任者のための」事務処理である。したがって，**事務処理の進行状況や処理方法が適切かなどについて委任者は利害を有している**ので，随時その報告を受任者に求めることができる。また，委任が終了した後は，遅滞なくその経過および結果を報告しなければならない。→No.5ア

エ〇 **事務処理に当たって受領した物等は委任者に引き渡さなければならない。**

　妥当である（646条1項）。受任者が受け取った金銭その他の物や，収取した果実の所有権は委任者に属する。したがって，受任者はこれを委任者に引き渡さなければならない。

オ✕ **委任者の死亡後も事務処理を行う旨の当事者間の合意は有効である。**

　法は，委任契約は，委任者の死亡によって終了する旨を定めるが（653条1号），これは任意規定であり，これと異なる合意の効力を否定する趣旨ではない（最判昭31・6・1）。

　本肢にあるように「委任者の葬式を執り行う」など，死亡によって委任が直ちに終了するのではなく，死亡後も一定の事務処理を委任するということは，何も**公序良俗に反するわけではない**。したがってそのような契約が締結された場合には，その契約は有効である。

　以上から，妥当なものは**ウ**と**エ**であり，正答は**4**である。

No.7 の解説　民法上の組合

→問題はP.234

ア✕　組合の損害について，組合員が個人的にその持分での賠償請求はできない。

　組合財産の侵害に対する賠償請求権を，**組合員が単独で持分に基づいて行使することは認められない**（676条2項）。

　それは，組合員が個人的に組合の財産を処分することを認める結果になるからである。

イ○　払戻しは，脱退組合員の出資の種類を問わず，金銭で行うことができる。

　妥当である（681条2項）。組合の事業の継続を図る必要から，出資した現物ではなく，金銭での払戻しが認められている。

ウ✕　組合債権者は，組合と組合員の財産のいずれにも任意に請求できる。

　組合の債務について，各組合員は組合といわば併存的に責任を負う。「組合財産への執行が先で，各組合員の責任は二次的なもの」というわけではない。それが組合の特徴である。すなわち，組合員は，債権者に対して先に組合財産に執行するように求めることはできない（675条2項）。

エ○　やむをえない事由によっても任意脱退を許さない旨の約定は無効である。

　妥当である。判例は，「やむを得ない事由があっても任意の脱退を許さない旨の組合契約は，**組合員の自由を著しく制限するものであり，公の秩序に反する**」として，このような約定は効力を有しないとする（最判平11・2・23）。

オ✕　出資未履行の組合員は，他に未履行者がいることを理由に出資を拒めない。

　未履行者も，組合契約上の出資義務を負っている以上，他に未履行者がいることを履行拒絶の理由にすることはできない。さらに，他の未履行者との同時履行も主張することはできない（組合に関する667条の2第1項の規定は同時履行の抗弁権に関する533条の規定の適用を排除している）。

　以上から，妥当なものは**イ**と**エ**であり，正答は**3**である。

正答 No.5＝3　No.6＝4　No.7＝3

必修問題

　債権の性質に関するア～オの記述のうち，妥当なもののみをすべて挙げているのはどれか。　　　　　　　　　　　　　　【国家Ⅱ種・平成20年度】

ア：物権には**絶対性**があるが，債権には絶対性がなく，債務者に対する相対的権利なので，そもそも第三者には対抗することができない。したがって，債権には対抗要件は存在しない。

イ：債権は，物権と異なり，原則として自由に譲渡することができない。したがって，債権を譲渡するには，当初の債権者と債務者の間で特別の約定をしておく必要がある。

ウ：債権は，物権と異なり，**支配権**ではないので，債務者が任意に履行しなかったとしても，損害賠償請求権を有するだけで，裁判所に強制履行を請求することはできない。

エ：物権には絶対性があるので，侵害されると不法行為が成立するが，債権には**相対性**があるにすぎないので，第三者に侵害されても不法行為は成立しない。

オ：物権には**排他性**があり，原則として一つの物について同一の内容の物権は一つしか成立しないが，債権には排他性がないので，同一の給付内容を目的とする複数の債権が成立し得る。

1　ア，イ
2　イ
3　ウ，エ
4　エ，オ
5　オ

難易度　＊

必修問題の解説

ア ✕ **債権にも譲渡や二重譲渡の場合に必要なので，対抗要件が存在する。**

　　ここにいう絶対性・相対性とは，だれに対しても主張できる権利か（**物権の絶対性**），それとも特定人にのみ主張できる権利か（**債権の相対性**）という違いのことである。ただ，相対的権利とされる債権の中には，不動産賃借権のように，その性質が物権（具体的には地上権）と極めて近似するものがあり，法もそのような性質に着目して，不動産賃借権についての登記を対抗要件として認めている（605条）。

イ ✕ **債権も物権と同様に財産権であって，自由な譲渡が認められている。**

　　財産の自由な処分は，経済生活の基本をなすものであって，譲渡が認められるのは，債権も物権も同じである（466条1項本文）。

ウ ✕ **債権が履行されなければ，裁判所に強制執行を請求することは可能である。**

　　本肢の「債権は，物権と異なり，支配権ではない」というのは，債権では，権利者が満足を得るのに義務者（債務者）の行為を必要とするのに対し，物権ではそれを必要としない（**直接支配性**）ということである。

　　いずれの場合にも，それが**法的な権利である以上，裁判手続を経て，その満足を得るための手段が用意されている**。そして，債務者が履行しない場合には，強制履行を請求することが認められている（414条1項）。

エ ✕ **第三者による債権侵害については不法行為が成立する。**

　　債権であっても，それが法的に認められた権利である限り，第三者がこれを侵害することは許されない。そのため，債権もその侵害行為に対しては，一定の要件のもとに不法行為の成立が認められている（大判昭18・12・14など，いわゆる**第三者による債権侵害**）。

オ ◯ **債権では，同一の給付内容を目的とする複数の債権が成立しうる。**

　　妥当である。**物権の排他性とは，一つの物について同一内容の物権が複数存在しえないことを意味する**（ただ，物権には地役権のように排他性がないものも存する）。債権は，物権のような目的物に対する直接支配権ではなく，人に対する請求権であるから，このような排他性はない。そのため，同一の給付内容を目的とする複数の債権が成立しうる。

　　以上から，妥当なものは**オ**のみであり，正答は**5**である。　　**正答 5**

FOCUS

　　契約をテーマにして，契約法全般から幅広く知識を問う問題は，主に国税専門官で出題される。ただし，単に浅く広くではなく，理論的に踏み込んだ内容のものも問われており，国税専門官試験の特徴の一端が現れている。債権法の重要な論点については，学説の対立についても一応の理解を尽くしておく必要がある。

第2章　債権各論

▸▸▸ POINT

重要ポイント 1 ▸ 契約総論

①両当事者が互いに継続的に給付をなすべき契約において，当事者の一方は，相手方が前の時期における給付を履行しなかったことを理由に，後の時期における自己の給付の履行を拒むことができる。

②第三者のためにする契約において，第三者は，受益の意思表示をした場合でも契約当事者になるわけではない。したがって，契約当事者に認められた権利である取消権や解除権は行使できない。

③解除の効果を巡っては，直接効果説と間接効果説の対立がある。前説は，解除の効果は遡及的に生じるとするもので，契約はそもそも締結されなかったことになるとする。判例・通説はこの立場である。後説は，解除の遡及効を認めず，当事者間に原状回復のための債権債務関係が生じるとする。

④給付内容が可分であっても，全部の給付がなければ契約の目的を達せられない場合には，債権者は債務者の履行の一部の遅滞を理由に契約全部を解除できる。

⑤買主は，解除による原状回復義務の内容として，引渡しを受けていた目的物の使用利益を不当利得として売主に返還しなければならない。

重要ポイント 2 ▸ 典型契約

①使用貸借において，当事者が返還の時期および使用・収益の目的を定めなかった場合には，貸主はいつでも返還の請求ができる。

②金銭消費貸借においては，金銭の交付に限られず，小切手など金銭に代わる物の交付でもよい。

実 戦 問 題

No.1　契約に関する次の記述のうち，妥当なものはどれか。

【国税専門官・平成6年度】

1　両当事者が互いに継続的に給付をなすべき契約においては，当事者の一方は相手方が前の時期における給付を履行しなかったことを理由として，後の時期における自己の給付の履行を拒むことはできない。

2　第三者のためにする契約においては，第三者の権利は同人の受益の意思表示によって生じ，受益の意思のない第三者は，当該契約を解除しまたは取り消すことができる。

3　債務者が債務の履行の一部を怠っている場合において，債務者のなすべき給付の内容が数量的に可分であるときは，すでに履行された部分を含む契約全部の解除が認められる余地はないとするのが判例である。

4　債権者は，催告において特約所定の期間より短い期間を指定した場合であっても，当該催告の時から特約所定の期間を経過し，かつ，その期間が相当と認められるときは，契約を解除することができるとするのが判例である。

5　売買契約が解除された場合には，両当事者は原状に回復すれば足り，買主は引渡しを受けていた目的物を利用していたとしても，その使用による利益を不当利得として売主に返還する義務を負わないとするのが判例である。

実戦問題の解説

No.1 の解説　契約

→問題はP.241

1 ✕ **継続的契約で未払い代金がある場合は，未払い代金の支払いが先である。**

　　たとえば，利用者が前月の電話代の支払いをしない場合には，電話会社は，翌月の通話サービスの供給をストップさせることができる。そうでないと，前の時期の給付の履行（前月の電話代の支払い）を確保できないし，また，後の時期においても一方的に（電話代の支払いがないまま）自己の給付のみを続けさせられるおそれがあり，当事者の公平を失することになって不当だからである（最判昭42・6・29）。**→テーマ8「契約総論」No.1 エ**

2 ✕ **第三者のためにする契約において，第三者に契約の解除権や取消権はない。**

　　契約の解除権や取消権といった権利は，契約の当事者（または相続人のようにその地位を引き継ぐ者）のみが行使できる権利である。第三者のためにする契約において，第三者は契約の当事者ではない。したがって，第三者は解除権や取消権などを行使することはできない。

　　これは，受益の意思表示をしたかどうかとは関係がない。

　　第三者のためにする契約とは，契約当事者の一方が第三者に対して直接債務を負担するという契約である（537条1項）。

　　たとえば，売主Aと買主Bとの間で，買主Bが代金を自然保護団体Cに活動資金として支払う旨の売買契約を締結するような場合である。自然保護団体Cは，利益を受ける旨の受益の意思表示をすれば，買主Bに対して請求権を取得する。しかし，買主Bが代金を支払わない場合でも，ＡＢ間の契約を解除するようなことはできない。

3 ✕ **給付が可分でも，一部履行遅滞を理由に契約全部を解除できる場合がある。**

　　判例は，給付内容が可分であっても，全部の給付がなければ契約の目的を達せられないという場合には，履行の一部の遅滞を理由に契約全部を解除できるとする（最判昭52・12・23）。

4 ◎ **相当期間より短い期間の催告でも，相当期間が経過すれば解除が可。**

　　妥当である（最判昭44・4・15）。催告で相当期間を定めることが必要とされるのは，債務者が債権者の催告に応じて履行を決意した場合に，履行の完了に必要な時間的余裕を与えようとするものである。

　　したがって，たとえ催告で指定された期間が相当期間（履行の完了に必要な期間）より短くても，相当期間が経過した時点で，債権者は契約を解除できる。

5 ✕ **解除に伴う原状回復として，目的物の使用利益も返還しなければならない。**

　　買主は，解除による原状回復義務の内容として，引渡しを受けていた目的物の使用利益を不当利得として売主に返還しなければならない（最判昭51・2・13）。

　　解除がなされると，売買契約は当初から締結されなかったものとして扱われる。そして，契約がなかったとすると，本来その物の使用によって得られ

た利益は売主が取得しているはずである。

　したがって，原状回復といえるためには，使用した分の利益の返還が必要である。

正答　No.1＝4

事務管理・不当利得

必修問題

不当利得に関する次の記述のうち，妥当なのはどれか。

【国家一般職・平成29年度】

1　法律上の原因なく他人の財産または労務によって利益を受け，そのために他人に損失を及ぼした者（**受益者**）は，善意であっても，その受けた利益につき，利息を付して返還する義務を負う。

2　債務の弁済として給付をした者は，債務の存在しないことを知っていて弁済したときにおいても，その給付したものの返還を請求することができる。

3　債務者は，弁済期にない債務の弁済として給付をしたときであっても，弁済期が到来するまでは，その給付したものの返還を請求することができる。

4　債務者でない者が**錯誤**によって債務の弁済をした場合において，債権者が善意で証書を滅失させたときは，その弁済をした者は，返還の請求をすることができない。

5　**不法な原因のために給付**をした者は，不法な原因が受益者のみにあるときであっても，その給付したものの返還を請求することができない。

難易度　＊

必修問題の解説

1 ✕ 不当利得で，善意の受益者は現存利益の範囲で返還義務を負う。

　　不当利得の返還の範囲は受益者の善意・悪意で異なる。

　　善意（法律上の原因がない利得であることを知らない）の受益者の場合は，利得のうち現存する部分（現存利益）だけを返還すればよいが（703条），悪意（法律上の原因がない利得であることを知っている）の受益者の場合は，「利得のすべて＋利息」を返還しなければならず，給付者に損害がある場合には，その賠償も義務づけられる（704条）。

2 ✕ 非債弁済で不当利得返還請求ができるのは，弁済者善意の場合に限られる。

　　債務が存在しないのに弁済することを非債弁済という。

　　そして，債務が存在しないことを知りながら給付した場合は贈与にほかならないので，この場合は取戻しを認める必要はない。

　　一方，債務の不存在を知らずに弁済した場合は，それは贈与ではなく，受領者にとって法律上の原因のない利得になるので，この場合には返還請求が認められる（705条）。

3 ✕ 期限前に弁済した場合，債務者は給付したものの返還請求はできない。

　　債務者の弁済は，それが期限前に行われたか否かを問わず不当利得にはならない。債務自体は存在するからである。したがって，債務者は給付したものの返還を請求することはできない（706条本文）。

　　ただし，期限前であることを知らずに弁済した場合は，債権者は期限までの利息相当額という法律上の原因に基づかない利得を得ていることになる。したがって，それについては不当利得が成立し，返還請求ができる。ただし，これは錯誤によって期限前であることを知らずに弁済した場合に限られる（同条但書）。期限前であることを知って弁済した場合には，期限の利益を放棄したものと解されるからである。

4 ◎ 他人の債務の弁済で債権者が善意で証書を滅失させた場合，返還請求不可。

　　妥当である。他人の債務を自己の債務と誤信して（錯誤）弁済しても，その弁済は法律上の原因のない給付に当たるから，弁済者は不当利得として給付物の返還を請求できるのが原則である。

　　しかし，債権者がそれを有効な第三者の弁済（474条1項本文）と信じて受領した結果，債権者が善意で証書を滅失・損傷し，または担保の放棄や本来の債務者に履行を請求せずに債権の消滅時効が完成したような場合にまで不当利得の成立を認めると，債権者は不測の損害を被るおそれがある。そこで，善意の債権者を保護するために，このような場合には給付物の返還を請求できないとされている（707条1項）。

5 ✕ 不法原因給付の原因が受益者のみにあるときは，給付物の返還請求ができる。

　　不法の原因に基づいて給付した物について，法は返還請求を認めないが

（708条本文)，その趣旨は，倫理的に非難されるべき行為については，法は救済のための助力を与えないという点にある。

そうであれば，**不法な原因が受益者のみにあるときには，給付者による返還請求を認めてかまわない。**法もこれを認めている（同条但書)。

正答 **4**

FOCUS

不当利得は，テキストなどでこれに本格的に取り組もうとすると，複雑で難解な迷路に入り込むおそれがある。ところが，公務員試験の出題範囲は特定部分に限定されており，理論的に難解な部分からの出題はほとんどない。したがって，過去問に登場した範囲で知識を整理しておけば，この分野の問題には十分に対処できる。

重要ポイント 1　事務管理

①事務管理とは，法律上の義務がないのに，他人のためにその事務を処理することをいう。

　　民法は，むやみに他人のことに干渉すべきではないとして，報酬請求を認めないなど，事務管理に関して消極的な立場をとっている。

②いったん事務管理を始めた場合には，管理者は本人またはその相続人，法定代理人が管理できるようになるまで，事務管理を継続しなければならない（管理継続義務）。

③管理者には，原則として**善管注意義務**が課せられている。

④管理者は，本人に対して費用の償還は請求できるが，報酬の支払いは請求できない。

　　また，管理者が自己に過失なく被った損害についても，本人に賠償の請求はできない。

⑤管理者が本人のために有益な債務を負担した場合，管理者は本人に対して管理者に代わってその債務を弁済するよう請求できる。

　　しかし，債権者は本人に直接支払いを請求することはできない。

重要ポイント 2　不当利得

（1）意義・要件

①不当利得とは，法律上の原因なく他人の財産や労務によって利益を受け，これによって他人に損失を及ぼした場合に，そこで得た利益を返還させる制度である。

②時効による取得は法律上の原因に基づく取得であって，不当利得ではない。

③「利益を受けた」（受益した）には，財産が積極的に増加した場合だけでなく，消極的に財産の減少を免れた場合も含まれる。

④「損失を及ぼした」には，財産が減少した場合だけでなく，本来得られたはずの財産が得られなかった場合も含まれる。

⑤婚姻が成立しなかった場合，結納金を交付した者は相手方にその返還を請求できる。

⑥受益と損失との間には直接の因果関係が必要である。単に，事実上なんらかの因果関係があるだけでは足りない。

⑦契約に基づく給付が，契約の相手方だけでなく第三者にも利益を与えたという場合に，給付者が第三者に対しても利得の返還を請求できるという権利を**転用物訴権**という。

　　判例は，賃借人Cの依頼に基づいてAが賃借物の修理をしたところ，賃借人Cが無資力になったためAが修理代金の支払いを受けられなくなったという事案で，Aは所有者（賃貸人）Bに不当利得の返還請求ができるとした。

（2）効果

①善意の受益者は，現存利益の範囲で返還義務を負う。

　　これに対して悪意の受益者は，利得の全部に利息を付して返還しなければなら

ず，損害があればそれについても賠償責任を負う。

②704条後段の規定は，悪意の受益者が不法行為の要件を充足する限りにおいて，不法行為責任を負うことを注意的に規定したものにすぎず，悪意の受益者に対して不法行為責任とは異なる特別の責任を負わせたものではない。

③受益者は，法律上の原因なく利得した代替性のある物を第三者に売却処分した場合には，損失者に対し，売却代金相当額の金員の不当利得返還義務を負う。

(3) 特殊な不当利得

①債務が存在しないことを知りながら任意に弁済した者には，不当利得の返還請求権は認められない（**非債弁済**）。

　　これに対して，錯誤や強迫に基づく弁済など，任意になされたものでない場合には，不当利得の返還請求が認められる。

②債務者が弁済期前であることを知りながら任意に弁済した場合には，給付物や期限までの利息の返還請求はできない。

　　これに対して，錯誤によって期限前の弁済をした場合には，給付物は返還請求できないが，期限までの利息などの利得は返還請求できる。

③不法な原因に基づいて給付をした者は，その給付物の返還を請求できない（**不法原因給付**）。返還請求が認められない結果，給付によって反射的に所有権が受益者に移転する。

④不法原因給付にいう不法とは，単に強行法規に違反することだけでは足りず，倫理的に非難されるものであることが必要である。

⑤不法な原因に基づく給付があったといえるためには，不動産の場合，未登記建物は引渡しでよいが，既登記建物の場合には登記の移転まで済ませることが必要である。

⑥不法な原因に基づく給付がなされた場合でも，給付を行った者の不法性より給付を受けた者の不法性のほうが大きい場合には，返還請求が認められる。

　　両者の不法性の程度に差がある場合には，不法性の程度の大きい者の側がより強く非難されるべきであるから，両者の利益が対立する場合には，法はより不法性の程度の大きい者の保護を拒否することになる。

⑦不法原因給付がなされた後，新たに受益者がその受益を任意に返還する特約をした場合，その特約は有効である。

　　不法な原因に基づいて給付された物については，法は取戻しに助力を与えないとしているにすぎない。そのため，当事者の合意で受益を返還するのであれば，合意に効力を認めてよい。

実戦問題 ❶ 基本レベル

⚡ **No.1** Aは，他人の飼い犬が自宅に迷い込んできたので，飼い主が見つかるま
でこれを飼育することにした。この事例に関する次の記述のうち，妥当なものはど
れか。　　　　　　　　　　　　　　　　　　　　　　　【地方上級・平成10年度】

1　いったん世話を始めた以上，Aは飼い主が見つかるまでこの犬を飼育しなけれ
　ばならない。

2　Aがこの犬を飼育し始めてから1か月経過しても飼い主が見つからなかった場
　合，Aはこの犬の所有権を取得する。

3　この犬が病気になったので，Aが動物病院へ連れて行きAの名で診療を受けさ
　せた後に，飼い主が名乗り出てきた場合，動物病院は，飼い主に対して診療報酬
　を請求することができる。

4　この犬の飼い主が見つかった場合，Aは，飼い主に対して飼育期間中の報酬を
　請求することができると解することに異論はない。

5　Aは，好意で他人の飼い犬を飼育しているのであるから，犬の飼育について
　は，自己の財産におけると同様の注意を尽くせばよい。

⚡ **No.2** 民法に規定する事務管理に関する記述として，判例，通説に照らして，
妥当なのはどれか。　　　　　　　　　　　　　　【地方上級（特別区）・平成26年度】

1　管理者は，本人またはその相続人もしくは法定代理人が管理をすることができ
　るに至るまで，いかなる場合であっても，事務管理を継続しなければならない。

2　事務管理が成立するためには，他人の利益のみを図る意思をもって他人の事務
　を管理することが必要であるので，他人の利益を図る意思と自分の利益を図る意
　思が併存している場合には，事務管理は成立しない。

3　事務管理とは，最も本人の利益に適合する方法によって，その事務の管理をす
　ることをいい，保存行為，利用行為および改良行為は事務管理に含まれるが，処
　分行為は含まれない。

4　管理者は，本人の身体，名誉または財産に対する急迫の危害を免れさせるため
　に事務管理をしたときは，悪意または重大な過失があるのでなければ，これによ
　って生じた損害を賠償する責任を負わない。

5　管理者は，本人のために有益な費用を支出したときは，本人に対し，報酬を請
　求することができるが，その費用の償還を請求することはできない。

【地方上級・平成15年度】

1 不当利得成立の要件の一つとして，他人の財産または労務によって利益を受けたことが挙げられ，これは，財産が積極的に増加した場合を意味し，本来生じるはずであった財産の減少を免れた場合は含まれない。

2 不当利得は，個人間の利得と損失との均衡を図る制度であるから，一方に法律上の原因のない利得があっても，他方にこれに対応する損失がなければ不当利得は成立しない。

3 双務契約が取り消され，両当事者に不当利得返還請求権が発生した場合は，この返還請求権相互間に同時履行の関係は認められず，双方の請求権は独自に存在すると解される。

4 不当利得が成立すると，受益者と損失者との間に不当利得返還の債権債務関係が生じ，返還の方法は，価格返還を原則とするが，損失者にとって原物返還が有利である場合には，損失者は，特約により原物返還を求めることができる。

5 債務がないにもかかわらず弁済として金銭を給付した場合，不当利得返還請求を行うことができる要件は，弁済者が給付した事実のみであり，債務の不存在についての善意・悪意は要件とならない。

実戦問題 **1** の解説

→問題はP.249

⚡ **No.1 の解説** 事務管理

　他人の飼い犬が自宅に迷い込んだとしても，Aにはなんらこれを飼育する義務は存しないが，それにもかかわらずAはこれを飼育している。このように，なんら法律上の義務がないのに，他人が生活上なすべきこと（他人の事務）をその他人に代わって行う場合を**事務管理**という（697条1項）。そして，民法はこれについて，次のような態度をとっている。

①**管理者に管理継続義務がある**…管理者は，いったん管理を始めた以上は，責任をもって本人や相続人，法定代理人が管理をできるようになるまで事務の管理を継続すべきである。途中で勝手にこれを放棄することは許されない。
②**管理費用の請求は認める**…本人に請求できる。
③**報酬の請求は認めない**…本人から頼まれたわけではなく，管理者がいわば勝手に始めた事務であるから，報酬の請求までは認められない（通説）。

1 ◎ **いったん迷い犬の世話を始めれば飼い主が見つかるまで飼育する義務がある。**
　妥当である。いわゆる管理継続義務である（700条本文，上記①）。

2 ✕ **飼い犬は遺失物の扱いを受け，公告後3か月を経過すれば所有権を取得可。**
　他人の飼い犬の場合は**遺失物**の扱いを受ける。したがって，所有権を取得できるのは公告してから3か月以内に所有者が見つからない場合である（240条）。
　キツネやカモシカといった「家畜以外の動物」が他人に飼われていたという場合であれば，飼い主の占有を離れた時から1か月以内に飼い主（所有者）からの回復請求がなければ，善意の占有者はその動物の所有権を取得できる（195条）。しかし，犬は「家畜以外の動物」ではないので195条の対象にはならない。本問の犬は他人の飼い犬なので遺失物規定（240条）によって処理される。

3 ✕ **迷い犬の治療費について，動物病院は飼い主に診療報酬請求できない。**
　診療報酬は，診療の対価として診療契約に基づいて請求するものである。そして，動物病院に犬の診療を依頼したのはAであり，**診療契約は動物病院とAとの間に成立**している。したがって，動物病院は，契約の相手方であるAには報酬を請求できるが，契約の相手方ではない飼い主には診療報酬の請求はできない。
　なお，診療報酬が管理費用に当たれば（通常はそうだが），管理者から飼い主に対して診療報酬相当額の請求はできる。

4 ✕ **事務管理において，管理者は報酬の請求はできない。**
　本人から頼まれたわけではなく，あくまで自己判断で管理を行っているので報酬の請求はできない（上記③）。

5 ✗ **管理者は，善良なる管理者の注意をもって管理を継続しなければならない。**

　　義務がないにもかかわらず自らの判断で事務の管理を始めた以上，管理者は責任を持って管理を継続すべきである。この点から，管理者の義務としては，原則として**善良な管理者の注意義務**が要求されている。

⚡ **No.2 の解説**　事務管理　　　　　　　　　　　　　　　　→問題はP.249

1 ✗ **本人の意思に反したり本人に不利なことが明白であれば管理を中止すべき。**

　　事務管理の継続が本人の意思に反し，または本人に不利であることが明らかなときは管理を中止しなければならない（700条但書）。

2 ✗ **他人と自分の双方の利益を図る意思が併存しても，事務管理は成立する。**

　　事務管理は，義務なくして「他人のためにする意思」でその事務の管理を始めることであり（697条1項），この要件を満たす限り，それが**「自分のためにする意思」と重複していてもかまわない**。たとえば，台風の前に，留守宅である隣家の補強をするような場合がそれである（窓ガラスの飛散防止のための応急処置などは，自家への危害防止という考慮もある）。

3 ✗ **最も本人の利益に適合すればよく，処分行為もこれに含まれる場合がある。**

　　事務管理では，**「最も本人の利益に適合する方法によって」事務を管理することが要件**とされる。たとえば，腐敗しやすい物の処分のように，場合によっては処分行為がこの要件に適合することも考えられる。そのため，判例・通説は管理行為（保存・利用・改良行為）か処分行為かで区別せずに，この要件に合致するか否かで判断しており，そのため処分行為も含まれるとされる（大判大7・7・10）。

4 ◎ **緊急事務管理では，管理者は悪意・重過失がなければ賠償責任を負わない。**

　　妥当である。**急迫の場合**には注意義務の程度は軽減されており，管理者は**悪意または重過失がなければ損害賠償責任を負わなくてよい**（698条，緊急事務管理）。

　　たとえば急流で溺れている子を助けるときに，「流水の抵抗を減らすために上着を剥ぎ取って流水の中に放る」ような場合である。この場合，上着が流されて，所有者が所有権を喪失することになっても，救助者は上着の価格相当額について損害賠償の責任を負わない。

5 ✗ **管理者は，報酬は請求できないが，有益費の償還請求はできる。**

　　本肢は両者が逆である。すなわち，費用の償還は請求できるが（702条1項），報酬の請求はできない。→No.1前提解説②・③

No.3 の解説　不当利得
→問題はP.250

1 ✕　本来生じるはずであった財産の減少を免れた場合も不当利得となる。

　　たとえば，間違って他人の財布で代金を支払ってしまったような場合である。本来生じるはずであった自分の財布の中身の減少を免れているので，その分は不当利得として財布の持ち主に返さなければならない。

2 ◎　一方の利得に対応する損失が他方になければ，不当利得は成立しない。

　　妥当である。たとえば近くに大型のショッピングセンターができて生活の利便性が高まり，そのために売却を予定していた土地の価格が上昇したとしても，その上昇分をショッピングセンターに渡さなければならないわけではない。

3 ✕　契約が取り消された場合の双方の原状回復義務は，同時履行の関係に立つ。

　　判例は，この場合の当事者双方の原状回復義務は同時履行の関係にあるとする（最判昭47・9・7）。

　　各当事者は，もともと1個の双務契約を原因として金品を引き渡しているので，それが取り消された場合にも，各当事者の返還義務は同時に履行させるのが公平に資するからである。

4 ✕　不当利得の返還では，利得したその物（現物）を返還するのが原則である。

　　したがって，それが他に処分されている場合には，取り戻して返還する（不代替物で取戻しが可能な場合，大判昭16・10・25），同種・同量の物で返還する（代替物の場合，大判昭18・12・22）などが必要となる。そして，それらが不可能な場合にはじめて価格返還が認められる。

5 ✕　非債弁済で不当利得返還請求ができるのは，弁済者善意の場合に限られる。

　　不当利得返還請求を行うことができるのは，債務の不存在を知らずに弁済した場合に限られる（705条，非債弁済）。

　　債務が存在しないことを知りながら給付する行為は贈与にほかならない。そのような行為について，不当利得として取戻しを認める必要はない。これに対して，債務が存在しないことを知らないで弁済する行為については，不当利得として取戻しを認める必要がある。→必修問題選択肢2

正答　No.1=1　No.2=4　No.3=2

No.4 事務管理に関するア～オの記述のうち，妥当なもののみをすべて挙げているのはどれか。 【国家総合職・令和元年度】

ア：事務の管理が，本人の意思に反することが明らかである場合であっても，その本人の意思が強行法規や公の秩序または善良の風俗に反するときは，事務管理の成立は妨げられないとするのが判例である。

イ：ある建物を，A所有の物と信じてAのためにする意思で修繕したが，実は当該建物がB所有の物であった場合，BのためではなくAのためにする意思があるとして事務管理が成立する。

ウ：本人の財産に対する急迫の危害を免れさせるために事務管理をした場合，管理者は，悪意または重大な過失があるのでなければ，これによって生じた損害を賠償する責任を負わない。

エ：管理者は，本人から請求がある場合には，事務管理の処理の状況を報告しなければならないが，事務管理を始めたことを遅滞なく本人に通知したときは，この限りでない。

オ：管理者は，その事務管理が本人の意思に反しない場合に，本人のために有益な費用を支出したときは，本人に対しその償還を請求することができるが，請求時にその費用の支出が有益でなくなっているときは，償還請求は認められない。

1 ア，ウ
2 ア，オ
3 イ，ウ
4 イ，エ
5 エ，オ

No.5 民法に規定する事務管理に関する記述として，妥当なのはどれか。

【地方上級（特別区）・令和2年度】

1 管理者は，事務の性質に従い，最も本人の利益に適合する方法によって，その事務の管理をすることができるが，本人の意思を知っているときに限り，その意思に従って事務管理をしなければならない。

2 管理者は，事務管理の継続が本人の意思に反するときであっても，本人またはその相続人もしくは法定代理人が管理をすることができるに至るまで，事務管理を継続しなければならない。

3 管理者は，本人の身体，名誉または財産に対する急迫の危害を免れさせるために事務管理をしたときは，悪意または重大な過失があるのでなければ，これによって生じた損害を賠償する責任を負わない。

4　管理者は，本人のために有益な費用を支出したときは，本人に対して，その償還を請求することができるが，本人の意思に反して事務管理をしたときは，その費用を一切請求することができない。

5　管理者は，本人のために有益な債務を負担した場合，本人に対し，自己に代わってその弁済をすることを請求することができるが，この場合において，その債務が弁済期にないときであっても，相当の担保を供させることはできない。

⚡ No.6　**民法に規定する不当利得に関する記述として，判例，通説に照らして，妥当なのはどれか。**　【地方上級（特別区）・平成24年度】

1　債務者は，弁済期にない債務の弁済として給付をしたときは，その給付したものの返還を請求することができないが，債務者が錯誤によってその給付をしたときは，期限の利益を放棄したことにはならないので，その給付したものの返還を請求することができる。

2　債務者でない者が錯誤によって債務の弁済をした場合に，債権者が担保を放棄しその債権を失ったときは，弁済を受けた債権者を保護する必要があるので，債権者の善意悪意にかかわらず，その弁済をした者は，返還の請求ができない。

3　最高裁判所の判例では，不当利得者が当初善意であった場合には，当該不当利得者は，後に利得に法律上の原因がないことを認識したとしても，現存する利益の範囲で返還すれば足りるとした。

4　最高裁判所の判例では，贈与が不法の原因に基づく給付であったとして贈与者の返還請求を拒みうるとするためには，既登記の建物にあっては，その引渡しをしただけでは足りず，所有権移転登記手続がなされていることをも要するとした。

5　最高裁判所の判例では，不法の原因のため給付をした者にその給付の返還請求を認めないとしたのは，かかる給付者の返還請求に法律上の保護を与えないということを趣旨とするので，当事者が，先に給付を受けた不法原因契約を合意の上解除してその給付を返還する特約をすることは，許されないとした。

1 債務者は，弁済期にない債務の弁済として給付をしたときは，その給付したものの返還を請求することができないが，債務者が錯誤によってその給付をしたときは，債権者は，これによって得た利益を返還しなければならない。

2 債務者でない者が錯誤によって債務の弁済をした場合において，債権者が善意で証書を滅失させもしくは損傷し，担保を放棄し，または時効によってその債権を失ったときは，その弁済をした者は，返還の請求をすることができるため，債務者に対して求償権を行使することができない。

3 最高裁判所の判例では，不法の原因のため給付をした者にその給付したものの返還請求することを得ないとしたのは，かかる給付者の返還請求に法律上の保護を与えないということであり，当事者が，先に給付を受けた不法原因契約を合意の上解除してその給付を返還する特約をすることは許されないとした。

4 最高裁判所の判例では，不当利得者が当初善意であった場合には，当該不当利得者は，後に利得に法律上の原因がないことを認識したとしても，悪意の不当利得者とはならず，現存する利益の範囲で返還すれば足りるとした。

5 最高裁判所の判例では，贈与が不法の原因に基づく給付の場合，贈与者の返還請求を拒みうるとするためには，既登記の建物にあっては，その占有の移転のみで足り，所有権移転登記手続がなされていることは要しないとした。

実戦問題②の解説

→問題はP.254

⚡ **No.4 の解説** 事務管理

ア〇 本人の意思が公序良俗に反する場合，その意思に反しても事務管理は成立。

　　妥当である。事務管理は，本人からの依頼なしに管理者がいわば勝手に行うのであるから，それが違法でないとされるためには，**管理行為は本人の意思や利益に適合したものでなければならない。**

　　ただ，そこでいう本人の意思は適法なものであることを要する。たとえば自殺しようしている者を救助する場合のように，**本人の意思が強行法規や公序良俗に反するような場合には，その意思に反しても事務管理は成立する**（大判大8・4・18）。

イ✕ 事務管理は本人のためにすることを要するが，本人は特定していなくてよい。

　　事務管理は，本人の意思や利益に適合すれば，**それが本人からの依頼なしに行われても違法とはしない**というものである（したがって，勝手に始めたとしても賠償請求などは行えない）。その趣旨は，事務管理が社会全体として見れば利益になると判断されることによる。

　　そうであれば，「本人の意思や利益に適合する」という場合の本人は必ずしも特定していなくてもよい。本肢のように，本人を誤った場合であっても，また，迷い犬を一時的に保護する場合のように本人を特定できていなくてもかまわない。

ウ〇 緊急事務管理では，管理者は悪意・重過失がなければ賠償責任を負わない。

　　妥当である。急迫の場合には注意義務の程度は軽減されており，管理者は**悪意または重過失がなければ損害賠償責任を負わなくてよい**（698条）。

→No.2選択肢4

エ✕ 本人に事務管理を通知した場合も，請求があれば処理状況の報告を要する。

　　事務管理の開始を通知さえすれば，あとは「管理者が自分の思い通りに事務処理をするだけ」ということにはならない。本人からの請求があれば，管理者は事務管理の処理の状況を報告しなければならない（701条による645条の準用）。

オ✕ 有益費償還請求にいう有益かどうかの判断基準時は支出の時点である。

　　たとえば，台風被害を受けた隣家（留守宅）の雨漏りの応急修理を業者に依頼したが，依頼が殺到していて一時的に修理費用が高くなったなどという場合，後日，通常料金に戻った価格でしか請求できないとするのは管理者の保護をおろそかにする。そのため，**償還費用は支出の時点を基準に判断される**（702条1項）。

　　以上から，妥当なものは**ア**と**ウ**であり，正答は**1**である。

⚡ No.5 の解説　事務管理

1 ✕ 本人の意思を推知できれば，その意思に従って管理しなければならない。

　　前半は正しい（697条1項）。しかし，管理者は，本人の意思を知っているときだけでなく，これを推知できるときにも，その意思に従って事務管理をしなければならない（同条2項）。したがって，後半は誤り。

　　これは，できるだけ，本人の意思に沿って管理を行うべきという趣旨である。

2 ✕ 管理継続が本人の意思に反するときは，管理を中止しなければならない。

　　管理者は，本人またはその相続人もしくは法定代理人が管理をすることができるに至るまで，事務管理を継続しなければならないが（700条本文），事務管理の継続が本人の意思に反し，または本人に不利であることが明らかなときは管理を中止しなければならない（同条但書）。→No.2選択肢1

3 ◎ 緊急事務管理では，管理者は悪意・重過失がなければ賠償責任を負わない。

　　妥当である。**急迫の場合には注意義務の程度は軽減されており，**管理者は悪意または重過失がなければ損害賠償責任を負わなくてよい（698条，**緊急事務管理**）。→No.2選択肢4

4 ✕ 意思に反する場合でも，有益費は現に利益を受けている限度で償還請求可。

　　この場合も，本人がそれによって利益を得ている分については，管理者に償還させるのが公平に資するからである（702条3項）。

5 ✕ 代弁済請求で債務が弁済期になければ，管理者は相当の担保を供させうる。

　　管理者には，「有益な費用」の償還請求権が認められているが（702条1項），それと同じように，**「有益な債務」については，代わって本人に支払わせることができる**（702条2項，650条2項前段，いわゆる**代弁済請求権**）。これは，いったん管理者が支払ったうえ，「有益な費用」として本人に償還を請求するという面倒な手間を省くためである。

　　この場合において，その債務が弁済期にないときは相当の担保を供させることができる（702条2項，650条2項後段）。弁済を確実にさせようという意図に基づくものである。

⚡ No.6 の解説　不当利得
→問題はP.255

1 ☒ 期限前の弁済が錯誤による場合でも，給付物の返還請求はできない。

本肢の「弁済期にない債務の弁済」とは，**期限前の弁済**のことである。そして，債務者が弁済期前であることを知って任意に弁済した場合には，給付物や期限までの利息の返還請求はできない（706条本文）。

これに対して，錯誤によって期限前の弁済をなした場合には，給付物は返還請求できないが，期限までの利息などの利得は返還請求できる（同条但書）。給付物はいずれ弁済すべきものであるから，**利息等の返還で調整する**のが合理的だからである。

2 ☒ 債権者が善意で担保の放棄等をしたときは給付物の返還請求はできない。

債権者が善意で担保の放棄等をした場合に不当利得の成立を認めると，債権者は不測の損害を被るおそれがある。そこで，このような場合には給付物の返還を請求できないとされている（707条1項）。**→必修問題選択肢4**

3 ☒ 悪意の受益者に転換した後の利得は，すべて返還しなければならない。

判例は，不当利得者が当初善意であった場合でも，後に利得に**法律上の原因がないことを認識した**場合，その後の利得については**悪意の受益者**としての返還義務を負うとする（最判平3・11・19）。

	利益	利息	損害賠償
善意の受益者	現存利益のみ返還	✕	✕
悪意の受益者	利得のすべてを返還	○	○

4 ◎ 既登記建物では，移転登記がなければ不法原因給付があったとはいえない。

妥当である。民法は，不法の原因のため給付をした者は，その給付した物の返還を請求することができないと規定する（708条，**不法原因給付**）。そのような給付が不当利得に該当しても，法はその返還に助力しないというのが708条である。なお，ここで**不法**とは，単に強行法規に違反した不適法なものであることだけでなく，**社会で要求される倫理，道徳を無視した醜悪なもの**であることを要する（最判昭37・3・8）。

では，たとえば妾関係を維持するために女性にマンションを贈与した場合，それが既登記であれば，引渡しだけで不法原因「給付」があったといえるか，それとも移転登記まで必要か。この点について，判例は移転登記まで必要であるとする（最判昭46・10・28）。

不動産が未登記か既登記かで扱いを異にするので，以下にまとめておく。

①**登記済みの建物**…引渡しがあっても，登記が移転されない限り，返還を請求できる。

②**未登記建物**…引渡しが済めば，返還請求はできない。

→未登記建物は，引渡しがあれば返還請求ができなくなる。たとえ，給付者が引渡後に保存登記したうえで返還を求めても同じである（返還

請求できない）。返還を求めることができない以上，給付者の側に所有権を認めても意味がない。そのため，所有権は給付を受けた者の側に反射的に移るとされる。したがって，引渡しの時点で給付者は無権利者となる。仮に，給付後に保存登記をしても，それは無権利者による無効な登記でしかない。

5 ✕ **不法原因給付物を任意に返還する特約は有効である。**

　不法な原因に基づいて給付された物については，法は取戻しに助力を与えないとしているにすぎない。給付者が返還を求めることができない結果，給付者の側に所有権を認めていても意味がないので，所有権は給付を受けた者の側に反射的に移るとされるだけである。すなわち，**不法原因給付は受領者の側に積極的に権利取得を認める制度ではない**。そのため，当事者の合意で所有権を返還するのであれば，合意に効力を認めてよい（最判昭28・1・22）。

No.7 の解説　不当利得
→問題はP.256

1 ◎　錯誤で期限前の弁済をした場合は，期限までの利益の返還請求ができる。

妥当である（706条）。ただし，返還請求ができるのは錯誤によって期限前であることを知らずに弁済した場合に限られる。**→必修問題選択肢3**

2 ✕　他人の債務の弁済で債権者が善意で証書を滅失させた場合，返還請求不可。

債権者が善意で担保の放棄等をした場合に不当利得の成立を認めると，債権者は不測の損害を被るおそれがある。そこで，このような場合には給付物の返還を請求できないとされている（707条1項）。**→必修問題選択肢4**

3 ✕　不法原因給付物を任意に返還する特約は有効である。

不法原因給付は受領者の側に積極的に権利取得を認める制度ではない。そのため，当事者の合意で所有権を返還するのであれば，合意に効力を認めてよい（最判昭28・1・22）。**→No.6選択肢5**

4 ✕　利得に法律上の原因がないことを認識すれば，以後は悪意の利得者になる。

判例は，「善意で不当利得をした者の返還義務の範囲が利益の存する限度に減縮されるのは，利得に法律上の原因があると信じて利益を失った者に不当利得がなかった場合以上の不利益を与えるべきでないとする趣旨に出たものであるから，利得者が**利得に法律上の原因がないことを認識した後の利益の消滅は，返還義務の範囲を減少させる理由とはならない**」とする（最判平3・11・19）。

5 ✕　既登記建物では，移転登記がなければ不法原因給付があったとはいえない。

判例は，不法原因給付にいう給付があったとして贈与者の返還請求を拒みうるとするためには，「既登記の建物にあっては，その占有の移転のみでは足りず，所有権移転登記手続が履践されていることをも要する」とする（最判昭46・10・28）。**→No.6選択肢4**

No.8 次の事例に関するア～オの記述のうち，判例に照らし，妥当なもののみをすべて挙げているのはどれか。　　　　　　　　　【国家Ⅰ種・平成15年度】

　甲は，乙と愛人関係にあったが，この関係の継続と乙に自活の道を講じさせる目的で，自己所有地上に建物を新築し，同建物を未登記のまま乙に贈与し，乙に居住させて理髪業を営ませていた。ところが，その後，両者が不仲となったため，甲は，乙に対し，所有権に基づく建物明渡請求をし，さらに，甲は，同建物について自己名義の所有権保存登記を経由した。これに対し，乙は，同建物の所有権は，贈与を受けた自分にあるとして，甲に対し，所有権移転登記手続きまたは甲の所有権保存登記の抹消登記手続きを求めた。

ア：甲の乙に対する本件建物の贈与は，愛人関係の継続を目的とするものであるから，公序良俗に反して無効であり，また，甲が未登記の本件建物を乙に引き渡したのは，民法第708条にいう不法の原因に基づくものであるといえる。

イ：甲の乙に対する本件建物の贈与は，その引渡しにより履行が完了することから，当該引渡しは民法第708条本文にいう給付に当たる。そして，引渡しが同条本文にいう給付に当たることについては，本件建物が既登記建物であっても異ならない。

ウ：民法第708条本文は，自ら反社会的行為をした者に対しては，その行為の結果の復旧を訴求することを許さないという趣旨であるが，不当利得に基づく返還請求を制限するにとどまるから，贈与契約に基づく甲の乙に対する本件建物の引渡しが不法原因給付となる場合でも，甲は乙に対し，所有権に基づく本件建物の返還を請求することは妨げられない。

エ：甲乙間の本件贈与契約により本件建物の所有権が乙に移転するとはいえないが，不法原因給付により，贈与者である甲が本件建物の返還を乙に請求することができなくなったときは，その反射的効果として，目的物の所有権は，贈与者甲の手を離れて受贈者乙に帰属することとなる。

オ：エの場合，本件建物の贈与契約は無効であって，履行請求をすることはできないから，乙は甲に対し，反射的効果として帰属した本件建物の所有権に基づいて，本件建物の所有権移転登記手続きも甲の所有権保存登記の抹消登記手続きも請求することはできない。

1 ア，エ　　　　**2** イ，ウ　　　**3** イ，オ
4 ア，イ，ウ　　**5** ア，エ，オ

実戦問題❸の解説

No.8 の解説 不法原因給付 →問題はP.262

　本問は，最大判昭45・10・21の事案を素材とするものである。

ア○　未登記建物では，引渡しがあれば不法原因給付があったといえる。

　妥当である。→No.6選択肢4

イ✕　既登記建物の場合，「給付」に当たるためには登記の移転も必要である。

　不法原因給付に当たると判断されると，給付者はその物の取戻しができなくなる。その**反射的効果として給付者は所有権を失い，受益者にそれが帰属する**に至る。そこで，このような**重大な効果が認められるためには，給付は中途半端なものでは足りず，受益者に終局的な利益を与えるものでなければならない**とされている。そのため判例は，「民法708条にいう給付があったとして贈与者の返還請求を拒みうるとするためには，既登記の建物にあっては，その占有の移転のみでは足りず，所有権移転登記手続きが履践されていることをも要する」としている（最判昭46・10・28）。

ウ✕　未登記不動産を不法原因給付で引き渡せば，もはや返還請求はできない。

　判例は，708条は，「**みずから反社会的な行為をした者に対しては，その行為の結果の復旧を訴求することを許さない**趣旨を規定したものと認められるから，給付者は，不当利得に基づく返還請求をすることが許されないばかりでなく，目的物の所有権が自己にあることを理由として，給付した物の返還を請求することも許されない」とする（最大判昭45・10・21）。

→No.6選択肢4

エ○　不法原因給付で贈与者が返還請求できなくなれば，所有権は受贈者に移る。

　妥当である。返還を請求できないということは，その物の利用などができないのであるから，もはやその物の所有権を認めても無意味である。その場合，**所有権はだれに帰属するかというと，その物を現実に支配している受益者に属していると解するのが実質に適合した解釈**といえる。判例は，このように考えて，目的物の所有権は，贈与者甲の手を離れて受贈者乙に帰属するとしている（前掲判例）。

オ✕　不法原因給付であっても所有権が移れば，受贈者は登記請求が可能である。

　不法原因給付の効果として，建物の所有権は乙に属している。その結果，甲が行った建物についての自己名義の所有権保存登記は，無権利者による無効な登記となる。そこで判例は，「**不動産の権利関係を実体に符合させる**ため，乙が，甲による保存登記の抹消を得たうえ，改めて自己の名で保存登記手続きをすることに代え，甲に対し所有権移転登記手続きを求める請求は，正当として容認すべきものである」とする（前掲判例）。

　以上より，妥当なものは**ア**と**エ**であり，正答は**1**である。

不法行為

必修問題

不法行為に関する次の記述のうち，妥当なものはどれか。

【地方上級（全国型）・令和元年度】

1 不法行為の成立要件としての**過失**は，刑法における過失犯の成立要件としての過失とまったく同一の概念である。

2 不法行為が成立するには，加害者の行為と損害の発生との間に**因果関係**が必要であるが，原則として，被害者の側が因果関係の存在を証明しなければならない。

3 不法行為が成立するには，加害者に責任能力が認められなければならないが，動物による加害行為の場合，動物には責任能力はないので，飼い主が不法行為責任を負うことはない。

4 未成年者には**責任能力**が認められないので，他人に損害を加えても，未成年者は不法行為責任を負わない。

5 加害者が過失によって一時的に責任能力を欠く状態を招き，その間に他人に損害を加えた場合には，その加害者は不法行為責任を負わない。

難易度 ＊

必修問題の解説

　不法行為制度は，制裁を目的とするものではなく，「損害の公平な分担」を図るためのものである。この「損害の公平な分担」は不法行為分野のキーワードであり，この視点だけで解ける問題も多い。そこで，この言葉を意識しながら問題にあたってみよう。

第2章 債権各論

1 ✕ 不法行為にいう過失は，刑法の過失犯にいう過失とは異なる概念である。

　　民法の不法行為にいう過失概念と刑法のそれとは異なっている。理由は，両者の**制度目的が異なる**からである。

　　刑法は，犯罪処罰を通じて社会の秩序を維持することを目的とする。ただ，処罰は，たとえ過失犯であっても身体の拘束などの重大な人権の制約を伴うことから（例：刑法211条の業務上過失致死罪は最高5年の懲役刑となっている），間違っても無実の者が処罰されることがないように，厳格な要件が必要とされる。

　　一方，民法の**不法行為法は損害の公平な分担を目的とする**。すなわち，加害者の制裁は目的としていない。そのため，刑法のような厳格さは要求されず，**経験則から過失が推定できるような場合には，「過失あり」として賠償責任が肯定される**。

2 ◎ 不法行為の成立要件である因果関係の立証責任は被害者の側にある。

　　妥当である。まず，前半については，損害が発生した場合に，それが加害者の行為によって生じたという関係（**因果関係**）がなければ，不法行為責任は発生しない。

　　後半については，因果関係を含めた不法行為の要件に該当する事実の**立証責任は，損害賠償という法律効果の発生を求める被害者の側が負うべきもの**とされる。なぜなら，これを加害者に負わせて，加害者が立証すればするほど自らの責任が明確になるというのは矛盾だからである。

　　ただ，たとえば「高度な科学技術上の欠陥で被害が生じた」などという場合に，専門知識を持たない者が立証するのはなかなか困難である。そこで判例（最判昭50・10・24）は，「損害の公平な分担」という不法行為法の制度目的に照らして，社会生活上の経験則から判断して，まず間違いないと認められれば（そこまでは被害者側が立証する），それによって因果関係を肯定しようとする（例：ほかの原因が見当たらない。ならば，これに違いない，など）。

　　なお，同判例の判旨部分は，過去に空欄の語句選択形式として何度か出題されており，要注意である。

> 「訴訟上の因果関係の立証は，一点の疑義も許されない自然科学的証明ではなく，経験則に照らして全証拠を総合検討し，特定の事実が特定の結果発生を招来した関係を是認しうる高度の蓋然性を証明することであり，その判定は，通常人が疑いを差し挟まない程度に真実性の確信を持ちうるものであることを必要とし，かつ，それで足りるものである。」（最判昭50・10・24）
> ※上記のうち，　　　の部分が国家Ⅰ種・平成23年度の（複数の語句からの）空欄選択部分，下線部が国家Ⅱ種・平成15年度の同様の部分である。

3 ✕ 動物の占有者は，その動物が他人に加えた損害を賠償する責任を負う。

　　動物による加害行為は，社会生活においてしばしば経験するところである。法は，動物の飼育に責任を有する者に被害防止の管理責任を負わせ，被害が

生じた場合には，その者が損害賠償の責任を負うことを規定している（718条1項本文）。

4 ✕ 未成年者も責任能力を有していれば，不法行為責任を問われる。

　まず，**一般的な不法行為の要件**は，①故意・過失，②法的に保護されるべき権利・利益の侵害（違法性），③それによって（因果関係），④損害を発生させたことであり，⑤それが責任能力のある者の行為によって行われることが必要である。

　そこで責任能力であるが，**未成年者は制限行為能力者**とされるが，これは取引上の判断能力が十分でないとして，その財産保護のために認められる能力であり，**不法行為にいう責任能力とは異なる**。不法行為の責任能力は，「自己の行為が違法であることを認識しうる能力」とされる。もう少しわかりやすくいうと，次のようになる。

> **●責任能力が必要とされる理由**
>
> 　不法行為の要件として責任能力が要求される意味については，おおよそ次のように考えておけばよい。自己の行為によって他人に損害を生じさせることを理解できない者は，不法行為を起こさないようにしようという意味での行動の抑制が効かないので，いとも簡単に損害を発生させてしまう。このような者については，第三者に損害を発生させないようにするために監督義務者が相応の注意を尽くすべきであって，監督義務者こそが責任を問われる主体である。責任能力を欠く者の行為について不法行為の成立を認めて，その者に過大の賠償責任を負担させるのは妥当ではない。

　つまり，「自己の行為が違法に他人に損害を生じさせるか」を理解できるかどうかで責任能力の有無が決まる。そして未成年者の場合，通常，この能力は，11〜12歳頃には身についているとされ（ケース・バイ・ケースの判断になるが），この能力が備わっていれば，未成年者であっても責任能力があるとされて不法行為責任を負うことになる。

5 ✕ 一時的な責任無能力者の状態で加害行為をした者は不法行為責任を負う。

　一時的に責任無能力の状態を招いて他人に損害を与えた者は，責任能力が欠けているわけではないので，むしろ**一時的にでもそのような状態を招かないように注意すべき**である。そのため，このような者については損害賠償責任が肯定されている（713条但書，**原因において自由な行為**という）。

正答 **2**

FOCUS

> 　不法行為分野（不法行為法と呼ぶ）は，不法行為の一般的な要件を定める一般的不法行為と，特殊なケースでの不法行為の要件を定める特殊的不法行為に大別できる。このうち，前者のみに焦点を絞った問題は少なく，後者と不法行為の効果からの出題が多数を占めている。特に，「責任無能力者の監督者の責任」と「使用者責任」からの出題が多く，これらは要注意である。

▶▶▶ POINT

重要ポイント 1 ▶ 一般的不法行為

①不法行為とは，故意・過失に基づく加害行為によって他人に損害を加えた場合に，加害者に被害者の被った損害を賠償させる制度である。

②不法行為制度の目的は，加害者の制裁ではなく，損害の公平な分担という点にある。

③一般的不法行為の成立要件は，(1)加害者に故意または過失があること，(2)他人の権利または法律上保護される利益を違法に侵害したこと，(3)それによって損害が発生したこと，(4)加害行為と損害との間に因果関係があること，(5)行為者に責任能力が備わっていることの5つである。

④故意または過失によって自ら一時の心神喪失を招いたときは，行為当時に責任能力を失っていても，不法行為責任を負う。

⑤過失の存否の判断は，民事責任と刑事責任とで異なる場合がある。

⑥加害者に過失がある限り，被害者に過失があっても不法行為は成立する。双方の過失が相殺されて不法行為の成立自体が否定されるというわけではない。

⑦不法行為の成立要件については，原則として被害者側に立証責任がある。

⑧失火責任については失火責任法に特則が設けられており，失火が軽過失による場合には不法行為責任は成立しない。

　責任無能力者の監督義務者については，監督義務の懈怠について重過失がなければ失火責任は成立しない。一方，使用者責任の場合は，被用者に重過失があれば，使用者に選任監督上の過失が軽過失でも失火責任が成立する。

⑨示談書で，「被害者は加害者に対する今後の請求権を一切放棄する」と定めた場合，そこで放棄された請求権は，示談当時予想していた範囲の損害に限られる。したがって，示談成立当時予想できなかった損害については，被害者はなお追加的に賠償の請求ができる。

（1）責任無能力者の監督者の責任

①未成年者や精神障害者など責任能力がない者による不法行為の場合は，行為者自身は責任を負わず，これらの者を監督すべき法定の義務がある監督義務者または代理監督者が不法行為責任を負う（この場合は714条の責任）。

　　ただし，未成年者も，責任能力を有する場合は自ら不法行為責任を負う。この場合，監督義務者の義務の懈怠と損害の発生との間に因果関係が認められれば，監督義務者も不法行為責任を負う（この場合は709条の責任）。

②責任無能力者の監督義務者は，その義務を怠らなかったことを立証すれば，714条の監督義務者の責任を免れる。

③代理監督者に使用者があり，その者が使用者責任を負う場合でも，代理監督者は自らの不法行為責任を免れない。

（2）使用者責任

①ある事業のために他人を使用する者は，被用者がその事業の執行について第三者に加えた損害を賠償する責任を負う。これを使用者責任という。

　　使用者は，被用者の選任・監督に相当の注意をしたこと，または相当の注意をしても損害が発生したであろうことを証明した場合には，この責任を免れる。

②使用者責任は，「利益のあるところに損失もまた帰する」という報償責任の原理に基づいて認められているものである。

③使用者責任が成立するには，被用者に不法行為の要件が備わっていなければならない。

④使用者責任は，被用者に賠償能力がない場合に補充的に負う責任ではなく，使用者が被用者とともに第一次的に負うべき責任である。

⑤「事業の執行について」とは，厳密な意味での事業の執行行為に属していなくても，外形的に見て使用者の事業の範囲内に属していると認められればよい（外形理論）。

⑥使用者が損害を賠償した場合，使用者は信義則上相当と認められる限度において被用者に求償することができる。

（3）その他の特殊的不法行為

①土地工作物の占有者の責任は過失責任であるが，所有者の責任は無過失責任である（不法行為分野における唯一の無過失責任である）。

②注文者は，注文または指図についてその注文者に過失があった場合でなければ，請負人がその仕事について第三者に加えた損害を賠償する責任を負わない。

重要ポイント **3** 不法行為の効果

（1）一般的効果

①不法行為が成立すると，その効果として損害賠償請求権が発生する。原状回復は，法律の定めまたは特約がある場合でない限り認められない。

②被害者が死亡した場合には，父母・配偶者・子に，財産的損害のみならず精神的

損害についても固有の賠償請求権が認められる。

　また，被害者受傷の場合は，「死亡にも比肩しうべき精神的苦痛を受けた」と認められれば，同様に精神的損害の賠償請求権（慰謝料請求権）が認められる。

③被害者自身の慰謝料請求権は一身専属権ではなく，相続の対象となる。

④交通事故の被害者が事故後に別の原因により死亡した場合には，死亡後に要したであろう介護費用をその交通事故による損害として請求することはできない。

⑤不法行為による損害賠償請求権の消滅時効期間は，被害者またはその法定代理人が損害と加害者の双方を知った時から３年（人の生命・身体侵害の場合は５年），不法行為の時から20年である。

　なお，損害賠償債権を行使することが事実上不可能な場合においては，その状況が止んだ時から時効が進行する。後遺症の場合は，後日その治療を受けるようになるまでは，その治療に要した費用すなわち損害についての時効は進行しない。

⑥不法行為により発生する損害の性質上，加害行為が終了してから相当の期間が経過した後に損害が発生する場合には，当該損害の全部または一部が発生した時が消滅時効の起算点となる。

(2) 過失相殺

①被害者に過失がある場合には，損害の公平な分担という観点から，その過失分を考慮して賠償額を減額することが認められている。これを過失相殺という。

②不法行為の場合，過失を考慮して賠償額を減額するかどうかは裁判所の裁量にゆだねられている。すなわち，不法行為における過失相殺は義務的なものではない（債務不履行の場合にも同様の制度があるが，こちらは義務的なものとされている）。

③過失相殺を行うには，被害者に責任能力まで備わっている必要はないが，事理弁識能力は備わっていなければならない。

④被害者の過失には，被害者本人だけでなく，「被害者側の過失」も含まれる。被害者側とは，「被害者と身分上ないしは生活関係上一体をなすと認められるような関係にある者」をいう。保育園の保育士はこれに含まれない。

⑤加害者の不法行為が無過失で成立する場合であっても，また重過失がなければ成立しない場合であっても，裁判所は被害者の過失を考慮して賠償額を減額できる。

⑥被害者の心因的素因や，被害者の罹患していた疾患等の身体的素因は，ともに賠償額算定の際の減額の要素として考慮できる。しかし，被害者が本来的に有していた身体的特徴によって発生・拡大した損害については，特段の事情がない限り，被害者の素因を理由に賠償額を減額することはできない。

第2章

債権各論

⚡ **No.1** 民法に規定する不法行為に関する記述として，妥当なのはどれか。

【地方上級（特別区）・平成26年度】

1 未成年者は，他人に損害を加えた場合において，自己の行為の責任を弁識するに足りる知能を備えていなかったときは，その行為について賠償の責任を負わない。

2 責任無能力者が第三者に損害を加えたときは，責任無能力者を監督する法定の義務を負う者は，監督義務を怠らなくても損害が生ずべきであった場合であっても，その責任無能力者が第三者に加えた損害を賠償する責任を負う。

3 数人が共同の不法行為によって他人に損害を加えたときは，各自が連帯してその損害を賠償する責任を負うが，行為者を教唆した者および幇助した者は，損害を賠償する責任を負わない。

4 他人の不法行為に対し，第三者の権利または法律上保護される利益を防衛するため，やむをえず加害行為をした者であっても，損害賠償の責任を負うので，被害者から不法行為をした者に対して，損害賠償を請求することはできない。

5 裁判所は，被害者の請求により，被害者の名誉を毀損した者に対して，名誉を回復するのに適当な処分を命ずるときは，被害者の請求があっても，その処分とともに損害賠償を命ずることはできない。

No.2 不法行為に関するア～エの記述のうち，判例に照らし，妥当なもののみをすべて挙げているのはどれか。 【国税専門官・平成21年度】

ア：X社の代表者Aは，Yの過失による交通事故で負傷した。X社がいわゆる個人会社であり，AにX社の機関としての代替性がなく，AとX社が経済的に一体の関係にあるような場合，X社はYに対して，Aの負傷のため逸失した利益について損害賠償を請求することができる。

イ：Aは，Yの過失による交通事故で死亡した。Aが即死の場合でも，Aは損害賠償請求権を取得することになるから，Aの相続人であるXは，Aの逸失利益についての損害賠償請求権を相続することができる。

ウ：Aは，Yの過失による交通事故で死亡した。慰謝料請求権は本人の主観的な感情が根拠となっている一身専属的な権利であるから，Aが生前に請求の意思を表明しない場合，Aの相続人であるXは，慰謝料請求権を相続することができない。

エ：Xは，Z社の車を運転していたZ社の従業員Yの過失による交通事故で負傷した。Yの運転が，客観的にはYの職務行為の範囲内に属するものと認められる場合でも，Yが私用のためにZ社の車を使っていたときは，XはZ社に

対して損害賠償を請求することができない。

1 ア，イ
2 ア，ウ
3 ア，エ
4 イ，エ
5 ウ，エ

No.3 民法に規定する不法行為に関する記述として，妥当なのはどれか。

【地方上級（特別区）・平成29年度】

1 責任無能力者を監督する法定の義務を負う者は，責任無能力者がその責任を負わない場合において，当該責任無能力者が他人に損害を加えた場合，監督義務を怠らなかったときであっても，その損害を賠償する責任を必ず負う。

2 ある事業のために他人を使用する者は，被用者がその事業の執行について第三者に加えた損害を賠償する責任を負うが，使用者に代わって事業を監督する者は，一切その責任を負わない。

3 土地の工作物の設置または保存に瑕疵があることによって他人に損害を生じた場合，その工作物の所有者が損害の発生を防止するのに必要な注意をしたときは，所有者は免責される。

4 動物の占有者または占有者に代わって動物を管理する者は，その動物が他人に加えた損害を賠償する責任を負うが，動物の種類および性質に従い相当の注意をもってその管理をしたときは免責される。

5 裁判所は，他人の名誉を毀損した者に対して，被害者の請求により，損害賠償に代えて名誉を回復するのに適当な処分を命ずることができるが，損害賠償とともに名誉を回復するのに適当な処分を命ずることはできない。

実戦問題 **1** の解説

本問は条文の問題である。

1 ◎　責任能力のない者の加害行為については，不法行為は成立しない。

妥当である。（712条）。自己の行為の責任を弁識するに足りる知能を責任能力といい，この能力を欠く者（責任無能力者）は不法行為責任を負わず，その加害行為については**責任無能力者の監督者が責任を負う**（714条1項本文）。**→必修問題選択肢4**

2 ✕　責任無能力者の監督者に義務の懈怠がなかった等の場合は責任を負わない。

監督義務者がその義務を怠らなかったとき，またはその義務を怠らなくても損害が生ずべきであったときは責任を負わない（714条1項但書）。

3 ✕　教唆者および幇助者も，共同不法行為者として損害賠償責任を負う。

民法における不法行為は**損害の公平な分担**を図る制度であるから，教唆者や幇助者も**損害の発生に一定の関与をしている**以上，不法行為責任を負わなければならない（719条2項）。

4 ✕　やむをえず加害行為をした者は損害賠償の責任を負わない。

他人の不法行為に対し，第三者の権利または法律上保護される利益を防衛するため，やむをえず加害行為をした場合には，不法行為責任を負わない（720条1項本文）。これを**正当防衛**という。この場合は，被害者は不法行為者に対して賠償請求ができる（同条但書）。

損害発生の原因を作り出しているのは，やむをえず加害行為をした者ではなく，不法行為者のほうである。したがって，原因を作り出している者が賠償責任を負うのが公平に資するといえる。

5 ✕　名誉毀損に対しては，損害賠償とともに名誉回復の適当な処分を命じうる。

裁判所は，被害者の請求により，損害賠償に代えて，または損害賠償とともに名誉を回復するのに適当な処分を命ずることができる（723条）。

謝罪広告など，**名誉を回復するのに適当な処分だけでは，損害を賄うのに，なお十分ではない場合もある**からである。

No.2 の解説　不法行為 →問題はP.270

ア○　法人とは名ばかりの個人企業の代表者が被害者の場合，会社も賠償請求可。

妥当である。本肢のような事実関係のもとでは，X社イコールAと認定できるので，X社の損害賠償請求は認められる（最判昭43・11・15）。

なお，「X社イコールA」である以上，X社が実際に賠償を得た場合には，Aが改めて個人として賠償を請求することはできない。

イ○　被害者即死の場合でも，逸失利益の損害賠償請求権は相続の対象となる。

妥当である（大判大15・2・16）。逸失利益とは，不法行為による加害行為がなかったならば，被害者が将来得ることができたであろう利益（将来得ることのできる給与等）をいう。

本肢で問題となったのは，次のような点である。すなわち，仮に被害者が重傷でしばらく存命し，その間に逸失利益について賠償金が支払われ，その後に被害者が死亡したという場合，その賠償金は当然に相続の対象となる。ところが即死の場合には，被害者が逸失利益を請求する余地はない。その場合，遺族はその固有の損害を請求すべきことになるが，それは，「扶養を受けられたはずの利益」であって，逸失利益と同額ではない。なぜなら，被害者が逸失利益のすべてを扶養に回すとは限らないからである。そうなると，**即死と重傷の間にアンバランスが生じる**ことになる。

そこで判例は，両者の間で差が出るのは公平を欠くとして，「即死の場合にも重傷と死亡との間には観念上時間の間隔があるので，瀕死の時点で逸失利益の賠償請求権を取得し，死亡によってそれが遺族に相続される」と理論構成して（**極限概念説**），遺族による被害者の逸失利益の賠償請求を認めている。

ウ✕　被害者が請求の意思を表示せずに死亡しても，慰謝料は相続の対象となる。

判例は，「慰謝料請求権が発生する場合における被害法益は当該被害者の一身に専属するものであるけれども，これを侵害したことによって生ずる慰謝料請求権そのものは，財産上の損害賠償請求権と同様，単純な金銭債権であり，相続の対象となりうる」とする（最判昭42・11・1）。

この場合も**イ**と同様に，重傷状態の間に請求し，その後に死亡した場合とのアンバランスを解消するために，このような結論になっている。

エ✕　客観的に被用者の職務行為の範囲内であれば，使用者は賠償責任を負う。

客観的にYの職務行為の範囲内に属するものと認められれば，Z社は使用者としての損害賠償責任を負う（最判昭37・11・8）。

ある事業のために他人を使用する者は，被用者がその事業の執行について第三者に加えた損害を賠償する責任を負う（715条1項本文）。これを**使用者責任**という。その趣旨は，他人を使用して自己の活動範囲を広げている者は，それによって利益を得ているのであるから，**利益をあげる過程で他人に損害を与えた場合には，その利益の中から賠償させるのが公平にかなう**とい

う点にある。

　そして，この趣旨から，使用者責任の要件である「事業の執行について」とは，「その行為の外形から観察して，被用者の職務の範囲内の行為に属するものとみられる場合をも包含する」とされ，たとえ私用であっても，**使用者の支配領域内の行為**については賠償責任が肯定されている。

　以上から，妥当なものは**ア**と**イ**であり，正答は**1**である。

⚡ No.3 の解説　不法行為

1 ✕　責任無能力者の監督者に義務の懈怠がなかった等の場合は責任を負わない。

　監督義務者がその義務を怠らなかったとき，またはその義務を怠らなくても損害が生ずべきであったときは責任を負わない（714条1項但書）。
→No.1 選択肢2

2 ✕　使用者に代わって事業を監督する者も使用者責任を負う。

　支店長や現場監督者のように使用者に代わって事業を監督する者を**代理監督者**というが，この代理監督者もまた使用者責任の主体である（715条2項）。

　理屈は通常の使用者責任の場合と同様で，代理監督者も「他人を使用して自己の活動範囲を広げている者」（→No.2 エ）として，使用者責任を負わせるのが妥当だからである。

3 ✕　土地工作物の所有者の責任は，占有者の場合と異なり無過失責任である。

　土地工作物の設置または保存の瑕疵については，その工作物を占有して，実際に安全管理に責任を負っている「占有者」が第一次的な責任を負う（717条1項本文）。

　ただし，土地工作物はその危険性が大きい場合があることから，占有者が損害の発生を防止するのに必要な注意をしたときは，**「所有者」が第二次的に損害を賠償しなければならない**とされる（同項但書）。所有者のこの責任は**無過失責任**である。

4 ◎　動物の占有者・管理者も，相当の注意を尽くしたときは責任を免れる。

　妥当である。動物の加害行為については，動物の占有者・管理者が責任を負う（718条1項本文，2項）。土地工作物の場合と異なり，所有者は責任を負わない。これは，**動物の加害行為を直接に抑止できる者にだけ責任を負わせる**趣旨である。

　ただし，占有者・管理者が相当の注意をもって管理をしたときは免責される（718条1項但書）。

5 ✕　名誉毀損に対しては，損害賠償とともに名誉回復の適当な処分を命じうる。

　謝罪広告など，名誉を回復するのに適当な処分だけでは，損害を賄うのに，なお十分ではない場合もあるからである（723条）。→No.1 選択肢5

正答　No.1＝1　No.2＝1　No.3＝4

実戦問題❷ 応用レベル

No.4 Aの子Bは，4歳になる。Bが私立保育園でおもちゃの取り合いからC
の4歳の子Dとけんかをし，Bは負傷した。

この事例に関する次の記述のうち，妥当なものはどれか。ただし，争いがある場
合は判例による。 【地方上級（全国型）・平成11年度】

1 この事故について，保育園の保育士に過失があっても，保育園の経営者が使用
者として責任を負うので，保育士自身は，損害賠償責任を負わない。

2 AからCに対して損害賠償を請求した場合，この事故について，Bを監督すべ
き立場にあった保育士にも過失があったときは，保育士の過失を斟酌して損害賠
償額を減額することができる。

3 この事故について示談が成立した後に，Bに示談当時予想もしなかった後遺症
が発現し，治療を要することとなっても，いったん示談が成立した以上，Bは，
後遺症による損害賠償を請求することができない。

4 Bの受傷によって，Aが，Bが死亡した場合と異ならないような精神的苦痛を
受けたとしても，Bは生存しているのであるから，A自身が固有の慰謝料を請求
することはできない。

5 事故はCの監督の及ばない保育園で起こったものであるとしても，Dの保護者
であるCは，一般的な監督義務を怠らなかったことを立証できなければ，この事
故について責任を負わなければならない。

不法行為に関する次の記述のうち，妥当なのはどれか。ただし，争いのあるものは判例の見解による。 【国家総合職・平成25年度】

1 胎児は，損害賠償の請求権についてはすでに生まれたものとみなされるので，胎児の父親が他人の不法行為によって死亡した場合，胎児にも固有の損害賠償請求権が認められ，胎児である間に，母親が代理人として胎児の損害賠償請求権を行使することができる。

2 不法行為による損害の賠償額を算定するに際して，被害者に過失があったときには賠償額を減額することができるが，未成年者である被害者の過失をしんしゃくする場合，未成年者である被害者には，未成年者に対して不法行為責任を負わせる場合と同様に，責任能力，すなわち自己の行為の責任を弁識するに足りる知能が備わっていることが必要である。

3 30歳のAは，Bの運転する自動車にひかれて傷害を負い，後遺症のため就労することができなくなった。この交通事故の1年後，Aは交通事故とは無関係の不慮の事故により死亡した。この場合，Aの死亡によりその後の損害が発生しないことが確実となったのであるから，Bは，Aの遺族に対し，Aの死亡時までの逸失利益を賠償すれば足りる。

4 10歳の少年Aは，Bが所有する無人倉庫に入り込んで火遊びをし，倉庫を全焼させてしまった。この場合，Aの両親は，Aの監督について重大な過失がなければ，Bに対して火災による損害の賠償責任を負わない。

5 A会社に勤務するBは，営業活動のためにA会社の自動車を運転中，Cが運転する自動車に追突し，Cに損害を与えた。Cは，A会社に対して使用者責任による損害賠償を請求した。この場合，Cに損害を賠償したA会社は，自己が無過失でありさえすれば，その賠償額全額をBに求償することができる。

No.6 不法行為の使用者責任に関するア～オの記述のうち，判例に照らし，妥当なもののみをすべて挙げているのはどれか。ただし，自動車損害賠償保障法については考慮する必要はない。　　　　　　　　【国家一般職・平成30年度】

ア：兄Aが，その出先から自宅に連絡して弟BにA所有の自動車で迎えに来させた上，Bに自動車の運転を継続させ，これに同乗して自宅に帰る途中でBが運転を誤りCに損害を生じさせた場合において，Aが同乗中に助手席でBに運転上の指示をしていたなどの事情があるときは，Aは，Cに対して，民法第715条に基づく損害賠償責任を負う。

イ：大臣秘書官Aが，私用のために国が所有する自動車を職員Bに運転させてこれに乗車していたところ，当該自動車がCの運転する自動車と衝突してCに損害を生じさせた場合には，国は，Cに対して，民法第715条に基づく損害賠償責任を負わない。

ウ：銀行Aの支店長Bが，会社Cとの間で，Aの内規・慣行に反する取引を行ったところ，Cがその取引によって損害を被った場合において，Bの当該取引行為が，その外形からみて，Aの事業の範囲内に属するものと認められるときであっても，Cが，当該取引行為がBの支店長としての職務権限を逸脱して行われたものであることを知り，または，重大な過失によりそのことを知らないで，当該取引をしたと認められるときは，Cは，Aに対して，民法第715条に基づく損害賠償を請求することができない。

エ：会社Aの従業員Bが，一緒に仕事をしていた他の従業員Cとの間で業務の進め方をめぐって言い争った挙げ句，Cに暴行を加えて損害を発生させたとしても，Aは，Cに対して，民法第715条に基づく損害賠償責任を負わない。

オ：会社Aの従業員Bが，Aの社用車を運転して業務に従事していたところ，Bの過失によりCの車に追突して損害を生じさせたため，AがCに対して修理費を支払った場合には，Aは，自らに過失がないときに限り，Bに対してその全額を求償することができる。

1 ア，ウ
2 ア，エ
3 イ，エ
4 イ，オ
5 ウ，オ

No.7 **不法行為に関するア～オの記述のうち，妥当なもののみをすべて挙げているのはどれか。**　【国家一般職・平成28年度】

ア：数人が共同の不法行為によって第三者に損害を加えたときは，各自が連帯してその損害を賠償する責任を負うが，その行為者を教唆した者も，共同行為者とみなされ，各自が連帯してその損害を賠償する責任を負う。

イ：土地の工作物の設置または保存に瑕疵があることによって第三者に損害を生じた場合，その工作物の所有者は，損害の発生を防止するのに必要な注意をしたときは，その損害を賠償する責任を負わない。

ウ：ある事業のために他人を使用する者は，被用者がその事業の執行について第三者に加えた損害を原則として賠償する責任を負うが，使用者が第三者にその損害を賠償したときは，使用者は被用者に求償権を行使することができる。

エ：未成年者が不法行為によって第三者に損害を加えた場合，その未成年者は，自己の行為の責任を弁識するに足りる知能を備えていなかったときは，その損害を賠償する責任を負わない。この場合において，その未成年者を監督する法定の義務を負う者は，その義務を怠らなかったことを証明したときに限り，その損害を賠償する責任を負わない。

オ：精神上の障害により自己の行為の責任を弁識する能力を欠く状態にある間に第三者に損害を加えた者は，故意により一時的にその状態を招いたときは，その損害を賠償する責任を負うが，過失により一時的にその状態を招いたときは，その損害を賠償する責任を負わない。

1　ア，イ
2　ア，ウ
3　イ，オ
4　ウ，エ
5　エ，オ

No.8 過失相殺に関する次の記述のうち，判例に照らし，妥当なのはどれか。

【国家Ⅱ種・平成17年度】

1 過失相殺は，不法行為者が責任を負うべき損害賠償の額を定めるにつき，公平の見地から損害発生についての被害者の不注意を斟酌するかどうかの問題であるから，被害者が未成年者の場合，特段の事情のない限り，未成年者に行為の責任を弁識する能力があるときのみ，過失相殺の対象となる。

2 被害者に対する加害行為と被害者の疾患とがともに原因となって損害が発生した場合において，当該疾患の態様，程度などに照らし，加害者に損害全額を賠償させるのが公平でないときは，過失相殺の規定を類推することができる。

3 被害者が平均的な体格ないし通常の体質と異なる身体的特徴を有しており，それが損害の発生に寄与し，またはそれによって損害が拡大した場合，当該身体的特徴が疾患によるものでなければ，特段の事情のない限り，過失相殺の規定を類推することができる。

4 被害者の心因的要因が損害の拡大に寄与した場合は，身体的特徴が損害の拡大に寄与した場合と異なり，過失相殺の規定を類推することができない。

5 過失相殺は公平の理念によるものであるから，被害者の過失には，被害者本人と身分上または生活関係上一体を成すとみられるような関係がある者の過失を包含すべきものと解される。したがって，特段の事情のない限り，被害者が通っていた保育園の保育士の過失を被害者側の過失として斟酌することができる。

⚡ **No.4 の解説**　監督義務者の責任　　　　　　　　　　　　　　　　→問題はP.275

1 ✕　**使用者が使用者責任を負う場合でも，被用者もまた不法行為責任を負う。**

　　保育士に過失があれば，保育士は不法行為責任（責任無能力者の監督者の責任，714条2項）を負う。

　　保育士は，**責任無能力者**（自己の行為が違法であることを認識できる能力を欠く者）である園児が，危険な行動をとって他の園児を加害しないように監督すべき責任を負っている（親権者などに代わって責任を負うので**代理監督者**と称する）。そして，保育士がこの責任を怠ったために他の園児に損害を生じた場合には，保育士は被害者である園児に対して不法行為責任を負う（714条2項）。

　　ただ，保育士は私立保育園の被用者であるから，被用者である保育士が不法行為を行った場合には，使用者である私立保育園の経営者もまた不法行為責任（**使用者責任**，715条1項）を負うことになる。

　　そこで両責任の関係が問題となるが，両者はともに損害額全額について第一次的な賠償責任を負うとされている。そのほうが，被害者の保護を十分に図ることができるからである。

　　したがって，保育士は弁済資力が自分よりも上の使用者（私立保育園）が責任を負うからといって，自らは責任を負わなくてよいということにはならない。

2 ✕　**保育士は加害者であって，「被害者側の過失」にいう被害者側の者ではない。**

　　したがって，保育士の過失を斟酌（考慮）して損害賠償額を減額することは認められない（最判昭42・6・27）。

　　被害者側に過失があった場合には，裁判所はこれを考慮して損害賠償額を減額することができる（722条2項，同前判例）。そして，ここにいう**被害者側の過失**とは，たとえば被害者に対する監督者である父母ないしはその被用者である家事使用人などのように，**「被害者と身分上ないしは生活関係上一体をなす」とみられるような関係にある者の過失**をいう。

　　しかし，保育士はこれに該当しない（最判昭42・6・27）。被害者から見れば，保育士は第三者であって，その者の過失分を賠償額から減額することは，保育士の過失を被害者の負担に帰せしめるもので，その分加害者の責任を免除することになる。しかし，それは被害者からすれば不当な減額であろ

う。保育士の過失を被害者側の過失に含めることはできない。

3 ✕ 示談当時予想もしなかった後遺症については，賠償請求が可能である。

　　示談当時予想もしなかった後遺症については，いったん示談が成立した場合であっても，なお損害賠償を請求できる（最判昭43・3・15）。

　　損害額をめぐって加害者と被害者との間に意見の隔たりがあっても，被害者が**治療費等を必要としている場合，被害者は裁判で長々と争っている時間のゆとりはない**。そのため，しばしば当事者間で示談が行われている。その場合，加害者側は示談書に「今後の請求権を一切放棄する」との一文の付加を要求するのが常であるが，被害者は治療費等の確保の必要からこれに応じざるをえない。しかし，後に**予想外の損害が発生した場合**でも，この一文によって請求が封じられるとすると，**被害者にあまりに酷である**。そのため判例は，**請求権の放棄は「その当時予想していた損害」の範囲に限定される**とする。

4 ✕ 子の死亡にも匹敵する精神的苦痛については，親固有の慰謝料請求が可能。

　　子の死亡にも匹敵するような精神的苦痛を受けたと認められる場合には，親は被害者である子とは別に自らの権利として**慰謝料を請求できる**（最判昭42・1・31）。したがって，被害者Bの親権者Aは自己固有の慰謝料の請求ができる。

　　民法は，被害者が死亡した場合，父母・配偶者・子は慰謝料請求ができると定めている（711条）。そこで，近親者の慰謝料請求がこの条文の場合に限定されるのかが問題になった。判例は，被害者が死亡した場合に限らず，死亡に匹敵するような傷害を受けた場合には，近親者から慰謝料請求ができるとしている（前掲判例）。

5 ◎ 責任能力のない子の親権者も監督義務者の不法行為責任を負う立場にある。

　　妥当である。**親権者**には，家庭生活の中で，子供のしつけを行う，あるいは保育園に子供の性格等を知らせて注意を喚起するなど，**生活全般にわたる監督義務が課せられている**。したがって，その義務を怠らなかったことを立証できなければ，たとえ事故が親権者Cの監督の及ばない保育園で起こったものであっても，親権者Cは監督義務者として不法行為責任を負わなければならない（714条1項）。

No.5 の解説　不法行為

1✕ 母が胎児を代理して不法行為の賠償請求をすることはできない。

　　自然人の権利能力の始期は出生の時であるが（3条1項），民法は，次の3つについては「胎児は生まれたものとみなす」と規定している。

●胎児に権利能力が認められる3つの場合

①不法行為に基づく損害賠償請求権（721条）
②相続（886条）
③遺贈（965条）

　　胎児が「生まれたものとみなす」とされる場合，母は胎児を代理して，子（胎児）の損害についての賠償を請求できるかが問題となる。

　　これを認めると，死産の場合の権利関係が複雑になる。そこで，判例は胎児中には権利能力がなく，**生きて生まれた場合に不法行為時や相続時にまでさかのぼって権利能力を認める**という立場をとっている（大判昭7・10・6）。

　　したがって，胎児中には法定代理が成立する余地はなく，母親は胎児を代理することはできない。

2✕ 過失相殺を行うには，被害者たる未成年者に事理弁識能力があれば足りる。

　　未成年者に事理を弁識するに足る知能（**事理弁識能力**）が具わっていれば過失相殺できる。行為の責任を弁識する能力（**責任能力**）までは必要でない（最大判昭39・6・24）。

　　過失相殺は，被害者の不注意によって損害が拡大した分については，公平の見地から加害者に転嫁すべきではない，その分は全損害額から差し引くという制度である。すなわち，損害額の算定において，公平の観点から被害者の行為を考慮するというものであるから，そこでは「道路から飛び出したら危ない」など，道理をわきまえる能力があればよいとされる。

3✕ 被害者が後に別原因で死亡しても，死亡後の逸失利益の除外は許されない。

　　判例は，「交通事故の時点で，その死亡の原因となる具体的事由が存在し，近い将来における死亡が客観的に予測されていたなどの特段の事情がない限り，死亡の事実は就労可能期間の認定上考慮すべきものではない」とする（最判平8・4・25）。

　　就労できなくなったことによる損害は，交通事故の時（不法行為時）に一定の内容のものとして発生して客観的に定まっている。あとは履行の問題を残すだけであって，後に偶然発生した事情で消長を来すことはない。

4◎ 監督者は，自身に重過失がなければ失火責任法上の責任を負わない。

　　妥当である。失火責任法は，要件として重過失が必要とされる点で一般の不法行為と異なっている。簡単に知識をまとめておこう。

●**失火責任が成立する場合**
①失火者本人（性質は自己責任）…自身の失火行為に重過失が必要
②監督義務者（性質は自己責任）…自身の監督義務懈怠に重過失が必要
③使用者（被用者の不法行為の代位責任）…被用者の行為に重過失が必要

失火責任では，不法行為の成立において**軽過失が免責**されている（失火責任法）。これは，平地が少なく狭い地域に木造家屋が密集するわが国の建造物の特性から，被害が拡大しやすく損害額が莫大になるおそれがあることや，失火者自身も損害を受けているのが通常であることなどを考慮したためである。

では，上記②すなわち失火者が責任無能力者の場合に，監督義務者が失火責任法の責任を負うためには，監督義務者自身に重過失があることが必要か。判例は，監督義務者の責任が自己の監督上の責任（自己責任）であることを考慮して，**監督義務者自身に重過失が必要**であるとする（最判平7・1・24）。

なお，③の使用者責任の場合は，その性質が被用者の不法行為の代位責任であることから（そのため，賠償した使用者は被用者に求償できるとされている，715条3項），判例は**被用者に重過失があれば，使用者が軽過失にとどまる場合でも失火責任を負う**としている（最判昭42・6・30）。

5 ✕ **使用者責任における被用者への求償には信義則上の制限がある。**

使用者は，被用者の労務によって利益を得ている。そのため，損害の公平な分担という見地から，求償の範囲は賠償額全額ではなく，**信義則上相当と認められる限度**に制限されている（最判昭51・7・8）。

　　　　使用者責任の趣旨は，**他人を使用して自己の活動範囲を広げている**者は，それによって利益を得ているのであるから，利益をあげる過程で他人に損害を与えた場合には，**その利益の中から賠償させるのが公平にかなう**という点にある。

　　　　この点から，判例の見解を検討してみよう。

ア◯　運転者に運転上の指示をするなどの事情があれば，使用者責任を肯定できる。

　　　　妥当である。判例は，兄が出先から弟に兄所有の自動車で迎えに来させたことや，弟に自動車の運転を継続させたうえで，これに同乗して助手席で運転上の指示をしていたことなどから，兄と弟との間には兄を自動車で自宅に送り届けるという仕事につき，使用者・被用者の関係が成立していたとして，兄に使用者責任を認めている（最判昭56・11・27）。

イ✕　客観的に職務行為の範囲に属すると判断されれば，使用者は責任を負う。

　　　　判例は，「本件自動車の運転は，たとえ，秘書官の私用をみたすためになされたものであっても，なお，国の官庁の運転手の職務行為の範囲に属するものとして，同官庁の事業の執行と認めるのを相当とする」として，国に使用者責任を認めている（最判昭30・12・22）。

　　　　使用目的が私用かどうかという主観面ではなく，「それによって活動範囲を広げて利益（利便性などを含む）を得ている」という客観面を重視して判断しているわけである（いわゆる**外形標準説**）。

ウ◯　外形上職務行為の範囲内でも，被害者に悪意・重過失があれば賠償請求不可。

　　　　妥当である。判例は，「被用者のなした取引行為が，その行為の外形からみて，使用者の事業の範囲内に属するものと認められる場合においても，その行為が被用者の職務権限内において適法に行なわれたものでなく，かつ，その行為の**相手方がその事情を知りながら，または，少なくとも重大な過失によりその事情を知らないで**，取引をしたと認められるときは，**被害者は損害の賠償を請求することができない**」とする（最判昭42・11・2）。

　　　　被害者は被害を防止できたはずであり，損害の公平な分担という不法行為制度の趣旨に照らし，賠償請求を認めなくても不合理ではないからである。

エ✕　事業の執行行為と密接な関連を有する行為については使用者責任が成立する。

　　　　判例は，本肢のような事実関係のもとにおいて，Bの加害行為は「A会社の事業の執行行為を契機とし，これと密接な関連を有すると認められる行為によって加えたものであるから，被用者であるBが会社の事業の執行につき加えた損害に当たるというべきである」とする（最判昭44・11・18）。

　　　　事業の執行行為との密接関連性を考慮した結果である。

オ✕　使用者責任における被用者への求償には信義則上の制限がある。

　　　　使用者は，被用者の労務によって利益を得ている。そのため，損害の公平な分担という見地から，求償の範囲は賠償額全額ではなく，**信義則上相当と**

認められる限度に制限されている（最判昭51・7・8）。

　すなわち，A会社は，無過失ならば被用者Bに全額を求償できるなどというわけではない。

　以上から，妥当なものは**ア**と**ウ**であり，正答は**1**である。

No.7 の解説　不法行為

→問題はP.278

ア◯　教唆者も，共同不法行為者として損害賠償責任を負う。

　妥当である（719条1項前段，同条2項）。**→No.1選択肢3**

イ✕　土地工作物の所有者の責任は無過失責任である。

　土地の工作物の設置・保存の瑕疵によって他人に損害を生じたときは，まずその工作物の占有者が賠償責任を負う（717条1項本文）。ただし，占有者が損害の発生を防止するのに必要な注意をしたときは，所有者がその損害を賠償しなければならない（同項但書）。この場合の所有者の責任については免責規定がなく，無過失責任とされている。

ウ◯　使用者責任を負う使用者が賠償した場合，被用者への求償が認められている。

　妥当である（715条1項本文・3項）。ただし，被用者への求償には信義則上の制限がある（最判昭51・7・8）。**→No.6選択肢5**

エ✕　監督義務を怠らなくても損害が生ずべき場合，監督義務者は責任を負わない。

　未成年者が責任無能力の状態で加害行為をした場合，その未成年者は不法行為責任を負わない（712条）。したがって，前半は正しい。

　しかし，①監督義務者がその義務を怠らなかったとき，または，②その義務を怠らなくても損害が生ずべきであったときは，監督義務者は責任を負わない（714条1項但書）。後半については，免責を①の場合に限定しているので誤り。**→No.1選択肢2**

オ✕　故意・過失を問わず一時的な責任無能力での加害には，不法行為責任を負う。

　損害の公平な分担という観点から，一時的にせよ，責任無能力状態を引き起こさないようにする責任が行為者に認められるが，これは故意の場合も過失の場合も変わりはない（713条但書）。

　以上より，妥当なものは**ア**と**ウ**であり，正答は**2**である。

No.8 の解説　過失相殺

1 ✕　未成年者に事理を弁識するに足る知能が備わっていれば過失相殺できる。

　　　行為の責任を弁識する能力（**責任能力**）までは必要でない（最大判昭39・6・24）。

　　　自己の行為が損害賠償という重大な結果を招くことが理解できない者の場合は，不法行為責任は未成年者自身ではなく，親権者などの監督義務者が負うべきもので，そのために，不法行為の成立には，「行為の責任を弁識する能力」（責任能力）が必要とされている（714条1項本文）。

　　　これに対し，**過失相殺**は，被害者の不注意によって損害が拡大した分については，公平の見地から加害者に転嫁すべきではないので，その分は全損害額から差し引くという制度である。すなわち，**損害額の算定において，公平の観点から被害者の行為を考慮する**というものであるから，そこでは「道路から飛び出したら危ない」など，道理をわきまえる能力（**事理弁識能力**）があればよいとされる。

2 ◎　賠償額の算定で，加害行為前から存在した被害者の疾患を斟酌できる。

　　　妥当である。被害者の疾患によって損害が拡大した場合，それについてまで責任を加害者に転嫁するのは不公平である。そこで判例は，このような場合に「被害者に生じた損害の全部を加害者に賠償させるのは，損害の公平な分担を図る損害賠償法の理念に反する」として，過失相殺の規定の類推を認めている（最判平4・6・25）。

　　　軽い受傷なのに，自ら重い受傷と思い込んで寝たきりの生活になってしまったなど，**損害の発生や拡大に被害者側の事情がかかわっている場合**を被害者の素因という。そして，自分で寝たきり生活になった場合の介護費用のように，被害者の素因に基づいて拡大した損害については，これを減額の対象とできるかどうかが争われている。

　　　判例は，自分で重い受傷と思い込んだ場合のような心因的要素だけでなく，たとえば「以前に被害者がかかっていた一酸化炭素中毒症状が，今回の事故による頭部打撲を引金に再発して，被害者が呼吸麻痺に陥り死亡した」など，病的素因による損害の拡大についても減額を認めている。不法行為法の理念は損害の公平な分担の点にあり，このような**被害者側の事情に基づく損害の拡大をも加害者の負担とすることは，公平を失する**ことになるからである。

3 ✕　平均と異なる被害者の身体的特徴を，賠償額算定で斟酌することはできない。

　　　判例は，過失相殺の規定の類推はできないとする（最判平8・10・29）。

　　　たとえば，たまたま人よりも首が長く，若干首のすわりが不安定であったところに追突事故によって首に傷害を受けたなど，**被害者が本来的に有していた身体的特徴によって発生・拡大した損害**については，特段の事情がない限り，被害者の素因を理由に賠償額を**減額することはできない**。

身体的特徴は，病的素因などと違って被害者がどうすることもできないものである。したがって，**通常人の平均値と若干異なる身体的特徴を有していたことを理由に賠償額を減額されるのは，身体的特徴それ自体を不利な材料として扱うことにほかならない**。しかし，それは不当である。判例も，「人の体格ないし体質は，すべての人が均一同質なものということはできないので，極端な肥満など通常人の平均値から著しくかけ離れた身体的特徴を有する場合は格別，その程度に至らない身体的特徴は，個々人の個体差の範囲として当然にその存在が予定されている」として，特段の事情の存しない限り，被害者の身体的特徴を損害賠償の額を定めるに当たり斟酌することはできないとする。

4 ✕ 心因的要因が損害拡大に寄与した場合，それを損害額の算定で斟酌できる。

被害者の心因的要因が損害の拡大に寄与した場合，判例は，過失相殺の規定の類推適用を認める（最判昭63・4・21）。

被害者の心因的要因は被害者側の事情であり，それによって損害が拡大した場合についてまで，その責任を加害者に転嫁するのは不公平であるという考え方に基づく。そのため同判例は，「身体に対する加害行為と発生した損害との間に相当因果関係がある場合において，その損害がその加害行為のみによって通常発生する程度，範囲を超えるものであって，かつ，その損害の拡大について被害者の心因的要因が寄与しているときは，損害を公平に分担させるという損害賠償法の理念に照らし，裁判所は，損害賠償の額を定めるに当たり，民法722条2項の過失相殺の規定を類推適用して，その損害の拡大に寄与した被害者の事情を斟酌することができる」とする。

5 ✕ 保育士は加害者であって，「被害者側の過失」にいう被害者側の者ではない。

判例は，特段の事情のない限り，保育園の保育士の過失を被害者側の過失として斟酌することを認めない（最判昭42・6・27）。→No.4選択肢2

No.9 民法上の不法行為の成立を阻却する事情に関するア～オの記述のうち，妥当なもののみをすべて挙げているのはどれか。ただし，争いのあるものは判例の見解による。　　　　　　　　　　　　　　　　　　　　【国家総合職・平成26年度】

ア：Aは，Bが暴漢Cに刃物で襲われているところに遭遇したため，とっさに持っていたステッキでCをたたき，Cに軽傷を負わせた。この場合，他人の不法行為に対し，第三者の権利を防衛するためにやむをえず加害行為をしたのであり，Aの行為につき正当防衛が成立しうる。

イ：Aは，凶暴な野犬に襲われたときに，必死になってその犬から逃れるためにBの家の壁を壊して逃げた。この場合，物から生じた急迫した危難を避けるために他人の物を壊したのであり，Aの行為につき緊急避難が成立しうる。

ウ：Aは，帰宅したところ，自宅前に停まっていた見知らぬトラックの荷台に，自分の高級自転車が載せられているのを発見したので，直ちにこれを取り戻した。この場合，法律の定める手続によったのでは，権利に対する違法な侵害に対抗して現状を維持することが不可能または著しく困難であると認められる緊急やむをえない特別の事情があるときであって，その必要な限度であれば，Aの行為は，自力救済として許されることがある。

エ：Aは，酒に弱く，少量の飲酒でも酩酊することを知っているのに，自ら多量の飲酒をして正常な意識を失い，突然Bに殴りかかってBにけがを負わせた。この場合，自らの飲酒が原因ではあるが，Aは，精神上の障害により自己の行為の責任を弁識する能力を欠く状態にある間にBに損害を加えたのであり，その賠償の責任を負わない。

オ：A新聞社は，ある市の市長Bが政治資金を違法に使用しているという事実を報道し，Bの社会的評価は著しく低下した。この場合において，事実を摘示する報道行為が公共の利害に関する事実に係り，かつ，その目的がもっぱら公益を図ることにあって，当該事実がその重要な部分について真実であることの証明がされたときは，Aの報道行為は違法性がないとされる。

1　ア，エ
2　イ，オ
3　ア，ウ，オ
4　イ，ウ，エ
5　ア，イ，ウ，オ

実戦問題 **3** の解説

→問題はP.288

No.9 の解説 不法行為の成立を阻却する事情

ア〇 **自己ではなく第三者の権利を防衛するためでも，正当防衛は成立する。**

妥当である（720条1項）。正当防衛の要件は以下のようになっている。本肢の場合はこれに該当するので，Aの行為につき正当防衛が成立しうる。

●正当防衛の要件

①他人の不法行為が原因で加害行為をしたこと
②自己または第三者の権利または法律上保護される利益を防衛するために加害行為をしたこと
③加害行為がやむをえないものであったこと
④加害行為が相当なものであったこと（解釈で求められる要件）

イ✕ **緊急避難は，物の加害行為に対してその物を損傷した場合にのみ成立する。**

民法にいう緊急避難（720条2項）は，刑法の緊急避難（刑法37条）とは異なり，**いわば対物防衛**であり，反撃の対象も危難を生じさせたその物に限定される。

本肢で，行為者に緊急避難が成立するには，危難を生じさせた野犬に反撃してその野犬を損傷させなければならない。ところが行為者Aが損傷させたのはBの家の壁というのであるから，Aに緊急避難は成立しない（つまり，AはBに不法行為責任を負う）。

ウ〇 **緊急やむをえない特別の事情があれば，自力救済が許される場合がある。**

妥当である。判例は，「私力の行使は原則として法の禁止するところであるが，法律に定める手続によったのでは，権利に対する違法な侵害に対抗して現状を維持することが不可能または著しく困難であると認められる**緊急やむを得ない特別の事情が存する場合においてのみ，その必要の限度を超えない範囲内で，例外的に許されるもの**と解することを妨げない」とする（最判昭40・12・7）。

これに照らして本肢を考えた場合，Aの行為は，自力救済として許される余地がある。

エ✕ **一時的な責任無能力者の状態で加害行為をした者は不法行為責任を負う。**

責任無能力者の場合には，他人の権利や利益を損なわないように行動する能力が欠けているので，監督義務者が損害を発生させないように注意すべきであり，責任無能力者自身は責任を負わない（713条本文）。しかし，一時的にその状態を招いて他人に損害を与えた者は，そのような能力が欠けているわけではないので，むしろ一時的にでもそのような状態を招かないように注意すべきである。そのため，このような者については損害賠償責任が肯定されている（**原因において自由な行為**）。→**必修問題選択肢5**

オ〇 **公共の利害に関する報道が公益目的で，かつ真実であれば名誉毀損ではない。**

妥当である。判例は，「民事上の不法行為たる名誉棄損については，その

行為が公共の利害に関する事実に係りもっぱら公益を図る目的に出た場合には，摘示された事実が真実であることが証明されたときは，その行為には違法性がなく，不法行為は成立しない」とする。

なお，同判例は「その事実が真実であることが証明されなくても，行為者においてその事実を真実と信ずるについて相当の理由があるときには，その行為には故意もしくは過失がなく，結局，不法行為は成立しない」としている（最判昭41・6・23）。

以上より，妥当なものは**ア，ウ，オ**の3つであり，正答は**3**である。

第3章

家族法

試験別出題傾向と対策

頻出度	試験名 ／ テーマ	国家総合職(国家Ⅰ種)					国家一般職(国家Ⅱ種)					国家専門職(国税専門官)				
	年度	18-20	21-23	24-26	27-29	30-2	18-20	21-23	24-26	27-29	30-2	18-20	21-23	24-26	27-29	30-2
	出題数	3	3	3	3	6	3	4	3	3	3		4	3	3	3
B	15 婚姻	1	1			2	1	3						1	1	2
B	16 親子	1	1	1	2	1			1	2	1					
A	17 相続	1		2	1	2		1		1	2		2	2	1	
C	18 遺言・遺留分		1			1	1	1	1				2			1

　家族法は財産法と比べると細かな部分まで条文が整っており，また論点も比較的少ないことから，民法の中での出題数はそれほど多くはない。出題内容は，以前は単純な知識問題や法定相続分の簡単な計算など，主要な条文の知識だけで十分に対処できるものが大半を占めていたが，近時は論点問題が増加する傾向が見られる。また，民法全体の傾向として，ここ数年は計算問題が増加する兆しを見せており，家族法は，相続分や遺留分など計算問題が作りやすい箇所が多いので，これらの問題への対処にも注意が必要である。

● 国家総合職（法律）

　出題範囲は広く，家族法のほぼ全範囲にわたっている。判例を中心とした知識問題が多いが，従来この分野ではあまり見られなかった事例形式の問題も登場するようになっており，若干の傾向の変化が見られる。この分野は，同一の論点から繰り返し出題されるという点が大きな特徴であるが，テーマの重複にかかわらず内容の重複が少ないことから，頻出箇所においては周辺知識も含めて，ある程度掘り下げて対策を講じておく必要がある。

● 国家一般職

　毎年１問がこの分野に充てられている。従来は条文を素材とした知識問題が出題の大半を占めていたが，ここ数年は，長文の論理問題など，次第に思考力を試す問題が増加してきている。また，条文の知識問題も依然として多数出題されているので，主要条文の知識の整理は必須である。対策としては，各制度の意義や機能を十分に理解して，重要部分をある程度絞り込んだうえで知識を整理しておくという方法が効率的といえよう。

● 国家専門職（国税専門官）

　従来は家族法からの出題はなかったが，平成21年度以降，毎年１問が出題されている。親族法分野の出題も見られるものの，相続法分野の問題が多いのが特徴である。相続や遺留分は，国税専門官という職種に関連するともいえるので，計算

	地方上級 (全国型)					地方上級 (特別区)					市役所 (C日程)					
	18–20	21–23	24–26	27–29	30–2	18–20	21–23	24–26	27–29	30–2	18–20	21–23	24–26	27–29	30–元	
	1	1			1	3	3	3	2	3	1		1	1		
						1	1		1	1						テーマ 15
		1					1	1	1					1		テーマ 16
	1				1	1	1	1			1		1			テーマ 17
						1		2		2						テーマ 18

問題を含めて十分に知識を固めておきたい。

● 地方上級 (全国型)

　出題箇所は，相続などの主要テーマに限られる。ただ，平成25年度に親権の問題が登場しているが，これは近時の法改正を踏まえたもので時事的な要素が強い。全体的には，主要条文の知識があれば十分に対処できるので，対策としては，出題箇所の絞り込みと，その部分の条文の知識の整理で十分であろう。ただ，家族法分野は，近年法改正や重要判例が相次いでおり，これらを素材とした出題も予想されるので，最新事情には注意しておきたい。

● 地方上級 (特別区)

　毎年１問が家族法から出題される。出題箇所は全体に分散していて，特定の箇所に集中する傾向はみられない。ただ，遺留分に関する問題が比較的多く出題されている点は要注意である。やや難解な分野だけに，理解を深めておくことと計算問題に慣れておくことに注意しておきたい。

● 市役所

　全体として出題数は少ないが，その中では相続に関する問題が多い。相続分などの計算問題が出題されているので，簡単な事例形式の問題を解いて計算に慣れておくとよい。素材は条文が中心なので，主要条文について知識を固めておけば十分である。

必修問題

親族・婚姻に関する次の記述のうち，妥当なものはどれか。

【地方上級・平成30年度】

1 親族とは3親等内の<u>血族</u>または<u>姻族</u>をいう。

2 男女が婚姻すると<u>法定血族</u>となる。

3 夫婦の一方が死亡した場合において，生存配偶者が姻族関係を終了させる意思を表示したときは，**姻族関係**は終了する。

4 養子と養親は，<u>離縁によって親族関係を解消すれば婚姻できる</u>。

5 法定血族ではない<u>3親等内の**傍系血族**</u>の間では，婚姻をすることができる。

難易度 ＊

必修問題の 解説

親等の計算方法

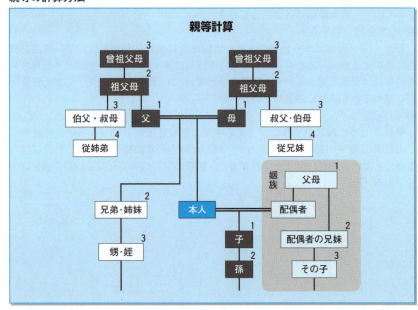

親等計算

曾祖父母 3 — 祖父母 2 — 父 1

曾祖父母 3 — 祖父母 2 — 母 1

伯父・叔母 3 — 父
従姉弟 4

叔父・伯母 3 — 母
従兄妹 4

兄弟・姉妹 2
甥・姪 3

本人 — 配偶者

姻族 父母 1
配偶者の兄妹 2
その子 3

子 1
孫 2

1 ✕ **親族とは，６親等内の血族，配偶者，３親等内の姻族をいう。**

　　血縁関係もしくはこれと同視できる関係にある者のうち，一定の法的効果が生じることがありうる範囲内の者を，法は**親族**と定める。**６親等内の血族**（725条１号），**配偶者**（同条２号），**３親等内の姻族**（同条３号）がそれである。

　　そして，**血族**とは前頁の図の本人と血縁関係にある者，**姻族**とは本人から見て自分の配偶者と血縁関係にある者のことである。

2 ✕ **法定血族は，養子縁組を通じて法が血族として扱うことにした関係のこと。**

　　婚姻を通じて発生するのは姻族関係である。

　　法定血族とは，養子縁組が行われた場合に，養子を自然的な意味での血縁の有無にかかわりなく嫡出子として扱うというもので（727条），「法が血族として認めた」という意味でこのような表現を用いる。

3 ◎ **死別において，生存配偶者が終了の意思表示をすれば姻族関係は終了する。**

　　妥当である。**姻族関係**とは，配偶者を介した親族関係であるが，**離婚の場合と異なり，死別の場合には姻族関係は当然には消滅しない**。姻族関係を認める大きな要因は扶養義務（877条２項）にあり，たとえば「妻が夫の死後も夫の親の面倒を見る」ような場合があることに備えて，当然には終了しないとされている。

　　ただ，死別後にそのような義務を負いたくないという場合もあるので，**生存配偶者が終了の意思表示をすれば姻族関係は終了する**（728条２項）。

4 ✕ **養親と養子の間では，離縁した後も婚姻ができない。**

　　法は，いったん親と呼び，子と呼んだ者どうしが婚姻という性的結合関係を持つのは倫理的に好ましくないとして，このような婚姻を制限している（取り消すことができる婚姻となる。744条１項，736条）。

5 ✕ **３親等内の傍系血族の関係にある者どうしは婚姻をすることができない。**

　　直系血族とは，血縁が直線的に結ばれている場合であり，傍系血族とは，共通の始祖から枝分かれしている場合である。そして，本肢の「３親等内の傍系血族」とは，おじ・おばと，甥・姪の関係がそれに当たる。

　　これらの者の婚姻については，優生学的な配慮と倫理的な配慮の双方が合わさって婚姻ができないとされている（734条１項本文）。

正答 **3**

FOCUS

　　婚姻の問題はバラエティに富んでいる。そのため，覚える知識の量が多い。ただ，身近な問題としてイメージしやすい箇所なので，知識を具体的なイメージとリンクさせておくと，比較的容易に問題を処理できる。

重要ポイント **1** 婚姻

（1）婚姻の成立

①婚姻とは，法的に承認された男女間の結合体である。この婚姻によって形成される共同体は，社会の最も基礎的な単位を構成するものであり，夫婦や子といった共同体の構成員だけでなく社会にとってもきわめて重要な機能を営むために，法はこれに対してさまざまな保護を与えている。

②婚姻の無効原因は，**当事者に婚姻意思がないこと**と，**届出がないこと**の2つである。なお，婚姻意思は届出の時点で存在することが必要である（離婚の場合も同様に届出の時点で離婚意思が存在していることが必要）。

③婚姻の届出がなされれば，たとえ戸籍簿に記載されなくても婚姻は有効に成立する。

④事実上の夫婦の一方が他方の意思に基づかないで婚姻届を作成・提出した場合において，当時その両名に夫婦としての実質的生活関係が存在しており，かつ，のちに他方の配偶者が届出の事実を知ってこれを追認したときは，当該婚姻は追認によりその届出の当初にさかのぼって有効となる。

要 件	①夫婦としての実質的生活関係の存在 ②他方が届出の事実を知って追認したこと
効 果	・婚姻は届出の当初にさかのぼって有効になる。
理 由	①追認により婚姻届出の意思の欠缺は補完される。 ②遡及効を認めることは，実質的生活関係を重視する身分関係の本質に適合する。 ③取引の安全も害しない。 →第三者は，右生活関係の存在と戸籍の記載に照らし，婚姻の有効を前提として行動するのが通常なので，追認に遡及的効力を認めることによって，その利益を害されるおそれが乏しい。

⑤婚姻障害は次の5つである。これらの婚姻成立のための要件を満たさないものについては，婚姻の取消しが認められている。

婚姻障害	・婚姻適齢に達していること	・婚姻適齢は男が満18歳，女は満16歳
	・重婚でないこと	
	・再婚禁止期間を経過していること	・再婚禁止期間は前婚の解消または取消しの日から100日
	・近親婚でないこと	・近親婚とは直系血族または3親等内の傍系血族間の婚姻をいう
	・未成年者については父母の同意があること（ただし，2022年4月1日以降は同意不要）	・法定代理人と父母が異なる場合でも，法定代理人ではなく父母の同意が必要

⑥未成年者の婚姻に際して父母の一方が同意しないときは，他の一方の同意だけで足りる（737条2項，ただし，平成30年改正民法により，同条は2022年4月1日をもって削除となる）。

⑦成年被後見人が婚姻をするには意思能力があれば足り，成年後見人の同意は必要

ではない。

⑧婚姻の取消しは，当事者や子の身分関係に大きな影響を与えるので，裁判所への請求（訴えまたは審判）によって行うものとされている。

⑨婚姻の取消しの効果は遡及しない。したがって，婚姻が取り消された場合でも，婚姻中に出生した子は嫡出子としての身分を失わない。

（2）婚姻の効力

①夫婦は，婚姻の際に定めるところに従い，夫または妻の氏を称する。これ以外の氏を称することはできない。

②夫婦間で契約をしたときは，その契約は，婚姻中いつでも夫婦の一方からこれを取り消すことができる。ただし，これは，夫婦間の契約を当事者の道義にゆだねるのが妥当との判断から規定されたものであるから，婚姻が実質上破綻している場合には適用されず，その場合の取消しは認められない。

③夫婦は日常家事に関して生じた債務について，連帯責任を負う。また，夫婦は日常家事に関する法律行為につき，相互に代理権が認められる。ただし，第三者に対し責任を負わない旨を予告していた場合には，連帯責任を負わなくてよい。

④夫婦の一方が婚姻前から有する財産および婚姻中に自己の名義で得た財産は，その特有財産（夫婦の一方が単独で有する財産）とされる。

重要ポイント 2　婚姻の解消

①婚姻の解消には死亡解消と離婚の2種があり，両者はともに婚姻関係の解消という点では共通するが，以下のような点で差異が見られる。

	死亡解消（死別）	離 婚
復　氏	復氏しない ただし，任意の復氏届によっていつでも婚姻前の氏に復することができる	原則として復氏する ただし，離婚の日から3か月以内の届出によって復氏しないこともできる
子の監護者 親権者	生存配偶者	離婚の際に監護者・親権者を決定しなければならない
姻族関係	消滅しない ただし，生存配偶者が姻族関係終了の意思表示をした場合には終了する（要届出）	当然に消滅する 特別の意思表示は必要でない
財産関係	婚姻費用の分担や日常家事に関する連帯責任などは消滅する	
	相続が開始する	財産分与請求権を通して夫婦財産関係の清算が行われる

②失踪宣告がなされると，被宣告者の死亡が擬制されるので，被宣告者との間の婚姻関係は宣告によって解消する。なお，これは死亡解消であって離婚ではない。

③有責配偶者からの離婚請求は，原則として認められない。しかし，子を養育上不利な立場に立たせることもなく，また夫の収入に生計を依存している妻の生活を危うくすることもないなど，離婚を認めないことによって得られる客観的な利益

が存在しない場合には，例外的に認められることがある。

④婚姻の取消しの場合と異なり，離婚の取消しの効果は遡及する。すなわち，離婚が取り消されると，当初から離婚はなかったものとして扱われる。その結果，離婚の取消前に相手が再婚していた場合には重婚状態を生じることになる。

⑤離婚による財産分与がなされても，それが損害賠償を含めた趣旨と解せられないか，そうでないとしてもその額および方法において請求者の精神的苦痛を慰謝するには足りないと認められるときは，別に慰謝料を請求することができる。

⑥夫婦が事実上の婚姻関係を継続しつつ，単に生活扶助を受けるための方便として協議離婚の届出をした場合でも，その届出が真に法律上の婚姻関係を解消する意思の合致に基づいてされたものであるときは，当該協議離婚は無効とはならない。

重要ポイント 3 　内縁

①**内縁**とは，婚姻の実質を有しながら唯一婚姻の届出がない状態をいう。

②内縁においては，婚姻の実質自体は存在するので，婚姻に関する民法の規定は，その性質が許す限り内縁にも準用される。ただし，民法は法律婚主義をとっているので，法律上の婚姻の効果として夫婦に認められた相続権などは，内縁配偶者には認められない。

③内縁配偶者には内縁期間の長短にかかわらず相続権は認められないが，ほかに相続人がいない場合には，特別縁故者として相続財産の全部または一部を分与されることはありうる。

④配偶者間の同居・協力・扶助義務や，婚姻費用の分担，離婚に伴う財産分与請求権などは内縁関係にも準用される。

⑤結婚に関する合意の履行を裁判上請求することはできない。

⑥内縁の不当破棄は不法行為を構成し，相手方に損害賠償義務を発生させる。

実戦問題❶　基本レベル

No.1 親族に関する次の記述のうち，妥当なのはどれか。

【国家一般職・平成29年度】

1　親族は，6親等内の血族および3親等内の姻族とされており，配偶者は1親等の姻族として親族に含まれる。

2　血族関係は，死亡，離縁および縁組の取消しにより終了するため，養子と養親の血族との血族関係は，養親の死亡により終了する。

3　養子は，養子縁組の日から養親の嫡出子の身分を取得し，養子縁組以前に生まれた養子の子は，養子縁組の日から当該養親と法定血族の関係が生じる。

4　自然血族は，出生による血縁の関係にある者をいうが，婚姻関係のない男女から生まれた子については，認知がなければ父や父の血族との血族関係は生じない。

5　姻族関係は，婚姻により発生し，離婚，婚姻の取消しおよび夫婦の一方の死亡により当然に終了する。

No.2 夫婦関係に関する次の記述のうち，妥当なのはどれか。

【国税専門官／財務専門官／労働基準監督官・平成30年度】

1　婚姻中，夫婦の一方が，正当な理由なくして同居義務を履行しない場合には，他方は，同居を命ずる審判を求めることができ，同居を命ずる審判が下されると，当該義務が強制履行される。

2　夫婦関係が破たんに瀕している場合になされた夫婦間の贈与契約であっても，権利の濫用に当たらない限り，これを取り消すことができるとするのが判例である。

3　夫婦の一方の死亡後に婚姻が取り消されたときは，婚姻は当該死亡時に取り消されたものとされると一般に解されている。

4　夫婦が法定財産制と異なる契約をしたときは，婚姻の届出の前後にかかわらずその旨の登記をすれば，これを夫婦の承継人および第三者に対抗することができる。

5　裁判所は，民法第770条第1項第1号から第4号までに規定する具体的離婚原因の事由を認定した場合には，離婚の請求を認めなければならない。

【市役所・平成10年度】

1 判例は，日常家事による債務を夫婦の連帯責任とする民法の規定は，同時に日常家事による債務について夫婦が相互に他方を代理することができることをも意味すると解している。

2 夫婦のおのおのが婚姻以前から所有していた不動産は，婚姻前に夫婦財産契約を登記した場合を除き，夫婦の共有と推定される。

3 判例は，夫名義で取得した財産であっても，妻が協力しているような場合には，夫婦の共有になるとしている。

4 判例は，婚姻費用は夫婦が分担して負担することになるとする民法の規定の内縁関係への準用を認めていない。

5 夫が妻に財産を贈与する約束をしたときは，夫は妻の同意のない限り，この贈与の約束を取り消すことができない。

実戦問題 **1** の解説

→問題はP.299

No.1 の解説　親族

1 ✕ 配偶者は親族中特別な地位にあり，血族でも姻族でもなく親等もない。

　　親族とは，①6親等内の血族，②配偶者，③3親等内の姻族とされている（725条）。

　　親族の範囲を定める意味は，相続や扶養などの法的な関係を一定範囲の者に認める点にあるが，配偶者の場合には，法は婚姻の項で詳細な規定を設けており（750条以下），いわば特別な地位にある者として親等は設けられていない。

2 ✕ 養子と養親の血族との血族関係は，養親の死亡によっては終了しない。

　　たとえば，養親に父母（養子から見て祖父母）がいた場合，養親の死後において養子が祖父母の扶養義務を負うなどという場合である（877条1項）。

　　養子は縁組の日から嫡出子として扱われるので（809条），養親の死亡によって養親の血族との血族関係が終了しないのは当然である（727条・729条）。

3 ✕ 養子縁組以前に生まれた養子の子は，養親と法定血族の関係を生じない。

　　養子は，養子縁組の日から養親の嫡出子の身分を取得する（809条）。すなわち，**養子が養親の嫡出子となるのは，養子縁組の日から**である。したがって，それ以前に養子に子がいたとしても，その子は嫡出子（である時）の子ではないので，養親との間に法定血族の関係は生じない。

4 ◎ 婚姻関係にない男女間の出生子は，父の認知で父方との親族関係を生じる。

　　妥当である。認知は，親子であることを法的に認める行為であるから，**認知があると，それによって親子の間に認められた法的効果が出生時に遡って一挙に発生する**。父の親族との血族関係もまた同様である。

5 ✕ 夫婦の一方の死亡によっては，姻族関係は当然には終了しない。

　　姻族関係の終了事由は次のようになっている。

◆姻族関係の終了◆

婚姻の解消事由	姻族関係の終了・継続	理　由
離　婚	終了	離婚は婚姻によって生じたすべての親族関係を終了させるから ↓ 離婚は当事者の意思による婚姻共同体関係継続の拒否であるから，そのような者に姻族関係（その効果としての扶養義務）を強制するのは不適当。
死　別 （死亡解消）	継続	配偶者の死亡によって姻族間の親族としての関係が損なわれるわけではない。 ↓ 姻族関係を終了させるか否か（扶養義務を果たすかどうか）は生存配偶者の自由意思にゆだねられる。 ↓ 姻族関係終了の意思表示によって終了

すなわち，まず，姻族関係は婚姻によって発生し，離婚または婚姻の取消しにより終了する（728条1項，749条）。

しかし，夫婦の一方が死亡した，いわゆる死別の場合に残された配偶者が姻族関係を終了させるには，その旨の意思表示が必要である（728条2項）。

→必修問題選択肢3

No.2 の解説　夫婦関係
→問題はP.299

1 ✕ 同居を命ずる審判が下されても，同居を強制することはできない。

婚姻夫婦には**同居義務**があるが（752条），それは**互いの自発的な意思に支えられて履行されるべきもの**である。

すでに愛情が薄れて同居を拒む者に，実力で同居を強制することは人格の侵害でしかない。そのような強制は許されない（大決昭5・9・30）。

なお，前半は正しい（家事事件手続法39条，別表第2の1）。

2 ✕ 夫婦関係が破綻に瀕している場合になされた契約は，取消しができない。

一般に契約には拘束力があり，当事者はその履行義務を負うが，夫婦間の契約については，法は，「婚姻中，いつでも，夫婦の一方からこれを取り消すことができる」と規定する（754条本文）。**夫婦間の契約は，法的にこれを拘束するのではなく，相互の信頼によって実現されるべき**という考えに基づく。

ただ，**この趣旨は，夫婦関係が破綻に瀕している場合には妥当しない**。そこで，判例は，「夫婦関係が破綻に瀕しているような場合になされた夫婦間の贈与はこれを取り消しえない」としている（最判昭33・3・6）。

3 ◎ 死亡後の婚姻取消しの場合，その効果発生時は取消しの時である。

妥当である。**婚姻の取消しは，将来に向かってのみその効力を生ずる**とされている（748条1項）。これは，実際に婚姻関係が存在した以上，それをなかったとすることはできないとの趣旨である。

ただ，婚姻の取消しを求めている最中に夫婦の一方が死亡した場合，生存配偶者が死亡した配偶者を相続できるとするのは不合理である。そのため，この場合には，婚姻は当該死亡時に取り消されたものと解されている。この場合，生存配偶者は死亡した者を相続することはできない。

4 ✕ 法定財産制と異なる契約は，婚姻届出までに登記がないと第三者に対抗不可。

夫婦財産契約は，たとえば，「多額の財産を有している者が婚姻するときに，その財産についての権利関係を明確にしておく」などという場合に有用とされる。そして，これは，登記所に備えられている「夫婦財産契約登記簿」に記載され，それによって権利関係が公示される。

ただ，これは「夫婦」の財産契約であるから，その登記の効力が発生するのは婚姻の届出時からである。

なお，本肢は知識として細かいので覚えなくてよい（他の選択肢の正誤で

判断する)。

5 ✗ **法定の離婚原因があっても，裁判所は離婚請求を認めないこともできる。**

　　配偶者の不貞など，**法定の離婚原因**（770条1項）を認定できても，裁判所は婚姻関係を修復できる見込みがあると判断すれば，離婚請求を棄却することもできる（同条2項）。

　　法定の要件に形式的に当てはまるとしても，それを杓子定規に判断する必要はない。

⚡ **No.3 の解説**　**夫婦の財産関係**　　　　　　　　　　　　→問題はP.300

1 ◎ **日常家事の連帯責任の規定には夫婦相互の代理権を認める趣旨が含まれる。**

　　妥当である（最判昭44・12・18）。民法は，夫婦の一方が日常家事に関して第三者と法律行為を行った場合，そこで生じた債務について夫婦は連帯責任を負うと規定している（761条本文）。

　　この規定の中には，日常家事に関して相互の代理権を認める趣旨が含まれると解されている。

　　夫婦の日常家事とは，夫婦が日常の共同生活を営むために必要な行為をいう。アパートを借りる，生活に必要な家電製品や自動車を買う，電気や水道の供給契約を締結するなどがその例である。

　　夫婦の一方が他方名義でこのような行為をする場合に，他方から代理権の授与を受けている必要はない。**共同生活を営むうえでの利便性や，夫婦がともに連帯責任を負う点などから，相互に代理権を認めるのが合理的**とされている。

2 ✗ **夫婦の一方が婚姻前から所有する財産は，その者の単独財産である。**

　　夫婦の一方が婚姻前から所有する財産は，その者の特有財産（夫婦の一方が単独で有する財産）とされる（762条1項）。

　　いわゆる**夫婦の財産的独立**の一つの現れである。

3 ✗ **夫婦の一方が婚姻中自己の名で得た財産は，その者の単独財産となる。**

　　夫婦の一方が婚姻中自己の名で得た財産は，夫婦の共有ではなく，その者の**特有財産**とされる（762条1項）。これは，妻がその財産の取得に協力した場合も同様である（最判昭36・9・6）。

　　判例は，夫の財産取得に対する妻の寄与に関しては，「民法には，別に財産分与請求権，相続権ないし扶養請求権等の権利が規定されており，これらの権利を行使することにより，結局において夫婦間に実質上の不平等が生じないよう立法上の配慮がなされている」として，妻の寄与のある財産を夫の特有財産としても不合理ではないとする。

4 ✗ **内縁夫婦は，婚姻夫婦に準じて婚姻費用を分担して負担する義務を負う。**

　　判例は，婚姻費用は夫婦が分担して負担するとする民法の規定（760条）の内縁関係への準用を認めている（最判昭33・4・11）。

　　内縁とは，**婚姻の実質を有しながら唯一婚姻の届出だけがなされていない**

状態をいう。内縁においては，婚姻の実質自体は存在するので，判例は可能な限り婚姻に関する民法の規定を内縁に準用している。

　そして，婚姻費用の分担は婚姻の届出を前提として初めて当事者（夫婦）間に生じる義務ではないので，内縁夫婦にも準用されている。

5 ✕ **夫婦間の契約は，婚姻中いつでも夫婦の一方から取り消すことができる。**

　夫婦間の契約は，法によって強制するよりも当事者間の道義にゆだねるのが妥当と考えられたためである（754条本文）。

実戦問題❷　応用レベル

No.4 婚姻に関するア～オの記述のうち，妥当なもののみをすべて挙げているのはどれか。ただし，争いのあるものは判例の見解による。

【国家総合職・平成30年度改題】

ア：成年被後見人が成年後見人の同意なく婚姻した。この場合，成年後見人は，その同意がないことを理由に当該婚姻の取消しを家庭裁判所に請求することができる。

イ：Aは，Bの詐欺によりBと婚姻し，その後死亡した。この場合，Aの兄Cは，当該婚姻の取消しを家庭裁判所に請求することはできない。

ウ：内縁関係にあったAとBは，互いに婚姻する意思をもって婚姻届を作成し，これを提出するため市役所に向かう途中で交通事故に遭い，Aが意識不明の重体となった。その後，Aの意識が戻らぬまま，Bは当該婚姻届を市役所に提出し，これが受理されたが，その直後，Aが死亡した。この場合，当該婚姻は有効に成立する。

エ：Aは，Bとの間に子が生まれたので，その子の養育のためにBと生活を共にしていた。Bは，Aと婚姻する意思で，Aに無断でAとの婚姻届を市役所に提出したところ，これが受理された。この場合，AとBの間に夫婦としての実質的な生活関係が存在しており，後にAが婚姻届出の事実を知ってこれを追認したとしても，当該婚姻の効力は，当該届出の当初に遡らない。

1 ア，イ
2 ア，ウ
3 イ，ウ
4 イ，エ
5 ウ，エ

婚姻に関するア～オの記述のうち，妥当なもののみをすべて挙げているのはどれか。ただし，争いのあるものは判例の見解による。

【国家総合職・令和元年度】

ア：債務超過に陥っているAはBとの離婚に際して財産分与を行った。この場合，当該財産分与がAの一般債権者の共同担保を減少させる結果になるとしても，それが民法の財産分与の規定の趣旨に反して不相当に過大であり，財産分与に仮託してされた財産処分であると認めるに足りるような特段の事情のない限り，当該財産分与は，詐害行為として債権者による取消しの対象とはならない。

イ：姻族関係は，離婚によって終了する。また，夫婦の一方が死亡した場合には，婚姻関係が直ちに終了するため，夫婦の一方が死亡した時点で姻族関係も終了する。

ウ：被保佐人が協議離婚をする場合，被保佐人に意思能力がある限り，保佐人の同意を要しないが，成年被後見人が協議離婚をする場合，成年被後見人に意思能力がある場合であっても，成年後見人の同意が必要である。

エ：AとBが内縁関係にある場合において，Aが内縁関係を正当な理由なく破棄したときは，Bは，Aに対し，婚姻予約の不履行を理由として債務不履行による損害賠償請求を行うことができるとともに，不法行為による損害賠償請求を行うこともできる。

オ：離婚の際の財産分与に関し，裁判所が財産分与の額や方法を定めるに当たっては，当事者双方の一切の事情を考慮すべきであり，婚姻継続中における過去の婚姻費用の分担の態様についても考慮の対象に含まれ得る。

1 ア，イ，エ
2 ア，ウ，オ
3 ア，エ，オ
4 イ，ウ，エ
5 イ，ウ，オ

No.6 内縁関係にあるＡＢ間の法律関係に関する次の記述のうち，妥当なものはどれか。　【国家Ⅱ種・平成6年度】

1　内縁の夫または妻には配偶者としての相続権が認められないから，ＡとＢが長年にわたって内縁関係にあり生計を同じくしていたとしても，Ａの相続財産をＢが取得する余地はない。

2　半年以内に婚姻の届出をするという合意を信頼してＢがＡとの内縁関係に入ったものであり，かつ，当該合意がなければＢはＡとの内縁関係に入らなかったという事情がある場合において，Ａが婚姻の届出に応じないときは，ＢはＡに対し当該合意の履行を裁判上請求することができる。

3　Ａが正当の理由なくして内縁を破棄した場合には，ＢはＡに対し婚姻予約の不履行を理由とする損害の賠償を請求することができるが，不法行為を理由として損害賠償を求めることはできないとするのが判例である。

4　離婚による財産分与の請求を認める民法768条の規定は内縁の破綻には適用されないから，ＡＢ間の内縁関係の解消に当たって，財産の分与に関する協議が調わない場合であっても，ＡまたはＢは家庭裁判所に対し協議に代わる処分を請求することはできない。

5　内縁関係解消前にＢが支出した医療費はＡＢ間で分担すべきものであるから，Ｂは内縁関係解消後であっても，当該費用のうちその資産，収入等を考慮した相当の分担額の支払いをＡに対して請求することができる。

第3章

家族法

⚡ No.4 の解説 | 婚姻
→問題はP.305

ア✖ 成年被後見人が婚姻をするには，その成年後見人の同意は必要でない。

　　成年被後見人が有効に婚姻をするには意思能力があれば足り，成年後見人の同意は必要ではない（738条）。したがって，同意がないことを理由に取消しを請求することはできない。

　　これは，**婚姻においては相互の信頼と協力のもとに婚姻共同体を維持するという意思こそが最も重要な要素**だからである。反面からいえば，当事者が信頼し合って婚姻を望んでいるのに，後見人が同意しないので婚姻届が出せないというのでは，成年被後見人は婚姻の機会を失うことになりかねない。このようなことは不当・無用な干渉でしかない。

イ◯ 詐欺による婚姻の取消しを請求できるのは，詐欺された者に限られる。

　　妥当である。たとえば，「だまされて結婚したと思っていたが，結婚してみると，意外に穏やかな生活を営めた」などというときに，第三者が婚姻の取消しを求めるのは，無用な干渉でしかない（747条1項）。婚姻の取消しはだまされた者に認めれば十分である。

ウ◯ 婚姻意思に基づく届書の受理時点で意識喪失であっても婚姻は有効である。

　　妥当である。判例はこのように判示している（最判昭45・4・21）。

　　本判例は，最判昭44・4・3を踏襲したものであるが，この44年判決は，その理由として，「もしこれに反する見解を採るときは，**届書作成当時婚姻意思があり**，何等この意思を失ったことがなく，**事実上夫婦共同生活関係が存続している**のにもかかわらず，その届書受理の瞬間に当り，たまたま一時的に意識不明に陥ったことがある以上，その後再び意識を回復した場合においてすらも，届書の受理によっては婚姻は有効に成立しないものと解することとなり，きわめて不合理となるからである」と判示している。

エ✖ 他方に無断で婚姻届を出しても，追認により届出当初に遡って有効となる。

　　判例は，追認により婚姻届出の意思の欠缺が補完されること，追認に遡及効を認めることは当事者の意思に添い，実質的生活関係を重視する身分関係の本質に適合すること，また，**第三者は，実質的生活関係の存在と戸籍の記載に照らし，婚姻の有効を前提として行動するのが通常**なので，追認に遡及効を認めてもその利益が害されるおそれに乏しいことなどの理由から，このように解している（最判昭47・7・25）。

　　以上から，妥当なものは**イ**と**ウ**であり，正答は**3**である。

No.5 の解説　婚姻

→問題はP.306

ア◯　財産分与として相当であれば，詐害行為取消権の対象にはならない。

妥当である。財産分与には，**離婚後の妻の生存を保障する**という趣旨が含まれており，その額が相当であれば，詐害行為として取消しの対象とはならない（最判昭58・12・19）。→テーマ2「債権者代位権」No.5選択肢3

イ✕　夫婦の一方の死亡によっては，姻族関係は当然には終了しない。

死別の場合に残された配偶者が姻族関係を終了させるには，その旨の意思表示が必要である（728条2項）。→No.1選択肢5

ウ✕　成年被後見人に意思能力があれば，協議離婚に成年後見人の同意は不要。

理屈は，No.4アと同じである。すでに当事者が婚姻を継続する意思を失っているのに，後見人が同意しないので離婚届が出せないというのは，不当・無用な干渉でしかない（764条，738条）。

エ◯　正当の理由なくして内縁を破棄した場合には，不法行為が成立する。

妥当である。判例は，「内縁が正当の理由なく破棄された場合には，故意又は過失により権利が侵害されたものとして，不法行為の責任を肯定できる」として，損害賠償の請求を認める（最判昭33・4・11）。

オ◯　離婚の際の財産分与額に，過去の婚姻費用の分担額を含めることができる。

妥当である。判例は，「離婚訴訟において裁判所が**財産分与の額及び方法を定めるについては当事者双方の一切の事情を考慮すべき**ものであるところ，婚姻継続中における**過去の婚姻費用の分担の態様はその事情のひとつ**にほかならないから，裁判所は，当事者の一方が過当に負担した婚姻費用の清算のための給付をも含めて財産分与の額及び方法を定めることができる」とする（最判昭53・11・14）。

以上から，妥当なものはア，エ，オの3つであり，正答は**3**である。

第3章
家族法

　内縁とは，両当事者が婚姻意思を有して共同生活を営み，社会的にも夫婦として認められているにもかかわらず，届出を欠いているために，法律上は夫婦として認められていないという男女の結合関係をいう。すなわち，婚姻成立の実質的な要件を満たしているが，唯一届出を欠いている状態が内縁である。したがって，内縁は単なる同棲とは異なる。内縁では，実質的に夫婦の要件を満たしているので，準婚関係として**法律婚に準じた保護**が与えられている。これに対して，当事者が互いに扶養義務を負わない，あるいは共同生活の解消についての制約もないといった，男女間の自由な共同生活であるところの同棲は，婚姻の実質的な要件を満たしていないために，内縁と異なり法律婚に準じた保護は認められていない。

　土地によっては，都会の中でも，最近まで女（妻）が後継ぎを産むまでは入籍を認めず（離縁しやすいように），男の子が生まれた場合に初めて入籍を認めるという風習が残っているところもあった（足入れ婚。何代も続いた商家などに多く見られた）。このような場合でも，実質的に夫婦としての生活を営んでいる以上，内縁夫婦（特に内縁の妻）に法律上の夫婦に準じた保護を与えるべきである。

1 ✕　内縁配偶者も，特別縁故者として相続財産を取得できる場合がある。

　内縁の夫または妻は，相続人が不存在の場合には，特別縁故者として相続財産の全部もしくは一部の分与を受けることができる場合がある（958条の3第1項）。

> **●特別縁故者**
> 　相続人が不存在の場合，相続財産は国庫に帰属する（959条，例外255条）。しかしそうなると，夫が届出を渋ったために婚姻届を提出できなかった内縁の妻などは，夫とともに生活の本拠としていた夫名義の家屋からの退去を余儀なくされ，生活の基盤を奪われる。そこでそのような不合理を是正するために昭和37年に民法が一部改正され，特別縁故者への財産分与が認められた。ただし，民法が法律婚主義をとっている以上，この財産分与はあくまで相続人が不存在の場合に限られる。

2 ✕　結婚に関する合意の履行を裁判上請求することはできない。

　身分関係に関する合意の履行については当事者の意思が優先し，これを法的手続によって強制することは基本的に許されない。本人に履行の意思がなければ，たとえ強制的に身分関係を成立させても，そこからもたらされる効果（夫婦の場合は相互扶助など）が期待できないことや，身分関係を強制することが本人の人格権を著しく侵害するおそれがあるからである。本肢のような場合には，損害賠償で対処する以外にはない。

3 ✕　正当の理由なくして内縁を破棄した場合には，不法行為が成立する。

　判例は，「内縁が正当の理由なく破棄された場合には，故意又は過失により権利が侵害されたものとして，不法行為の責任を肯定できる」として，損害賠償の請求を認める（最判昭33・4・11）。

　前述の例でいえば，後継ぎの男の子がなかなか生まれないので，ある日突然，「別の女性を家に入れる」として実家に戻されたような場合である。この場合，内縁の妻は実質的な婚姻関係を一方的・強制的に解消させられており，**実質的な夫婦としての法的権利（扶養請求権等）を侵害されたもの**として，**不法行為の成立**が認められる。

4 ✕ **離婚に伴う財産分与請求を認める民法の規定は内縁の破綻にも準用される。**

　したがって，AまたはBは家庭裁判所に対し協議に代わる処分を請求できる。

　法定相続権のように法律婚（届出）を前提として認められる効果については内縁関係にこれを準用することはできないが，それ以外の効果については性質が許す限り内縁関係に準用すべきとされている。そして，**財産分与請求権**（768条1項）は婚姻中に共同で蓄えた財産の清算や離婚後の扶養などを目的とするので，その趣旨は「届出」を前提として妥当するものではなく，共同生活という事実関係を前提として妥当するものである。そのため，この権利は内縁関係にも準用されると解されている。

5 ◎ **内縁解消前に生じた医療費については，他方に分担を求めることができる。**

　妥当である。**婚姻配偶者間の同居・協力・扶助義務**（752条）は夫婦関係の基本をなすものであるから**内縁配偶者にも当然に準用される**ものであり，この中には病気の看護も含まれる。そして，婚姻共同生活の維持のために夫婦は婚姻費用を分担するものとされており（760条），医療費はこの婚姻費用に含まれると解されるので，内縁解消前に生じた医療費については分担を求めることが可能である。

第3章

家族法

必修問題

　親子に関するア～オの記述のうち，妥当なもののみをすべて挙げているのはどれか。　【国家一般職・平成25年度】

ア：妻が夫との婚姻前の内縁関係の間に懐胎した子は，婚姻後に生まれたとしても，父の認知がない限り，嫡出子の身分を取得しないとするのが判例である。

イ：認知をすると父子関係が生ずるから，成年の子を認知する場合は，その子の承諾が必要であり，胎児を認知する場合は，その母の承諾が必要であり，また，未成年者または成年被後見人である父がその子を認知する場合は，その法定代理人の同意が必要である。

ウ：親権者が子を代理する権限を濫用して行った法律行為は，その効果が子には及ばないときがあるが，親権者が子を代理して子の所有する不動産を第三者の債務の担保に供する行為は，利益相反行為に当たらないから，親権者に子を代理する権限を授与した法の趣旨に著しく反すると認められる特段の事情がない限り，親権者による代理権の濫用に当たらないとするのが判例である。

エ：子に対する父または母による親権の行使が困難または不適当であることにより子の利益を害するときは，家庭裁判所は，子，その親族，未成年後見人，未成年後見監督人または検察官の請求により，その父または母について，親権停止の審判をすることができる。

オ：親は未成熟子を扶養する義務があるが，成人には公的扶助制度が整備されているから，子は親を扶養する義務はない。

1　ア，イ
2　ア，ウ
3　イ，オ
4　ウ，エ
5　エ，オ

難易度　＊＊

頻出度 **B**

国家総合職 ★★★　地上特別区 ★★
国家一般職 ★★★　市役所Ｃ ★
国税専門官 ★
地上全国型 ★

16 親　子

必修問題の解説

ア ✕ **内縁中に懐胎し，婚姻後に出生した子は認知がなくても嫡出子となる。**

　　民法は，婚姻成立の日から200日後に生まれた子は婚姻中に懐胎したものと推定している（772条2項）。そのような子は，一般に婚姻夫婦の間に生まれた子（夫の子）と判断して差し支えないからである。

　　同様に，**内縁中に内縁の夫によって懐胎し，有効な婚姻の届出後に出生した子**は，たとえ婚姻成立の日から200日内に生まれた場合でも，**夫の子と判断して差し支えない**。そのため，判例は，内縁中に内縁の妻が内縁の夫によって懐胎し，その後適法に婚姻した後に出生した子は，たとえ婚姻の届出と出生との間に嫡出推定を受けるために必要な法所定の200日という期間（772条2項）が経過していなくても，出生と同時に当然に嫡出子としての身分を有するとする（大連判昭15・1・23）。

イ ✕ **未成年者や成年被後見人も，認知に法定代理人の同意は必要でない。**

　　認知には行為能力は必要でなく，**意思能力があれば足りる**。そして，行為能力が不要ならば，法定代理人の同意も必要とされない（780条）。

　　行為能力は，財産管理上の必要から要求されるものであるが，認知は父子関係を明確にするという身分上の行為であって，財産的行為ではない。**認知のような身分上の行為については，本人の意思が尊重されなければならず**，未成年者・成年被後見人の父・母が子を認知するには，法定代理人の同意は不要である（780条）。

　　なお，前半は正しい（782条，783条1項）。

ウ ◯ **親権の行使は，利益相反行為に当たらない限り広範な裁量が認められる。**

　　妥当である。判例は，「親権者が子を代理してする法律行為は，親権者と子との利益相反行為に当たらない限り，それをするか否かは子のために親権を行使する親権者が子をめぐる諸般の事情を考慮してする広範な裁量にゆだねられている」として，本肢のように述べている（最判平4・12・10）。

エ ◯ **親権行使が困難・不適当で子の利益を害する場合は親権を一時停止できる。**

　　妥当である。**親権停止の審判**は，平成23年の民法改正によって新設された制度である（834条の2）。なお，それ以前は親権の喪失（834条）だけが認められていた。

　　改正前は「親権の喪失」のみが存したが，恒久的に親権を喪失させるという従来の制度があまりにもドラスティックで利用しにくいものであったことから（効果が極めて大きいため，申立てを躊躇させることが多かった），柔軟で利用しやすい制度に改められた（次ページの表参照）。

第3章　家族法

親権の喪失	・喪失の要件が、「濫用」、「不行跡」といった親を主体とする抽象的な文言から、「子の利益を害するとき」という子を主体とする文言に変更された。 ・態様についても、虐待、悪意の遺棄など、より具体的なものに改められた。 ・申立権者に、新たに子、未成年後見人、未成年後見監督人の三者が付加された。 　→従来は、民法で子の親族と検察官、児童福祉法で児童相談所長の計3者に付与
親権の停止	・2年を超えない範囲内で、親権を一時的に停止する制度が設けられた。 ・申立権者は、親権喪失の場合と同じ

　このうち、子を申立権者に含めたことについては、子に過酷な判断を求めることになるとの懸念も一部にみられたが、虐待からの救済を親族等に頼れない事情がある子については、申立権を認めることが有効な救済手段になると期待されている。

オ ✕　公的扶助制度が整備されていても、成年の子は親を扶養する義務がある。

　公的扶助制度は、あくまで親族の扶養義務をフォローするためのものであり（補足性の原則）、親に対する子の扶養義務（877条1項）に優先するものではない（**親族扶養優先の原則**）。

以上より、妥当なのは**ウ**と**エ**であるから、正答は**4**である。

正答 **4**

FOCUS

　民法の規定する親子法は「**子のための親子法**」と称され、子の福祉を中心に規定が設けられている。したがって、この分野では、子の福祉をいかに図るかという視点から問題を見ていく必要がある。

▶▶▶ POINT

重要ポイント **1** **親子**

（1）嫡出子

①婚姻関係にある男女間に懐胎・出生した子を嫡出子という。

②婚姻成立の日から200日後または婚姻の解消もしくは取消しの日から300日以内に生まれた子は嫡出子と推定される。

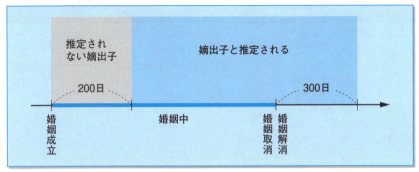

※婚姻成立後200日以内に生まれた子には嫡出の推定は及ばないので，その子について嫡出子として届出がなされた場合には「推定されない嫡出子」となり，嫡出否認の訴えではなく親子関係不存在確認の訴えによって子の嫡出性を争うことになる。

③内縁中に内縁の妻が内縁の夫によって懐胎し，その後適法に婚姻した後に出生した子は，たとえ婚姻の届出と出生との間に嫡出推定を受けるために必要な法所定の200日という期間（772条2項）が経過していなくても，出生と同時に当然に嫡出子としての身分を有する。

④認知された子の父母が婚姻した場合には，その子は当該婚姻によって嫡出子たる身分を取得する（**婚姻準正**）。また，父が母と婚姻後に母の子を認知したときにも，婚姻の時にさかのぼって嫡出子たる身分を取得する（**認知準正**）。

⑤嫡出推定を受ける子は，嫡出否認の訴えまたは審判によらなければ嫡出子としての身分を奪われない。なお，この訴えを提起できるのは原則として夫のみである。

⑥嫡出否認の訴えの相手方は，子または親権を行う母であるが，親権を行う母がいないときは，後見人がいる場合でも，家庭裁判所によって特別代理人が選任される。

⑦嫡出否認の訴えは，妻が子を産んだことを知った時から1年以内に提起しなければならない。この期間が経過した場合には，もはや父子関係の存否を争うことはできない。

⑧夫が子の出生後において，その嫡出であることを承認したときは，夫は自分の子であるか否かにかかわらず否認権を失う。ただし，夫が嫡出子としての出生届を提出しても，そのことは嫡出性の承認には当たらず，否認権は失われない。

⑨胎児も生きて生まれれば，出生前に死亡した父を相続できるし，遺贈を受けることもできる。

(2) 認知

①民法は，嫡出でない子は，その父または母が認知することができると規定する。しかし，母の場合は出産の事実によって親子関係が明らかなので，認知を待たずに親子関係が発生するとされる。そのため，認知が必要なのは父と子の間となる。なお，認知は遺言によってすることもできる。

	任意認知	強制認知
方式	認知届の提出によって行う	訴えによって行う
性質	意思表示	形成の訴え →認知によって親子関係を形成
要件	意思能力があれば足りる 　→制限行為能力者の場合も法定代理人の 　　同意は不要 同意が必要な場合 　①成年の子→本人の同意が必要 　②胎児→母の同意が必要	意思能力があれば独立して訴えを提起できる 　→行為能力までは必要でない 提起権者 　→子・その直系卑属・これらの者の法定 　　代理人 出訴期間 　①父の生存中は期間制限はない 　②死亡後は死後3年以内
効果	親子関係に認められるすべての効果が出生時にさかのぼって発生する（ただし，第三者の権利を害することはできない）	

②認知がなされると，親子関係が発生し，子は親を相続できるようになる。ただし，父が子を認知しても，親権者や氏を変更するには別途手続が必要である。

③子が胎児の場合でも認知は可能である。ただし，父が胎児を認知するには母の承諾を得なければならない。

④子がすでに死亡している場合には，その子に直系卑属がいなければ子を認知することはできない。

⑤父または母が制限行為能力者であるときでも，認知には法定代理人の同意は不要である。

⑥子は，父が死亡した場合でも，3年以内であれば認知の訴えを提起できる。子が成年に達していた場合も同様である（子の年齢を問わない）。また，子の法定代理人は，子に代わって認知の訴えを提起できる。

⑦嫡出でない子について，父から嫡出でない子としての出生届がされた場合，この出生届は認知届としての効力を有する。また，妻以外の女性との間に出生した子について，父が妻との間の嫡出子として出生届をし，これが受理された場合は，同様に認知届としての効力を有する。

⑧認知者の意思によらず認知者以外の者が認知者の氏名を冒用して認知届を出した場合，その認知届は無効である。

⑨たとえ十分な金銭的対価を得ていても，認知請求権を放棄することは認められない。これを認めると，経済力のある父が相当な対価を給付する見返りとして，子

に認知請求権の放棄を強要する危険性があること（例：父が，婚姻外で子をもうけたことを妻や社会に知られるのをおそれ，子に金銭面で十分に援助する代わりに認知請求をしないように約束させる）などがその理由である。

(3) 養子

①養子は，縁組の日から養親の嫡出子たる身分を取得する。

②養子を養子としてではなく，実子として取り扱う制度を特別養子縁組という。この縁組は，普通養子縁組のように当事者の合意に基づいて成立させることはできず，必ず家庭裁判所の審判によらなければならない。

③特別養子縁組は，養子を実子と同様に扱う制度であるから，子の福祉の見地から，養親となる者は配偶者のある者でなければならず，また養子となる者の年齢は原則15歳未満とされている。

④特別養子縁組においては，原則として離縁は認められないが，養親による虐待等があり，かつ実父母が相当の監護をすることができるなど，一定の厳格な要件のもとに例外的に離縁が認められる場合がある。

(1) 親権一般

①親権は共同行使が原則であるが，親権の剥奪^{はくだつ}などによって父母の一方が親権を行使できない場合には，例外的に他の一方が単独で親権を行使する。

②子の出生前に父母が離婚したときは，子の親権は母が有する。

③養子の親権は養親がこれを行使する。

④未成年の間に離婚によって婚姻を解消しても，その未成年者の親の親権は復活しない。

⑤成年被後見人は親権を行使できない。

⑥やむをえない事由がある場合には，子の福祉の観点から親権を辞することが認められている。

⑦第三者が未成年者に無償で財産を与えるにつき，当該財産を親権者に管理させない旨の意思表示をした場合には，親権者はその財産に関する管理権を行使できない。

(2) 利益相反行為

①親は子の法定代理人として代理権や同意権を有するが，親と子の利害が対立する場合（これを**利益相反行為**という）には，子の利益を保護する見地から，親は代理権や同意権を行使できず，家庭裁判所へ特別代理人の選任を請求しなければならない。利益相反行為については，特別代理人が子を代理し，または同意を行うことになる。

②利益相反関係にあるか否かは，外形的に判断される。実質的に利益相反の関係にない場合でも，外形的に利益相反関係に該当する場合には，特別代理人の選任が必要である。

③父母のうち父（または母）とだけ利益相反関係にある場合には，父（または母）に関する関係で特別代理人の選任を請求し，家庭裁判所によって選任された特別代理人と母（または父）とが共同で子を代理し，または同意を行うことになる。

④利益相反行為につき，親権者が民法の規定に違反して子を代理して行った行為は無権代理行為となる。したがって，子が成年に達した後にこれを追認しなければ，当該行為の効果は子に帰属しない。

実 戦 問 題 ❶　基本レベル

No.1 認知に関する次の記述のうち，妥当なものはどれか。

【地方上級（全国型）・平成6年度】

1 死亡した子は，その子に直系卑属があるときに限り，これを認知することができる。

2 認知は遺言ですることができず，また，胎児を認知することも認められていない。

3 未成年者が認知をするには，法定代理人の同意が必要である。

4 認知された子は，当該認知が事実と反する場合であっても，その無効を主張することができない。

5 父が，認知していない子の母と婚姻したときは，その子は当該婚姻の時から嫡出子となる。

No.2 特別養子縁組に関する次の記述のうち，妥当なのはどれか。

【国家一般職・平成27年度】

1 特別養子縁組は，原則として家庭裁判所の審判によって成立するが，一定の要件を満たせば，父母または未成年後見人と養親となる者との合意のみによって成立する。

2 特別養子縁組において養親となる者は，配偶者のある者でなければならない。

3 特別養子縁組における養子の年齢は18歳未満とされており，18歳以上の者を養子とするには，家庭裁判所の許可を得なければならない。

4 特別養子縁組により養子と養親および養親の親族との間に法定血族関係が発生するが，原則として実方との親族関係も引き続き存続する。

5 特別養子縁組については，家庭裁判所がその成立に厳格に関与することから，縁組の無効・取消しは制度上想定されておらず，離縁を認める規定も存在しない。

No.3 親権に関する次の記述のうち，妥当なのはどれか。

【市役所・平成7年度】

1 父母が生存し，婚姻中であるときは，父母は常に共同で親権を行使する。

2 嫡出でない子が父から認知されたときは，父母双方が親権者となる。

3 子の出生前に父母の離婚が成立したときは，その子の親権は父が有する。

4 未成年者が特別養子になると，実父母の親権を脱して養親の親権に服することになる。

5 夫婦が未成年者を養子とした場合は，夫婦の一方が単独で親権を行使することもできるし，夫婦共同で親権を行使することもできる。

1 ◎ 死亡した子は，その子に直系卑属があるときに限り，これを認知できる。

　妥当である。子がすでに死亡している場合には，その子に直系卑属（子や孫など）がいなければ認知はできない（783条2項）。

　認知がなされると，認知した父と子との間に法律上の親子関係が生じる。そのため，子は父を**相続**できるようになる。そして**認知はそのような法律関係を発生させるために行われる**ものであるから，子がすでに死亡している場合には原則として認知は認められない。なぜなら，子が存在しないのに，認知の効果としての相続権を認めても意味がないからである。

　しかし，その子に**直系卑属（子や孫など）がある場合**には代襲相続によって財産を承継させられるという法的な意義が存在する。そのため，**認知が認められている**。

2 ✕ 認知は遺言ですることができるし，遺言で胎児を認知することもできる。

　本肢は次の2点で誤っている。

①**認知は遺言ですることができる**（781条2項）。生存中は認知がはばかられる社会的事情があって単に養育にとどめていたが，父が死亡した後は相続により財産を承継させ，子の生育や生活の安定を図りたいという場合に備えて，民法はこれを認める規定を設けている。

②**胎児を認知することも可能である**（783条1項前段）。父が病床にあって子の出生時までの生存が危ぶまれる状態にあるとか，父が危険地域に赴く必要があるときなどに，万一の場合に備えてあらかじめ父子関係を確定させ，子の相続を可能ならしめる必要があるからである。

3 ✕ 未成年者が子を認知するには，法定代理人の同意は必要でない。

　未成年者が婚姻外で子をもうけた場合であっても，その未成年者は法定代理人の同意を得ずに子を認知することができる（780条）。

　認知は父子関係を明確にするという身分行為なので，**本人の意思が尊重**されなければならない。したがって，**法定代理人の同意は必要でない**。

4 ✕ 認知が事実と反する場合，認知された子はその無効を主張できる。

　事実と異なる認知に対しては，子は反対の事実を主張して，認知無効確認の訴えによって認知の無効を主張できる（786条）。

　たとえば，真実の父でない者から無断で認知届が出されたような場合である。判決で認知の無効が確認されれば，その認知は無効となる。

5 ✕ 父が，非認知の子の母と婚姻しても，認知がなければ嫡出子とはならない。

　非嫡出子と父との間に事実としての父子関係が存在しても，認知がなされるまでは法律上の父子関係は生じない。したがって，父が認知をしていない子の母と婚姻した場合でも，**認知がなければその子は単なる「妻の連れ子」にすぎず**，嫡出子としての扱いにはならない。なお，その後に認知があれば，父母の婚姻の時にさかのぼって嫡出子として扱われることになる（これ

を**認知準正**という）。

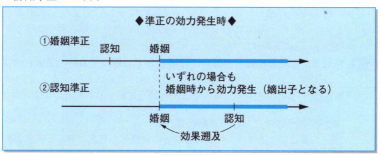

◆ **No.2 の解説** 特別養子縁組 →問題はP.319

　　特別養子縁組とは，実親および実親の親族（実方）との親族関係をすべて断ち切って，養子縁組により養親の実子として扱おうとする制度である。

　　養子の場合，戸籍に養子である旨の記載がなされるため，子は戸籍を見れば自分が養子であることがわかる。これに対して，特別養子縁組の場合は戸籍に実子として記載されるため，養親を実の親としてその庇護や愛情のもとに成長できるとして，子の福祉の観点からこのような制度が設けられた。

1 ✕ **特別養子縁組は，家庭裁判所の審判によってのみ成立する。**

　　普通養子縁組は身分契約型の養子，**特別養子縁組**は**国家宣言型の養子**と呼ばれ，後者を当事者の合意だけで成立させることは認められていない。

　　特別養子縁組は実親との関係を断ち切って養子とするものであるから，子の福祉に対する配慮が強く要請され，家庭裁判所の慎重な審理・判断によって成立させるのが妥当と解されたためである（817条の２第１項）。

2 ◎ **特別養子縁組において養親となる者は，配偶者のある者でなければならない。**

　　妥当である（817条の３第１項）。特別養子縁組は子の健全な育成を図ることを目的とする制度であるから，そのためには両親が共にそろっていることが望ましいこと，そのほうが戸籍上自然な記載ができること，などがその理由とされている。

3 ✕ **特別養子縁組における養子の年齢は，原則として15歳未満とされている。**

　　以前は，特別養子縁組の年齢は原則として６歳未満とされていた。ただ，近年の児童虐待の増加等に対処する一方策として，児童養護施設に入所中の児童等に家庭的な養育環境を提供するなどの目的で，令和元年に年齢を15歳未満に引き上げる法改正が行われた（817条の５第１項前段）。同改正法は令和２年（2020年）４月１日から施行されている。

　　なお，**15歳未満という要件は審判申立ての時点で満たしていればよい**（同項前段）。ただし，審判が確定する時点までに18歳に達すると特別養子は認められないので注意（同項後段）。

第3章　家族法

4 ✕ **特別養子縁組の成立により，実方との親族関係は終了する。**

　特別養子縁組は，養子を完全に養親の実子として扱おうとするものである。そのため，縁組によって「本当の親」の側との親族関係は終了することになる（817条の9本文）。

5 ✕ **特別養子縁組の離縁も例外的に認められており，その旨の規定も存在する。**

　特別養子縁組の場合，原則として離縁は認められないが（817条の10第2項），次の要件を満たした場合には例外的に離縁が認められている（同条1項）。

> **●特別養子縁組における離縁の要件**
> ①ⅰ）養親による虐待，悪意の遺棄その他養子の利益を著しく害する事由があり，
> 　ⅱ）かつ，実父母が相当の監護をすることができること。
> 　　→いずれか一方のみでは離縁は認められない点に注意
> ②養子の利益のために特に必要があると認められること
> ③家庭裁判所の審判があること

　ただしこれらの要件は極めて厳格であり，離縁が認められるのはかなり例外的な場合に限られる。たとえば，婚姻外で出産して行方をくらました妹の子を姉夫婦が実子として育てる目的で，その子を特別養子としたとする。その後に，行方をくらました妹が，子の実の父と婚姻して子を引き取りたいと申し出て，姉夫婦がこれを承諾したとしても，それだけでは離縁の要件を満たすことはできない。これに加えて，さらに姉夫婦による子の虐待や家庭裁判所の審判といった要件をすべて充足することが必要である（当事者だけで解決しようと思えば，実父母との養子縁組という形をとらざるをえない。この場合，法律上は実父母が養父母とされることになる）。

　なお，家庭裁判所がその成立に厳格に関与することから，縁組の無効・取消しが制度上想定されていないとする点は正しい。

⚡ **No.3 の解説** 　親権 →問題はP.319

1 ✕ **親権は共同行使が原則である（親権共同行使の原則，818条3項本文）。**

　　　ただ，たとえば，父母の一方が服役中であるなど事実上親権を行使できない場合や，子を虐待して親権を剥奪されるなど法律上親権を行使できない場合には，例外的に他の一方が単独で親権を行使する（同項但書）。

2 ✕ **父が嫡出でない子を認知しても，親権者は依然として母である。**

　　　認知があると，その効果として親子関係が発生する。具体的には，相続権，扶養義務，親権などである。ただし，父母が婚姻していない場合は，親権はどちらか一方が行使するので（本肢の場合は母），父が認知した子の親権者となるためには，父母の協議または家庭裁判所の審判で父を親権者と定める必要がある（819条4項・5項）。

　　　子が母と平穏な暮らしをしている場合に，その生活を親権の変更によってむやみに乱さないようにする必要があるからである。

3 ✕ **子の出生前に父母が離婚したときは，子の親権は母が有する（819条3項）。**

　　　出産の時点で夫婦がすでに離婚している場合，その子に最も愛情を注げるのは母であろうから，子の福祉を考慮して母を親権者と定めたものである。

4 ◎ **特別養子縁組では，実方との親族関係が終了し，子は養親の親権に服する。**

　　　妥当である。なお，子が未成年のときは，養子縁組がなされると実親の親権は養親に移転する（818条2項）。これは普通養子縁組でも特別養子縁組でも同じである。ただ，**特別養子縁組では，実方との親族関係が終了する**ため，より強い意味で子は養親の親権に服することになる。

5 ✕ **親権は共同行使が原則である。**

　　　親権は，子が養子であるか実子であるかを問わず，原則として父母が共同で行使しなければならない（**親権共同行使の原則**，818条3項本文）。

第3章

家族法

正答　No.1＝**1**　No.2＝**2**　No.3＝**4**

　*　認知に関する次の記述のうち，妥当なものはどれか。

【地方上級・平成28年度】

1　父が非嫡出子である子を認知した場合，認知の効力は遡及せず，父と子の親子関係は認知の時点から生じる。

2　父は，子がすでに死亡していた場合には，いかなる場合であっても子を認知することができない。

3　母の氏を称していた非嫡出子を父が認知した場合，子は認知の効果として当然に父の氏を称することになる。

4　子が成年に達している場合，父は子の承諾がなければ認知することができない。

5　非嫡出子については，父と子の親子関係は父の認知によって生じるが，同様に母と子の親子関係も母の認知によって初めて生じる。

No.5 民法に規定する特別養子縁組に関するA～Dの記述のうち，妥当なもの
を選んだ組合せはどれか。　　　　　　　　　　【地方上級（特別区）・平成27年度】

A：特別養子縁組は，原則として家庭裁判所の審判により成立するが，実父母が
相当の監護をすることができない場合は，養親となる者と養子となる者の法
定代理人との協議によりすることができる。

B：特別養子縁組の養親となる者は，配偶者のある者で，年齢は25歳に達してい
なければならないが，養親となる夫婦の一方が25歳に達していない場合も，
その者が20歳に達しているときは養親になることができる。

C：特別養子縁組は，養子，実父母または検察官の請求による家庭裁判所の審判
によってのみ当事者を離縁させることができ，当事者の協議による離縁はす
ることができない。

D：特別養子縁組は，養子と実父母およびその血族との親族関係を終了させ，当
該縁組が離縁となった場合でも，特別養子縁組によって終了した親族関係と
同一の親族関係は生じない。

1　A，B
2　A，C
3　A，D
4　B，C
5　B，D

第3章
家族法

No.6 次のア～オのうち，利益相反行為に当たるものをすべて挙げているのはどれか。ただし，争いのあるものは判例の見解による。

【国家総合職・平成28年度】

ア：未成年者Aの親権者Bが，Cの債務を連帯保証するとともに，Aを代理してCの債務を連帯保証し，さらにBが，同債務を担保するため，AおよびBの共有不動産について，共有者の一人およびAの代理人として抵当権を設定した場合におけるAのための当該連帯保証契約および抵当権設定行為

イ：Aが死亡し，その子B，C，DおよびEが共同相続人となったが，DおよびEは未成年者だったため，DおよびEの親権者で相続権を有しないFがDおよびEを代理して遺産分割協議を行い，Aの遺産をすべてBに帰属させる旨の協議が成立した場合における当該遺産分割協議

ウ：Aが死亡し，その子B，C，DおよびEが共同相続人となったが，CおよびDの後見人であったBが，自ら相続放棄した後に，CおよびDを代理して相続放棄した場合において，Bが後見人としてCおよびDを代理して行った当該相続放棄行為

エ：未成年者Aの父Bが，Cに対して債務を負い，Aの母かつBの妻であるDとともにAを代理して，Bの債務の代物弁済としてA所有の不動産をCに譲渡した場合における当該譲渡行為

オ：未成年者Aの親権者Bが，自己の事業を行うためにAを代理してCから金銭を借り入れ，その債務につきA所有の不動産に抵当権を設定した場合における当該抵当権設定行為

1 ア，ウ

2 エ，オ

3 ア，イ，エ

4 イ，ウ，オ

5 ウ，エ，オ

No.7 親子に関するア〜オの記述のうち，判例に照らし，妥当なもののみをすべて挙げているのはどれか。　　　　　　　　【国家一般職・令和元年度】

ア：嫡出でない子との間の親子関係について，父子関係は父の認知により生ずるが，母子関係は，原則として，母の認知をまたず，分娩の事実により当然発生する。

イ：認知者が，血縁上の父子関係がないことを知りながら，自らの意思に基づいて認知をした後，血縁上の父子関係がないことを理由に当該認知の無効を主張することは，被認知者の地位を不安定にすることから，認められない。

ウ：婚姻前にすでに内縁関係にあり，内縁成立後200日を経過している場合であっても，婚姻成立後200日以内に出生した子については，嫡出子としての推定を受けないことから，父が子の嫡出性を争う場合には，嫡出否認の訴えではなく，父子関係不存在確認の訴えによる。

エ：配偶者のある者が未成年者を養子にする場合には，配偶者とともにこれをしなければならないことから，夫婦の一方の意思に基づかない縁組の届出がなされたときには，縁組の意思を有する他方の配偶者と未成年者との間で縁組が有効に成立することはない。

オ：親権者自身が金員を借り受けるに当たり，その貸金債務のために子の所有する不動産に抵当権を設定する行為は，当該借受金をその子の養育費に充当する意図であったとしても，民法第826条にいう利益相反行為に当たる。

1　ア，ウ
2　エ，オ
3　ア，イ，エ
4　ア，ウ，オ
5　イ，ウ，オ

（参考）民法
（利益相反行為）
第826条　親権を行う父又は母とその子との利益が相反する行為については，親権を行う者は，その子のために特別代理人を選任することを家庭裁判所に請求しなければならない。
（第2項略）

実戦問題❷の解説

No.4 の解説　認知

→問題はP.324

1❌　認知は，出生時にさかのぼってその効力を生ずる。

　　認知とは，自分の子と認めるということである。その場合，たとえば認知の時に子が5歳なら，「5歳からは自分の子であるが，5歳以前は自分の子ではない」というのはおかしいであろう。自分の子と認めるということは，**生まれた時から自分の子であったと認めること**である。すなわち，認知の効力は出生時にさかのぼって発生する（784条本文）。

2❌　子がすでに死亡していても，その子に直系卑属がいれば認知はできる。

　　認知がなされると，認知した父と子との間に法律上の親子関係が生じる。そのため，子は父を相続できるようになる。そして認知はそのような法律関係を発生させるために行われるものであるから，子がすでに死亡している場合には原則として認知は認められない。なぜなら，子が存在しないのに，認知の効果としての相続権を認めても意味がないからである。

　　しかし，その子に直系卑属（子や孫など）がある場合には代襲相続によって財産を承継させられるという法的な意義が存在する。そのため，認知が認められている（783条2項本文）。

3❌　認知の効果は親子関係の発生であり，氏の変更はこれに含まれない。

　　認知の効果として発生する親子関係とは，具体的には**相続権**（887条1項）**や扶養義務**（877条1項），**親権**（818条1項）などがある。氏や戸籍については，離婚した夫婦の子が母の戸籍に入っている場合と同じで，父との間に親子関係があっても，戸籍や氏は，母の戸籍，母の氏のままである。

　　これを父に変更するには，家庭裁判所の許可手続きが必要である（791条1項）。

4⭕　成年の子は，その承諾がなければ，これを認知することができない。

　　妥当である（782条）。これは，親が，自分は子に対する養育の責任を果たさずにいて，子に養育してもらう必要が生じた場合に認知するなどという身勝手な行為を排除しようとするためである。

5❌　母とその非嫡出子の間の親子関係は，分娩の事実により当然発生する。

　　判例は，母とその非嫡出子の間の親子関係は，原則として母の認知を待たず，分娩の事実により当然発生するとしている（最判昭37・4・27）。

⚡ No.5 の解説　特別養子縁組
→問題はP.325

A✕ 特別養子縁組は，家庭裁判所の審判によってのみ成立する。

　　家庭裁判所の手続きを経ずに，当事者の協議のみによって縁組を成立させることはできない（817条の2第1項）。→No.2選択肢1

B◯ 特別養子縁組の養親は配偶者がある者で，年齢面でも一定の要件がある。

　　妥当である。まず，特別養子縁組の養親となる者は，必ず配偶者のある者でなければならない（817条の3第1項）。特別養子縁組は子の健全な育成を図ることを目的とする制度であるから，そのためには両親がともにそろっていることが望ましいこと，そのほうが戸籍上自然な記載ができること，などがその理由とされている。

　　次に，養親となる者は年齢が25歳に達していなければならない。ただし，夫婦の一方が25歳未満であっても20歳に達していれば，夫婦は養親になることができる（817条の4）。これは，**養子を十分に養育するには，親が精神的，体力的に十分に成熟していて，社会的にも働ける環境が整って養育するための経済面でも支障がないこと**，また，養子との間に自然な年齢差があることなどを考慮して定められたものである。

C◯ 家庭裁判所の審判を経ずに当事者の協議だけで離縁することは認められない。

　　妥当である（817条の10）。特別養子縁組は養子を実子として扱おうとするものであるから，その性格上，当事者の協議のみで簡単に離縁するようなことは認められない。→No.2選択肢5

D✕ 離縁の場合，離縁の日から実父母およびその親族との親族関係が生ずる。

　　特別養子縁組が離縁となった場合，特別養子縁組によって終了した親族関係と同一の親族関係が生ずる（817条の11，いわば縁組前の親族関係が復活することになる）。その一方で，養方と養子の親族関係は終了する（729条）。

　　以上から，妥当なものは**B**と**C**であり，正答は**4**である。

第3章

家族法

利益相反行為とは，親権者と子との利益が相反する行為について親権が制限されるというものである（826条）。親権者は子の財産管理権を有しているが（824条本文），それは子の福祉のために認められた権限であるから，親権者はその目的に従ってこれを行使しなければならない。ところが，**親権者と子との間の利益が相反する行為**については，親といえども自己の利益を優先させ，子の利益をおろそかにするおそれがある。そこで，このような場合に子の利益を保護する見地から，**親権者の財産管理権を制限し，当該行為を家庭裁判所の選任した特別代理人によって行わせることとしたのが**，この利益相反行為の制度である。

問題は，**利益相反行為に該当するか否かの判断基準**をどのように解するかであるが，判例は**当該行為の外形で判断すべきであり**，親権者の意図やその行為の実質的な効果を問題とすべきではないとする（最判昭48・4・24）。その理由は，**このように解しておかないと，親権者と取引をする相手方は常に親権者の意図その他の実質関係の調査を強いられる**ことになり，相手方に無用の負担や不測の損害を生じさせることになるという点を考慮したためである。

なお，類型的に利益相反行為に該当しても子に有利である場合も考えられるので，**利益相反行為は無効な行為ではなく，追認が可能な無権代理行為**と解されている（最判昭46・4・20）。

ア◯ **子の財産の競売代金で親の責任が軽減される行為は利益相反行為となる。**

利益相反行為に当たる。判例は，本肢のような場合，債権者が抵当権の実行を選択するときは，**不動産における子らの持分の競売代金が弁済に充当される限度において親権者の責任が軽減**され，その意味で親権者が子らの不利益において利益を受けることになる。そして，この理屈は連帯保証の場合も同様で，本肢の抵当権設定行為，連帯保証はともに利益相反行為に当たるとする（最判昭43・10・8）。

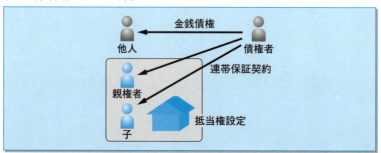

イ◯ **親権者が複数の子を代理して行った遺産分割協議は利益相反行為に当たる。**

利益相反行為に当たる。遺産分割は，通常，相続人間で利害が対立する性

質のものである。したがって，一人の親権者が「複数の子」を代理すること
は，**「一方に有利，他方に不利な分割」が行われる可能性がないとはいえな
い**。そのため，判例は，このような代理行為は利益相反行為に当たるとする
（最判昭48・4・24）。

ウ✕　相続放棄した者が子を代理して相続放棄しても利益相反行為とはならない。

　　なぜなら，すでに後見人（相続権を有する親族である後見人）は相続を放
棄しており，子を代理して子について相続放棄をしても，それによって後見
人が利益を得るという利益相反の関係に立たないからである（最判昭53・
2・24）。

エ◯　親が事業の債務のために子の不動産を代物弁済する行為は利益相反となる。

　　利益相反行為に当たる。外形的に見れば，利益相反行為に当たるのは明ら
かである（最判昭35・2・25）。

オ✕　子の債務の担保として子の不動産に抵当権を設定しても利益相反ではない。

　　判例は，「親権者が子の法定代理人として，子の名において金員を借受け，
その債務につき子の所有不動産の上に抵当権を設定することは，仮に借受金
を親権者自身の用途に充当する意図であっても，かかる意図のあることのみ
では，利益相反する行為とはいえない」とする（最判昭37・10・2）。

　以上から，利益相反行為に当たるのは**ア，イ，エ**の3つであり，正答は**3**であ
る。

No.7 の解説　親子

→問題はP.327

ア○　母とその非嫡出子の間の親子関係は，分娩の事実により当然発生する。

　　妥当である。判例は，母とその非嫡出子の間の親子関係は，原則として母の認知を待たず，分娩の事実により当然発生するとしている（最判昭37・4・27）。→No.4 選択肢5

イ✕　認知者は，父でないことを知って認知した場合も認知の無効を主張できる。

　　自ら意図して行った行為をあとで覆すのは，本来であれば許されるべきではない。ただ，財産的取引行為などと異なり，**身分行為の場合には事実こそが第一に尊重されるべき**である。そのうえで，認知をした者が後にそれを覆そうとする場合，それにはさまざまな事情が考えられるので，仮にそれが身勝手と判断できる場合には，権利濫用法理で主張を退ければよい。

　　そこで，判例は，「**認知者が認知をするに至る事情は様々**であり，自らの意思で認知したことを重視して認知者自身による無効の主張を一切許さないと解することは相当でない」として，「具体的な事案に応じてその必要がある場合には，**権利濫用の法理などによりこの主張を制限することも可能**である」ことなどを理由に，認知者は，血縁上の父子関係がないことを知りながら認知をした場合においても，なお，自らした認知の無効を主張することができるとする（最判平26・1・14）。

ウ○　内縁成立から200日後で婚姻成立から200日以内の出生子に嫡出推定はない。

　　判例は，「民法772条2項（婚姻の成立の日から200日を経過した後…に生まれた子は，婚姻中に懐胎したものと推定する）にいう『婚姻成立の日』とは，婚姻の届出の日を指称すると解するのが相当である」として，「婚姻届出の日から200日以内に出生した子は，同条により嫡出子としての推定を受ける者ではなく，たとえ，出生の日が，同棲開始の時から200日以後であっても，同条の類推適用はない」とする（最判昭41・2・15）。

　　なお，嫡出子に関する訴えはいくつか種類があるので，簡単にまとめておこう。

◆嫡出子に関する各種の訴え◆

	嫡出否認の訴え	親子関係不存在確認の訴え	父を定める訴え
対象	嫡出推定を受ける嫡出子	推定されない嫡出子	嫡出推定が重複する嫡出子
訴えの提起権者	原則として夫のみ[※1]	確認の利益があればだれでも提起可	子・母・母の配偶者・前配偶者
訴えの相手方	子または親権を行う母[※2]	確認を求める相手方	子・母が訴えを提起した場合は母の配偶者・前配偶者
提起期間	夫が子の出生を知った時から1年以内	特に制限なし	

※1　夫が子の出生前または嫡出否認の訴えを提起しないまま死亡した場合には，例外的に一定範囲の親族からの嫡出否認の訴えの提起が認められている（人事訴訟法41条1項，ただし夫の死亡の日から1年以内という制限がある）。

※2　親権を行う母がいないときは，家庭裁判所によって特別代理人が選任される（775条後段）。

エ ✗ 共同縁組違反で無効にすると，養子に不利になる事情があれば縁組は有効。

　　縁組は，養子との間に新たな身分関係を創設するもので，夫婦相互の利害に影響を及ぼすことから，法は，夫婦が共同で行うことを要求している（795条本文）。

　　そして，このような法の趣旨に照らして，判例は，「夫婦の一方の意思に基づかない縁組の届出がなされた場合でも，その他方と相手方との間に単独でも親子関係を成立させる意思があり，かつ，そのような単独の親子関係を成立させることが，**一方の配偶者の意思に反しその利益を害するものでなく**，養親の家庭の平和を乱さず，**養子の福祉をも害するおそれがない**など，法の趣旨にもとるものでないと認められる**特段の事情が存する場合**には，縁組の意思を欠く当事者の縁組のみを無効とし，**縁組の意思を有する他方の配偶者と相手方との間の縁組は有効に成立した**ものと認めることが妨げない」とする（最判昭48・4・12）。

オ ◯ 親の債務の担保として子の不動産に抵当権を設定する行為は利益相反となる。

　　妥当である。判例は，「親権者自身が金員を借受けるに当り，その債務につき子の所有不動産の上に抵当権を設定することは，仮に借受金を子の養育費に充当する意図であったとしても，利益相反行為に当る」とする（最判昭37・10・2）。

　　親の意図のような主観面は，外部者が容易に判断できることではない。したがって，**取引の安全を考慮すれば，行為の客観面から利益相反の有無を判断せざるをえない**。そうなると，「親の借金の担保として子の不動産に抵当権を設定する行為」は，客観的に見れば，親と子の利益が相反する行為と判断せざるをえない。

　　以上から，妥当なものは**ア，ウ，オ**であり，正答は**4**である。

　　なお，**イ〜エ**はやや細かい知識であるが，**ア**と**オ**はポピュラーな点であり，本問では，この2つの肢の正誤判断で正答を導ける。すなわち，本問は基礎を固めておけば容易に解ける問題である。

正答　No.4=4　No.5=4　No.6=3　No.7=4

必修問題

民法に規定する相続に関する記述として，妥当なのはどれか。

【地方上級（特別区）・平成29年度】

1　被相続人の子が，相続開始以前に死亡したとき，または相続の放棄もしくは廃除によって，その相続権を失ったときは，その者の子が代襲して相続人となる。

2　相続財産の管理に関する費用は，相続人の過失により生じさせた費用も含めて相続人全体の負担となり，その相続財産の中から支弁しなければならない。

3　相続人は，自己のために相続の開始があったことを知った時から3か月以内に，単純または限定の承認をしなかったときは，相続を放棄したものとみなす。

4　相続の承認は，自己のために相続の開始があったことを知った時から3か月以内であれば，撤回することができる。

5　相続人が数人あるときは，限定承認は，共同相続人の全員が共同してのみこれをすることができる。

難易度　＊＊

必修問題の解説

　相続とは，死亡を原因として，その死亡者（被相続人）が有していた財産法上の地位を，一身専属権を除いて相続人に承継させる制度である。「財産法上の地位」とは，被相続人が有した権利だけでなく，その義務（債務など）も含まれる。

1 ✕　相続の放棄は代襲原因ではなく，放棄者の直系卑属は代襲相続できない。

　代襲相続とは，たとえば「子が父より先に死亡した」などという偶然の事情によって，「父から子へ，さらに子から孫へ」という財産の承継ができなくなったときに，父から孫への相続を認めて財産を承継させようというものである。法は，代襲相続が生じる原因として，相続人の死亡，欠格，廃除の3つを規定している（887条2項本文）。

　一方，相続の放棄は，明確な相続の拒否であり，偶然の事情で相続できなかったわけではない。そのため，代襲原因とはされていない。

2 ✗ **相続人の過失に基づく費用は，その相続人が負担するのが公平に資する。**

　　財産目録の作成などの相続財産の管理に関する費用は，相続人が共同で負担すべきものであるから，相続財産の中から支弁するものとされる（885条本文）。

　　ただし，**相続人の過失により生じさせた費用は，その者が自ら負担すべき**であって（同条但書），これを他の相続人に転嫁することは許されない。

3 ✗ **相続を知って3か月以内に単純・限定承認をしなければ相続承認とみなす。**

　　たとえば，「行方知れずの父について，死亡通知がその死から数か月後に役所から届いた」などという場合，父を相続すべきか否かは，その財産状況を調べてみないとわからない。そこで法は，その**調査期間として3か月を用意**し（915条1項本文，2項），**その間に判断して相続の放棄や限定承認**（922条，資産の限度で負債を相続するという制度）**ができる**とした。

　　ただ，これらをしないまま3か月の期間が経過すれば，単純承認したものとみなされる（921条柱書，2号）。これは，「相続はすでに開始しているので，何もしなければその状態で確定する」ということである。

4 ✗ **いったん相続を承認すれば，3か月の熟慮期間内であっても撤回はできない。**

　　撤回を許すことは，法律関係に無用な混乱を生じさせることになるからである（919条1項）。

5 ◎ **限定承認は，共同相続人が全員で行うべきものとされている。**

　　妥当である（923条）。これは，限定承認した者とそうでない者とで，負債の配分などが複雑になるのを避け，**手続きの平明さを確保するため**である。

　　なお，詳しくはNo.2選択肢4で説明する。

正答 **5**

第3章

家族法

FOCUS

　　相続は，財産の承継に関する部分であることから紛争を生じやすく，そのため民法は公正で客観的な基準を設けて関係当事者間の利害の調整を図っている。ただ，基準の設定が緻密になっているので，覚える知識の量が多い。できるだけ具体的な状況をイメージしながら，知識を正確なものにしておきたい。

重要ポイント **1**　**相続**

(1) 相続の意義

①相続とは，自然人の死亡後にその者の有した財産上の権利・義務を特定の者に包括的に承継させることである。相続においては，資産（積極財産）のみならず負債（消極財産）も承継し，また契約上の地位なども承継される。これに対して，被相続人の一身に専属する権利は承継されない。

②相続開始の原因は被相続人の死亡のみである。ただし，失踪宣告がなされると被宣告者の死亡が擬制されるので，この場合にも相続が開始することになる。

(2) 相続人

①法定相続人は以下のとおりである。

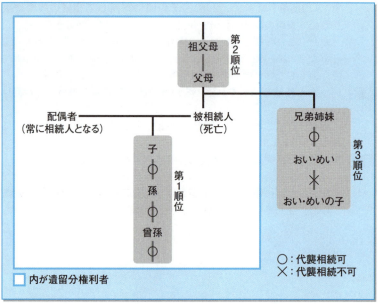

②上図にいう配偶者には内縁の配偶者は含まれない。すなわち，内縁の配偶者は法定相続人ではない。

③胎児も，生きて生まれることを条件に，相続人となることができる。

④被相続人が死亡する以前に，推定相続人である子・兄弟姉妹が死亡し，または廃除・相続欠格によって相続権を失った場合には，その者の直系卑属が，その者に代わってその者の相続分を相続する。これを**代襲相続**という。

⑤代襲原因は，相続開始以前の**死亡**，**廃除**，**相続欠格**の３つに限られる。したがって，**相続の放棄**は代襲原因とはならない。また，相続人自身が相続欠格者である場合は代襲相続人にはなれない（この場合は，さらにその相続人が代襲相続する）。

⑥直系卑属については，**再代襲相続**（また再再代襲相続も）が認められているが，

兄弟姉妹については，**再代襲相続**は認められていない（代襲相続までしか認められない）。

⑦養子縁組前に生まれた養子の子は，養親と血族関係にないので，養親を相続（代襲相続）することはできない。これに対して，養子縁組後に生まれた養子の子は，養親の直系卑属になるので，養親を相続（代襲相続）することができる。

⑧法定相続分は以下のとおりである。

第3章

家族法

相続人	法定相続分	
配偶者と子	配偶者$\left(\dfrac{1}{2}\right)$	子$\left(全員で\dfrac{1}{2}\right)$
配偶者と直系尊属	配偶者$\left(\dfrac{2}{3}\right)$	直系尊属$\left(全員で\dfrac{1}{3}\right)$
配偶者と兄弟姉妹	配偶者$\left(\dfrac{3}{4}\right)$	兄弟姉妹$\left(全員で\dfrac{1}{4}\right)$

⑨**相続欠格**とは，法定の欠格事由に該当する者の相続権を法律上当然に奪う制度である。欠格事由は以下のとおり。

◆相続欠格に該当する事由◆

①	被相続人または先順位もしくは同順位の相続人を故意に殺害し，または殺害しようとして刑に処せられた者 →既遂・未遂を問わないが，過失犯は含まない →刑に処せられたことが必要
②	被相続人が殺害されたことを知っていながら告訴・告発しなかった者 ただし，その者に是非の弁別がない場合，または殺害者が自己の配偶者もしくは直系血族であったときは除外される →客体は被相続人のみ
③	詐欺・強迫によって被相続人の遺言の作成・取消し・変更を妨げた者
④	詐欺・強迫によって被相続人に相続に関する遺言をさせ，またはその取消し・変更をさせた者
⑤	相続に関する被相続人の遺言書を偽造・変造・破棄・隠匿した者

⑩**廃除**は，被相続人に対する虐待または重大な侮辱，その他の著しい非行を理由に，被相続人の請求に基づいて，家庭裁判所の審判・調停によって推定相続人（相続が開始した場合に相続人となるべき者）の相続権を奪う制度である。

（3）相続財産

①系譜，祭具および墳墓の所有権は，被相続人が指定する者がなければ，慣習に従って祖先の祭祀を主宰すべき者がこれを承継するが，被相続人が指定する者があ

れば，その者がこれを承継する。

②占有も相続によって承継される。相続人がその物の存在を認識していなくても，相続人は相続開始と同時にその物に関する占有権を取得する。

③生活保護受給権は相続の対象とならない。未払い分が残っている場合でも，相続人はその支払いを国に請求できない。

④死亡退職金の受給権者について民法の相続順位決定原則と異なる定め方がされている場合，死亡退職金の受給権は相続財産に属さず，受給権者たる遺族が自己固有の権利として取得する。

⑤ゴルフクラブの会員が死亡した場合に，同クラブの規約に会員が死亡した場合にはその資格を失う旨の条項がある場合には，当該会員の会員権は相続の対象にならない。これに対して，そのような規約がない場合には，相続の対象となる。

(4) 相続の承認・放棄

①被相続人が勝手に作った借金で相続人の生活が破壊されるのは好ましくないので，相続人は被相続人の財産上の地位を承継するか否かを自由に選択することが認められている。その方法として，民法は，**単純承認**，**限定承認**，**相続の放棄**の3種を認めている。このうち，限定承認と相続の放棄は，家庭裁判所への申述の方法によって行う。

②相続の承認・放棄は，相続人が「自己のために相続の開始があったことを知った時」から3か月以内にしなければならない（相続開始＝被相続人の死亡時からではない）。「自己のために相続の開始があったことを知った時」とは，相続の原因である被相続人の死亡の事実を知り，それによって自分が相続人となったことを知った時をいう。

③相続開始後に相続人が承認も放棄もしないで死亡した場合には，その者の相続人が承認・放棄の権利を承継する。これを**再転相続**という。その場合，承認・放棄の熟慮期間である3か月は，再転相続人が「自己のために相続の開始があったことを知った時」から起算する。

④相続によって得た資産額の限度でのみ負債を負担するという相続の方法も認められており，これを**限定承認**という。限定承認は，共同相続人全員の共同でなければこれを行うことができない。

⑤3か月の熟慮期間中に相続人が相続財産の全部または一部を処分したときや，限定承認・相続の放棄をしないまま3か月の熟慮期間を徒過したとき，または限定承認もしくは相続の放棄を行った者が相続財産の全部または一部を隠匿し，ひそかに消費し，悪意で財産目録に記載しなかったときは，単純承認をしたものとみなされる。これを**法定単純承認**という。ただし，被相続人の葬式費用を相続財産から拠出しても法定単純承認とはならない。

⑥相続開始以前に相続を放棄しても，その放棄は無効である。

⑦相続の承認・放棄は被相続人の財産上の地位の承継に関する行為であるから，相続人がこれを行うには行為能力が必要である。したがって，未成年者が法定代理人の同意を得ないで行った相続の承認・放棄は，**制限行為能力**を理由に取り消す

ことができる。

⑧詐欺を理由とする相続の承認・放棄の取消しは，家庭裁判所への申述の方法によらなければならない。

（5）配偶者居住権・配偶者短期居住権

①配偶者居住権は，死亡配偶者名義の不動産を，残された配偶者が遺産分割によって取得できなかった場合に，居住権を保障することで，残された他方配偶者が生活の場を失うことを防止し，「余生を安心して暮らせる」ようにする制度である。

②配偶者居住権が認められるには，被相続人の財産に属した建物に相続開始の時に居住していて，かつ，遺産分割により残存配偶者の配偶者居住権取得が認められるか，もしくは配偶者居住権が遺贈の目的とされていることを要する。

③被相続人の財産に属した建物に相続開始の時に無償で居住していたが，配偶者居住権の要件を満たさないという場合でも，遺産分割により居住建物の帰属が確定した日，または相続開始時から6か月を経過する日の，いずれか遅いほうの日までは無償でその建物に居住できる。これを配偶者短期居住権という。

重要ポイント ❷　遺産分割

①相続開始によって共同相続人全員の共有財産となった相続財産は，遺産分割によって各相続人に帰属する。

②被相続人が遺言で相続分を指定していた場合であっても，相続人は，各相続人間の協議によって，これと異なる遺産分割をすることができる。

③遺産分割の効果は相続開始時にさかのぼる。すなわち，分割された相続財産は，遺産分割の時点から各相続人の個別財産になるのではなく，相続の時点で被相続人から直接各相続人に承継されたものとして扱われる（これを相続の宣言主義という）。

④相続人は，分割を禁止する特別の定めがない限り，いつでも自由に遺産分割を請求できる。

⑤遺産分割は，被相続人の遺言，共同相続人の協議，家庭裁判所の審判によってこれを一定期間禁止できる。被相続人は，遺言で，相続人の全員あるいは一部の者に対して，遺産の全部あるいは一部の分割を禁止できる。

⑥一部の相続人を除外してなされた遺産分割協議は無効である。

⑦遺産分割前の譲渡も，譲渡契約としては有効に成立する。

⑧被相続人が特定の財産を指示して特定の相続人に相続させる遺言をした場合，指示された相続財産を特定の相続人が取得するためには，遺産分割の手続を経る必要はない。

⑨遺産分割は現物分割が原則である。これは家庭裁判所による審判分割の場合も同様である。

⑩遺産分割後に認知された者については，現物による返還請求は認められず，価額の返還請求の方法のみが認められている。

⚡ **No.1** 以下の事例におけるＣおよびＤの法定相続分の組合せとして妥当なのはどれか。　【国税専門官・平成21年度】

（事例）Ｘは相続財産１億円を残して死亡した。Ｘは遺言で相続分を指定していない。残されたＸの家族は，配偶者Ａ，母Ｂ，姉Ｃ，子ＤおよびＥであるが，Ｅは相続を放棄している。

	Ｃ	Ｄ
1	0円	2,500万円
2	0円	3,750万円
3	0円	5,000万円
4	2,500万円	2,500万円
5	2,500万円	3,750万円

⚡ **No.2** 相続が開始し（無遺言とする），被相続人の妻Ａと，その子Ｂが相続人になった場合に関する次の記述のうち，妥当なものはどれか。

【市役所・平成11年度】

1 Ｂが相続を放棄した場合でも，Ｂの子は代襲相続をすることができる。

2 相続の承認または放棄は，Ａ，Ｂともに，相続が開始した時点から起算して3か月以内にしなければならない。

3 ＡがＢの詐欺により相続を放棄した場合，Ａは，Ｂに対して取消しの意思表示を行って，遺産の分割を請求することができる。

4 Ａが単純承認しても，Ｂは限定承認することができる。

5 ＡもＢも限定承認をしたが，Ｂが相続財産を隠匿していた場合には，相続債権者は，相続財産をもって弁済を受けられなかった債権額の2分の1について，Ｂに請求することができる。

No.3 民法に規定する相続人に関する記述として，通説に照らして，妥当なのはどれか。　【地方上級（特別区）・平成20年度】

1　被相続人の子Aは，子供がなく，その配偶者Bだけを残して被相続人と同一の海難事故により死亡し，同時死亡の推定を受けた場合には，Aはいったん相続した後に死亡したものとされ，BはAを代襲して相続人となることができる。

2　被相続人の死亡後，その子Aが，相続に関する被相続人の遺言書を偽造したときは，相続欠格事由に該当するので，Aは相続権を失い，Aの子aもこれを代襲して相続人となることはできない。

3　被相続人が死亡し，その子Aがその相続を放棄したことで相続権を失った場合でも，Aの子aはこれを代襲して相続人となることができる。

4　被相続人の子Aは養子であり，Aに養子縁組前に生まれた子aと養子縁組後に生まれた子bがおり，Aが相続開始以前に死亡したとき，bはAを代襲して相続人となることができるが，aはAを代襲して相続人となることはできない。

5　被相続人がその推定相続人である弟Aによって虐待されたときは，被相続人は，Aの廃除を家庭裁判所に請求し，その相続資格をはく奪することができる。

No.4 相続に関するア～エの記述のうち，妥当なもののみをすべて挙げているのはどれか。　【国税専門官／財務専門官／労働基準監督官・平成26年度】

ア：子のいないAの死亡前に，相続人となるべき兄Bが死亡し，Bの唯一の子であるCも死亡している場合，Cの子であるDがAを相続する。

イ：Aが死亡し，その妻Bおよび子C・Dが相続人である場合に，Cが相続の放棄をしたときは，BおよびDとも相続分が増加する。

ウ：いったん遺言をした後であっても，遺言者は遺言の全部または一部を自由に撤回することができる。ただし，遺言の撤回権をあらかじめ放棄している場合には，撤回は裁判所に届け出ない限り効力を生じない。

エ：相続の放棄をした子は，初めから相続人とならなかったとみなされるため，遺留分侵害額請求をすることができない。

1　ア
2　ウ
3　エ
4　ア，イ
5　イ，エ

実戦問題 ❶ の 解説

被相続人が相続分を指定していない場合に，法が定める相続分を**法定相続分**という。

民法は**法定相続人**について次のように定めている。

●法定相続人

①第一順位…子とその直系卑属（887条）

②第二順位…直系尊属（子とその直系卑属がいない場合に相続人となる，889条1項1号）

③第三順位…兄弟姉妹（第一順位，第二順位の相続人がいない場合に相続人となる，889条1項2号）

④配偶者…①～③と並んで常に相続人となる（890条）。

本問において，Eは相続を放棄している。そして，相続を放棄した場合には，その者は最初から相続人ではなかったものとして扱われる（939条）。したがって，子で相続人となるのはDのみである。

また，先順位の者がいる場合，後順位の者は相続人にはならない（887条，889条）。本問では第一順位の相続人である子がいるので，直系尊属や兄弟姉妹は相続人にならない（**母Bと姉Cの相続分は0円**）。

一方，配偶者は常に相続人となる。

次に，法定相続分であるが，配偶者と子が相続人である場合には，それぞれの相続分は配偶者が2分の1，子が全員で2分の1である。Eが相続を放棄しているため，法定相続人である子はDのみであるから，相続財産1億円の配分は，**配偶者Aと子Dがそれぞれ5,000万円ずつ**となる。

以上から，正答は**3**となる。

⚡ No.2 の解説　相続

→問題はP.340

1 ✕ 相続の放棄は代襲原因ではないので，放棄者の直系卑属は代襲相続できない。

　　すなわち，Bが相続を放棄した場合，Bの子は代襲相続することができない。

　　被相続人が死亡する以前に，推定相続人である子・兄弟姉妹が死亡し，または廃除・相続欠格によって相続権を失った場合には，その者の直系卑属が，その者に代わってその者の相続分を相続することが認められている。これを**代襲相続**という。この制度は，下の世代は上の世代の相続財産を承継できるという期待を有しており，その期待を保護するのが合理的という考え方に基づいている。

　　そして，代襲相続原因は，相続権の喪失である相続人の死亡，欠格，廃除の3つとされている（887条2項）。

　　一方，**相続の放棄**は相続権の喪失ではなく，いわば相続権の返上である。Bが相続財産の承継を拒否している以上，Bの子がやがてBを相続してそれを承継するという期待は生まれない。そのため，相続の放棄は代襲原因とはされていない。

2 ✕ 承認・放棄の期間は，相続の開始があったことを知った時から3か月以内。

　　相続の承認または放棄は，「相続が開始した時点」ではなく，「自己のために相続の開始があったことを知った時」から3か月以内にしなければならない（915条1項本文）。

　　相続開始の時点とは被相続人が死亡した時点である。そして，相続は被相続人が有していた権利義務を，そのまますべて相続人に承継させる制度である（896条）。そのため，たとえば，莫大な借金を残して行方知れずになった父について，ある時，死亡通知が警察から届いたが，それは父の死亡からすでに3か月以上経過していたというような場合，相続放棄の期間を「相続開始時から3か月」とすると，相続人は強制的に父の借金を承継せざるをえなくなる。しかしそれでは，民法が相続放棄の制度を認めた意義が失われる。そのため，法は明文で，**熟慮期間**を「自己のために相続の開始があったことを知った時」から3か月以内と定めている。

3 ✕ 詐欺による相続の放棄の取消しは，家庭裁判所への申述の方法で行う。

　　AがBの詐欺により相続を放棄した場合，Aは相続の放棄を取り消すことができる（919条2項）。ただし，その方法は，Bに対する意思表示ではなく，家庭裁判所への申述という方法で行われる必要がある（同条4項）。

　　いったん相続の放棄がなされると，それを前提に遺産分割等の手続が開始されるので，放棄の取消しは他の相続人などの利害に重大な影響を及ぼす。そのため，**家庭裁判所という公的な機関への申述を通じて詐欺の事実を明らかにし，相続の放棄について取消しがなされたことを公的に確定しておく必要がある**からである。

4 ✕ **限定承認は，共同相続人が全員で行うべきものとされている。**

　したがって，Aが単純承認していれば，Bはもはや限定承認はできない。

　限定承認とは，相続によって承継した資産額を限度として負債や遺贈を弁済するという留保つきで相続を認める制度である（922条）。たとえば，資産は1,000万円あるが，負債がどの程度あるのかわからないといった場合に，限定承認の方法を選択すると，後に負債が3,000万円に達することが判明した場合でも，相続人は承継した1,000万円で負債を弁済すればよく，残額については責任を負わないで済む。そして，限定承認は，次に述べる理由によって，「共同相続人の全員が共同してのみこれをすることができる」とされている（923条）。

> **●限定承認の要件**
>
> 　相続人が数人ある場合に，法が限定承認の要件として「全員の共同」を要求したのは，手続が複雑になるのを避けようとする趣旨である。考え方としては，単独での限定承認を認めたうえで，相続財産の全部についていったん限定承認の方法での清算手続を行い，負債が生じた場合にはそれを各共同相続人の相続分に応じて分割し，限定承認をしなかった者についてこれを割り当てるという方法もないではない。しかし，この方法ではどうしても手続が煩雑になってしまう。相続債務の負担から免れようと思う者については相続の放棄という手段が認められているので，単独での限定承認を認めなければ相続人の保護がおろそかになるわけではない。そこで法は，手続の平明という利益を優先し，限定承認に「全員の共同」を要求したわけである。

5 ◎ **限定承認者の中に財産隠匿等があれば，その者は相続分に応じて責任を負う。**

　妥当である。Bが相続財産を隠匿していた場合，Bは単純承認をしたものとみなされる（921条3号本文）。その結果，Bは被相続人の権利義務のうち，自己の法定相続分である2分の1を承継すべきことになる（900条1号）。そのため，相続財産で弁済してもなお負債が残っている場合には，自己の相続分に相当する2分の1について，Bは弁済の責任を負う。

　なお，一部の者が単純承認とみなされることになっても，他の限定承認者の限定承認の効果に影響はない。

No.3 の解説　相続人
→問題はP.341

1✕ 同時死亡の推定を受けた場合には，互いに相手を相続することはできない。

相続とは，被相続人の権利義務をそのまま承継することである。したがって，承継する側には権利義務の主体となりうる地位（権利能力）が備わっていなければならない。つまり，被相続人の死亡の時点（相続が開始した時点）で生存していなければならない。ところが，**同時死亡の推定**（32条の2）を受けた場合，**A は相続開始時には同時に死亡している**ことになるので，その時点で A に権利能力はなく，A は被相続人を相続しない。

また，代襲相続は被相続人の直系卑属に限られるので（887条2項但書），直系卑属ではない B は代襲相続もできない。

2✕ 相続欠格は代襲原因であるから，相続欠格者の直系卑属は代襲相続できる。

相続欠格とは，社会的に見て「相続人としての資格を認めるべきではない」という場合に，**法律上当然に相続資格を奪うもの**である。その事由としては，たとえば「相続財産を独り占めしようとして他の相続人を殺害し，刑に処せられた」など，相続に関して不正な利益を得ようとしたことなどが法に列挙されている（891条）。

被相続人の遺言書の偽造もその一つである（891条5号）。そして，相続欠格は代襲原因であるから（887条2項本文），a は A を代襲相続できる。

なお，相続欠格と似た制度に**廃除**があるが，これは欠格事由には該当しないものの，「あの子には相続させたくない」などとして，**被相続人の意思表示で相続資格を奪うもの**である（家庭裁判所に請求して行う，893条）。その事由としては，被相続人に対する虐待，重大な侮辱などがある（892条）。

3✕ 相続の放棄は代襲原因ではないので，放棄者の直系卑属は代襲相続できない。

代襲相続原因は，**相続権の喪失である相続人の死亡，相続欠格，廃除の3つだけ**である（887条2項）。相続の放棄は相続権の喪失ではなく，いわば相続権の返上である。A が相続財産の承継を拒否している以上，A の子がやがて A を相続してそれを承継するという期待は生まれない。そのため，相続の放棄は代襲原因とはされていない。

4◎ 養子縁組前の養子の子は，親親の血族ではないので代襲相続はできない。

妥当である。養子は，縁組の日から養親の嫡出子の身分を取得する（809条）。つまり，その効果は過去（本肢でいえば縁組前の養子の子 a の出生日）にはさかのぼらない。そのため，同じく養子の子であっても，養子縁組前に生まれた子（a）は縁組によっても養親（本肢でいえば被相続人）との間で法定血族関係を生じない。したがって，本肢のように a と b では結論が異なることになる。

5✕ 廃除の対象は，遺留分を有する推定相続人に限られる（892条）。

兄弟姉妹は遺留分権利者ではないので（1042条1項柱書），廃除はできない。

廃除の目的	特定の推定相続人の財産承継の拒否
第三者への贈与・遺贈による同様の目的達成	①遺留分を有する推定相続人……できない ∵遺留分を有する推定相続人は，その者を排除する形で第三者に贈与や遺贈がなされても，遺留分侵害額請求により財産を承継できる。 →財産を承継させないために廃除という制度を設ける必要がある。 ②遺留分を有しない推定相続人……できる ∵遺留分を有しないので，第三者への贈与・遺贈で対処できる。 →あえて廃除の制度を設ける必要はない。
結　果	兄弟姉妹は廃除の対象とされていない

No.4 の解説　相続　　　　　　　　　　　　　　　　　　　→問題はP.341

ア×　兄弟姉妹の子は代襲相続できるが，その子の子は代襲相続できない。

　　　本肢の場合，代襲相続できるのはCまでであり（889条1項2号・2項，887条2項），Dには代襲相続の資格はない。

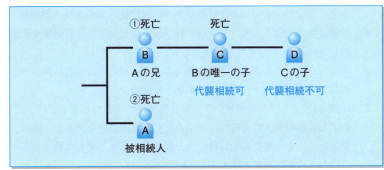

①死亡　　　　死亡

B　　　　　　C　　　　　　D
Aの兄　　　　Bの唯一の子　　Cの子
　　　　　　　代襲相続可　　　代襲相続不可

②死亡

A
被相続人

イ×　子の一人が相続を放棄しても，配偶者の相続分は増加しない。

　　　配偶者と子がある場合のそれぞれの法定相続分は，子が全員で2分の1，配偶者が2分の1である（900条1号）。したがって，子の一人が相続を放棄した場合，他の子の相続分は増加するが，配偶者の相続分は2分の1のままである。

ウ×　遺言の撤回は自由であり，遺言の撤回権を放棄することは認められない。

　　　遺言とは，遺言者の最終意思を尊重しようとする制度である。そうであれば，ある時期になされた遺言よりも後になされた遺言がある場合，その遺言が遺言者の最終意思として尊重されなければならない。したがって，いったん遺言すれば，その後には遺言を撤回できないとすることは，**最終意思の尊重という遺言制度の趣旨を損なう**ことになるので認められない（1026条）。

エ○　相続を放棄した子は，遺留分侵害額請求をすることができない。

　　　妥当である。**遺留分権**（1042条）とは，**遺言による贈与等によって他人の手に渡った相続財産の一部を取り戻すこと**を認めようという制度である。その趣旨は，死亡した被相続人に生計を依存していた遺族の生存を保障しようとする点にある。

　　　しかし，相続を放棄すると，この者は最初から相続人とならなかったものとみなされる（939条）。したがって，相続財産の取戻しというものはありえない。すなわち，相続の放棄をした者には，遺留分侵害額請求権（1046条1項）は認められない。

以上から，妥当なものは**エ**のみであり，正答は**3**である。

正答　No.1＝3　No.2＝5　No.3＝4　No.4＝3

No.5 相続の対象に関するア～オの記述のうち，妥当なもののみをすべて挙げているのはどれか。ただし，争いのあるものは判例の見解による。

【国税専門官／労働基準監督官・平成24年度】

ア：生活保護法に基づく保護受給権は原則として相続されないが，被保護者の生存中の扶助で，すでに遅滞にあるものの給付を求める権利は相続される。

イ：使用貸借は，借主の死亡によって終了し，借主の使用・収益権を相続人は承継しない。

ウ：不法行為による生命侵害の慰謝料請求権は，被害者が生前に請求の意思を表明していなければ，相続人には承継されない。

エ：民法第187条第1項は相続のような包括承継の場合にも適用され，相続人は，必ずしも被相続人の占有についての善意悪意の地位をそのまま承継するものではなく，その選択に従い自己の占有のみを主張しまたは被相続人の占有に自己の占有を併せて主張することができる。

オ：被相続人が民法上の組合の組合員であった場合，相続人は原則としてその地位を承継する。

1 ア，イ

2 ア，オ

3 イ，エ

4 ウ，エ

5 ウ，オ

No.6 相続に関するア～オの記述のうち，妥当なもののみをすべて挙げている
のはどれか。　　　　　　　　　　　　　　　　　　　【国家一般職・平成24年度】

ア：Aには，配偶者BおよびAとBの子Cがいる。Cにはその子Dがおり，Dに
　　はその子Eがいる。Aが死亡したが，Aが死亡した当時，CおよびDもすで
　　に死亡していた場合は，Aの相続人は，Bのみである。

イ：Aには，配偶者B，Aの弟であるCおよびDがいる。AとBの間には子はな
　　く，Aの両親はすでに死亡している。Cにはその子Eがおり，Eにはその子
　　Fがいる。Aが死亡したが，Aが死亡した当時，CおよびEもすでに死亡し
　　ていた場合は，Aの相続人は，BおよびDである。

ウ：Aには，配偶者BおよびAとBの子Cがおり，Cにはその子Dがいる。Cは
　　Aに対して虐待を行ったので，Aは，Cに対する廃除の請求を家庭裁判所に
　　対して行い，廃除の審判が確定している。Aが死亡したが，Aが死亡した当
　　時，Cもすでに死亡していた場合は，Aの相続人は，BおよびDである。

エ：Aには，配偶者Bがおり，AとBの間には子CおよびDがいる。Dにはその
　　子Eがいる。Aが死亡したが，DはAの相続を放棄した。この場合は，Aの
　　相続人は，B，CおよびEである。

オ：Aには，配偶者BおよびAとBの子Cがいる。AはDとDを子とする養子縁
　　組をしており，Dにはこの養子縁組前に出生していた子Eがいる。Aが死亡
　　したが，Aが死亡した当時，Dもすでに死亡していた場合は，Aの相続人
　　は，B，CおよびEである。

1　ア，イ

2　ア，オ

3　イ，ウ

4　ウ，エ

5　エ，オ

AはBの不法行為により即死した。Aの死亡時にAには妻Cがおり，Cはとの間の子Dを懐胎していた。なお，AとCとの間には成人した子Eがおり，他にAの相続人となり得る者はいないものとする。

　以上の事例に関する次の記述のうち，妥当なのはどれか。ただし，争いのあるものは判例の見解による。

【国税専門官／財務専門官／労働基準監督官・平成29年度】

1　Aは，何ら精神的苦痛を感じることなく死亡しており，Aに生命侵害を理由とする慰謝料請求権が発生することはない。

2　Dは，胎児であっても，Aの死亡と同時に固有の損害賠償請求権を取得するから，Dが分べん時に死亡していた場合，Cは，自己の固有の損害賠償請求権を有するとともに，Dの有していた損害賠償請求権を相続する。

3　遺産分割前における相続財産の共有は，民法が第249条以下に規定する「共有」とその性質を異にするものではないから，Cは，遺産分割前であっても，相続した共有持分を共同相続人以外の第三者に譲渡することができる。

4　遺産分割協議の結果，A所有の甲不動産をCが全部取得した場合，Cは，甲不動産の所有権を，登記なくして，遺産分割後に甲不動産につき権利を取得した第三者に対抗することができる。

5　A所有の乙不動産が第三者に賃貸されている場合，Aの死亡後に発生する乙不動産の賃料債権もAの遺産に含まれ，常に遺産分割協議の対象となる。

実戦問題 **2** の解説

No.5 の解説　相続
→問題はP.348

ア✕　たとえ遅滞にあるものでも，生活保護受給権は相続の対象にはならない。

　　生活保護受給権は，受給資格者の生存を支えることを目的として給付され
ている。そのため，**受給資格者が死亡すれば，生存を支えるという目的が消
滅する**ので給付の必要はなくなる。そのことは，すでに遅滞にあるものであ
っても同様である（最大判昭42・5・24）。仮に遅滞にあるものについて給
付を行うとするならば，その給付は受給資格者ではなく，その相続人の生活
を支えることになってしまう。

イ〇　使用貸借における借主の使用・収益権は相続の対象とならない。

　　妥当である。無償での貸し借りである使用貸借は，一般に貸主の好意によ
って行われているので，その借主が死亡すれば終了する（597条3項）。

ウ✕　被害者が請求の意思を表示せずに死亡しても，慰謝料は相続の対象となる。

　　本肢のように解すると，被害者が意思表示をして死亡した場合と，重傷の
ために意思表示ができないまま死亡した場合とでまったく異なる結果となる
が，それは不合理である。そのため判例は，慰謝料請求権を放棄したと解し
うる特別の事情がない限り，意思表示がなくてもその相続を認めている（最
大判昭42・11・1）。**→テーマ14「不法行為」No.2ウ**

エ〇　相続人は，占有の相続の際に，自己固有の占有権を選択して主張できる。

　　妥当である。占有の承継に関する187条1項は，「占有者の承継人は，その
選択に従い，自己の占有のみを主張し，又は自己の占有に前の占有者の占有
を併せて主張することができる」と規定する。

　　この規定にいう，「前の占有者の占有」とは，たとえば売買によって買主
が売主の占有を承継した場合などがその典型である。そして，前の占有者が
悪意の場合，「前の占有者の占有を併せて主張する」ならば，悪意占有とし
て取得時効期間は20年となり（162条1項），自分が善意で「自己の占有のみ
を主張」ならば取得時効期間は10年となる（162条2項）。

　　では，これらのことが相続による承継の場合にも適用されるか。判例は当
初これを否定し，自己固有の占有権を選択して主張することを認めなかっ
た。その後，判例は，学説の批判を受けて判断を変更し，上記の場合と同様
に，**相続人が自己固有の占有権を選択して主張することを認めた**（最判昭
37・5・18）。

オ✕　民法上の組合で，組合員の死亡は脱退事由であって相続の対象とはならない。

　　民法上の組合は，強い人的信頼関係に基づいて形成されている団体であ
る。そのため，組合員の**死亡は脱退事由**とされ（679条1号），その地位は相
続の対象とはならない。

　　以上から，妥当なものは**イ**と**エ**であり，正答は**3**である。

　　なお，本問は基礎知識の**ア**と**ウ**の正誤判断ができれば正答できる。

No.6 の解説　相続

ア ✕　子や孫が被相続人より先に死亡しても，直系卑属がいれば再代襲相続する。

　　被相続人Aが死亡した時点で，子（C）や孫（D）が先に死亡していて
も，直系卑属がいれば，その者が代襲相続する（887条3項，**再代襲相続**）。
Dの子EはAの直系卑属であるから代襲相続人となる。

　　したがって，Aの相続人は，配偶者B（890条）と直系卑属Eの2人であ
る。

イ ◯　兄弟姉妹の子は代襲相続できるが，その子の子は代襲相続できない。

　　妥当である。被相続人に直系卑属がいなければ，第二順位として直系尊属
が配偶者とともに相続人になり（889条1項1号），直系尊属もいなければ第
三順位として兄弟姉妹が配偶者とともに相続人になる（同項2号）。

　　本肢では，被相続人Aには直系卑属も直系尊属もいないので，兄弟姉妹が
配偶者Bとともに相続人になる。ところが，弟Cは相続開始前に死亡してい
る。したがって，Cは相続人にはならない。

　　では，その子や孫はCを代襲相続できるか。**民法は，兄弟姉妹について
は，代襲相続は子（被相続人のおい・めい）までしか認めない**（889条は887
条3項を準用していない）。これは，おい・めいの子は被相続人とは縁が薄
く，相続によってたなぼた的に財産が転がり込んでくるという，いわゆる
「笑う相続人」を作らないためである。

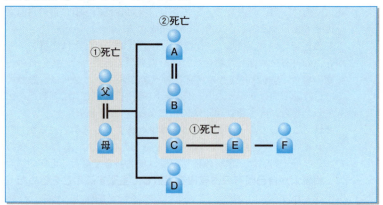

ウ ◯　廃除は，相続人の死亡，相続欠格とともに代襲相続原因の一つである。

　　妥当である。**廃除**は代襲相続原因である（887条2項本文）。廃除されたC
は，Aの相続開始以前にすでに死亡しているが，結果は変わらない。代襲相
続によってDが相続人となるので，Aの相続人はBとDである。

エ ✕　相続の放棄は代襲原因ではないので，放棄者の直系卑属は代襲相続できない。

　　Eは相続人とならないので，Aの相続人はBとCの2人である。

　　相続放棄は代襲相続原因ではない。したがって，相続を放棄したDの直系

卑属Eは相続人とはならない。

　代襲相続は，下の世代は上の世代の相続財産を承継できるという期待を有しており，その期待を保護するのが合理的という考え方に基づいている。しかし，**相続の放棄は相続権の喪失ではなく，いわば相続権の返上である。**Dが相続財産の承継を拒否している以上，Dの子がやがてDを相続してそれを**承継するという期待は生まれない。**

オ ✕　養子縁組前の養子の子は，養親の血族ではないので代襲相続はできない。

　Eは相続人とならないので，Aの相続人はBとCの2人である。

　養親と養子の親族関係は，養子縁組の日から生じる（727条）。したがって，養子縁組前に出生していた子（E）は，養親の直系卑属にはならず（887条2項但書），養親の相続人にもなりえない。

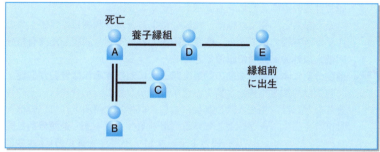

　以上から，妥当なものは**イ**と**ウ**であり，正答は**3**である。

No.7 の解説　相続・遺産分割　　　　　　　→問題はP.350

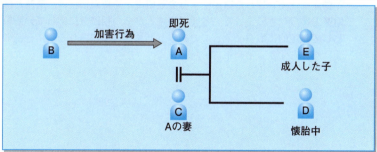

1 ✕　即死の場合にも生命侵害を理由とする慰謝料請求権が発生する。

　判例は，重傷後に死亡した場合（この場合は，受傷の時点で慰謝料請求権が発生し，その後の死亡によりそれが相続される）とのバランス論から，**即死の場合にも生命侵害を理由とする慰謝料請求権が発生し，それが死亡によって相続される**とする（最大判昭42・11・1）。

第3章
家族法

2 ✕ 胎児に損害賠償請求が認められるには，生きて生まれることが要件である。

　　本肢の「Dが分べん時に（すでに）死亡していた」とは，胎児は生きて生まれなかったということであるから，Dに権利能力は認められない。したがって，Dは不法行為に基づく損害賠償請求権（721条）を取得することはなく（886条2項），Dの母Cがそれを相続することはない。

　　なお，被害者Aの妻であるCが，自己固有の損害賠償請求権を有するとする点は正しい（711条）。

3 ◎ 判例は，相続財産の共有は249条以下の「共有」と同じ性質のものとする。

　　妥当である（最判昭30・5・31）。学説には，遺産分割（によって各相続人の単独所有に移る）までは，より拘束性の強い「合有」と主張する立場もあるが，判例はこれを249条以下の「共有」（民法Ⅰテーマ15の「共有」）と同じ性質のものとしている。

　　そうなると，相続財産は，相続分によるという制約は受けるものの，その性質は所有権であるから，**遺産分割前であっても，相続した共有持分を共同相続人以外の第三者に譲渡できる**ことになる。

4 ✕ 遺産分割による物権変動の効果を第三者に対抗するには登記が必要である。

　　判例は，法定相続分と異なる遺産分割がなされた場合には，その旨の登記をしなければ，相続人は分割後に権利を取得した第三者に自己の権利取得を対抗（主張）できないとしている（最判昭46・1・26，**遺産分割と登記**）。

→民法Ⅰテーマ11「不動産物権変動」No.3選択肢3

5 ✕ 遺産分割までに生じた相続不動産の賃料は遺産分割協議の対象とならない。

　　判例は，「遺産は，相続人が数人あるときは，相続開始から遺産分割までの間，共同相続人の共有に属するものであるから，この間に遺産である**賃貸不動産を使用管理した結果生ずる金銭債権たる賃料債権は，遺産とは別個の財産**というべきであって，各共同相続人がその**相続分に応じて分割単独債権として確定的に取得**するものである」として，後にされた遺産分割の影響を受けないとする（最判平17・9・8）。

正答　No.5＝3　No.6＝3　No.7＝3

実戦問題❸　難問レベル

No.8 次の文章は，ある最高裁判所決定の一部を要約したものである。下線部
(1) ～ (5) に関するア～オの記述のうち，妥当なもののみをすべて挙げている
のはどれか。　　　　　　　　　　　　　　　【国家一般職・平成30年度】

　相続人が数人ある場合，各共同相続人は，(1) 相続開始の時から被相続人の権
利義務を承継するが，相続開始とともに共同相続人の共有に属することとなる相続
財産については，相続分に応じた共有関係の解消をする手続を経ることとなる。そ
して，(2) この場合の共有が基本的には民法第249条以下に規定する共有と性質を
異にするものでないとはいえ，この共有関係を協議によらずに解消するには，特別
に設けられた裁判手続である遺産分割審判によるべきものとされており，また，そ
の手続において基準となる相続分は，特別受益等を考慮して定められる (3) 具体
的相続分である。このように，遺産分割の仕組みは，(4) 被相続人の権利義務の
承継に当たり共同相続人間の実質的公平を図ることを旨とするものであることか
ら，一般的には，遺産分割においては被相続人の財産をできる限り幅広く対象とす
ることが望ましく，また，遺産分割手続を行う実務上の観点からは，(5) 現金の
ように，評価についての不確定要素が少なく，具体的な遺産分割の方法を定めるに
当たっての調整に資する財産を遺産分割の対象とすることに対する要請も広く存在
することがうかがわれる。

ア：(1) について，相続は，被相続人の死亡によって開始する。この死亡には，
　　失踪宣告がなされた場合も含まれる。

イ：(2) の見解に立つと，相続財産の共有を「合有」と解する見解に比べて，
　　相続財産中の個々の財産に対する持分の処分を制限的に解することになる。

ウ：被相続人が負っていた可分債務のうち一身専属的でないものについては，共
　　同相続人は，法定相続分によって分割承継するのではなく，(3) によって
　　分割承継するのが原則であるとするのが判例である。

エ：(4) と関連して，寄与分制度が設けられている。これは，被相続人の財産
　　の維持または増加について特別の寄与をした者に対して，その寄与分を与え
　　るものであり，共同相続人以外の者の寄与分はその者の (3) となり，共同
　　相続人の寄与分はその者の (3) の算定に当たり考慮される。

オ：(5) について，共同相続された普通預金債権，通常貯金債権および定期貯
　　金債権は，いずれも，相続開始と同時に当然に相続分に応じて分割されるこ
　　とはなく，遺産分割の対象となるとするのが判例である。

1　ア，イ　　**2**　ア，オ
3　イ，ウ　　**4**　ウ，エ
5　エ，オ

**

【国家総合職・平成29年度】

　平成29年1月10日，Aは，預金1億8,000万円を残して死亡した。預金の他にみるべき資産はなかった。

　Aには配偶者Bとの間に息子Cと娘Dがいたが，Dはすでに死亡しており，A，B，CおよびDの子Eが同居していた。また，AにはBと婚姻する前に交際していたFとの間にも子Gがおり，Aは，Gが生まれた直後にGを認知していた。

　Cは，同年1月15日，自筆で書かれたAの遺言書を発見した。当該遺言書は，民法の規定にのっとった有効なものであり，その内容は，「Cには財産を一切相続させないものとする」というものであった。Cは腹を立て，自分も法定相続分どおりの金額をもらいたいと考えて，その場で当該遺言書を破棄した。後に訴訟となって，Cが遺言書を破棄したことが発覚したが，Cは，自分には少なくとも遺留分はあると主張した。

	B	C	E	G
1	9,000万円	0円	6,000万円	3,000万円
2	9,000万円	0円	4,500万円	4,500万円
3	9,000万円	1,500万円	3,750万円	3,750万円
4	8,250万円	1,500万円	5,500万円	2,750万円
5	8,250万円	1,500万円	4,125万円	4,125万円

実戦問題❸の解説

No.8 の解説　相続

→問題はP.355

　　本問は，最大決平28・12・19の判旨の一部を素材とするものである。

ア○　失踪宣告によっても相続が開始する。

　　妥当である。失踪宣告の効果は死亡の推定ではなく，反証を許さない死亡の擬制であるから（31条），**失踪宣告がなされると相続が開始する**ことになる（882条）。

イ×　合有は，個々の財産に対する持分の処分を制限的に解するものである。

　　（2）の見解は，相続財産の共有を249条以下の「共有」と同じものと解するもので，判例の立場である（最判昭30・5・31，**→No.7選択肢3**）。

　　合有という文言が民法の規定中に存在するわけではないが，学説は，共同所有形態のうち，共有よりも拘束性が強いものについて合有という概念を設けて説明しようとする。その特徴は，各共有者の所有権が集団的拘束を受け，その集団から離れたときに初めて持分が顕在化する（その意味で潜在的持分といわれる）というものである。

　　合有と解すると，相続財産中の個々の財産に対する持分の処分を制限的に解することになるが，これは（2）の見解とは異なる。

ウ×　相続財産中の可分債権は，各共同相続人が相続分に応じて権利を承継する。

　　判例は，「相続人数人ある場合において，その相続財産中に金銭その他の可分債権あるときは，その債権は法律上当然分割され各共同相続人がその相続分に応じて権利を承継する」とする（最判昭29・4・8）。

　　すなわち，その基準となるのは特別受益等を考慮して定められる具体的相続分ではない。

エ×　寄与分が認められるのは法定相続人に限られる。

　　寄与分とは，共同相続人の中で，被相続人の財産の維持や増加に特別の寄与をした者について，公平の見地から，その分を相続分の評価において考慮しようとするものである。

　　すなわち，寄与分は，「相続分の評価で考慮する」ということから，それが認められるのは法定相続人に限られる（904条の2第1項）。

オ○　共同相続された預金債権等は，当然に分割されず遺産分割の対象となる。

　　妥当である。判例は，「共同相続された普通預金債権，通常貯金債権及び定期貯金債権は，いずれも，相続開始と同時に当然に相続分に応じて分割されることはなく，遺産分割の対象となる」とする（最大決平28・12・19）。

　　その理由として，判例は，「預金者が死亡することにより，普通預金債権及び通常貯金債権は共同相続人全員に帰属するに至るところ，その帰属の態様について検討すると，上記各債権は，口座において管理されており，預貯金契約上の地位を準共有（物であれば共有だが債権なので「準」共有という）する**共同相続人が全員で預貯金契約を解約しない限り，同一性を保持しながら存在**し，各共同相続人に確定額の債権として分割されることはない」

第3章
家族法

ことを挙げている。

以上から，妥当なものは**ア**と**オ**であり，正答は**2**である。

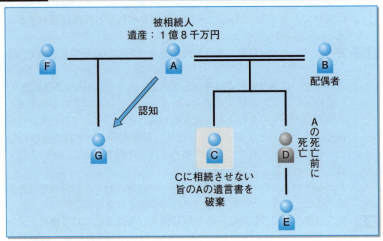

順を追って考えてみよう。

①**相続人となりうる者**……まず，子がいる場合には，子が相続人となり，親
や兄弟は相続人とならない（887条1項，889条1項）。また，配偶者は常
に相続人となる（890条）。

そこで，まず，本問では被相続人Aと配偶者Bとの間に子C・Dがいる
が，Dはすでに死亡しているので相続人とならない。ただし，相続の開始
前の死亡は代襲相続原因となるので，Dの子EはDを代襲して相続人とな
る（887条2項本文）。

次に，Fは配偶者ではないので相続人ではないが，AとFの間の子Gは
認知されているので，子として相続人となる（784条）。

②**相続欠格**……Cが行った遺言書の破棄は，**相続に関して不正な利益を得よ
うとするもので，相続欠格事由**である（891条5号）。この事由に該当する
と相続人資格をはく奪されるので（同条柱書），Cは相続人とはならない。

③**相続人と相続分**……以上から，本問で相続人となるのは，配偶者Bと子
E・Gとなる。この場合の法定相続分は，配偶者が2分の1，子が全員で
2分の1である（900条1号）。

そして，代襲とは，被代襲者（D）の相続分をそのまま受け継ぐことで
あり（901条1項本文），また，嫡出子と非嫡出子の間で相続分に差異はな
い（900条4号本文）。したがって，E，Gの相続分はそれぞれ「2分の1
（子全員の相続分）×2分の1（人数分で割った各自の相続分）＝4分の
1」となる。

④**遺留分の主張**……遺留分が認められるのは，兄弟姉妹以外の「相続人」
である（1042条１項柱書）。ところが，相続欠格者Cは相続人とならな
いので遺留分も認められない。

⑤**結論**……Aの相続財産は，預金１億8,000万円であるから，これを配偶
者Bが２分の１の9,000万円，子E，Gがそれぞれ４分の１ずつの4,500
万円となり，正答は**2**である。

第3章

家族法

遺言・遺留分

必修問題

普通の方式の遺言に関する次の記述のうち，妥当なものはどれか。

【地方上級・令和元年度】

1 自筆証書によって遺言をするには，遺言者が，その全文，日付および氏名を自書したうえで，証人1人の立合いの下で，これに印を押さなければならない。

2 公正証書によって遺言をするには，証人2人以上の立会いの下で，遺言者が遺言の趣旨を公証人に口授し，公証人が，遺言者の口述を筆記し，これを遺言者および証人に読み聞かせ，または閲覧させれば足りる。

3 秘密証書による遺言は，秘密証書遺言としての方式に欠けるものがあっても，自筆証書遺言の方式を具備しているときは，自筆証書による遺言としてその効力を有する。

4 未成年者であっても，遺言の証人または立会人となることができる。

5 法律上の夫婦であれば，同一の証書によって遺言をすることができる。

難易度　＊

必修問題の解説

遺言とは，遺言者の身分上・財産上の事項について，死後の処分等を書き残しておくものである。ただ，遺言が効力を生じるときには，遺言者はすでに死亡しており，仮に遺言内容に不明確な部分があったとしても，本人に確かめることはできない。そのため，遺言では厳格な要件が法定されており（960条），それによって，相続人などに生ずる紛争を防止しようとしている。

この遺言は，大別して普通方式と特別方式に分かれる。

後者は，たとえば，海難事故で救助されたが，「絶命する前に複数の証人に対して口頭で遺言する」など，死期が急迫している場合の特例的なものであり（979条1項），試験に出題されることはほとんどない。通常の出題は普通方式の遺言に関するものであり，遺言では普通方式だけで考えておけば足りる。

1 × 自筆証書によって遺言をするには，証人の立合いは必要でない。

　　　　自筆証書とは，「遺言者が自分で書いて仏壇や金庫にしまっておく」などといったもので，最も簡便な方式の遺言である。この遺言では，**方式さえ守れば**（内容を自書する，日付を正確に書く，署名・押印を忘れないなど），**証人を立ち会わせる必要はない**（968条1項）。証人の立会いを要求するのは煩瑣であり，自筆証書のように簡便に作成する遺言では，あえてこれを要求

する必要はない。

2 ✕ **公正証書遺言では，遺言者・証人のほか公証人の署名・押印が必要である。**

　　公正証書遺言とは，国の機関である公証人役場において，法律の専門家である公証人が作成する遺言であり，最も信用性が高い遺言とされる。

　　そのため，その要件は厳格であり，本肢の要件に加えて，遺言者・証人が筆記の正確なことを承認した後，各自これに署名し印を押すことや，公証人が，その証書は法定の方式に従って作ったものである旨を付記して署名・押印することなどが必要とされる（969条）。

　　ただ，これらの要件を逐一覚えておく必要はない。署名・押印という重要な要件が欠けていることを誤りの判断ポイントとすればよい。

3 ◎ **自筆証書遺言の方式を備えている限り，自筆証書遺言の効力が認められる。**

　　妥当である。**秘密証書遺言**とは，遺言者が自署して封印した遺言を，**内容を秘匿した状態で証人と公証人に署名等を求め，それによって遺言書の「存在」の証明をしてもらう**というものである（970条）。

　　この遺言は自筆証書遺言よりも遺言としての信頼性が高いが，要件が極めて厳格なために，要件不備を生じやすい。しかし，秘密証書遺言としては要件を欠く場合でも，**自筆証書遺言の要件を満たしている場合には，自筆証書遺言への転換を認めて遺言者の最終意思を尊重するのが合理的**である。法はこの観点から，自筆証書遺言への転換を認めている（971条）。

4 ✕ **未成年者は，遺言の証人または立会人となることができない。**

　　証人は，遺言が遺言者の真意に基づくことを証明する者であり，また，**立会人**は遺言の作成に立ち会って作成の事実を証明する者である。これらの重要性にかんがみて，**法は未成年者をこれらの欠格者としている**（974条柱書，1号）。

5 ✕ **同一の証書によって遺言をすることは，夫婦であっても認められない。**

　　このような遺言を**共同遺言**といい，遺言撤回の自由を制約することから無効な遺言とされている（975条）。→No.1選択肢4

正答 3

FOCUS

　　遺言や遺留分では，一定のポイントがあるので，そこから知識を広げるようにするとわかりやすい。遺言では，遺言者の最終意思の尊重と，遺言の発効時に遺言者が死亡していることからくる紛争防止（疑義があっても本人に聞けない）の目的で要件が厳格に定められていることがポイントである。また，遺留分では，相続分との性格の違いを明確にしておくことがポイントである。

第3章
家族法

重要ポイント 1 ▶ 遺言(いごん)

(1) 遺言の意義・種類

①遺言とは，遺言者の身分上および財産上の最終意思に法的効果を認めようとする制度である。遺言は，遺言者の死亡の時からその効力を生ずるので，その時点で遺言の内容が不明確であると，もはや意思表示者に確かめるすべがない。そのため，遺言には厳格な要式性が要求されており，この要式を欠く遺言は無効とされる。

②遺言の方式には次のようなものがある。

◆遺言の方式◆

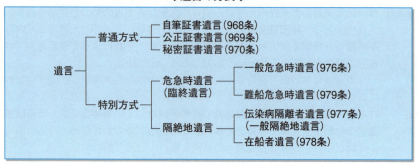

③秘密証書遺言の方式に欠ける遺言は，秘密証書遺言としては無効であるが，それが自筆証書遺言の方式を満たす場合には，自筆証書遺言として有効となる。

(2) 遺言の要件・効力

①満15歳に達した者は単独で有効に遺言ができる。

　　　制限行為能力者に関する行為能力の制限規定は遺言には適用されない。その結果，成年被後見人も事理弁識能力を回復している際に医師2人以上の立会いのもとに有効に遺言ができる。

②遺言が2通以上出てきた場合に備えて，どの遺言が遺言者の最終意思かを確認するために，遺言では日付の特定が要求されている。

　　　日付を「吉日」と書いた遺言は，日付の特定ができないので無効とされている。

③遺言では署名と押印が要求されているが，この押印は指印でもよい。

④遺言は，いつでも自由に撤回できる。撤回権を放棄することもできない。遺言は，遺言者の最終意思を尊重しようとする制度だからである。

⑤他人の添え手による補助を受けて作成された遺言でも，それが単に作成の補助にすぎず，添え手をした者の意思が遺言の内容に介入していないことが判定できれば，その遺言は有効な遺言となる。

⑥2人以上の者が，ともに関連する内容の意思表示をする遺言を共同遺言といい，撤回の自由を制約することから，このような遺言は無効である。

重要ポイント 2 ▶ 遺留分 (いりゅうぶん)

遺留分の意義・範囲

①遺留分とは，被相続人が贈与や遺贈で処分した財産に生活を依存していた者に，被相続人の財産の一定割合を確保する権利を認める制度である。その目的は，残された家族の生活保障にある。

②遺留分権利者は，兄弟姉妹を除く法定相続人である。

すなわち，配偶者，子，直系尊属が遺留分権利者として認められている。

③遺留分率は次のとおりである。

まず，遺留分権利者全体の遺留分率を**総体的遺留分率**という。全員が遺留分侵害額請求権を行使した場合における請求可能な最高限度額のことである。

相続人	総体的遺留分率	
直系尊属のみ	3分の1	
それ以外	2分の1	

個々の遺留分権利者が取り戻せる額は，総体的遺留分率に法定相続分を乗じて算定される。これを**個別的遺留分率**という。

たとえば，遺留分権利者が被相続人の父と母のみの場合は，両者の個別的遺留分はおのおの「3分の1×2分の1＝6分の1」となり，配偶者と子が1人だけという場合には，おのおの「2分の1×2分の1＝4分の1」となる。

④遺留分は，遺留分権利者が相続できたはずの財産の一定割合について，請求を認める制度であるから，遺留分額の算定に当たっては，「相続できたはずの財産」が算定の基礎となる。そのため，遺留分算定の基礎となる財産には，積極財産や贈与額のみならず負債も加えられる。

⑤遺留分算定の基礎となる財産には贈与も加えられる。

まず，相続開始前の1年間になされた贈与は無条件に全額が加算される。

次に，1年以前になされた贈与は，当事者双方が遺留分権利者に損害を加えることを知って贈与したものであるときには全額が加算される。また，特別受益に当たる贈与は，相続開始前10年間にしたものについては加算される。

⑥遺留分は，家庭裁判所の許可を受けたときに限り，相続開始前に放棄できる。

⑦遺留分は，個々の遺留分権利者に認められた範囲において，相続財産の一定割合を請求できる権利であるから，遺留分権利者の一人がこれを行使しない場合でも，他の遺留分権利者の遺留分は増加しない。

⑧相続欠格事由に該当し，相続人資格を奪われた者には，遺留分も認められない。

⑨遺贈が2つ以上あるときは，遺言に別段の意思表示がない限り，それぞれの遺贈は遺贈の目的の価額の割合に応じて負担する。

⚡ **No.1** * 自筆証書遺言に関する次の記述のうち，判例に照らし，妥当なものはどれか。 【地方上級（全国型）・平成8年度】

1 遺言書中の日付については，年月の記載があれば，年月の後を「吉日」としても，遺言は有効である。

2 遺言書中の日付以外の文言をすべて書き終えて，数日後にその日の日付のみを記載した場合には，遺言は日付を記載した日に完成したものとして有効である。

3 遺言書の押印が遺言者の指印（指頭に墨，朱肉等を付けて押印すること）によるものである場合には，遺言は無効である。

4 父母の意思表示により連名で作成された遺言書は，両名が死亡した時点で有効な遺言として成立する。

5 他人の添え手による補助を受けて作成された遺言書は，遺言者が自筆で書いたものとはいえないから，遺言は無効である。

⚡ **No.2** ** 民法に規定する遺言に関する記述として，妥当なのはどれか。

【地方上級（特別区）・平成30年度】

1 受遺者は，遺言者の死亡後，いつでも遺贈の放棄をすることができるが，一度した遺贈の放棄は，いかなる場合であってもこれを取り消すことができない。

2 遺言者は，いつでも，遺言の方式に従って，遺言の全部または一部を撤回することができるが，遺言を撤回する権利を放棄することはできない。

3 遺言者は，遺言をする時においてその能力を有しなければならず，未成年者は，公正証書によって遺言をすることはできるが，自筆証書によって遺言をすることはできない。

4 自筆証書によって遺言をするには，遺言者が，全文，日付および氏名を自書し，これに印を押さなければならないが，タイプライターやワープロを用いてそれらを書いたものも自書と認められる。

5 遺言は，遺言者の死亡の時からその効力を生じ，遺言に停止条件を付した場合において，その条件が遺言者の死亡後に成就したときも，遺言は，条件が成就した時からではなく，遺言者の死亡の時に遡ってその効力を生ずる。

No.3 遺言に関するア～オの記述のうち，妥当なもののみをすべて挙げているのはどれか。ただし，争いのあるものは判例の見解による。

【国家総合職・令和元年度】

ア：未成年者は，その年齢にかかわらず，単独で確定的に有効な遺言をすることができないが，成年被後見人，被保佐人および被補助人は，単独で確定的に有効な遺言をすることができる。

イ：遺言書が多数の条項から成る場合に，そのうちの特定の条項を解釈するに当たっては，単に遺言書の中から当該条項のみを他から切り離して抽出しその文言を形式的に解釈すべきであり，遺言書からはうかがい知れない遺言者の状況等を考慮して当該条項の趣旨を確定すべきではない。

ウ：自筆証書遺言の作成に当たっては，民法が全文自書を要件とした趣旨に照らし，ワープロで作成した文書が自書に当たらないことはもちろん，カーボン紙による複写も，筆圧，筆勢が不明となり，偽造の危険が大きいことから，自書に当たらない。

エ：夫婦両者の名義で作成された遺言について，妻の承諾を得て，妻の署名捺印を含めすべて夫が単独で作成していた場合，民法で禁止されている共同遺言に当たるので，自書の要件を欠く妻の遺言部分だけでなく，夫の遺言部分についても無効となる。

オ：遺言者が遺言書を破棄した場合は，それが遺言者の故意によるものであるときは，破棄した部分の遺言を撤回したものとみなされる。

1 ア，イ

2 ア，エ

3 イ，ウ

4 ウ，オ

5 エ，オ

第3章

家族法

No.4 民法に定める遺留分に関する次の記述のうち，妥当なものはどれか。

【地方上級・平成9年度改題】

1 遺留分の放棄は，相続の開始前に家庭裁判所の許可を受けたとき効力を生じ，他の各共同相続人の遺留分は放棄した分だけ増加する。

2 被相続人のなした贈与が遺留分を侵害するときは，たとえ相続の前であっても，他の遺留分権利者は自らの遺留分を保全することができる。

3 遺留分を有する相続人は，直系尊属，直系卑属および配偶者であり，仮に遺留分を有する相続人が相続欠格者であっても，遺留分に関しては権利を有する。

4 遺留分算定の基礎となる被相続人の財産は，被相続人の債務を控除せず，被相続人が相続開始前に有した積極財産に贈与の財産の価額を加えたものである。

5 遺贈が2つ以上あるときは，遺言に別段の意思表示がない限り，それぞれの遺贈は遺贈の目的の価額の割合に応じて負担する。

No.5 遺留分制度に関するア～オの記述のうち，妥当なもののみをすべて挙げ
ているのはどれか。 【国税専門官／労働基準監督官・平成23年度】

ア：兄弟姉妹を除く法定相続人は遺留分を有し，相続開始のときに胎児であった
　　者も生きて生まれれば子としての遺留分をもつ。また，子の代襲相続人も，
　　被代襲相続人たる子と同じ遺留分をもつ。

イ：相続開始前に相続を放棄できないのと同様に，遺留分は，相続開始前に放棄
　　することができない。

ウ：相続人が，被相続人の配偶者Aのみであった場合，Aの遺留分の割合は，2
　　分の1である。

エ：相続人が，被相続人の配偶者Aと，Aと被相続人との間の，子Bと子Cであ
　　った場合，Aの遺留分の割合は，4分の1である。

オ：相続人が，被相続人の配偶者Aと被相続人の父Bであった場合，Aの遺留分
　　の割合は，4分の1である。

1 ア，イ，エ
2 ア，ウ，エ
3 ア，ウ，オ
4 イ，ウ，オ
5 イ，エ，オ

No.6 遺留分に関するア～オの記述のうち，妥当なもののみをすべて挙げているのはどれか。ただし，争いのあるものは判例の見解による。

【国家Ⅱ種・平成22年度改題】

ア：被相続人の配偶者，弟，妹の3人が相続人であったとすると，それぞれの遺留分の割合は，順に，8分の3，8分の1，8分の1である。

イ：相続開始の6か月前に被相続人が相続人以外の者に贈与をしていたときは，遺留分は当該贈与の価額を含めて算定される。

ウ：遺留分侵害額請求権は，特段の事情がある場合を除き，債権者代位権の目的とすることができる。

エ：相続開始の2年前に被相続人が相続人の一人に贈与をしていた場合は，それが特別受益に当たるときは，遺留分は当該贈与の価額を含めて算定される。

オ：遺留分は，家庭裁判所の許可を受ければ，相続開始前に放棄することができる。

1 ア，イ，ウ

2 ア，イ，エ

3 ア，ウ，エ

4 イ，エ，オ

5 ウ，エ，オ

実 戦 問 題 の 解 説

⚡ **No.1 の解説** 自筆証書遺言 →問題はP.364

1✕ 年月の後を「吉日」とした遺言は，無効である。

　　年月は記載してあるが日の記載を「吉日」としている遺言は，**日付の特定が困難**であることから無効な遺言とされる（最判昭54・5・31）。

　　仮に同じ月に別の遺言が作成された場合，どちらが遺言者の最終意思かわからず，無用の紛争を招いてしまう。そのため，日付の記載のない（作成日が特定できない）遺言は無効とされている（968条1項，960条）。

2◎ 内容記載から数日後に日付が記載された遺言は日付の日に有効に成立する。

　　妥当である。通常，遺言者は本文を書き終えた後，何日もかけてその内容を検討し，遺言の内容に最終的に納得できた段階で署名・押印のうえ，日付を記載するものであることから，特段の事情のない限り，日付が記載された日が遺言の成立日であるとするのが判例である（最判昭52・4・19）。

3✕ 自筆証書遺言における押印は指印で足りる。

　　自筆証書遺言に押印が要求される趣旨について，判例は，「遺言者の同一性ならびに真意を確保するとともに，重要な文書については，作成者が署名のうえこれに押印することによって文書の作成を完結させるというわが国の慣行ないし法意識に照らし，遺言書の完成を担保しようとする点にある」としている（最判平元・2・16）。

押印が要求される趣旨	・作成者との同一性の確認 ・文書の完成の担保 →わが国の慣習上，文書の作成開始時ないし作成の途中で押印することはなく，文書作成を終えた段階で「完了」の意味で押印がなされる。それゆえ，押印された文書は，その押印があることによって完成されたものと判断しうることになる。

　　この趣旨に照らせば，指印によって遺言者の同一性を判断することは容易であるし，また最終的な文書の完成を指印によって判断してもなんら不合理ではない。そこで判例は，**指印も有効な押印**と解している。

4✕ 父母の意思表示により連名で作成された遺言は共同遺言として無効である。

　　父母の意思表示により連名で作成された遺言は，父母が共同で同一の（または互いに関連する）意思表示をするものであり，このような性質の遺言を**共同遺言**という。もともと，遺言はその者の最終意思を尊重するところにその趣旨があり，いつでも任意に撤回できなければならないとされている（1022条）。そして，共同遺言はこの遺言撤回の自由を制約することから，法は明文でこれを禁止しており（975条，**共同遺言の禁止**），判例も本肢のような遺言を共同遺言として無効としている（最判昭56・9・11）。

●共同遺言

　共同遺言とは，共同者がともに関連する内容の意思表示をする遺言をいう。遺言者の意思表示が他の共同遺言者の意思表示と関連を有しているため，撤回には他の遺言者の同意が必要となる。そこで，共同遺言は遺言撤回の自由を制約するものとして禁止されている。したがって，意思表示がそれぞれ関連していなければ共同遺言には当たらない。たとえば，同一の封筒に2通の自筆証書遺言が入っていても，それぞれの意思表示が独立に行われていれば，それは共同遺言ではない。

5 ✕　他人の添え手による補助を受けて作成された遺言も有効とされる場合ある。

　遺言の有効性の中核をなすのは遺言者の真意が確保されているかどうかという点にあるので，他人の添え手による補助を受けて作成された遺言書であっても，**添え手をした者の意思が運筆に介入した形跡のないことが筆跡のうえで判定できれば，その遺言は有効**である。

　判例も，「病気その他の理由で運筆について他人の補助を受けてされた自筆証書遺言は，(1)遺言者が証書作成時に自書能力を有し，(2)他人の添え手が，単に始筆もしくは改行に当たり字の間配りや行間を整えるため遺言者の手を用紙の正しい位置に導くにとどまるか，又は遺言者の手の動きが遺言者の望みに任されており，遺言者は添え手をした他人から単に筆記を容易にするための支えを借りただけであり，かつ，(3)添え手が右のような態様のものにとどまること，すなわち添え手をした他人の意思が介入した形跡のないことが，筆跡のうえで判定できる場合には，『自書』の要件を充たすものとして，有効である」としている（最判昭62・10・8）。

⚡ **No.2 の解説** 遺言 →問題はP.364

1 ✗ **一度した遺贈の放棄を，詐欺・強迫などを理由に取り消すことができる。**

遺贈とは遺言による贈与のことであり，財産的行為であるから，制限行為能力や（例：未成年者が法定代理人の同意を得ずに放棄した），錯誤・詐欺・強迫などを理由に取り消すことができる（989条2項，919条2項）。

なお，前半は正しい（986条1項）。

2 ◎ **遺言はいつでも自由に撤回でき，この権利を放棄することはできない。**

妥当である。いったん遺言すれば，その後には遺言を撤回できないとすることは，最終意思の尊重という遺言制度の趣旨を損なうことになるので認められない（1022条，1026条）。→テーマ17「相続」No.4ウ

3 ✗ **未成年者も15歳に達すれば，自筆証書遺言をすることができる。**

遺言は一種の財産処分行為であるから，本来であればこれをするには行為能力が必要なはずであるが，遺言の場合には，行為能力に関する法規制を厳格に適用することは必ずしも適当とはいえない。すなわち制限行為能力者ゆえの**判断能力の未熟さから，その財産に多少の減少を生じたとしても，むしろその者の最終意思を実現させることのほうが重要**と考えられるからである。たとえば，病気の未成年者が，自らの死期を悟って遺言を行いたいと申し出たときに，成年に達するまで待てというのは不合理であるし，法定代理人が不同意とした場合にその者の最終意思である遺言の実現ができないというのもまた不合理である。そこで法は，遺言をするには意思能力あれば足りるとし（962条），かつ，未成年者について意思能力が備わる年齢を満15歳と認定して，この年齢に達すれば，未成年者も単独で有効に遺言ができるとしている（961条）。

そして，これは遺言全般についていえることであるから，自筆証書であると公正証書であるとにかかわらず，満15歳になれば遺言が可能である。

4 ✗ **タイプライターやワープロで書いたものは自書とは認められない。**

自筆証書遺言で，法が自書性を要求しているのは（968条1項），それによって記載内容の真実性を担保するためである。

タイプライターやワープロで書かれたものは，他人でも容易に偽造できるので，自書とは認められない。

なお，自筆証書遺言に添付する財産目録については，目録の毎葉に署名・押印することを要件にワープロ等による作成が認められている（同条2項）。

5 ✗ **遺言者死亡後に停止条件が成就したときは，その成就時から効力を生ずる。**

遺言は，通常の場合，遺言者の死亡時からその効力を生ずる（985条1項）。

ただし，「大学に合格したら奨学金を贈与する」などの**停止条件が付されていた場合には，その条件の成就時から効力を生ずる**ことになる（同条2項）。

第3章

家族法

ア✕　未成年者も15歳に達すれば，単独で確定的に有効な遺言ができる。

　　制限行為能力者ゆえの判断能力の未熟さから，その財産に多少の減少を生じたとしても，むしろその者の**最終意思を実現させることのほうが重要**と考えられるからである（961条）。**→No.2 選択肢3**

イ✕　遺言の解釈は，形式的ではなく遺言者の真意を探究するようにして行う。

　　判例は，「**遺言の解釈にあたっては，遺言書の文言を形式的に判断するだけではなく，遺言者の真意を探究すべき**ものであり，遺言書が多数の条項からなる場合にそのうちの特定の条項を解釈するにあたっても，単に遺言書の中から当該条項のみを他から切り離して抽出しその文言を形式的に解釈するだけでは十分ではなく，遺言書の全記載との関連，遺言書作成当時の事情及び遺言者の置かれていた状況などを考慮して遺言者の真意を探究し当該条項の趣旨を確定すべき」とする（最判昭58・3・18）。

ウ✕　カーボン複写で記載された遺言も，自書の要件に欠けるものではない。

　　ワープロで作成された文書は，自筆証書遺言にいう自書には当たらないので，前半は正しい。**→No.2 選択肢4**

　　しかし，判例は，「カーボン紙を用いることも自書の方法として許されないものではないから，本件遺言書は，民法968条1項の自書の要件に欠けるところはない」とするので（最判平5・10・19），後半は誤り。

エ〇　同一証書に二人の遺言が記載されている遺言は共同遺言として無効である。

　　妥当である。判例は，「同一の証書に二人の遺言が記載されている場合は，そのうちの一方に氏名を自書しない方式の違背があるときでも，その遺言は，民法975条により禁止された**共同遺言**にあたる」として，その**全部を無効**とする（最判昭56・9・11）。

オ〇　故意に遺言書を破棄した場合は，その部分を撤回したものとみなされる。

　　妥当である。遺言者が故意で破棄した場合は，その部分については**実現してほしくないという意図**であろうから，法は，破棄した部分の遺言を撤回したとみなしている（1024条前段）。

　　以上から，妥当なものは**エ**と**オ**であり，正答は**5**である。

⚡ No.4 の解説　遺留分
→問題はP.366

遺留分とは，配偶者や子など，被相続人が処分した財産に生活を依存していた者に，被相続人が処分した財産の一定割合について処分の効力を否定することを認める制度である。たとえば，老境に達した父Ａが若い愛人をつくり，その愛人Ｄに懇願されて全財産をＤに贈与する旨の遺言を作成して死亡したとする。その場合，相続財産の一定割合について家族（一定範囲の相続人）に留保する権利である遺留分がなければ，残された家族（妻Ｂ，子Ｃ）は生活が脅かされる。そこで，処分の一定割合について，家族に処分の効力の否定を認めてその生活を守ろうとしたのである。

1 ✕　遺留分権利者の一人が遺留分を放棄しても，他の者の遺留分は増加しない。

前半は正しいが（1049条１項），後半は誤り。遺留分権利者が遺留分を放棄しても他の共同相続人に影響を及ぼさない。すなわち，そのことによって他の共同相続人の遺留分が増加することになるわけではない。

◆相続の放棄と遺留分の放棄◆

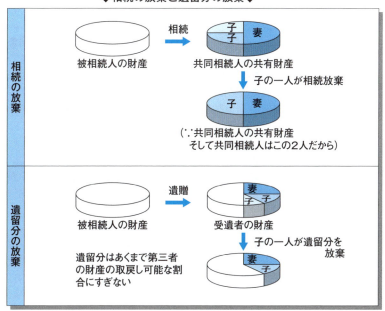

相続放棄の場合には，すでに相続財産が共同相続人に移転していて，あとは共同相続人間でそれをどのように分割するかの問題であるから，共同相続人の一人が相続を放棄すれば，**他の相続人の相続分はその分だけ増加する**ことになる。一方，**遺留分**の場合は，財産はすでに第三者の所有に帰しており，その財産について各遺留分権利者がそれぞれ自己の権利として侵害額を

第3章 家族法

請求できるというにすぎないので，遺留分権利者のうちの一人が遺留分を放棄してその分の請求をあきらめても，**他の遺留分権利者の請求割合がその分だけ増加するわけではない**。請求はもともと各遺留分権利者に認められた割合でしか権利行使できないのである。

2 ✕ 相続前の段階での遺留分の保全は認められていない。

遺留分侵害額請求権は，相続開始後において遺留分が現実に侵害されている状態が生じたときに初めて発生する権利であり，それ以前においては，遺留分権利者はなんらの権利も有しない（大決大6・7・18）。したがって，相続人の遺留分を侵害する被相続人の財産処分行為も，それ自体としてはまったく有効である。

3 ✕ 相続欠格事由に該当し，相続資格を奪われた者には遺留分も認められない。

遺留分は被相続人の財産に生計を依存してきた相続人が，被相続人の処分行為がなければ承継したであろうはずの財産の一定割合について，その生計維持のために請求することを認める権利である。したがって，「被相続人の処分行為がなければ承継したであろう」こと，すなわち相続資格を有することが前提となる。

なお，前半は正しい（1042条1項）。**遺留分権利者に兄弟姉妹が含まれない**のは，被相続人の兄弟姉妹はそれぞれ別所帯を構え生計を異にしているはずなので，遺留分を認めてその生存を確保する必要性に乏しいからである。

4 ✕ 遺留分の算定に当たっては，債務もその全額を控除する（1043条1項）。

たとえば，資産（積極財産）が2,000万円，負債（債務）が1,000万円，贈与額が500万円という場合には，負債を控除せずに算出した2,500万円（2,000万円＋500万円）を基準に請求を認めるのではなく，負債を控除した1,500万円を基準に請求を認めることになる。

遺留分は「相続によって承継できたはずの財産」の請求権であるから，相続によって承継できる財産について債務額の控除が行われるのと同様に，遺留分からも債務額は当然に控除されることになる。

5 ◎ 複数の遺贈は，遺贈の目的の価額の割合に応じて負担する。

妥当である（1047条1項2号）。複数人に対して遺贈がなされ，その一部を負担すれば足りるという場合には，受遺者間の公平を考慮して，それぞれの遺贈はその価額に応じて按分される。たとえば，Aに800万円，Bに400万円の遺贈がなされ，遺留分権利者が600万円を取り戻せるという場合には，A，Bが受けた遺贈の価額割合に応じて，Aから400万円，Bから200万円を請求すべきことになる。

⚡ **No.5 の解説** 遺留分
→問題はP.367

ア⭕ 胎児も生きて生まれれば，遺留分権を行使できる。

妥当である。遺留分も相続に関する権利であるから，「胎児は，相続については，既に生まれたものとみなす」とする規定（886条1項）によって，遺留分権を行使できると解されている。

なお，子の代襲相続人が遺留分権利者であること，および兄弟姉妹に遺留分が認められていないことについては，テーマ17「相続」重要ポイント1参照。

イ❌ 遺留分については，相続開始前の放棄が認められている。

相続開始前に相続の放棄ができないのと異なり，遺留分は，相続開始前の放棄が認められている（1049条1項）。

遺留分の事前放棄は，しばしば「相続財産を一切与えないための手段」として用いられている。たとえば，「親が，子Xの多額の借金を肩代わりして返済したので，Xには相続させず，もう一人の子Yにだけ相続させたい」などという場合に，Xが承諾していれば有効な手段となる。

「相続財産を一切与えないための手段」としては，他にも，相続人の廃除や相続放棄が考えられる。しかし，廃除は被相続人への虐待・重大な侮辱・著しい非行のいずれかに該当しなければならず（892条），借金の肩代わり返済がこれに該当するかは疑問である。また，相続放棄は，相続開始後に行うものであるから（915条1項），たとえXが事前に放棄の意思を示していても，実際に放棄しない場合もあるので確実性に乏しい。

そこで，遺留分の事前放棄と遺言を組み合わせたうえで，「一切の財産をYに相続させる」と遺言しておけば，Xが後から相続財産の取戻し（遺留分侵害額請求）を行うことはできなくなる。そうすれば，確実にYに全財産を相続させることができる。

ウ⭕ 配偶者は遺留分権利者であり，その場合の総体的遺留分率2分の1である。

妥当である。遺留分権利者は兄弟姉妹以外の相続人であるから，配偶者は遺留分権利者である（1042条1項柱書）。

そして，本肢の場合の**総体的遺留分率**（遺留分権利者全体の遺留分率）は，被相続人の財産の2分の1である（同項2号）。

次に，個々の遺留分権利者が請求できる額（**個別的遺留分率**）は，総体的遺留分率に法定相続分を乗じて算定されるので，相続人が被相続人の配偶者Aのみである本肢の場合，Aの個別的遺留分率は「2分の1（総体的遺留分率）× 1（Aの相続分）＝ 2分の1」となる。

エ⭕ 個別的遺留分率は，総体的遺留分率に法定相続分の割合を乗じて算出する。

妥当である。この場合，Aの個別的遺留分率は，「2分の1（総体的遺留分率）× 2分の1（配偶者の法定相続分，900条1号）＝ 4分の1」となる。

オ❌ 個別的遺留分率は，総体的遺留分率に法定相続分の割合を乗じて算出する。

この場合，Aの個別的遺留分率は，「2分の1（総体的遺留分率）×3分の2（配偶者の法定相続分，900条2号）＝3分の1」となる。

以上から，妥当なものは**ア**，**ウ**，**エ**の3つであり，正答は**2**である。

→問題はP.368

No.6 の解説　遺留分

ア✕ **遺留分権利者は，兄弟姉妹以外の法定相続人である。**

被相続人の兄弟姉妹は遺留分権利者ではない（1042条。**→テーマ17「相続」重要ポイント1の図参照**）。本肢の場合，遺留分権利者は配偶者のみであるから，その遺留分は2分の1である（1042条1項2号）。

イ◯ **相続開始前の1年間になされた贈与は，すべてその価額を算入する。**

妥当である（1044条1項前段）。死亡時に近接するこの時期の生前贈与は，本来であれば相続財産に属していたはずのものであり，これを加算しないと遺留分制度が骨抜きにされてしまうおそれがあるからである。そのため，無条件に遺留分の計算の基礎となる財産に加算される。

ウ✕ **遺留分侵害額請求権は，債権者代位権の目的とすることができない。**

判例は，「遺留分侵害額請求権は，遺留分権利者が，これを第三者に譲渡するなど，権利行使の確定的意思を有することを外部に表明したと認められる特段の事情がある場合を除き，債権者代位の目的とすることができない」とする（最判平13・11・22）。

遺留分侵害額請求権は，相続財産の自分への留保権であるから，場合によっては「その人の財産だけは受け継ぎたくない」ということもあろう（例：相続財産が，違法金利で人を泣かせて蓄財したものであることを知っているので，絶対に受け継ぎたくない，など）。それを，本人の意思を無視して代位行使を認めるというのは不合理である。したがって，上記のような特段の事情がある場合を除き，判例はこれを**行使上の一身専属権**であるとして債権者代位権の行使を認めない。

エ◯ **特別受益に当たる贈与は，相続開始前10年間であれば遺留分額に含まれる。**

妥当である。本来，自分の財産をどのように処分するかは各人の自由な判断に任されるべきで，その意味では，いったん贈与された財産を遺留分の基礎となる相続財産に持ち戻すというのは，処分者の意思を損なうことになろう。そのため，法は，相続開始前の1年間になされた贈与については，そのすべてを遺留分の基礎に算入しているものの（**→イ**），それ以前に行われた贈与は，「当事者双方が遺留分権利者に損害を加えることを知って行われた贈与」は算入するが，それ以外は原則として算入しない（1044条1項）。

しかし，後者の時期の贈与のうち，「婚姻若しくは養子縁組のため若しくは生計の資本として贈与」される，いわゆる特別受益と呼ばれるものについては，相続開始前の10年間になされた場合には算入される（同条3項，期間を10年に限定したのは算定を容易にして紛争の早期解決を図るため）。

　単なる贈与と異なり，これらの贈与は，「相続財産の前渡し」としての性格を持つ。したがって，これを遺留分に参入しておかないと，たとえば3人の子のうち1人だけが，相続財産のほぼすべてを「生計の資本として」生前に贈与を受けていたために，他の2人が遺留分相当額を確保できないといった事態が生じかねず，その場合，残された家族の生活保障という遺留分制度の趣旨を没却する結果になるからである。

オ〇 遺留分は家庭裁判所の許可を得れば，事前の放棄が認められている。

　　妥当である（1049条1項）。→No.5 イ

　　以上から，妥当なものはイ，エ，オの3つであり，正答は**4**である。

正答　No.1＝**2**　No.2＝**2**　No.3＝**5**　No.4＝**5**　No.5＝**2**　No.6＝**4**

索　引

索引

●本書の内容に関するお問合せについて

『新スーパー過去問ゼミ』シリーズに関するお知らせ，また追補・訂正情報がある場合は，小社ブックスサイト（jitsumu.hondana.jp）に掲載します。サイト中の本書ページに正誤表・訂正表がない場合や訂正表に該当箇所が掲載されていない場合は，書名，発行年月日，お客様の名前・連絡先，該当箇所のページ番号と具体的な誤りの内容・理由等をご記入のうえ，郵便，FAX，メールにてお問合せください。

〒163-8671　東京都新宿区新宿1-1-12　実務教育出版　第2編集部問合せ窓口
FAX：03-5369-2237　　E-mail：jitsumu_2hen@jitsumu.co.jp

【ご注意】
※電話でのお問合せは，一切受け付けておりません。
※内容の正誤以外のお問合せ（詳しい解説・受験指導のご要望等）には対応できません。

公務員試験
新スーパー過去問ゼミ6　　民法Ⅱ

2020年10月25日　初版第1刷発行　　　　　　　　　　　　　　　　〈検印省略〉

編　者　資格試験研究会
発行者　小山隆之

発行所　株式会社　実務教育出版
　　　　〒163-8671　東京都新宿区新宿1-1-12
　　　　☎編集　03-3355-1812　　販売　03-3355-1951
　　　　振替　00160-0-78270

組　版　明昌堂
印　刷　精興社
製　本　ブックアート

［公務員受験BOOKS］

実務教育出版では、公務員試験の基礎固めから実戦演習にまで役に立つさまざまな入門書や問題集をご用意しています。過去問を徹底分析して出題ポイントをピックアップし、すばやく正確に解くテクニックを伝授します。あなたの学習計画に適した書籍を、ぜひご活用ください。

なお、各書籍の詳細については、弊社のブックスサイトをご覧ください。

https://www.jitsumu.co.jp

人気試験の入門書

何から始めたらよいのかわからない人でも、どんな試験が行われるのか、どんな問題が出るのか、どんな学習が有効なのかが1冊でわかる入門ガイドです。「過去問模試」は実際に出題された過去問でつくられているので、時間を計って解けば公務員試験をリアルに体験できます。

★「公務員試験早わかりブック」シリーズ［年度版］●資格試験研究会編

都道府県職員になるための早わかりブック

市町村職員になるための早わかりブック

警察官になるための 早わかりブック

消防官になるための 早わかりブック

社会人が受けられる公務員試験早わかりブック

高校卒で受けられる公務員試験早わかりブック
［国家一般職（高卒）・地方初級・市役所初級等］

社会人基礎試験早わかり問題集

市役所新教養試験 Light & Logical 早わかり問題集

過去問正文化問題集

問題にダイレクトに書き込みを加え、誤りの部分を赤字で直して正しい文にする「正文化」という勉強法をサポートする問題集です。完全な見開き展開で書き込みスペースも豊富なので、学習の能率アップが図れます。さらに赤字が消えるセルシートを使えば、問題演習もバッチリ！

★上・中級公務員試験「過去問ダイレクトナビ」シリーズ［年度版］●資格試験研究会編

過去問ダイレクトナビ 政治・経済

過去問ダイレクトナビ 日本史

過去問ダイレクトナビ 世界史

過去問ダイレクトナビ 地理

過去問ダイレクトナビ 物理・化学

過去問ダイレクトナビ 生物・地学

一般知能分野を学ぶ

一般知能分野の問題は一見複雑に見えますが、実際にはいくつかの出題パターンがあり、それに対する解法パターンも存在します。まずは、公務員試験において大きな比重を占める判断推理・数的推理を基礎から学べるテキストと初学者向けの問題集をご紹介します。

標準 判断推理［改訂版］
田辺 勉著●定価：本体2100円＋税

標準 数的推理［改訂版］
田辺 勉著●定価：本体2000円＋税

判断推理がみるみるわかる解法の玉手箱［改訂第2版］
資格試験研究会編●定価：本体1400円＋税

数的推理がみるみるわかる解法の玉手箱［改訂第2版］
資格試験研究会編●定価：本体1400円＋税

以下は、一発で正答を見つけ出す公式や定理など実戦的なテクニックを伝授する解法集です。

判断推理 必殺の解法パターン［改訂第2版］
鈴木清士著●定価：本体1200円＋税

数的推理 光速の解法テクニック［改訂版］
鈴木清士著●定価：本体1068円＋税

空間把握 伝説の解法プログラム
鈴木清士著●定価：本体1100円＋税

資料解釈 天空の解法パラダイム
鈴木清士著●定価：本体1600円＋税

文章理解 すぐ解ける〈直感ルール〉ブック［改訂版］
瀧口雅仁著●定価：本体1800円＋税

公務員試 無敵の文章理解メソッド
鈴木鋭智著●定価：本体1400円＋税

年度版の書籍については、当社ホームページで価格をご確認ください。https://www.jitsumu.co.jp/

公務員試験に出る専門科目について、初学者でもわかりやすく解説した基本書の各シリーズ。
「はじめて学ぶシリーズ」は、豊富な図解で、難解な専門科目もすっきりマスターできます。

はじめて学ぶ **政治学**
加藤秀治郎著●定価：本体1068円＋税

はじめて学ぶ **国際関係** [改訂版]
高瀬淳一著●定価：本体1200円＋税

はじめて学ぶ **やさしい憲法**
長尾一紘著●定価：本体1200円＋税

はじめて学ぶ **ミクロ経済学** [第2版]
幸村千佳良著●定価：本体1300円＋税

はじめて学ぶ **マクロ経済学** [第2版]
幸村千佳良著●定価：本体1400円＋税

どちらも公務員試験の最重要科目である経済学、行政法を、基礎から応用まで詳しく学べる本格的な基本書です。大学での教科書採用も多くなっています。

経済学ベーシックゼミナール
西村和雄・八木尚志共著●定価：本体2800円＋税

経済学ゼミナール 上級編
西村和雄・友田康信共著●定価：本体3200円＋税

新プロゼミ行政法
石川敏行著●定価：本体2700円＋税

苦手意識を持っている受験生が多い科目をピックアップして、初学者が挫折しがちなところを徹底的にフォロー！やさしい解説で実力を養成する入門書です。

最初でつまずかない経済学 [ミクロ編]
村尾英俊著●定価：本体1800円＋税

最初でつまずかない経済学 [マクロ編]
村尾英俊著●定価：本体1800円＋税

最初でつまずかない民法Ⅰ [総則／物権 担保物権]
鶴田秀樹著●定価：本体1700円＋税

最初でつまずかない民法Ⅱ [債権総論・各論 家族法]
鶴田秀樹著●定価：本体1700円＋税

最初でつまずかない行政法
吉田としひろ著●定価：本体1700円＋税

ライト感覚で学べ、すぐに実戦的な力が身につく過去問トレーニングシリーズ。地方上級・市役所・国家一般職［大卒］レベルに合わせて、試験によく出る基本問題を厳選。素早く正答を見抜くポイントを伝授し、サラッとこなせて何度も復習できるので、短期間での攻略も可能です。

★公務員試験「スピード解説」シリーズ 資格試験研究会編●定価：本体1500円＋税

スピード解説 **判断推理**
資格試験研究会編 結城順平執筆

スピード解説 **数的推理**
資格試験研究会編 永野龍彦執筆

スピード解説 **図形・空間把握**
資格試験研究会編 永野龍彦執筆

スピード解説 **資料解釈**
資格試験研究会編 結城順平執筆

スピード解説 **文章理解**
資格試験研究会編 饗庭悟執筆

スピード解説 **憲法**
資格試験研究会編 鶴田秀樹執筆

スピード解説 **行政法**
資格試験研究会編 吉田としひろ執筆

スピード解説 **民法Ⅰ** [総則／物権 担保物権] [改訂版]
資格試験研究会編 鶴田秀樹執筆

スピード解説 **民法Ⅱ** [債権総論・各論 家族法] [改訂版]
資格試験研究会編 鶴田秀樹執筆

スピード解説 **政治学・行政学**
資格試験研究会編 近裕一執筆

スピード解説 **国際関係**
資格試験研究会編 高瀬淳一執筆

スピード解説 **ミクロ経済学**
資格試験研究会編 村尾英俊執筆

スピード解説 **マクロ経済学**
資格試験研究会編 村尾英俊執筆

選択肢ごとに問題を分解し、テーマ別にまとめた過去問演習書です。見開き2ページ完結で読みやすく、選択肢問題の「引っかけ方」が一目でわかります。「暗記用赤シート」付き。

一問一答 **スピード攻略 社会科学**
資格試験研究会編●定価：本体1300円＋税

一問一答 **スピード攻略 人文科学**
資格試験研究会編●定価：本体1300円＋税

1択1答 **憲法 過去問ノック**
資格試験研究会編●定価：本体1200円＋税

専門科目の基本書

ライトな過去問演習書

地方上級／国家総合職・一般職・専門職試験に対応した過去問演習書の決定版が、さらにパワーアップ！　最新の出題傾向に沿った問題を多数収録し、選択肢の一つひとつまで検証して正誤のポイントを解説。強化したい科目に合わせて徹底的に演習できる問題集シリーズです。

★公務員試験「新スーパー過去問ゼミ6」シリーズ

◎教養分野
資格試験研究会編●定価：本体1800円＋税

新スーパー過去問ゼミ6 **社会科学** ［政治／経済／社会］	新スーパー過去問ゼミ6 **人文科学** ［日本史／世界史／地理／思想／文学・芸術］
新スーパー過去問ゼミ6 **自然科学** ［物理／化学／生物／地学／数学］	新スーパー過去問ゼミ6 **判断推理**
新スーパー過去問ゼミ6 **数的推理**	新スーパー過去問ゼミ6 **文章理解・資料解釈**

◎専門分野
資格試験研究会編●定価：本体1800円＋税

新スーパー過去問ゼミ6 **憲法**	新スーパー過去問ゼミ6 **行政法**
新スーパー過去問ゼミ6 **民法Ⅰ** ［総則／物権／担保物権］	新スーパー過去問ゼミ6 **民法Ⅱ** ［債権総論・各論／家族法］
新スーパー過去問ゼミ6 **刑法**	新スーパー過去問ゼミ6 **労働法**
新スーパー過去問ゼミ6 **政治学**	新スーパー過去問ゼミ6 **行政学**
新スーパー過去問ゼミ6 **社会学**	新スーパー過去問ゼミ6 **国際関係**
新スーパー過去問ゼミ6 **ミクロ経済学**	新スーパー過去問ゼミ6 **マクロ経済学**
新スーパー過去問ゼミ6 **財政学**	新スーパー過去問ゼミ6 **経営学**
新スーパー過去問ゼミ6 **会計学** ［択一式／記述式］	新スーパー過去問ゼミ6 **教育学・心理学**

受験生の定番「新スーパー過去問ゼミ」シリーズの警察官・消防官（消防士）試験版です。大学卒業程度の警察官・消防官試験と問題のレベルが近い市役所（上級）・地方中級試験対策としても役に立ちます。

★大卒程度「警察官・消防官 新スーパー過去問ゼミ」シリーズ

資格試験研究会編●定価：本体1300円＋税

警察官・消防官 新スーパー過去問ゼミ **社会科学**［改訂第2版］［政治／経済／社会・時事］	警察官・消防官 新スーパー過去問ゼミ **人文科学**［改訂第2版］［日本史／世界史／地理／思想／文学・芸術／国語］
警察官・消防官 新スーパー過去問ゼミ **自然科学**［改訂第2版］［数学／物理／化学／生物／地学］	警察官・消防官 新スーパー過去問ゼミ **判断推理**［改訂第2版］
警察官・消防官 新スーパー過去問ゼミ **数的推理**［改訂第2版］	警察官・消防官 新スーパー過去問ゼミ **文章理解・資料解釈**［改訂第2版］

一般知識分野の要点整理集のシリーズです。覚えるべき項目は、付録の「暗記用赤シート」で隠すことができるので、効率よく学習できます。「新スーパー過去問ゼミ」シリーズに準拠したテーマ構成になっているので、「スー過去」との相性もバッチリです。

★上・中級公務員試験「新・光速マスター」シリーズ

資格試験研究会編●定価：本体1200円＋税

新・光速マスター **社会科学**［改訂版］［政治／経済／社会］	新・光速マスター **人文科学**［改訂版］［日本史／世界史／地理／思想／文学・芸術］
新・光速マスター **自然科学**［改訂版］［物理／化学／生物／地学／数学］	

過去問演習を通して実戦力を養成

要点整理＋理解度チェック